朱希祖書信集　酈亭詩稿

朱希祖文集

中華書局

圖書在版編目(CIP)數據

朱希祖書信集;酈亭詩稿/朱希祖著;朱元曙整理.—北京:中華書局,2012.8

(朱希祖文集)

ISBN 978-7-101-08750-5

Ⅰ.①朱…②酈…　Ⅱ.①朱…②朱…　Ⅲ.①朱希祖(1879~1944)-書信集②詩集-中國-現代
Ⅳ.①K825.81②I226

中國版本圖書館 CIP 數據核字(2012)第 126374 號

書　　名　朱希祖書信集　酈亭詩稿
著　　者　朱希祖
整 理 者　朱元曙
叢 書 名　朱希祖文集
責任編輯　俞國林
出版發行　中華書局
　　　　　(北京市豐臺區太平橋西里 38 號　100073)
　　　　　http://www.zhbc.com.cn
　　　　　E-mail:zhbc@zhbc.com.cn
印　　刷　北京市白帆印務有限公司
版　　次　2012 年 8 月北京第 1 版
　　　　　2012 年 8 月北京第 1 次印刷
規　　格　開本 850×1168 毫米　1/32
　　　　　印張 16　插頁 3　字數 360 千字
印　　數　1-3000 册
國際書號　ISBN 978-7-101-08750-5
定　　價　48.00 元

1926年在北京留影

朱希祖文集

出版説明

朱希祖（1879—1944），字逖先，又作遏先、迪先，浙江海鹽人，我國現代著名的歷史學家、藏書家。1905 年考取官費留學，赴日本早稻田大學師範科研習歷史；期間，師從著名國學大師章太炎先生，爲“章門五王”之一。1909 年歸國，曾任浙江兩級師範學堂、浙江嘉興二中、嘉興中學教師，北京大學、清華大學、輔仁大學、中山大學、中央大學教授，中央研究院歷史語言研究所研究員、中央研究院歷史博物館籌備處籌備委員會常務委員長、中國史學會主席、明清史料編刊委員會委員、《廣東通志》編纂委員會委員、中央古物保管委員會委員、國史館籌備委員會總幹事、考試院考選委員會考選委員等職。

朱希祖治學一生，筆耕不輟，著述豐贍，在國語運動、提倡白話文、倡導新文化、建構史學教育體系、建立學術團體、歷史檔案整理、歷史遺蹟調查及史館修史、南明史研究等方面，貢獻巨大。兹簡述如下：

在國語運動中之貢獻

制定中國最早的注音符號。1913 年 2 月，朱希祖被派爲讀音統一會浙江省代表，出席在北京召開的全國讀音統一會。朱希祖在其師章太炎由古文籀篆徑省之形所創制的三十六個紐文（聲母）、二十二個韻文（韻母）中選出三十九個，作爲標音符號，起草議案，並聯絡馬裕藻、周豫才（魯迅）、許壽裳、錢稻孫、陳睿共同具名，向大會提出，獲得通過，其他衆案皆廢。中國有注音符號自此始。

參與制定《請頒行新式標點符號議案》。1919 年 2 月，朱希祖與馬裕藻、胡適、錢玄同、周作人、劉復等六人被北京大學推選爲“國語統一籌備會”會員；並在第一次大會期間，提出《請頒行新式標點符號議案》，要求政府頒佈通行新式標點，此議案後經胡適修改，第二年頒行全國。中國新式標點符號自此始。

參與制定《國語統一進行方法》議案。在國語統一籌備會第一次大會期間，北京大學派出朱希祖等六人，向大會提交了《國語統一進行方法》，提出“把《國文讀本》改作《國語讀本》，國民學校全用國語，不雜文言，高等小學酌加文言，仍以國語爲主體。‘國語’科以外，别的科目的課本，也應該一致改用國語編輯”。1920 年 1 月，教育部正式通令全國：“自本年秋季起，凡國民學校一二年級，先改國文爲語體文，以期收言文一致之效。”並以部令修改學校有關法規。1920 年 4 月，教育部又發出通告，規定截至 1922 年止，凡用文言文編的教科書一律廢止，要求各學校逐步采用經審定的語體文教科書，其他各科教科書也相應改用語體文。

在新文化運動中之貢獻

積極撰寫文章提倡白話文、倡導新文化。新文化運動興起，朱希祖積極投入，並成爲《新青年》的重要撰稿人之一。先後發表了《白話文的價值》、《非“折中派的文學”》、《文藝的進化》（译著）、《敬告新的青年》、《中國古代文學上的社會心理》等文章，宣揚白話文，反對文言文。另外還有《文學論》、《研究孔子之文藝思想及其影響》、《文學上的感想》、《整理中國最古書籍之方法論》等較有影響的論文。

參與發起成立中國現代文學史上第一個進步文學社團——文學研究會。文學研究會於1921年1月在北京成立，朱希祖爲十二個發起人之一，另十一人爲：周作人、耿濟之、鄭振鐸、瞿世英、王統照、沈雁冰、蔣百里、葉紹鈞、郭紹虞、孫伏園、許地山。

在建構史學教育體系上之貢獻

制定中國最早的現代大學史學課程體系，使史學成爲一門獨立的學科。朱希祖1919年12月出任北京大學史學系主任，便積極推行歷史教學課程體系的建構和改革，"此種制度實施以後，國内公私大學，紛紛仿行。於是中國史學，乃得躋於科學之列，始漸有以史學名於世者"（傅振倫《先師朱逖先先生行誼》）；同年10月，朱希祖在北京大學講授"史學史"，授課講義名"中國史學概論"，是中國最早的"史學史"講義，也是在中國最早提出"史學史"概念的課程，這是中國史學成爲一門獨立學科的標志。

積極引進西方先進史學思想。一是積極鼓勵教授翻譯新史學及唯物史觀等書，如鼓勵何炳松翻譯美國史學家魯濱遜的《新史學》，並爲之作序；請李大釗開設唯物史觀課程。二是派遣畢業生至德國學習，以期回校任教後對史學系有所改良。三是聘請新教授介紹歐美新史學，如何炳松、陳翰笙、李璜、陳衡哲等，其目的是"思以歐美新史學，改革中國舊史學"（朱希祖《北京大學史學系過去之歷史與將來之希望》）。

對建立史學學術團體之貢獻

創建中國第一個由多所大學史學系師生組成的"中國史學會"。

1928年冬，朱希祖感到史學要發展，要想承擔起改良社會的重擔，就必須“打破孤獨講學的舊習”，“打破專靠學校來講習史學的舊習”，“打破史學爲政治的附屬品，使之成爲社會的獨立事業”（《發起中國史學會的動機和希望》）。遂於1929年1月，發起成立中國史學會，被選爲主席，這是中國第一個由多所大學組織成立的史學會。1943年3月，中國第一次成立全國性的史學會，朱希祖當選爲常務理事。

他還先後參與或發起不少史學學術團體，如1928年11月，隨張繼發起組織滿蒙新藏研究會，並當選爲名譽會員；1934年10月，參加中國博物館協會；1936年，參與發起吳越史地研究會，當選爲理事；1937年5月，參與發起中國藝術史學會。

對歷史檔案整理研究之貢獻

朱希祖認爲歷史檔案是“史料之淵海”，如對“昇平署檔案”、“西夏史籍”及明清內閣檔案的搶救和整理，是對歷史研究的重大貢獻。其中尤以1921年內閣大庫檔案“八千麻袋”事件最爲著名，此事一出，朱希祖即與陳垣、沈兼士、馬衡等商議，請蔡元培出面，向教育部力爭將剩餘的1502麻袋檔案劃歸北京大學整理，並代蔡元培起草函件，並得教育部許可，使這批檔案免遭滅頂之災。傅振倫說：“初設明清檔案整理會，後改明清史料整理會，即由朱（希祖）、陳（垣）兩師指導史學系同學工作。整理方法皆四位師長（指朱、陳、沈、馬）所定，其辦法分爲三步：首爲形式之分類，並區別年代；次則編號，摘由；再次則研究考證，分類統計。”（傅振倫《先師朱逖先先生行誼》）此檔案整理三步法，後來成爲其他學術機構整理檔案的準繩。

對歷史遺蹟調查之貢獻

作爲歷史學家，朱希祖所到各處均甚重視對歷史遺蹟的調查。其最著名且最有成效者，當是對南京周邊六朝陵墓的實地調查。1934年，朱希祖任南京中央大學史學系主任，同年6月任中央古物保管委員會委員，即開始對南京及其周邊地區的古蹟尤其是六朝陵墓的調查。並與其長子朱偰西至安徽太平，東至丹陽經山，南至江寧秣陵，東南至句容淳化，北至長江，舉凡史乘記載所及，野老傳聞所到，無不按圖索驥，遍加訪問，所到之處均拍照測量，共實地調查十四次。後編《六朝陵墓調查報告》一書，成爲研究南京歷史文化的一部重要著作。

對史館修史之貢獻

朱希祖積極參與清史館《清史稿》編輯體例的討論，貢獻建議，如《擬清史宜先修志表後紀傳議》一文所談體例，對《清史稿》的體例有一定之影響。

1932年，朱希祖至廣東中山大學任教，擔任《廣東通志》編纂委員會委員，受編纂委員會所托，起草《新修廣東通志略例》、《新修廣東通志總目》、《新修廣東通志總目説明書》，係編纂《廣東通志》之準繩，並親自編纂了《廣東東林黨列傳》，以爲《廣東通志》之範例。

參與籌畫成立國史館籌備委員會。1939年底國民黨五届五中全會通過的《建立總檔案庫籌設國史館議》，即爲朱希祖所撰，之後始有國史館籌備委員會的設立。籌委會設立後，朱希祖出任總幹事，並規劃史館制度，草擬《國史館籌備委員會組織大綱》、《國史館籌備委員會辦事細則》，另外還撰寫了多篇有關國史體例問題的文章，全面系統的闡明對國史編纂體例的見解。

對南明史研究之貢獻

朱希祖研究領域極爲廣泛，成就也是多方面的。但在諸多成就中，朱希祖用力最深的，也是最爲世人所稱道的是南明史研究。朱希祖是公認的南明史研究權威，在南明史的研究上篳路藍縷，以啟山林。其貢獻之一是在對南明史料的搜集，二是在對南明史料的辨析，其成果主要體現在史料題跋中。

朱希祖志在編纂一部《南明史》，並製定了《編纂計劃》。可惜天不遂人願，戰爭使其意願成爲泡影。顧頡剛先生《挽朱逷先先生》詩曰："入粤爲尋紹武來，金陵舊院撥蒿萊。平生心事南明史，歷劫終教志不灰。"在朱希祖等學者的影響下，南明史研究遂蔚爲顯學。

朱希祖著述宏富，很多文章散佈在民國時期各期刊中，搜集不易；另有遺稿（包括鈔件）若干，分藏在中國國家圖書館、南京圖書館及家屬手中，整理極難。

1959 年，中華書局有彙印朱希祖文稿之議，並委請其長子朱偰負責整理相關著作，擬陸續出版；後因政治形勢發生變化，除《汲冢書考》、《明季史料題跋》外，其餘書稿都未能出版，有些雖已排版，最終還是撤版了事（如《史學叢考》），這在朱偰的日記裏多有記載。

自 2005 年起，我們重新啟動《朱希祖文集》的整理出版工作，即得到朱希祖後人的大力支持，特別是朱元春女士、朱元曙先生，數年來奔波各地，不僅將各期刊中的文章以及收藏在中國國家圖書館、南京圖書館中的遺稿（包括鈔件）陸續搜羅複製，並參與相關資料的整理與校訂，不辭勞苦，謹致謝忱。

《朱希祖文集》所收文章，内容廣泛，行文各異，格式複雜，所以整理方式不求統一，具體的整理原則請參看每册的《整理説明》或《出版後記》。書中錯誤在所難免，敬請讀者批評指正。

中華書局編輯部

2012 年 5 月

目　録

朱希祖書信集

酈亭詩稿

附　録

朱希祖書信集

整理説明

先父朱偰先生嘗言："先君往來信札，多一代名流手筆，如與章太炎先生論學書，録有副稿者不下數十通。又凡重要信件，多留有底稿。抗戰以來，輾轉遷徙，雖或有散佚，然就其保存者而觀之，猶多重要事蹟存焉。"（朱偰《先君年譜序》）可惜世事滄桑，這批珍貴的信札均已難覓蹤蹟了。此次整理先祖父朱希祖先生信札，或來源於别人文集，或來源於檔案館、圖書館，或來源於朋友相贈，甚或來源於拍賣會。

此次整理，將朱希祖信札分爲三部分：一、與張元濟論學尺牘；二、致羅香林、朱倓信札；三、致友朋、機構及其他書札。

《與張元濟論學尺牘》共一五六通，均按時間先後編序。其中編號第一三〇之前（時間爲 1921 年至 1930 年），朱希祖致張元濟信札七十通，由上海王翠蘭女士整理，刊載於上海圖書館《歷史文獻》第 7、8、9 輯；張元濟致朱希祖信札六十通，刊載於張樹年、張人鳳主編的《張元濟書札（增訂本）》。由於這些信件往往只有月日而無年份，又刊於兩處，給研究者帶來了極大的不便。臺灣東海大學陳以愛博士，潛心考證，將刊於兩處的一百二十餘封信按時間先後、往來順序合於一處，復印好寄我。2007 年初，張元濟先生哲孫張人鳳先生，又寄来新發現的朱希祖致張元濟信札十六通，張元濟致朱希祖信札八通，時間爲 1934 年至 1937 年。這二十四通信均爲原件，由我整理並作注。此外還有編號一四三號信札由王翠蘭整理，登載於《歷史文獻》第9輯；編號一五五號信札由張樹年父子整理，登載於《張元濟書札（增訂本）》。

《致羅香林、朱倓信札》一百二十餘通，原件藏香港大學圖書館，起訖時間爲1932年至1943年，其中九十七通寫於抗戰中，先姑母朱倓將這批信札彙集一處，命名爲《集諭》。先姑父羅香林先生過世後，其家人將這批信札與羅香林先生的其他函件一起捐給了香港大學圖書館，香港大學圖書館將其統名爲《乙堂函牘》。這次整理的一百二十三封信，有兩封不在《集諭》之中，一爲現編號爲第五十八號的1939年4月17日致羅香林的信，誤入《乙堂函牘·雅函》之中；一爲現編號爲第六一號1939年7月26日朱希祖致羅香林《論雲南濮族書》及附件羅香林來函，其原件現藏國家圖書館。朱希祖的信札大多未署年份，只有月日。好在這批書札原件整理者均注有年份，從筆蹟上看應是先姑母朱倓所注，所以這些年份的可信度是極高的。但現發現有十一封信所注年份有誤，此次整理均按朱希祖日記給與校正，並各注於這十一封信之後。這批信札的得來也屬機緣巧合。本不知香港大學圖書館藏有這批書信，後通過臺灣東海大學陳以愛博士推薦，得與香港大學何冠彪教授聯繫。何先生古道熱腸，鼎力相助，幾經輾轉終於將這批信札複製完成，交與余點校。如今這批書札能爲學術研究者提供一些幫助，何冠彪先生功不可没。

其餘書札四十七通多數爲吾姐朱元春教授四處收集而來，然與祖父日記中有記録者相比，恐十不及一，其所散佚者不知尚存天壤間否？本次整理，對信札内容略加注釋；各信按時間先後排列，同一人有數封者，以第一封時間爲准。

朱元曙謹識

2010年12月19日

與張元濟論書尺牘

一

1921 年 9 月 1 日朱希祖致張元濟

菊生先生左右：

近見《檇李文繫》徵稿公啟，尊處爲總收稿處，甚屬欣幸。希祖前撰《海鹽藝文待訪録》，中有胡震亨《鹽邑藝文志前編》（黄虞稷云前集始秦漢迄元，後集明。案是編爲天啟時知縣樊維城輯刻，凡甲集二卷、乙集四卷）、周一鳴《鹽邑蓺林》二十五卷、張昤《鹽邑藝文續鈔》十二卷、樊維城《鹽邑志林》六十二卷、王文禄《海鹽文獻》二十卷、李仙根《馬嘷詩鈔》、陳世佶《鹽邑藝文續編》，皆系考海鹽藝文要書。數年以來，唯購得樊維城《鹽邑志林》一部，而王文禄《海鹽文獻》二十卷僅見秀水高等小學藏書樓藏有一部，屢欲雇人鈔録未果。尊處關於此等書籍未知藏有若干種，便祈示知爲感。前數年曾擬在海鹽城内創立一圖書館，一面收藏新舊普通書籍以啟邑人知識，一面徵求邑人著作以保存文獻，以力微未遂厥志。頻年在北京見邑人遺著頗多，益覺此事之不可緩，先生力量較厚，未識有暇能提倡此事否。昔徐仙舟先生曾言於希祖，謂彼曾蒐羅邑人詩文集數十種，藏於百可園祠堂，此種書籍想尚未散佚，先生可就近一訪，定必有助於《檇李文繫》也。希祖近得吾邑先輩馬墨麟詩十二卷，而敝友何君柏臣購得尊祖螺浮先生《入告編》原刻本四册，有初編、二編、三編、遺編，康熙時刻本，有“馬印玉堂”及“笏齋收藏”圖章。全編目録與先生排印本《入告編》全不相同，排印本缺字之處此本多全，序跋次第排列亦異，遺編目録末多《預備軍餉疏》一篇，惟旁注一“闕”字，四編版式一律，且頗寬大，版心僅有“奏疏”二字，不分編。先生排印此書時僅得嘉慶補刻本，十年以來收藏宏富，想已得到原刻本，惟何君本印刷尚早，字無漫漶，先生如欲得此，希祖可代爲商量。何君本寒士，頗欲得商務印書館石印善本書籍，如能交换，可謂兩得其所矣。有暇祈復數行爲感。敬頌

曼福。

弟朱希祖敬上

十年九月一日

二

1921年9月6日張元濟致朱希祖

奉九月一日手教，知刊印《檇李文繫》徵稿公啟已達清覽，並蒙指示，甚爲欣感。此事發起於葛君詞蔚，近金籛翁南來，道出滬上，彼此談及，謂不可再緩，遂由弟擔任開辦之事。各縣採訪，亦已有人。平湖最爲踴躍，已增得數十家，其餘亦均甚熱心，惟石門一縣，將來恐無結果。桐鄉尚未知若何。原輯本以吾邑爲最盛，弟近亦輯得百數十篇，内新增者五十家。百可園藏必有足資採輯者，當約徐氏言之。吾兄在京，必能廣爲搜羅，俾得增光簡帙。承示有關本邑文獻各書，《鹽邑藝文志》，數年前在滬曾見一部，索價甚昂，未能購得。《鹽邑藝文續鈔》爲先八世叔祖所輯，係鈔本，僅存□卷，餘已散佚。《馬嘷詩鈔》，知邑人尚有藏本，弟僅託人將族人著述録出，並未全鈔，此外則均未之見。《鹽邑志林》涵芬樓中已有一部。弟數年以來，亦鋭意採購同邑先正著述，所得寥寥，别紙開呈，甚愧寒儉。建設圖書館，弟久有此意，責以提倡，弟何敢

承，但願先以一人之力從事收羅，俟機會到來，再以公之於衆。我兄在京購得《墨麟詩稿》，聞之甚羡，此外如有所見不欲自留者，望隨時見示，力所能及，必願留存。貴友何君購得原刊《入告編》，弟夙未見過，如蒙轉商見讓，極爲感荷，如何辦法，並祈詢示。

寄去十年九月四日復王蔀畇同年信一紙。

《馬墨麟集》中如有與先人唱和感懷之作及題詠涉園者，務祈録示。

十年九月六日

三

1921 年 9 月 21 日朱希祖致張元濟

菊生先生左右：

日前接讀大札，適因學校考試，監場閱卷，未暇奉復，遲延之過，幸祈原宥。承示尊藏邑人著述目録，甚覺宏富，其中多有未刻之本，尤覺可寶。《彭茗齋先生詩集》訪求多年，未曾獲覩，間嘗輯其遺詩，僅得一百十五首，録爲一册，藏之篋中。今尊藏有其詩集四厚册，快慰之至，他日若能爲其刊刻，尤爲厚幸。茗齋先生之詩詞高出於羨門先生遠甚，此非一人阿好之言，京師言詩者類持以論，先生想亦表同情也。希祖所藏邑人著作今亦開一目録附上，比之尊藏更寒儉矣。承問管葛山人，此人冷僻，頗難徵考。金籛孫先生近抄得《山中見聞録》二卷，言建州事頗與《實録》、官書相出入，甚有參考價值，亦系管葛山人著，特來下問。希祖案：《嘉興府志》載李天植《平寇志》十二卷，本於《四庫》存目，《四庫》雜史類存目云："《平寇志》十二卷，舊本題管葛山人撰，不著姓名，前有序文題曰龍湫山人李確著。"以著之一字推之，疑即出於確乎？案《海鹽縣志》李天植字因仲，前明癸酉舉人，甲申後遁蹟龍湫山中，改名確，字潛初，當即其人也。是編載明末群盜之亂，分年紀載，起崇禎元年，迄國朝順治十八年平定滇南張獻忠餘黨孫可望、李定國等而止，據此則管葛山人即李天植。《海鹽縣志》謂李天植乍浦後所人，自海鹽籍入府庠，年八十二卒。《嘉興府志·平湖隱逸傳》李天植著有《蜃園集》、《九山志》、《隱林别傳》、《表忠録》、《灌園録》諸書，希祖皆未嘗見，惟舊藏《乍浦九山補志》十二卷題“龍湫山人李確編”。宋景關《書九山志後》謂李先生卒於康熙十一年壬子二月，則《平寇志》一書所載迄順治十八年，時代頗屬相合。然希祖竊有所疑者，《府志·平湖隱逸傳》詳載李先生所著書，無《平寇志》及《山中見聞録》，一也。李先生别號龍湫山人，龍湫山在乍浦，而管葛山則海鹽、平湖皆無之，海鹽雖有管山、葛山，皆培塿，不足以寄託，且一在海濱，一在内地，兩山不相連續，何以牽率成名，二也。據府志、縣志，李先生爲明遺老，孤介絶俗，魏禧、曹溶、周篔輩周以衣食，皆堅拒不納，卒以餓死。而《平寇志》、《山中見聞録》有太祖等稱謂，不似遺民語氣，三也。《四庫》存目本係疑詞，而《府志·經籍》竟確定爲李天植著，《平寇志》與其傳又不相符合，致足懷疑。或謂《平寇志》爲彭茗齋著，其誤亦本於《府志》，《府志·經籍門》有彭孫貽《平寇志》，不著卷數。彭先生所著爲《流寇志》，見於《海鹽縣志》，且彭先生亦從未聞其有管葛山人别號者。竊疑管葛山人似非遺民，當俟别考。惟《平寇志》一書傳本希少，明末史實必有賴以考證者，與《山中見聞録》同有價值，祈速購定，勿失交臂。《檇李文繫》已續輯得百餘篇，正在繕寫，原本目録已閲一過，集録似失於濫，將來關於此事尚當有所獻疑。委問《入告編》原刻本，何君屬望頗奢，擬與先生易商務印書館石印《學海類編》一部，未知可否？祈示知再商。敬頌

起居無恙。

弟朱希祖敬上

九月二十一日

四

1921 年 12 月 2 日朱希祖致張元濟

菊生先生左右：

京師别後，想早安抵槿鄉，兹又遄返滬瀆矣。貴恙定已全愈，甚念。委購《鹽邑志林》，價廉者多已售去，僅文德堂有一部，即索價銀一百二十元者尚在，故未代購。近來京師書籍、字畫爲銀行家爭購，其價暴騰，窮書生只好作壁上觀，一笑。廠肆又見吾鹽先輩著作數種，如黄燮清《倚晴樓全集》十六册，實銀五元；陳景高《緑蕉館詩鈔》四卷二册，實銀一元；張開福（燕昌子）《山樵書外紀》一卷一册，實銀五角；汪仲洋《海壖唱和詩》六卷二册，較希祖所得寬大而潔淨，實銀二元；宋趙孟堅《彝齋文編》四卷一册，實銀五角；此五種尊處如欲購，當代爲寄上。又有鈔本明錢琦《臨江集》十四卷四册，實銀四十元；明徐泰《皇明風雅》四十卷八册，實銀八十元；此二種希祖本擬自購，以款絀不果，尊處如欲購，亦當代爲寄上（此二種頭本已爲他人攜去，購得到否，未可必）。近來希祖自己購得者，明徐從治《忠烈公遺集》二卷一册、錢薇《承啟堂集》殘本十册（有卷七至卷二十八，文全而詩缺六卷，第二十九卷、附刻一種亦缺）、彭孫貽《客舍偶聞》一卷一册。又購得家集四種，一族祖白岳公《禮記意評》十二册，明天啟刻本，價甚昂；一族祖笠亭公《金華詩録》六十五卷，乾隆刻本；一笠亭公《詩學津逮》五卷；一笠亭公《金粟逸人逸事》，記其弟子張燕昌事，一卷，乾隆刻本。又託人在嘉興抄得明王文禄《海鹽文獻志》序録一册，觀其内容，詩文傳記俱全，共二十卷，萬曆刻本，從前修《海鹽縣志》似未覩此書，其實此書宜與《縣志》並行，吾儕宜將此書及胡孝轅先生《海鹽圖經》合璧重刊，以存吾鹽明代兩大著述，未識先生有此意否？彭茗齋先生著述宏富，學問高出於羨門先生之上，宜將其全集彙齊集資刊刻，亦邑後學之責任無可旁貸者也。希祖購得之《客舍偶聞》有汪康年一跋，謂其家尚有鈔本《平寇志》十二卷，題管葛山人彭孫貽著，然則先生所得之《平寇志》十二卷、金籛孫先生所得之《山中見聞録》二卷，皆題管葛山人，皆系彭孫貽著，此二書與《客舍偶聞》皆有記清代事，語氣皆同。天津圖書館尚有彭先生遺著未刊者一二種，擬倩人抄録，暇日當作《彭先生遺著考》，先生當有以助我也。《茗齋詩集》聞平湖葛氏亦有一部，未知與尊處所藏同否，他日若能將各家所藏彙抄一部全集，集資刊成，不特爲吾一邑增光，吾國文學、史學亦將有所裨益也。《檇李文繫》敝處已抄得百葉，俟校對後即當交去。《海鹽文獻志》内文章甚多，大可借抄，或借來與《海鹽圖經》同付石印，皆妙。敝友何君一信兹附上，祈酌復爲荷。敬頌

曼福。

弟朱希祖敬上

十二月二日

五

1921年12月7日張元濟致朱希祖

逖先先生閣下：

卧病都門，迭承存問，感幸何極。旅居無聊，不便調攝，勉强扶病南下，未克趨别，甚歉然也。歸來月餘，迄未復元，西醫强扶出游，藉以更换空氣。由海鹽、澉浦而尖山，而吴興。舟居尚覺安適，且有醫生偕行，飲食起居，俱有節制，近日漸見痊可。歸來得讀本月二日手教，辱荷垂注，感何可言。承示近得先德遺著多種，聞之欣羡。笠亭先生《詩學津逮》，弟亦購得一部，書凡八種，不分卷，而來示乃云五卷，豈止五種耶？《承啟堂集》弟亦有之，如欲抄配，當寄上。《徐忠烈公遺集》，則極難得也。茗齋先生《客

舍偶聞》，穰卿已印入《振綺堂叢書》之内，敝館所出《涵芬樓秘笈》，亦已影印數種。《平寇志》，弟已買得，卷端有龍湫山人李確序，《四庫》謂其所著而語氣實非，自序所謂管葛山人即茗齋先生者，殆或不誣。平湖葛氏所藏《茗齋詩集》係分體，並無序例目録，中亦有重出者。弟處所藏，則以年月分編，僅存四册，爲卷三、四及八、九。與葛氏本對校，彼此互有歧異。以私見測之，弟處一部似爲原編，惜不全耳。原擬印入《四部叢刊》之中，繼以葛氏藏本體例未善，故未列入。異日如出續編，或當採録。秀水學校所藏《海鹽文獻志》，王蔀畇同年來信謂編輯者乃田菽蘅，而非王文禄，不知何以傳訛。已託照録一部，擬即補入《檇李文繫》。孝轅先生《圖經》流傳雖少，尚未絶蹟，以云影印，恐未易易。蒙示近見鄉先輩著述，如張開福《山樵書外紀》及汪仲洋之《海壖唱和詩》，均請代購。書值二元五角，即飭書估送至琉璃廠敝分館照書領取。《彝齋文編》則敝處已有之，《倚晴樓》、《緑蕉館》兩種均係新刊，南方尚易覓，亦不敢多瀆也。錢琦《臨江集》是何時鈔本？有無襯紙？《皇明風雅》是何時印本？尚請親查。然索價過昂，此時力有不逮，徒呼負負而已。《學海類編》係傅沅叔委印之書，並非本館自己出版，故無折扣。何君雅意極可感。明春尚擬北來，屆期當先拜觀一過，再以奉懇。《文繫》遺稿知已抄得百葉，甚善，甚善。其姓名篇目可否乞先開示，俾得知照各收稿，免致復出，原擬舊曆年終截止，現以收稿甚少，只得轉緩數月，但求美備，本不急於成功也。

十年十二月七日

六

1922 年 2 月 20 日朱希祖致張元濟

菊生先生左右：

去冬十二月七日承賜大札，爾時以北京大學大加改革，校務甚忙，繼以陰曆年事，書債累積，稍事清理，蹉跎未曾裁答，抱歉之至。兹有《海壖唱和詩》二册、《山樵書外紀》一册，由北京商務印書館寄上，聊以奉贈，收到後祈賜回札爲荷。《承啟堂集》能賜借抄配，甚感，有便祈即寄至北京，抄後即當寄還不誤。《四部叢刊》中《史通》未知用何本影印，前購得嘉靖蜀刻本，甚精，惜爲友人借至廣東，至今未還。近又見一張之象翻宋本，始知嘉靖蜀刻僅得鈔本翻刻，脱誤錯亂殊甚，遠不及張之象本，以故書肆居奇，士人競購，價已增至百金。此書先生嘗見過否？如滬上藏書家有此本，可借印於《四部叢刊》，以嘉惠士林，如無其書，即祈示知，希祖擬節縮衣食費以購之也。上海博古齋有彭茗齋先生《百花詩》，是否已爲先生購去？如已購得，可謂得所，否則可探問得主，設法借抄。近購邑先輩董潮《紅豆詩人集》一部，餘無所得，惟借得書肆《續海鹽圖經》抄配一卷，始知希祖所藏爲後來修補本，記載多數十條，惟中間所有邑人著作名目全行挖去，未知何故。書肆本爲初刻本，書名皆全，因據以校補，而其中記事亦有異同，已不及校矣。未知先生所藏是初刻本抑爲補刻本，如亦爲補刻本，則書肆本當可購也。《臨江集》鈔本不甚舊，已爲人購去。《皇明風雅》是嘉靖本，白棉紙印，亦已爲人購去。《海鹽文獻志》已託人抄一序録，雖曰田藝衡編，實出王文禄手，其凡例可證也。專此，敬頌康健。

弟朱希祖敬上

二月二十日

七

1922年2月26日張元濟致朱希祖

逖先先生閣下：

春寒漸褪，伏維動定納福。昨奉二月廿日手書，展誦敬悉。《海壖唱和詩》二册，《山樵書外紀》一册，知承代購，頃已由敝分館遞到。展閲之餘，曷勝感荷。但萬萬不敢拜賜。書價幾何，務祈賜悉，必當照繳。以後尚有購書之事欲以奉託，否則何敢再相瀆耶？《四部叢刊》中《史通》係用萬曆張鼎思刊本。張有跋，自言據嘉靖陸本訂正。友人孫君亦藏有蜀本，謂曾對勘一過，蜀本實遜。此書已印成，今寄上毛樣一部，另封郵呈，不知與兄所見張之象本比較奚若？乞見示。此樣本即以奉贈，不必擲還。《海鹽續圖經》察似初印，非修補本，與公所見當不同。兹寄去首册。果係兩板，如欲取校，當將餘册寄去。《承啟堂集》十本，一並附上，三書共裝一包，收到之日，乞示數行爲幸。茗齋先生《百花詩》，屢索迄未交來，云檢查不得，近又促之，不知尚在否？邇來購得《鄭端簡公全集》，係常熟天放樓趙氏故物，所缺不過數篇。此外又得陳寶摩《小信天巢詩鈔》，其詩頗佳。徐觀周先生（名昌治）所輯《辟邪集》，乃專考天主教者，書爲日本刊本，亦頗罕見。尤可喜者，族祖春溪先生曾宰甘肅徽縣，有《寄吾廬詩鈔》曾經刊行，迄未得見。近乃買得《徽縣志》，即先族祖所修者，中有先生文五首，詩六十餘首，將來可以補入家集，想公聞之亦爲我欣然也。《海鹽文獻志》已託王蔀畇同年覓人照抄一部，恐抄成須在數月後耳。聞輯得《文縏》未收稿甚多，乞即寄示。手復，敬頌
著祺。

十一年二月二十六日

八

1922年3月4日張元濟致朱希祖

前日肅復一函，並寄呈《承啟堂集》全部、《海鹽縣續圖經》一册，又影印張鼎思復版《史通》全部，託北京敝分館轉呈，諒荷

察入。《史通》張之象本實比張鼎思本爲優，敝處頗擬購藏，不知閣下可否見讓？其價值可否商減？若百元則未免過昂。萬一閣下必須自留，則購定後擬祈惠借一閲，無任禱盼。前呈樣本卷七第十一葉後八行究係如何舛誤，此間竟無他本可對，不知都中尚有同樣之書可以參訂否？如能以張之象本訂正，俾得複見真面，則甚幸矣。尊輯《檇李文繫》補稿，甚望寄示。

十一年三月四日

九

1922年3月8日朱希祖致張元濟

菊生先生左右：

疊接大札，不勝欣慰。承寄《承啟堂集》、《海鹽續圖經》首册及《史通》樣本，均未收到，俟寄到後再當奉告鳴謝。《史通》樣本敬承惠賜，得先覩爲快，尤深感激。前寄上《海壖唱和詩》、《山樵書外紀》，其值甚微，敬以奉贈，幸祈哂納，將來委購他書自當效力，不以爲例。近日在廠肆見馬維翰先生詩集一部，頗佳，惜其中缺四葉。希祖去年購得一部，價銀十二元，此部索價十元，已與書肆講定，連抄配裝訂共銀六元，先生如要此集，即促其精抄可也。邑中先哲遺著尊處又得數種，甚羡。《鄭端簡公集》尤難得，所得家集尤可喜。將來先生如遇敝族著作有兩種時而爲希祖所無者，亦祈代購，如能借抄，亦欣喜無量。《檇李文繫》補稿尚須校對，俟春假時校正寄上。張之象本《史通》書估視同奇貨，索價百元，不肯減少，且不肯出借。希祖以爲如此高價必無人購，故與之磋商減價，不料稍遲數日，竟爲財政部人取去，惟聞尚未購定，希祖已與書估約，照數酬值，務必取回，然可得與否，尚未可定。苟幸而得，擬在京翻刻木版，因希祖曾爲《劉子玄年譜》一卷，思附刻於後，又擬集衆本爲校勘記。敝處所藏有明嘉靖陸深刻本，此書爲友人借至廣東未還。又有明郭延年本，有注釋，其本出於張睿父，蓋張據陸深本校刊增七百三十餘字，去六十餘字，此張本非張之象本，恐即是張鼎思本，然未敢懸斷。又有黄叔琳補注本，其本出於王維儉，黄云王獨得宋時舊刻本，比之他刻爲長，然按王惟儉自序，實出於張之象本，而王、黄二本皆有竄改。盧文弨得馮已蒼、何義門、錢遵王三家校本，且得華亭朱氏影宋鈔本爲《史通》校記，然亦依陸深竄改本爲多。希祖前年在京購得浦氏《通釋》原刻本，上有乾隆四十九年陳鱣校語頗多，而所校宋本又與盧氏有出入，此本又經周星詒及其夫人蕙校過，亦一善本，然所稱宋本皆是影寫本，孰是孰非，頗難斷定，故希祖甚思得衆本一理之也。他日能得張之象本，當將所賜樣本卷七第十一葉後八行一校，如不能得，當與郭延年本一校，即可報命。專此，敬頌
康强。

弟朱希祖敬上

三月八日

一〇

1922 年 3 月 13 日張元濟致朱希祖

奉三月八日手教，展讀敬承。寄奉各書計此時必可達覽，包件例比書函爲遲也。《海壖唱和集》、《山樵外紀》兩書必欲惠賜，只可拜領，並奉明示，後不爲例，尤深欽感。《馬墨麟先生集》價僅六元，極欲得之，即祈代購，書價託京館撥奉。附去一箋，乞飭送。邑中先哲著述暨先德遺書，必爲留意。《小瀛洲唱和詩》，去秋蒙屬代購，歸寓即書往詢，云已售去。此次杭州某書店寄書目來，適有一部，亟馳書去，則又爲捷足者先得。迄未報命，甚悉然也。張之象刊本《史通》極不易得，即費百金亦不爲貴。公已搜集多種，復得善本，詳加校勘，與大著《劉氏年譜》同付棗梨，甚盛，

甚盛。他日梓成，尤以先睹爲快耳。敝處影印張本，錯簡蒙允校示，銜感之至。弟明日將有粵東之行，約兩三星期返滬。倚裝肅答，不盡欲言。

十一年三月十三日

一二

1922年3月14日朱希祖致張元濟

菊生先生左右：

承賜新印張鼎思本《史通》並惠借抄校之《承啟堂全集》及《海鹽續圖經》，均於今日收到，不勝感謝。張鼎思本《史通》款式頗似嘉靖陸刻本，恐即用陸本翻刻，且似仿刻而略加校改，故《因習篇》上卷已亡，亦不妄補，可稱矜慎。案郭孔延本序稱張睿父先生再刻，陸太史校定劉子玄《史通》於豫章，爲增七百三十餘字，去六十餘字；又稱張爲觀察，且謂《曲筆》、《因習》二篇增補闕略已成全書，則二張恐非一人。雖二人名字似可聯合，《尚書·洪範》所謂思曰睿是也，然一官江臬（見張鼎思序）①，一官江西觀察：一《因習篇》缺亡未補，一增補缺略已全，故不敢斷而爲一。鼎思長洲人，望檢《長洲縣志》一考其人爲荷。新印本第七卷十一葉所鈔八行與郭本校唯異二字（“夫以廢興時也”，郭本“以”字作“人”；“逝將煙盡火滅”，郭本“盡”字作“燼”）。竊謂《史通》版本有二系，一宋本系，一嘉靖本系。張鼎思本在嘉靖一系中可稱善本，故《補注》下半篇、《因習》上半篇原缺可不必補。《鑒識篇》所鈔八行亦衹好仍其舊，亦不必改，以存舊本真相。若《因習篇》補鈔與張序不符，反爲不美。張之象本尚未得，當徐

① 整理者王翠蘭按：（ ）號內文字原文爲小字旁注，下同。

圖之。專此，敬頌
起居康定。

弟朱希祖敬上
三月十四日

書竟又細觀，張鼎思序謂《曲筆篇》爲增四百卌餘字，《鑒識篇》增三百餘字而去其自他篇羼者六十餘字，其數適合，恐二張即是一人亦未可知。郭稱《曲筆》、《因習》補全，《因習》殆《鑒識》之誤，所稱官銜或亦誤記也。希祖又及。

再者，近來學校經費無着，欠薪不發，再過數日恐難支持，頗思别闢生計，以免窮困，甚望先生有以助我。近因購得嘉靖原刻《古詩紀》（白棉紙）全部，字畫古雅，完全無缺，擬請商務印書館代爲影印一千部，並祈代爲發行預約券及發賣。其辦法如下：一、書照原樣長短影印，或照《四部叢刊》式亦可。一、出書一千部或二千部。一、全數十分之六用竹紙，十分之四用連史紙。以一千部計，印工紙張須若干，每部本錢須若干，寄賣提成若干，寄賣辦法若何，代印辦法若何，務請先生代爲籌畫，瑣瀆清神，容後圖報。希祖又及。

一二

1922 年 4 月 18 日朱希祖致張元濟

菊生先生左右：

前接三月十三日所發大札，知有粤東之行，計期當已返滬矣。三月二十日左右曾奉上復函，中有校正張本《史通》誤字一條，想已收到。近日廣東友人已將嘉靖陸深刻本《史通》寄還，與張鼎思本對校，知張本即以陸本原板挖補修改，又重刻二十余葉，故其字體間有參差大小，挖改之字實勝陸本，蓋當萬曆壬寅時張之象翻宋本已行世，或據以改正，未可知也。由此言之，張本實亦一善本。

《郘亭知見書目》稱嘉靖本多於通行本二葉，實所見者張本耳，書估去張鼎思序，即以充嘉靖本耳。暇時當以陸本與張本對校一過，細數其改易移動若干字作爲一表，亦研究《史通》者一要事也。近上海友人代爲購得《小瀛洲唱和詩》四册，彭仲謀先生所著《明朝紀事本末補編》十六卷鈔本，上有“陳廼乾手校”朱文方印，前五卷以朱筆校勘，跋云：“庚申三月據涵芬樓藏舊鈔本校，涵芬樓本僅存卷一之卷五，其卷六以下十一卷均佚。廼乾記於海上神廬。”商務印書館涵芬樓是否有此五卷本而無此十六卷足本，又聞商務印書館已將此書五卷付印，是否有其事，均祈示知。如有刻本，祈代購一部。彭先生《百花詩》在博古齋者已購得未？邑先哲書近來又得若干，《馬墨麟詩》已託北京商務印書館寄上，因其修繕不佳，原定六元，今衹給五元，其抄補誤字已代校正。梅生兄之郎叔範肺病已愈，其母舅戴君雨農又擬爲瑞典公使，叔範病初愈，不敢同去，亦不敢入學校，將來衹好謀一小事以養病已耳。北方戰事將起，身居危城，不知何所底止。京中好書甚多，近三四日尤多，惜無錢可買耳。敬頌
康健。

弟希祖敬上

四月十八日

一三

1922 年 4 月 28 日張元濟致朱希祖

前月因事赴粤，歸後又轉赴里門省墓，奔走月餘，近始遄返海上。展誦三月十四日手書，敬悉一切，承示《史通》版本異同，藉開茅塞。張鼎思本校勘矜慎，且亦罕見，故敝處爲之印行。查《長洲縣志》，鼎思確字睿甫，累擢江西按察使，見第二十三卷。繹“累擢”二字之義，必其先曾官他職，或即郭序所稱之觀察歟？張

之象本已否購定，甚爲企念。命估影印嘉靖本《古詩紀》，照《四部叢刊》式，自可照估。惟囑照原樣長短，則未見原書，無從揣度。且全書葉數未知共有若干，估算亦難精確。可否乞寄示一二本，並查明全書葉數，當爲飭估。至代售預約一層，再四籌商，殊難應命，緣手續甚繁。前曾偶爲友人代辦，終以損益不能相抵，發行部分不願接受。惟印成之後可以寄售。若並委印刷，則取價當屬格外從廉。此則弟所可稍效微勞者耳。近見尚齋先生《治經堂詩集》十二卷（有無文集，全書未見，未知其詳，尊處所藏詩文集合二十九卷）印刷頗精，不知近來尚易得否？價值幾何？並祈核示。承代購《馬墨麟詩集》一部，已由京館寄到，謝謝。書值已由京館付給，並聞。

前函繕就，續奉四月十八日手示，敬誦悉。此信十日乃達，蓋爲津浦路之故。《史通》張本即以陸本剜改，此爲言版本者所未知，聞之甚快。彭茗齋先生《百花詩》詢之博古齋，云已售之津門購者，何人則不復能舉其姓字。《明紀事本末補編》敝處藏有殘本五卷，已印入《涵芬樓秘笈》第五集中。陳乃乾大約即據是刻校勘耳。承示都中近日好書甚多，未知何書，倘蒙舉以見示，爲敝處所欲得者，當懇閣下爲我購買。臨穎不勝禱企之至。

十一年四月廿八日

一四

1922年5月10日朱希祖致張元濟

菊生先生左右：

前日接得四月二十八日大札，敬悉自粤返旆後又赴海鹽，長途安吉，甚爲欣慰。張鼎思字睿甫既已徵實，則《史通》版本源流益可明瞭。近有友人徐君森玉藏有明陸治刻本《史通》，亦擬借來一校。張之象本尚未購得，將來必可設法備校。又有友人吴君瞿安藏有明萬曆、崇禎二刻本《史通》，現在蘇州，皆忘其刻者姓名，暑假後亦可借來一校，將來擬作一《史通》校勘記及劉知幾年表譜，擇一善本《史通》，並爲刊行。近來時局稍見進步，未若前此之恐慌。《古詩紀》之刊擬作罷論，如此書商務印書館要印，可以奉借。《古詩紀》係嘉靖刻本，白棉紙，八十册，重裝墊紙，原四十册耳。彭茗齋先生《明紀事本末補編》鈔本十六卷，内五卷即用涵芬樓本校勘，異同頗多，其餘十一卷未校，此書似有刊印價值。尚齋族祖《治經堂集》近亦罕覯，版已散佚，杭州等處尚可得其全集，價值想亦不甚貴也。京中好書頗多，惟價值較上海稍貴。近見文德堂有宋版《隋書》，缺四卷，宋版元補本《新唐書》，元版元印本胡三省注《資治通鑑》，元大字本《文獻通考》。德友堂有明翻宋景定本《杜詩》，明翻宋嘉定本《文中子》。宏遠堂有影宋本《方輿勝覽》，似乾隆内府影寫本，字甚精妙，價洋百元。述古堂有宋版《十三經注疏》，内有一二種配補，其餘係北宋刊金大定補本，價萬二千元。晉華書局有元版《吕氏春秋》，其他各處明洪武、成化、正德、嘉靖等佳刻本亦甚多，蓋時局不佳，薪水不發，故好書皆散出耳。兹附上述古堂所開書單一紙，價皆核實，不能減少，如有要購者，當囑其直接寄上，内有《永樂大典》二册最好。前承借《承啟堂集》等書業已抄配告竣，即日當可奉還，先此鳴謝。近因胃病大發，所鈔《檇李文繫》稿未曾校全，俟校定後即當寄上不誤。敬頌
康健。

弟朱希祖敬上

五月十日

一五

1922年9月8日朱希祖致張元濟

菊生先生左右：

頃接九月三日大札，敬悉壹是。先生南旋後一二日，希祖曾偕馬君幼漁至六國飯店敬問起居，據店人言，始悔來遲矣。越數日，北京商務印書館送來《王荆公詩注》一部，知爲先生所賜，正擬裁箋鳴謝，適患腹疾，遂嬾於執筆。日來校勘陸深本與張鼎思本《史通》異同，思得一結案以報告先生兼謝賜書之惠。人事煩擾，日僅得一卷，現正校至第十卷，篇篇有異，或割裂首尾，或移轉數行，至於改易字句不下數百處，將來全部校完後，當雇寫生録出一部奉呈審正。教育經費無着，學校殆將停止，國將不國，文化摧殘，固意計中事，爲希祖個人計，擬休息一二年，以删改舊作，修補未完之稿。年來爲大學所編者有《中國文學史要略》、《中國古代文學史》、《中國文學概論》，此三種係三四年前編成，爲文科講義，然陳義稍舊，不願發表，生平頗不願學胡適之有一篇發表一篇，不顧精粗良楛也。唯《中國史學概論》一書爲史學系所編，自謂稍有精義，且爲近時所作，已成三分之二，今年冬可以脱稿。將來擬發表自己著述，有《補梁書藝文志》四卷，中附考證，稿已略具，尚擬撰成《梁書旁證》及《新梁書》二種，以爲研究史學試驗事業。志願如此，未知環境能許我成否也。《劉知幾年譜》稿亦略具，尚擬增删。《史通》一書將來尚擬集數善本編爲一校，成一校勘記。十年前曾撰《司馬遷年表》二卷，因遷卒年未能塙定，故爲未定之稿。後見海寧王國維君亦有是作，然未愜鄙意，故尚擬重訂。年來承乏大學，牽於人事，時作時輟，苟能不牽生計，息肩著述，亦幸福也，但恐福薄不能享受耳。近來都中商業蕭條，書肆甚乏善本，惟有一嘉靖魯藩本《抱朴子》，價甚昂貴，亦無人願購。兹由郵局寄還《承啟堂全集》及《海鹽續圖經》二書，不勝感謝。專復，

敬頌

道安。

弟朱希祖敬上

九月八日

一六

1922 年 9 月 11 日朱希祖致張元濟

菊生先生左右：

前日奉上一書，諒蒙朗照。《承啟堂集》十册、《海鹽續圖經》一册本擬由郵局寄上，兹因梅生内兄之郎叔範將隨戴君雨農出使瑞典、那威、丹麥，補爲主事，道出滬上，即日出洋，故託其帶上送至尊府，免致郵局堆垛損壞。承久借抄校，不勝感謝。敬頌

道安。

弟朱希祖敬上

九月十一日

一七

1922 年 9 月 21 日張元濟致朱希祖

逖先先生閣下：

本月十一日接奉八日手書，知弟出京後曾蒙枉顧於六國飯店。益以瀕行，未及詣辭爲疚。所呈《荆公詩注》已登斐几，甚幸，甚幸。惟見還之《承啟堂集》及《海鹽續圖經》二書，惠函日期已久，尚未送到，望飭向郵局一詢。吾鄉先哲遺著，近又搜得數種，繕列别紙，寄請鑒核，不審與尊處所得有無重見也。文學凋敝，讀書種子殆絶，先生撢研乙部，直接乾嘉諸老之席，撰著讎校，用思精深，其書滿家，沾溉靡盡。所勘《史通》及盛著各種，固皆以一一遍讀爲快。惠而好我，企盼何似。專此，復頌

道安。

十一年九月二十一日

一八

1923 年 1 月 22 日朱希祖致張元濟

菊生先生左右：

日前連接大札，適值北京又起學潮，從事挽救，故稽裁答。希祖近三四月專研究蕭梁史事，擬編一《新梁書》，撥棄百事，友朋書札亦概未答覆。秋間承寄尊府先集目録兩紙，業已託人訪求，惜皆未遇，故無以報命。吾邑先哲遺著尊處又增十餘種，不勝欣羡，且多稿本、鈔本，尤爲可貴。彭童《海鹽縣志》及《鹽邑藝文續編》殘鈔本，皆求之不可得者。崔應榴長於經學，《學海堂經解》内曾選刻其著作，《吾亦廬初稿》鈔本，頗有刊刻之價值。《雪芽詩選》、《歌風堂詩鈔》似亦爲敝族，惟譜牒頗繁，未曾檢考行輩，二書能賜借一閱，甚爲感謝。《湘管聯吟》正續集二册，《燈庵詩鈔》及附刻二種共四册，祈代爲擬價購入。鍾貴溪詩價廉，亦祈代購。吴、陳二詩集敝處已有。《檇李文繫》百余葉業已校畢，稍遲數日定當寄上。北京大學近亦購買各省志書，此事先生頗有經驗，祈指示其購求方法。京中所有，大都以直、魯、晉、豫各省爲多，雲、貴、川、甘最爲難得，《洛陽縣志》是否爲難得之物？價頗昂貴。章氏各志尤難其遇。專復，敬頌

曼福。

弟朱希祖敬上

一月二十二日

一九

1923 年 1 月 30 日張元濟致朱希祖

《檇李文繫》補稿，承示已得百余葉，聞之甚喜，極盼早日寄

示。《雪芽詩選》、《歌風堂詩鈔》另封郵呈，即祈察入。《湘管聯吟》正續集還價兩元，《燈庵詩鈔》四元，鍾貴溪《四體詩》僅給一元，據復必須十元，似乎太昂，只可作罷，尊意如何？復十二年一月二十二日來函。

十二年一月三十日

二〇

1923年1月30日張元濟致朱希祖

奉一月廿二日手札，展誦藉悉潛心史學，將編一《新梁書》，甚盛，甚盛。承詢購求志書方法，弟從事於此已十餘年，且有各省分館以爲之助，至今尚未滿十之八。雲、貴、川、甘極爲難得，然安徽、福建、廣西等省亦頗不易。洛陽固稱罕見，然固始、蘭陽難尤過之（蘭封恐未有志書，蘭陽亦修於乾隆之世，敝處迄未買得，僅向友人處借抄）。近如省會，如江蘇之長、元、吴，浙江之仁、錢，福建之閩侯，人文薈萃之區，宜必以時編纂，流傳甚多矣，然皆絶無而僅有，每遇一部，皆非數十元不辦（敝處亦僅有長、元、吴、仁、錢五志，而閩侯則至今未見）。章氏各志，弟從未見過，《永清》尚有書，其他皆絶蹟，恐當日未必刊行也。敝處凡遇時代不同之本，一律收藏，故有一縣多至數部者。現尚向各省搜求，然愈收愈難，而亦愈貴。如北京大學有意收羅，敝處亦可相助。現尚登報訪求，故各省尚有開單求售者，只請將所缺各種抄一清册存在敝處，即可代爲購辦。但須定一標準價格，且須指定若干省，則彼此可以相避，不致重出。未知尊意以爲何如？

十二年一月三十日

二一

1923年3月4日朱希祖致張元濟

菊生先生左右：

上月過滬，荷蒙厚愛，冒雨枉顧，又承代購邑集，甚感甚感。茲寄上《檇李文繫》鈔一百零七葉，敬祈選録。近在廠甸新購得邑先輩著述三種，張燕昌《石鼓文釋存》一册、《飛白録》二册，俞浩《西域考古録》十八卷，董潮《紅豆詩人集》十八卷詞一卷，想尊處近來必又添得若干種也。《紅豆詩人集》尚有一部，如要購祈示知，當即寄上。承寄二朱集，均已收閲，細考皆非同譜之人，此二集當與購書墊款遲日一併寄還。近在廠甸購得佳書數種，張海鵬翻宋刻《建康實録》二十卷，王惟儉《史通訓故》一部，其他尚有鈔本書四種，皆無刻本而頗有用。專此，敬頌

曼福。

弟朱希祖敬上

三月四日

二二

1923年3月19日朱希祖致張元濟

菊生先生左右：

日前接得大札，因迫於文債，遲復甚歉。董潮《紅豆詩人集》十九卷附録一卷，四册，銀三元，茲特代爲購到，由郵局寄上。廠肆近又見錢琦《臨江集》一部，明萬曆刻本，似係錢薇之叔，僅四册，而索價至三十元之巨，磋商結果讓至二十四元，以價昂未購，尊意如不嫌貴，可代購也。北京大學購地方志，以經費支絀未敢放手收買。商務印書館如有雲、貴、川、甘、廣西五省重復志書，或

將來續有收得，祈示知，擬求代購。近購得洪亮吉《涇縣志》、章學誠《永清縣志》，頗佳。洛陽及《口北三廳志》亦已購得。《固始縣志》聞亦爲洪編，近有友人家藏二部，渠許迻贈一部，因渠先人曾爲固始縣知縣，故藏有此書。吾郡《秀水縣志》亦甚難得，前在清史館曾見一部，係乾隆時修，未知尊處有此書否。承問，近得鈔本書四種，名目一爲恩華手寫《兩漢三國朔閏表》稿本，三六册，考據甚精。一爲《夷氛紀略》，五册，稿本，記鴉片戰爭始末甚詳，係當時目覩其事者所記，且爲廣東人而不署名，此書當易名曰"鴉片戰爭始末記"。一爲《洪楊類纂史略》，十二册，記洪、楊得南京後一切設施之事，頗詳於制度，又有傳記數十篇。洪楊之役，專就洪楊方面記載之書頗不多覯，惜此書僅記洪楊前半期事，作者係寧波人，當時似曾溷蹟南京，復列行伍，故見聞較詳，惟亦不署名，爲可惜耳。一爲宋趙升《朝野類要》五卷，影寫明弘治仿宋刻本。以上四種皆係新得。去年亦得鈔本二種，一爲彭孫貽《明朝紀事本末補編》十六卷，一爲邊浴禮（著有《空青詞》）手鈔舊本《陽春白雪詞》四册，較之秦刻本及《粤雅堂叢書》本異同甚多，可資校正處數百條（吴瞿安曾擬借刻），此數書將來擬刊行。刻本中之少見者，如張海鵬覆宋本《建康實録》六册（此係六朝别史，甚有用，裴子野《宋略》其中保存不少，可以輯成一書）、楊晟所著《三國會要》六册、諸以敦所著《後漢書年表校補》四册、潘相所著《琉球入學見聞録》四册、《五藩實録》十二册（乾隆刻本，記南渡五藩事，不著撰人姓名）、《哭廟記》一册（康熙刊本，詳記金聖歎等哭廟事）、《孔東塘詩集》八册（康熙寫刻本，名尚任，作《桃花扇傳奇》）、明張之象覆宋本《史通》，四册，附拙著《劉子玄年譜》一册。此數書均擬翻刻流傳，或集爲叢書，或選刊單行。惟木刊價昂，石印未知若何，先生能代爲規畫指導，則幸甚矣。王惟儉《史通訓故》係萬曆刻本，清黄叔琳《史通訓故補》即爲此書而作，近有書估攜來《直説通略》一部，元刻本，十三卷，係白話編成，通俗歷史，自上古訖於宋末，想是元人所編，此乃中國最古之白話通俗歷史，聞書估説尊處亦有一部，未知確否，祈示知。洪鈞所譯印《中俄交界地圖》三十五幅，甚精詳（光緒十六年在俄印），近得一部，似亦有翻印之價值。瑣瀆祈原宥，敬頌

曼福。

弟朱希祖敬上

三［月］十九［日］

二三

1923年4月25日朱希祖致張元濟

菊生先生左右：

前月奉上一函並《紅豆詩人集》四册，想已收到，未蒙示復，甚念。兹寄上《雪芽詩選》一册、《歌風堂詩鈔》一册，祈檢收，久借遲歸，甚歉。前函託代請商務印書館購雲、貴、川、甘四省地志，未知能否設法，祈便中示知。

尊處所印各省府廳州縣志各小册，祈惠寄一二册，以便購志時有可稽考，甚盼。能將尊處所未購到各州縣加以標記尤善，蓋此間亦可代覓也。近在廠肆購得嘉靖初印本《浙江通志》一部、藍絲欄舊鈔本康熙《寧波府志》一部（無刻本，間有補鈔）、康熙《嘉興府志》、康熙《紹興府志》各一部，價均昂貴。此間尚有嘉靖本《崑山縣志》八厚册、乾隆《鳳山縣志》十册（臺灣），以費絀價昂未購。章實齋先生之《永清縣志》得到兩部，一爲乾隆初印本，開化紙印，甚精；一爲道光七年翻印本，款識大小依舊，而各表中略有增減。《天門縣志》亦得到一部，惜缺序目及第一卷，亦無從借得補鈔，此書共二十四卷，寫刻甚精。《亳州志》亦有一部，已

爲捷足者先得矣。又得藍絲欄舊鈔本《明史稿》四十八册，一百七十九卷，僅有列傳，亦屬殘本，與乾隆定本《明史》及王鴻緒《明史稿》相較，詳略不同，文辭亦異。此稿取材較詳，編次皆有深意，讀其論可知。傳中人名十之一二爲王稿、《明史》所無。王氏列傳全稿二百五卷，此稿列傳一百七十九卷，以人名時代比例王稿，似僅存三分之一强，此稿原有列傳當有四百餘卷。列傳末有論，間亦有無論者。《明史》有贊而無論，贊辭與論辭全異，王稿無贊亦無論，論文簡質有法，大似萬季野先生手筆。方望溪所作《萬斯同墓表》謂萬先生撰成《明史》本紀、列傳四百六十卷，志則未成，王稿大都取材於此，故十之六七相同，頗疑此稿即爲萬稿殘本。先生聞見較廣，未知曾見萬先生《明史》原稿否？如能發我疑滯，亦一快事也。《明史》本不饜人意，贊辭凌出於衆手，前後凌雜，了無深意。萬先生之稿成於一人，持論高卓，後先相貫，自在意中。其全稿如尚在人間，當寤寐求之也。鄉先哲書近來又得到若干種？祈示知。敬頌

曼福。

弟朱希祖敬上

四月廿五日

二四

1923年5月15日張元濟致朱希祖

前月回籍掃墓，歸後得展三月十九日手書，因舊仆樂志華被租界捕房苛虐，代爲伸理，忙冗萬狀，久久未復。近又奉四月二十五日惠函，展讀之下，知勞錦注，至深惶愧。承寄下代購《紅豆詩人集》四册，又擲還《雪芽詩選》、《歌風堂詩鈔》各一册，均已先後收到，可祈釋念。聞近得善本甚多，健羡無似。《夷氛紀略》、《洪楊類纂史略》兩書有關史料，可否惠假一閱？尊意欲

將所得之書擇要印行，敝處極願效勞。請將卷葉若干及行款開一清單寄下，當代估價。爲價廉及求速計，自以石印爲宜也。《直説通略》敝處確有一部，惟斷至後周爲止。聞適之言，此書已歸北京大學圖書館，前半稍有殘缺，兩處湊合，可成完壁。如欲取閱，乞示即寄呈。萬季野先生《明史稿》從未見過，新得之本如爲萬稿，則至爲可寶。不知尚有他書可以取證否？王芾卿《明史考異》想已校過，不知異同若何？並望示及。錢琦《臨江集》索價三十元，實屬過昂，二十四元如不能商減，亦請爲弟購下。書價除前購《紅豆詩人集》，尚須找付若干，乞示知，即託京館轉呈。近在上海見有《鄭端簡公年譜》，版本甚佳，正在諧價，書僅四册，據稱非三十元不售。今日買書真大不易矣。貴校欲收買川、甘、雲、貴四省方志，属敝處代爲搜羅，極願效勞。惟須請將貴校尚未購得該四省之志書，開一清單交下，敝處即可通知各該省之分館及代理，按單收買。所有書價應否限制？亦祈明示。惟有一節，敝分館及代理正在搜求，而尊處在京適遇有各該省之志書，勢難失之交臂，則彼此必有重復，此最爲難。應如何辦理，並祈核示。兼請貴校圖書館畀一正式委託公函，是爲至幸。敝處志書重出不少，亦由於同時購買，無可避免之故。兹寄去清單一紙，均屬於各該省者，如貴校未備，盡可奉讓。敝處志目現正重印，印就即寄呈。事冗稽答，無任歉仄，統祈鑒宥。再浙江省山陰、會稽兩縣志，極爲難得，敝處均有重本，但售價較昂，不知貴校已備否？

十二年五月十五日

二五

1923 年 5 月 25 日朱希祖致張元濟

［錢琦］《臨江集》刻又被人取去①，已囑書估設法要回，俟取回時當遵命寄上。印書事俟暑假期内整理後再繕單奉託。《夷氛紀略》、《洪楊類纂史略》兩書極可奉假一閲，敝親朱彙丞於下月中旬回海鹽時擬託其奉呈。前月所購鈔本《明史》頗疑爲萬季野先生原稿，王頌蔚《明史考證》未嘗徵引及此，惟當塗夏燮《明通鑑》（九十卷，光緒十一年四月校刻）曾言及萬季野《明史》初稿，然觀其内容亦未嘗見過此書。近來偶將此書列傳十餘篇與《明史》及王氏《明史稿》對校，以此書各傳爲最詳，王氏稿即由此書删潤，痕蹟分明，偶有數傳，其事蹟已爲王稿删去，而《明史》又復節取者，似修《明史》定本時曾見此初稿者。總之此書爲初稿，王氏稿及《明史》皆爲後出，已無疑義，惟是否爲萬季野初稿，尚須博稽詳徵以定之耳，疑案未破，亦趣事也。此書文筆暢達，情事曲盡，王稿及《明史》定本删節處，正如《漢書》之删節《史記》，有時了無生氣，然棄取之處亦非無互有短長也。速斷之處，幸勿見哂。專此敬復，順頌
曼福。

弟朱希祖敬上
五月廿五日

① 整理者王翠蘭按：此函前半原缺，信箋上有張元濟先生題記一行："以上買志書事，存入公司"。"錢琦臨"三字亦爲張元濟所加。

二六

1923年6月8日張元濟致朱希祖

奉五月二十五日手教，盥誦敬悉。適弟患重感冒，卧病旬日，致稽裁答，甚以爲歉。需用志書十種，遵即檢出，附入敝處貨箱運至北京敝分館，託其轉呈。時日不免稍有耽擱，然比之郵寄，則省費多多矣，書價另單開呈。此四省郵費轉重，故價亦較昂。至山陰、會稽，則書極罕見，不能以尋常本論，尚祈鑒察。如尊意認爲過昂，此兩種亦可剔除，仍請交還敝分館。尚有他省重出各志，另附清目，伏祈察核，敝處如續有所得，當隨時奉告。合則留，不合則去，盡可隨便也。《夷氛紀略》、《洪楊類纂》兩書，蒙允假閱，感荷之至。《臨江集》已被人取去，不妨作罷，倘必欲索回，恐書估不免居奇，受其挾持，殊不值耳。

十二年六月八日

雲南　《永昌府志》十四本，六元。
貴州　《貴州廳志》六本。以下每本四角，凡四十二本，共十六元八角。
四川　《新都縣志》六本。
又　《清溪縣志》四本。
又　《大寧縣志》八本。
又　《忠州志》　八本。
又　《江油縣志》四本。
又　《成都縣志》六本。
浙江　《山陰縣志》八本，十六元。
又　《會稽縣志》十本，二十四元。

二七

1923年6月7日朱希祖致張元濟

菊生先生左右：

頃由北京商務印書館頒來手示並志書十種，照收無誤。雲、貴、四川諸志擬代北京大學購入，其間惟《新都縣志》首有殘缺，會稽、山陰二志價值稍昂，未能爲北大購。茲有友人有舊補鈔本乾隆《鳳山縣志》（臺灣）十册、道光重刊章學誠《永清縣志》四册，價值與山、會二志相當，願以相易，未知尊處已有此二書否，祈速示知。如不願交换，則山、會二志希祖自購亦可。《錢臨江集》已於前日送來，價仍爲二十四元，十日後敝親朱洪字彙丞（倬侯亞兄第二子，現在北京大學預科教國文）回海鹽，道出滬上，託其與《洪楊類纂史略》及《夷氛紀略》二書一併奉上。去冬承代購書銀八元未曾奉還，惟前次寄上董集計銀三元，可以除去，雲、貴、四川諸志共銀二十二元八角，連前五元，共二十七元八角，除去錢集二十四元，應還上銀三元八角，亦託彙丞奉上。山、會二志之款如不須交换，當交北京商務分館可也。希祖月杪擬赴陝西講演，約一月回京，當暫疎音問。鈔本《明史稿》今覓得確證甚多，可決定爲萬氏原稿，並聞。敬頌

曼福。

弟朱希祖敬上

六月七日

二八

1923年6月21日張元濟致朱希祖

奉六月七日（信面十七日）手書，展誦祗悉。雲、貴、四川各

志除新都有殘缺外，均蒙留用，所有書價只二十元零四角。錢氏《臨江集》如承代購，感謝之至。書價二十四元，除歸還《紅豆集》三元外，尚餘五元存尊處，以志書價劃抵外只應找下一元四角。來示稱三元八角者，未將《新都志》價除出故也。章寶齋《永清縣志》，近肆上有一原刊本，正在諧價。《鳳山志》卻未曾有。惟皮之不存，毛將焉附，故亦不欲得之，有負雅意。山、會兩志，價誠甚昂，北大如不購用，盡可退還。即請連《新都志》交還敝京館，近正有人議將敝處重出志書整數購去也。《洪楊史略》、《夷氛紀略》二書，承假閲極感。朱彙丞尚未到，大約不久即可帶來。《明史稿》果是萬氏原稿，可稱瓌寶，敬賀，敬賀。全書刊行不易，最好取《明史》撰一考異，將來與王巘卿本並行，庶不負萬氏一番苦心，未知卓見以爲何如？台從赴陝演講，此時行路大難，務祈格外小心。如見有膚施、甘泉、榆林三縣志，鞏昌、慶陽、涼州諸府志，幸乞代購。拜託，拜託。

十二年六月二十一日

二九

1923年6月22日朱希祖致張元濟

菊生先生左右：

前日承寄地方志十種，後曾奉上一函，諒已達覽。兹託舍親朱彙丞奉上《錢臨江集》四册、《洪楊類纂史略》十二册（此係復鈔本，擬付刻者）、《夷氛紀聞》四册（此係舊鈔本。原有五册，現因復抄付刻，第五册正在復抄，遲日寄上）、銀三元八角（此係地方志八種尾找之款，未知有誤否），收到後祈賜回信。山陰、會稽二志未知要交换否，祈示知後遵辦。三四日後擬赴陝西一行，約一月方回京。吾國亂機四伏，財政困窮已無周轉餘地，京師學校下半年恐難支持，届時或將南歸，常得領教機會，亦未可知。專此，

敬頌
曼福。

弟朱希祖敬上
六月二十二日

三〇

1923年6月□日朱希祖致張元濟

菊生先生左右：

正擬束裝赴陝，忽接大札，敬悉壹是。《新都志》亦係留用，故須找銀三元八角。《章志》係道光補刻非翻刻。《鳳山縣志》其抄補與《會稽縣志》正同，亦極難得，尊處既不用，當復絶友人可也。山、會兩縣志希祖擬自己購入，其款四十元，俟回京後即交商務分館寄上不誤。專此，敬頌
曼福。

弟朱希祖敬上

三一

1923年8月9日張元濟致朱希祖

逖先先生有道：

朱君彙丞來，奉六月廿二日手教，續又奉無月日一函，均謹悉。代購《錢臨江集》四册，又假我《洪楊類纂史略》十二册，《夷氛紀聞》四册，書價找款銀三元八角，均已收到。志書價計廿二元八角，已由敝處劃付清訖。附去發票及收條各一紙。又山、會兩志發票一紙，統乞查收。山、會志價四十元，將來即請就近交付敝分館可也。鈔本《洪楊類纂史略》來示謂將付刻，鄙見此兩書體例尚須斟酌，伏候卓裁。專復，敬頌

台安。

十二年八月九日

又去一信，通知兩書於昨日寄出。十二年七月三日①

承假《夷氛紀聞》、《洪楊類纂史略》兩書，略讀一過，似當時亦不過隨意采輯之本，尊意欲以印行，似宜再加斟酌。昨日已封固寄北京敝分館，附貨箱内寄呈，屬其送上，惟運遞稍須時日，不能如郵遞之速，先此陳明，尚祈鑒察。關中之行曾得異書否？便中並祈示及。山、會志價四十元，倘蒙惠付，即請徑交敝分館爲幸。

十二年八月九日

三二

1923年12月25日朱希祖致張元濟

菊生先生左右：

日前接得大札，敬悉所得鄉先輩著述又添多種，甚羨。《西域考古録》頭本已爲人取去，已囑書估從速取回，如價不昂，當代爲購得寄來。希祖近亦續得族祖炳清《碧琅玕館詩鈔》原稿三卷、族祖泰修手寫《桂之樹軒雜録》一册（未刊）、族祖恒斯《武原竹枝詞》一百首、《顧毓珠詩稿》鈔本一册（族祖泰修有跋語，云未刊）、顧夔綸《不秋草堂詩稿》一册（未有。又重一册即當奉贈）。又族祖虹舫公之《求聞過齋詩文集》（已有）、朶山公之《鶴天鯨海焚餘稿》、葵之公之《妙吉祥室詩鈔》、《壽閒齋吟草》，近又各得一重本，如尊處未有，皆可奉贈，務祈示知爲盼。《石倉十二代詩選》索價極昂，聞至少須千四五百元，訂爲六百數十册，此書恐將爲日本某有力者購去，已在議價。先生如欲購，祈速示知，以便

① 元曙按：此“十二年七月三日”疑爲原編者誤加。“又去一信，通知兩書於昨日寄出”，正是下面一信的内容。

阻止其售與外國人，其價如再能減少，亦當力爲磋商，甚望此書爲尊處所得，將來或可石印，吾輩寒士或可購備一部也。商務印書館將影印《指海》，現在已有預約券未？此書甚望早出爲禱。專覆，敬頌

道安。

弟朱希祖敬上

十二月二十五日

三三

1924年2月27日朱希祖致張元濟

菊生先生左右：

去冬得大札後未嘗奉覆，甚歉。《新疆西域考古録》已爲他人購去，幸其人尚可商量，仍以銀十四元購得，兹特託商務印書分館寄上。顧燮綸《不秋草堂詩稿》一册亦附上奉贈。族祖朶山公之《鶴天鯨海焚餘稿》四册本擬寄贈，適旭辰家叔祖見此書，必欲得之，已爲攜去，幸此書板片尚在祠堂内，且印本尚多，當託族人再覓一部寄上可也。近在廠甸購得吾邑先哲遺著二十餘種，別紙繕目奉覽，其書多係海寧張先弟家藏本，故關於海寧、海鹽著作特多，所得之本以《吾亦廬外集》三種最佳，《淳村集》則尤有關係。曹元方係明崇禎十六年進士，後仕福王、唐王，終隱不仕，馬士英入獄時受其恩，及當國欲圖報，曹峻拒之。此可補明季史乘，故其書頗可刻。《先德》、《同年》兩録亦足以補《海鹽縣志》，其家自萬曆訖乾隆科第不絶，此二十餘種書以甚高之價得之，尚值得也。此外尚有《雙桂堂集》（四册，支清彦撰）、《自得齋吟草》（一册，徐槐庭撰）、《半村詩稿》（一册，顧升誥撰）、《涉園題詠》（一册），每册二元，如欲購，祈速示知。《茗齋百花詩》一册已爲他人先得，《茗齋詩初集》一册亦爲人得，以銀十五元購回。未刻稿

每册少者八元，多者十二元，刻本每册多者五元，少者二元，其價可謂巨矣。以外又購得馮登府《浙江磚録》四册，明天啟本；《浙江登科考》六册，康熙刻本；《四譯館考》四册，明曹石倉手校抄；宋歐陽徹《飄然集》三卷，似亦爲罕見之本。尚有馮登府《閩中金石志》稿本六册（無刊本）、《陳萊孝詩文集》稿本（海寧人，著《歷代鐘官圖經》，吴兔牀藏）十册，價皆在百元外，無力購矣。專此，敬頌
道安。

弟朱希祖敬上
二月二十七日

三四

1924年3月4日張元濟致朱希祖

承賜《不秋草堂稿》，代購《西域考古録》，感謝。朶山先生遺著歸於旭丈，實獲我心。弟近日搜羅先代著述暨所刊各書，偶有所得，輒自怡悦，推己及人，當亦如是。弟固願得是書，尤願旭丈之先我而得也。張渭漁遺書先是曾運至湖州，弟曾見其書目，不允析售。書至京後沅叔有信來告，並代收涉園舊鈔兩種，而不言書在何家，弟急向友人處借來書目，開單託代購，今讀來示，知爲吾兄所得，且不料有如此之多，可賀，可賀。展閲抄目，如《逸在山人文稿》、《衹欠庵集》、《雙橋居詩草》、《半村詩稿》、《閩游小草》、《調齋詩鈔》、《梁溪政略》、《浪吟集》均爲邑志所未載，而亦爲弟寄沅叔單内所未列者。今歸鄴架，得以保存，而來書且有刊刻之志，是真先哲呵護有靈，故得有此遇合。《茗齋詩初集》爲弟族祖春溪公官甘肅徽縣時所刻，同時尚刻《射山詩選》，見諸家乘。《射山詩選》，弟已覓得，而《茗齋詩集》則未之見，乞借閲，擬印入《涉園叢刻》中，想蒙見允。陸咸仲《毛詩鳥獸草木本旨》

前三卷，弟前在海鹽收得，亦手寫稿本，有芑堂先生藏印，與尊處新收之本必爲一書，今以是奉贈，俾作延津之合，另緘郵寄，伏乞莞納。承示尚存《雙桂堂集》、《自得齋吟草》、《半村詩稿》，敝處均未曾有，敬祈代購。渭漁書目中尚有《涉園雜録》一本，與《涉園題詠》並列，度必别爲一書。《涉園題詠》弟已印入《叢刻》之内，而《雜録》則從未之見，曾函託沅叔蹤蹟，而寄來者則仍是《涉園題詠》。今請吾兄再爲搜求，倘能得之，銜感何極。弟處所得同邑先輩遺著，均曾抄寄書目，如與尊處重出而爲敝處所未有者，均懇爲我代購。沅叔事繁，亦不便爲再三之瀆也。近亦收得《吾亦廬文稿》二册，爲拜經樓鈔本，不知與尊處所得有無異同。兹一並寄去，乞閱過寄還，如有異同，並乞見示。此外有《西圃軒集》，亦崔君所著，又有《讀杜隨筆》，則陳言揚先生所著也。新得各書中有涉及寒家之作及與先人倡和篇什，乞抄示一目。近來搜輯不少，然不饜其多也。

十三年三月四日

三五

1924 年 3 月 10 日朱希祖致張元濟

菊生先生左右：

前日接得大札並書三册，甚爲欣喜。陸咸仲先生《毛詩鳥獸草木本旨》一册既承寵錫，敢不拜貺，此十三卷之書居然璧合，不勝感謝。惟每册之末略有一二缺葉，爲可惜耳。此書共五册，惟二、五兩册完全無缺，先生如欲抄録，謹當寄上。《吾亦廬文集》首篇缺葉，此間可以抄補，此次文英閣所購係《文集》二卷一册、《外集》七卷二册，皆崔先生手寫稿本，《文集》與尊藏互有詳略，然合兩部爲一，除去重復，尚非全璧，因閱《外集》中有崔先生手寫一條夾在書内，内開："《文集》正稿五本，又未删一本，又《續編》一本，《詩稿初集》一卷，又《正集》未删一本四卷，《續集》八卷二本，又《吾亦廬外集》二本，又《農事統記》四本，又《蒙泉公》一本，以上俱全稿。”又“九月初九日記”云云。據此則《外集》七卷二本確係全璧，《文集》所缺尚多，《詩集》則未知歸於何處矣。承借之二册擬暫借一月左右，互爲抄補，即當奉還。《茗齋詩初集》既爲尊府所刻，即當由先生購買，惟此書當時開單索購者有五人，倫哲如、金籛孫、傅沅叔三先生外，又有家小汀叔祖及希祖，而開箱之時適希祖及倫先生在側，倫先生得《茗齋百花詩》，希祖得此集，而文英閣觀我五人均欲得此書，因此居奇，竟索價銀十五元，希祖不還價而取得，而旁人竟欲增價得此，甚可笑也。今已與倫先生約定，相互交换抄寫，又與金先生約借彼抄寫，而金先生許以《李天植文集》借我抄寫，俟兩處抄畢後，希祖擬自抄一部，然後將刊本奉上，未知可否？文英閣有《涉園題詠》、《涉園雜録》兩種，初皆爲希祖所得，及諦視之，則皆係《涉園題詠》，故還其一，蓋寫書簽時誤題，故目録上亦仍其誤也。《雙桂堂集》四册，《自得齋吟草》、《半村詩稿》各一册，今已代爲購得，惟書品皆不甚整潔，而每册需銀二元，似覺太貴，文英閣每逢海鹽人著作價必特别昂貴，亦無法也。今姑寄上，如嫌不佳，尚可退還。希祖又購得《樂安任氏家集》四册，中有海鹽任氏詩文六十五家，文英閣因此又大昂其價，給（結）果付銀十八元，蓋此種可遇而不可求之書不可交臂失之。敝族所刻之書希祖處尚有重復者，如《碧琅玕館詩鈔》、《晚翠樓詩鈔》、《求聞過齋詩文集》、《妙吉祥室詩鈔》、《壽閒齋吟草》及少虞家先叔祖詩文集新刊本，如尊處或有未備者，祈來信示知，以便檢出寄贈。承委購覓邑先哲遺著，謹當留意。尊處如遇重複之本，亦祈代爲購得。專此敬覆，祗頌

台安。

弟朱希祖敬上

十三年三月十日

文英閣尚有《朱大齡集》二册、《曹宗載集》二册，稿本未刊，雖標海昌人，實爲海鹽人，以價昂未購，今已爲海寧人取去，尚可收回。《茗齋詩初集》一册、《射山詩選》一册，本係合刻，此次均已購得，且係初印，惟書品稍小耳。此次又得乾隆《乍浦志》四册、嘉慶《硤川志》六册，亦係難得之書，中有關於吾邑掌故不少。

三六

1924年3月16日張元濟致朱希祖

逖先先生閣下：

昨得本月十一日手教，知前寄之書均已遞到。咸仲先生《毛詩鳥獸草木本旨》得歸鄴架，俾成完璧，聊表寸忱，何敢受謝。《吾亦廬文集》首篇缺葉蒙允代補，至感。《吾亦廬詩稿》初集弟先購得，亦用拜經樓格紙所寫，但確係手稿，惜卷末亦稍有殘缺。此外又有《西圃軒集》，亦似原稿，然又不在先生自寫全稿之内，大約係未定之本。如需閱覽，乞示即寄。《雙桂堂集》、《自得齋吟草》、《半村詩稿》共六册，均收到。價雖昂，不能不購。今託敝分館送去十二元。又《西域考古記》價十四元，共廿六元，即祈察收。《茗齋詩初集》辱承允讓歸敝處，極感。然弟竊有無餍之求，《射山詩選》本係合刻，弟曩得一册，蠹傷甚重，多缺字，我兄所得既係初印本，可否求一並慨讓，俾得同時付印，有珠聯璧合之觀。如蒙俯諾，乞示價值，當同繳也。倫、金兩君均欲借抄《茗齋詩》，弟他日印成必各饋兩君一部，代踐尊約。如能勿鈔，固屬甚妙，否則乞其萬勿影寫，緣墨蹟滲印，於後來影印甚有礙也。承開示貴族專集數種，惟《壽閒齋吟草》尚未覓到。如承遠貺，謹當拜領。再張氏遺書目中尚有《文會堂詩鈔》一種，下注“胥溪朱氏家集”，記得尊藏已有此書，如尚存，亦乞代購。朱大齡、曹家載兩集未知需價幾何？乞示再定。

十三年三月十六日

三七

1924 年 3 月 21 日朱希祖致張元濟

菊生先生左右：

昨接大札並銀二十六元，照收無誤。《茗齋詩初集》敝處業已倩人抄録，已有三分之一，既非影寫，不致污損，俟抄録畢即當寄上。金、倫二君擬即以鈔本换抄，將來俟尊處景印後再送他一分亦可。《射山詩選》擬與尊處一本交换，當與《茗齋詩》同時寄上，前言此二種皆初印，今諦視實非初印，惟不模糊損缺耳，因當時印板墨不甚佳，然照相影印尚堪適用。《壽閒齋吟草》與《妙吉祥室詩鈔》合刊，尊處如有《妙吉祥室詩鈔》則必合訂在後，如無此種，祈示知，即當寄上。《文會堂詩鈔》已爲旭辰家叔祖所得，朱大齡、曹宗載著作已爲海寧人攜去，尚未成交，或可取回，其價各標三十元，尚可磋商，俟其收回後再説。尊處所藏邑先哲遺書雖散見於大札中，如能再抄一目見賜，則檢尋尤便。敝處所藏亦當録一詳目奉上，惟不必急急耳。玉堂族祖著作憶尊處有一種，如能惠借，則感甚。敬頌

台安。

弟朱希祖敬上

三月廿一日

三八

1924 年 5 月 6 日張元濟致朱希祖

星門聚首，匆匆作别。前月到杭州晤敏庵，知台從先已數日

行。月之一日由杭返滬，季臣舍弟來告，則文旆又已北上矣。悵望無似。季臣交到尊府家乘，少虞先生喬梓、崔驥雲詩集各一部，辱承嘉貺，拜領謝謝。前由鹽返滬得都中寄來書籍一包，屬轉交吾兄者，私意湖上歸來必可相遇，可以面交，詎料竟爾相左。兹託敝分館送還，敬祈察收示復。弟在杭州購得《鄂韡聯吟稿》一部，似有殘缺。另附清目。記得文英閣亦有此書，似已歸於鄴架，敬祈代檢。倘可補全，擬借鈔耳。玉堂先生所著《淡巴菰唱和合刻》，兹亦寄上，並乞檢收。《茗齋詩選》如已鈔成，甚望寄示。

十三年五月六日

《抱朴居詩》二卷，又續編二卷，馬緒撰。

《愚庵續稿》不分卷，馬國偉撰，無初稿，似缺。

《少白初稿》，又存稿，又續稿，均不分卷，馬用俊撰。

《墓田丙舍録》文詩，附録，題詞，詩，《白洋墓圖説》有説無圖。

《鄂韡聯吟處圖》，只有半幅。

《題贈録詩》缺第一葉至十八葉，又詩餘。

又續録詩，詩餘。

《壽閒齋吟草》、《妙吉祥室詩鈔》弟處遍查不得，想已遺失，尊處如有重出本，乞賜一部。

三九

1924年5月7日朱希祖致張元濟

菊生先生左右：

上月下旬道出滬上，敬承起居，適大駕赴杭，未得暢談，甚以爲歉。臨行時託季臣兄等轉贈敝族家譜一部二十册、少虞家叔祖詩文集一部、崔驥雲先生詩集一部，想皆收到。又由北京敝寓寄上《四寸學》一部六册，轉交希祖，此書未知收到否，祈代爲一查。

如已收到，祈代寄至北京爲感。在鹽所借鹽邑先哲書目已帶至北京，抄録後即當寄上。《茗齋詩選》業已抄竣，正在校閲，不日即當並其他各書由郵局寄上。北京舊書鋪近見有嘉慶刻本《祗欠庵集》，索價銀十六元，大約十二元可得，未知尊處要否，如要，祈示知代購。康熙刻本《徐忠烈公集》一册，已以銀八元購得，與徐小雲先生所刻《忠烈公集》全不相同，大約當時刻時未見康熙刻本也。此次回鹽與張樹屏談及修縣志事，樹屏願捐銀三十元爲倡，且召集全邑士紳公推先生爲正局長，樹屏爲副局長，希祖爲總纂，而總纂事希祖與樹屏商，本皆推先生爲之，而多數邑人以爲先生事忙未必承允，故改推焉。希祖當以學識粗疏，見聞淺陋，未敢當此，屢辭不獲，勉任其難。希祖以爲縣志爲一邑之史，當參酌前賢名著，如章學誠、洪亮吉、孫星衍、畢沅、戴震、武億、錢坫諸公之志，去短取長，參以史學新理，發凡起例，定爲大綱，然後分條採材，執簡御繁，或有合處。此次過滬滿擬奉教，商酌體例，折衷至當，惜無機會，未得振發聾聵，憾何可言。二十日以内當擬一條例繕寫呈正，務祈不吝訓誨，以期至當。局長、總纂等名當時由邑人草草説出，似覺未當，將來亦當擬定名稱，斟酌改正。至於材料希祖擬於本年中秋節前集一展覽會，凡有收藏先人及邑人已刻、未刻著作，及先人邑人書畫、金石刻文，以及各家宗譜（聞吾邑有譜者共三十餘家），咸來陳列會中數日，俾會中逐件登録。書籍登録册卷數目及序録，字畫登録款式、題跋，宗譜摘録人志傳狀，咸標注收藏者姓名。一以採集確實材料，一以發揚文化思想。閉會之日各還本家，而登録之文彙爲一書，大足觀覽。將來修志之時，苟有參考，即可按目以求，此事先生以爲可行否？惟管理及發還，章程須周密安定，否則人多不放心者。如何辦法，亦祈先生賜教。此次回鹽又收得敝族已刻、未刻著作八九種，邑先哲已刻、未刻著作三十種左右，將來當繕一目録奉覽。敬頌道安。

弟朱希祖敬上

五月七日

四〇

1924 年 5 月 22 日朱希祖致張元濟

菊生先生左右：

自滬反京後曾上寸緘，中述修志及得書事，未知收到否？甚念。日前由北京商務印書分館送來大札一函並《淡巴菇唱和合刊》一册，退回書籍一包，照收無誤。近因請假一月，初回學校，諸事屯集，急須清理，故遲遲奉覆，幸原宥爲荷。《茗齋詩初集》一册，並希祖跋語一紙，敬謹奉贈。《射山詩選》一册、《妙吉祥室詩鈔》六册、《壽閒齋吟草》二册、《桂影軒叢刊》一册、《西齋淨土詩》一册（天寧寺僧），均奉贈，以上共書十二册，皆託商務分館寄上，祈檢收示覆。《鄂韡聯吟稿》曾在文英閣購一部，缺《墓田丙舍録》一種，此次回南卻好得此一册，已可配全，現擬裝訂，稍遲一二旬即當寄上，藉供抄補。文英閣尚有《硤川詩鈔》正、續編二部，每部十二册，中載海鹽人詩甚多，索價每部十六元。初以爲此書硤石鎮必易得，此次至硤石竟無從購，回京後急購一部，價十二元，尚存一部，如要購取，當代辦，否則單君不庵要購矣。京中尚有嘉慶刊本《袛欠庵集》四册（吴蕃昌撰，十二元）、《小梅花館詩詞》四册（吴廷燮撰，六元）、《漱紅山房詩草》二册（何岳齡撰，三元），皆爲邑先哲所著，如要購，亦祈示知。《吾亦廬文稿》及《淡巴菇唱和合刊》稍遲若干日即當與邑先哲著述目録一併寄上。崔先生《横山紀略》今藏横山張氏，且尚有其他著述，將來或可彙刊全集。查蓋卿先生《寄廡樓詩稿》一册已借得，現正鈔録，將來當以原稿及鈔本一併寄上，求先生爲之序刊，亦一佳事。前函

所陳修志及展覽會事務，祈賜教。專此，敬頌
道安。

弟希祖敬上

五月二十二日

尊處所藏《鹽邑藝文續編》二册中有彭茗齋先生詩否？近在鹽亦得一册鈔本，中惟張先生寧之詩爲最多，其餘尚有二十餘家亦皆明代人。又尊處所藏《陸太沖詩鈔》三册，是否係十五卷足本？尊府家集共有若干種，可否亦示一目。希祖又及。

四一

1924年6月10日朱希祖致張元濟

菊生先生左右：

前日由北京商務印書分館送來大札並銀四十八元及附致小汀家叔祖一函，均照收無誤。當時以十五元繳還未收，因《茗齋詩初集》希祖決意奉贈，一則敝處業已鈔録一部，一則聊報惠贈陸氏《毛詩草木鳥獸本旨》首册雅誼，不但續張、朱舊交已也，如必固卻，轉使希祖愧對先哲。《射山詩選》亦謹奉贈，將來景印後祈惠寄一二部可矣。前附寄《茗齋詩初集》跋語中有"《百花詩》一卷"之句，"一"乃"二"之誤。近日因端節俗務糾纏，遲遲奉復，來函謂稍有貴恙，想已全癒，甚以爲念。兹寄上《硤川詩鈔》十二册、《衹欠庵集》四册、《小梅花館詩詞》四册。尚有《漱紅山房詩集》二册，因檢點缺末一葉，乃囑書鋪裝訂鈔配，尚未竣功，遲日寄上。海鹽先輩著述目録一册，亦謹附還。南旋時新得邑集、家集數十種，亦繕一目録奉上，《小峨嵋山館》五種五册亦奉上，可資鈔配，以上書二十六册、目録三紙，均託商務印書分館代寄。《吾亦廬文稿》業已代爲鈔補十餘篇，惟尚未校對，故未寄上，《淡巴菇唱和合刊》亦已鈔竟未校，此二種尚祈寬時日寄還。族祖

虹舫公所著《從政觀法録》三十卷八册，板早毁，流傳甚少，去年小汀家叔祖在湖南購得一部，價洋二十元，近見北京集成書局亦有一部，索價二十四元，大約二十元亦可得。又有《明人詩鈔》續集十四卷四册，索價八元，約六元可得。此二書如要，祈示知，當代購。《海鹽縣志》事，當時張君樹屏召集邑人開會，希祖於開會上日始由杭州回里，一切皆未預先商酌，開會時殊覺草率，一切名稱既未安定，所推總纂亦未斟酌人選，尤可笑者，分纂推定至二十餘人之多。希祖本亦不願從事，旋因推先生爲局長，希祖以現在流行學堂局所之新職員名辭例之，局長總理（裁）一切，下分二部，一編輯部，其主任即向所謂總纂也；一庶務部，其主任即向所謂提調或經理也，凡採訪、收掌、校對等事屬之，惟名辭須斟酌改定。當時至滬本擬與先生商酌一切，故暫允任。又所謂展覽會者，其本旨即在搜羅志料，只希望人送展覽品來，至於觀覽考核自未必多人，而趕熱鬧者恐亦不少，則宣傳已有力量，況表揚先德，宣露己有，亦人所具有之心，加以字畫展覽較增興趣，故觀者亦未必甚少，惟須鼓吹動聽，主持得人，保管有法，則送品者自必踴躍。先生能主持於上，則希祖自願前來襄助，有益志事定必不淺。文化事業隨處應爲，況在鄉里，望先生勵精協作，居之勿疑。事之錯誤者尚可挽救，如任分纂者，必書明某篇某人分纂，不能成一篇者則不書名，則淘汰者必多。人才缺乏亦可隨時陶鑄，内地亦不乏熱心之人，惟無明者爲之部勒耳。學校近將暑假，補課、考試格外忙碌，俟稍暇即當擬定志例，奉呈誨正。志事頭緒紛繁，萬望先生規畫全局，分部交辦，是所至盼。敬頌

道安（承鈔示目録二紙，謝謝）。

弟朱希祖敬上

六月十日

四二

1924年6月21日張元濟致朱希祖

杭州歸来，於本月六日寄上一函，不數日即得五月七日手書，展誦祇悉。因患便血，館事又忙，遲遲未復。前日又奉到本月（元曙按：指五月）二十二日惠函，知前信及寄還書籍一包，又《淡巴菰唱和合刻》均已遞到。翌日又由北京敝分館寄來《茗齋詩初集》一册（附有我兄跋語）、《射山詩選》一册、《妙吉祥室詩鈔》六册、《壽閒齋吟草》二册、《桂影軒叢刊》一册、《西齋淨土詩》一册，均已收到。《茗齋詩》不敢拜賜，書價十五元今託敝分館送上，敬乞察收。至《射山詩選》前示與敝處一部互易，今查敝處一部蠹損頗重，互易亦有未安，擬借影后仍奉繳。其餘各種，則謹拜嘉惠，謝謝。《鄂韡聯吟稿》蒙允借鈔，極感。《硤川詩鈔》正、續編，《祇欠庵集》、《小梅花館詩詞》、《漱紅山房詩草》四種，弟均欲得之，祈費神代購。書價三十三元亦託敝分館送去，統乞彙收。蓋卿師遺稿甚盼一讀，異日自當印行，此爲後死之責，況當年立雪耶？敝處所藏《鹽邑藝文續編》並無茗齋先生之詩，所收係有明一代，起洪武，迄崇禎，似係全書。今將人名録呈，此書亦宜印行也。《陸太沖詩鈔》寫本極精，凡十五卷。《茗齋先生詩》弟處共有六册，無暇詳校，新鈔一册係摘選之本，無甚可取。其他則均屬舊鈔，尚係原編，並未改動，將來未知能否爲付剞劂耳。家集亦另抄一目，一並寄去，統祈察閲。續修邑乘自是要事，樹屏慨捐鉅款，尤爲難得。此事只可偏勞，弟學殖荒落，且精力衰頹，斷難膺此重任，無論何等名義，概不敢居。如有所知，當效壤流之助可耳。編纂體例如已寫出，甚盼見示。展覽會極是盛舉，但恐無人能辨。既開之後，亦恐無人來看。現在本縣能任此事而又熱心者共有幾人？弟于家鄉之事，甚爲隔膜。兄能南歸在家主持數月，此事必可舉行，否則，恐不易辦。就弟所知，現在本地辦理地方公事者均不能勝任也。承示此次回里，收得鄉賢著作數十種，不勝欣羡，乞繕示目録，禱盼無似。杭州歸來獲誦六月七日（元曙按：当为六月十日）手教，展誦敬悉。先是京師敝分館寄回擲還銀幣十五元，正擬去函繳奉，今誦來示，藉諗雅意殷拳，只得拜領，敬謝，敬謝。寄來《硤川詩鈔》、《祇欠庵集》、《小梅花館詩詞》並《小峨嵋山館五種》，均已收到，此《馬氏家集》與敝處一部比對，乃知所缺甚多。今已發鈔，恐稍需時日，方能寄還。至寄呈之《吾亦廬文稿》、《淡巴菰唱和合刻》，盡請從容留閲，不必亟亟擲寄也。承示新得邑集、家集清目，不勝健羡。中有《鹽邑藝文續編》一册，注明不全稿本，此爲先八世叔祖竹莊公所輯，敝處曾收得第一册，前有總目。兹録出一紙呈閲。不知新得一本係何門類？敬祈檢示。異日尚擬借鈔也。虹舫先生所著《從政觀法録》，敝處未有其書，敬祈諧價代購。價金幾何，乞告知京師敝分館，當屬奉上。至《明人詩鈔》續集，早與正集同時購得。前目漏列，可勿復購，承注感悚。續修邑志事論理萬無可辭，惟年來精力衰減，而商館之事又不能擺脱，前與籛孫、詞蔚兩兄發起續輯《檇李文繫》，至今尚未結束，每一念及，爲之彷徨，倘再擔任如此繁重之事，直不啻蹙其命運，務乞鑒原，許如前請。至開設展覽會，倘得閣下回里主持，弟于故鄉文獻有可供參考者，必悉數貢諸左右。言不盡意。

近在杭州又購得舊鈔本茗齋先生所著《客舍偶聞》一册，與振綺堂刊本比對，無甚異同，惟彼本彭暐之跋缺去兩行，此則完全耳。

十三年六月二十一日

四三

1924年7月5日朱希祖致張元濟

菊生先生左右：

前得六月二十一日大札，因校中考試閱卷，未曾奉覆，甚歉。承示《鹽邑藝文續鈔》目録，以文體分類，與敝處所得迥然不同。此名《續編》，以人爲綱，所録皆詩，惜係殘本，僅存明代五十五人，兹亦鈔目奉上，其中詩多者數十百首，少者一二首，未知何人所編。族祖笠亭公所見《續編》有彭茗齋先生詩五百餘首，殆即此書之下半部。《從政觀法録》三十卷六册，業已購妥，計銀十八元，兹並《漱紅山房詩集》二册送至商務印書分館代爲寄上，其款當遵示支取。海鹽志局仍望先生擔任，良由吾邑典籍大半萃於徐氏及平湖葛氏，此二家非先生代表不能徵求，且籌款、用人、刻板亦非先生不易奏功。希祖資望微淺，離鄉較遠，無交際指揮之才，惟編輯一事當竭全力以助。先生惟須商榷條例、指示標準、網羅編輯人才，如富敏安、徐蔚如諸先生亦惟先生敦請或可從命，此事本期三年告成，亦尚無繁迫之慮，張樹屏兄當必前來敦勸，務祈勿再峻拒，是所至盼。談君麟祥病漸告愈，兩月之内曾來函三次，言病後家計更窘，非謀一不甚勞劇之事以維持，則憂患煎迫更足以促其生命。談君文筆雅潔，且又熟於鹽邑掌故，志局以收掌編輯之事屬之，談君必可勝任。先是樹屏擬請許佩英君住局辦事，月薪五十番，許君有事未允。希祖以爲局中編輯部皆可不支薪，惟幹事部須住局支薪，其主任本擬一人，許君任之，今許君不就，希祖以爲可分此職爲二：一主收掌編輯，如談君者可以任之；一主採訪編輯，或校勘，須長於交際、强幹而精敏者可以任之。然此皆局長之職，不敢擅斷，且非先定局長，此等事亦無從發生也。談君意欲謀一乾薪，恐非易事，惟其欲望不大，只要二十番左右，亦可强支。先生能别爲設法否？專此，敬頌

大安。

弟希祖敬上

七月五日

四四

1924年7月9日張元濟致朱希祖

奉七月五日手書，展誦祇悉。續修邑志，桑梓之事義無可辭。惟年來精力就衰，現辦商館之事，已覺十分竭蹶，斷無餘力可以兼顧。前日汪知事亦來一信，有所商榷。已復去一函，今以留稿附呈，伏祈察入。前六月廿一日去信，備陳下情，兹不復述，務求鑒宥，志局既開，將來如需向葛氏借書，弟必盡力從旁説項，纂述之事苟得吾兄主持，鄉里必無異言，即敏安、蔚如諸君子，亦無不樂爲之助。不肖如弟，苟管蠡所及，仍當貢諸左右也。麟祥病體就痊，聞之極慰。但久病之軀，豈能再膺繁劇？每一念及，殊爲懸懸耳。鈔示《鹽邑藝文續編》殘本目録與敝處所藏一部第一册人名次序完全相同。前函所稱族祖竹莊公所輯者，乃《鹽邑藝文續鈔》，誤認爲此，妄思借鈔，今知乃爲續編本。□年五月三十去信曾將是書人名附呈，計蒙察及，卷首闕去六人，想係漏寫或佚去。且查張寧詩凡一百十八首，朱樸凡九十三首，錢琦凡六十四首，許相卿凡三十五首，來書謂此四家獨多，然則必係同一書矣。下册輯至明末止，尚有六十七人，而彭茗齋尚不在内，大約列於清代之首。尊處如欲補鈔，俾得多存一部，弟當覓便寄奉。每人有小傳一首，頗足爲文獻之徵也。《從政觀法録》六册、《漱江山房詩集》兩册，頃已由京師敝分館寄到，費神之至。書價十八元尚未據該館報賬，已屬呈上。

十三年七月九日

四五

1924年8月3日張元濟致朱希祖

前月九日肅上一函，計蒙垂察。續修邑志故鄉諸老及縣宰復有信來，强以相督，弟自慚弇陋，何敢膺此重任，業已具復。他日有關涉文字之事，如有所見，當共商榷，至於名職，無論爲何概不敢居。先生知我，當能鑒其苦衷也。樹屏兄言弟若不爲，則兄亦必退，此斷斷不可。我兄年富力强，不可與元濟衰朽相況。千秋之業，責在賢者，竊望毅然任事，勿重弟之罪戾，叩禱，叩禱。馬氏《小峨嵋山館五種》已鈔補完畢，原書五册，今由郵局掛號寄還，敬祈察入。《鹽邑藝文續編》尊處所得一部，稍有殘闕，弟處一部可以鈔補。如需用，乞示即寄去。近日搜得鄉先輩著作數種，一，陳訏《勾股引蒙》；二，陳詵《易卦玩辭述》、《詩經述》（《續圖經》有此人，而縣志不收）；三，吴寧《大復山人精華録》；四，吾祖望《漁璜詩》。又鈔得陳則梁《莧園集》半部。若《鄭端簡奏議》爲項篤壽所刊，近甫發鈔，尚未成也。曩承代購《從政觀法録》、《漱紅山房詩集》，書價十八元知已由敝分館繳上，不知近日續有所見否？余容續布。

十三年八月三日

四六

1924年12月8日張元濟致朱希祖

數月以來，南北擾攘，聞都中有若干時日亦甚驚惶，伏想潭府安善，至爲馳念。上海雖未作戰場，然槍炮之聲時時得聞。閘北駐兵尤多，幾如遍地，火綫隨時可以爆發。敝公司有數千人倚以爲生，勉力支持，卒未停輟。幸叨福庇，竟獲安全，不可謂非意外之事，至今思之猶令人有餘悸也。前於七月九日，八月三日迭上兩函，又由郵局掛號寄還馬氏《小峨嵋山館叢刻》五册，度均上達典簽。萬一尚未遞到，敬祈示悉，以便追查。近于本邑先哲著述續有所得否？前示朱大齡、曹宗載兩集已爲他人取去，不知有退回之望否？實價幾何？並祈探示。弟近來一無所得。惟在徐曉霞處見有明萬曆錢懋穀所輯《錢氏家史》一部，凡十四卷，亦已不全。又託人向貴族拙安君處借得張雲槎《補梅居士詩選》四卷，即照録一份，詩不甚佳，然亦有可采者。卷首有《斗南子傳》，爲未祼先生手筆，似光緒初年修邑志時未經見也。弟邇日頗喜鈔書，尊藏《淳村集》、《曹氏先德録》、《浪吟集》、《廉讓堂詩集》，擬先乞借我鈔録。倘蒙俯允，祈于暇時檢寄。《吾亦廬文稿》暨《淡巴菰唱和詩》如已閱竟，亦乞同時擲還爲幸。

十三年十二月八日

四七

1924年12月15日朱希祖致張元濟

菊生先生左右：

昨日由北京商務印書館遞到大札，敬悉潭第平安，甚爲欣喜。今夏小兒輩忽染腥紅熱症，多入醫院，亡一幼女，其他幸得治愈，而康健者皆避居他處，房屋皆消毒封閉。還家月餘，而大小兒又發斯症，又二次消毒，入醫院療治，動經數十日，以故擾攘三月，心頗不寧。其後南北戰爭，更形憂悶，學校乏款，岌岌可危。尊處久疏箋候，良以此故，幸勿見罪。七、八月兩次來函並《小峨嵋山館叢刊》均收到無誤。其時舍間多罹病厄，故延閣至今，欲言之事甚多，反致輟筆，疏嬾詒譏，歉仄之至。近來於本邑先哲著述所得甚少，一因心緒不寧，二因囊橐不裕，海王邨裏蹤蹟頗疏，惟有人送來明徐昌治《高僧摘要》鈔本六册、徐次雲先生《竹隱廬吟草》稿本二册，業已購得。尚有張北湖（名朝晉，康熙、雍正時人）手寫詩文稿本三册（敝處前所購者係傳鈔本）、《彭茗齋雜著》三册，索價各四十枚，不肯減少，以太昂故未購得。《北湖集》係浙教育廳長張閬聲君之祖所作，彼或欲購。《茗齋雜著》家小汀叔祖所發見，以價巨未購定，先生如不嫌貴，當可代購。《吾亦廬文稿》暨

《淡巴菰唱和詩》久當寄還，初則以消毒之故未敢寄還，繼則以戰爭之故恐途中失卻，以故蹉跎至今。現擬將代爲補鈔之文數篇，校正後當寄上，《浪吟》諸集亦當檢出附寄。希祖久蓄此意，以爲吾二家所藏邑先哲遺著，凡未刻稿本及已刻少見之本，均當互相借鈔，俾多留一分，或可不致散佚。先生如以此意爲然，祈於上列諸書接到後，先惠借《彭茗齋先生未刻詩稿》及《平寇志》二種鈔録，鈔畢繳還後再相互續借，未知先生以爲可否？以後如蒙借鈔決不致久延也。去年購得鈔本《明史稿》，近又於乾隆《餘姚縣志》中得十一條可以作爲萬氏原稿之碻證（此志爲邵晉涵所修，宜見萬稿志中列傳，凡採《明史》者注明《明史》本傳，採王鴻緒《明史稿》者注明《明史稿》，採萬斯同《明史稿》者注明萬斯同《明史稿》。凡採萬氏《明史稿》者，《明史》、王稿皆無或皆略，共十一篇，以與鈔本《明史稿》相校，則皆有而皆同。凡採《明史》、王稿者與鈔本相校，則鈔本均較詳。《縣志》主略，故採《明史》、王稿較多，《明史》、王稿無傳，或有而太略者，乃採萬稿。有此碻證，其餘推想之辭可廢。新舊《鄞縣志》皆注所採之書，卻無引萬稿者）。近於京城内小書鋪中購得清宫昇平署（舊爲南府，道光初改名昇平署，即古之樂府也）戲曲及檔案一千數百册，檔案自道光元年至宣統十五年（王翠蘭按：原文如此。元曙按：宣統十五年，即 1923 年，民國後清宫仍用宣統年號）頗全，此時代中逐日所演戲名及優伶名氏詳載靡遺，官制亦詳備，每戲賞金數目亦皆詳注，戲曲有七八百本，惜多殘缺，蓋太監以廢紙賣於舊紙鋪，書鋪又購於紙鋪，故零落殘缺。王國維《曲録》所載張照等奉敕所編七大部曲，惟《昇平寶筏》及《勸善金科》各二百餘齣皆全，係乾嘉舊鈔本，《月令承應》亦頗完備，有數十齣，其餘四部則多殘缺。又有《昭代簫韶》二百四十齣，向有殿板，今頗難得，此次所得鈔本亦缺數十齣。黄氏曲目所載進御之千餘種，今僅得數十種，不全者十之六七。王氏《曲録》所未載之曲亦有數十種，其殘缺與上等。其他一齣一本之曲亦有數百本，其曲三分之二係乾嘉時鈔本，餘皆道光以後鈔本。據此材料可撰《昇平署志》一部補王氏《曲録》，或《昇平署曲目》一部，惜無暇晷以從事耳。將來整理完全之後，當可鈔寄目録一紙。《昭代簫韶》聞北京書店中人説尊處曾購得一部，未知確否？此種大部戲曲亦係一代樂章，大可景印流傳。現代外國大學大都用小説、戲曲，良以發揚思想、改良社會，小説、戲曲較之詩賦所被者廣，收效較大而速，將來吾國亦必風行。專此敬覆，順頌
道安。

弟朱希祖敬上
十二月十五日

四八

1924年12月22日張元濟致朱希祖

逖先吾兄惠鑒：

奉本月十六日手書，藉悉今夏尊府曾染時疫，悼失掌珠，聞之至爲惋惜。入秋以來，伏想起居綏和，潭第安適，敬念，敬念。前得《明史稿》，知在《餘姚縣志》證明爲萬氏原本，至可矜貴。昇平署舊檔，近又購得千數百册，此皆史部之寶。多文爲富，以斯言奉賀。雖有殘缺，然此外恐無第二本。《清史》正在屬稿，其《禮樂志》中恐未必採録及此。吾兄倘能摘要選録成一《昇平署志》稿本，上諸館中，俾完一代製作，此於史學、文學，裨益匪淺。允於整理完畢鈔寄目録，至爲感荷。能否影印，俟見全目，再定進止。《昭代簫韶》，前弟在隆福寺某書肆中見一殘本，以索價過昂，未能購得，似是鏡古堂，兄試蹤蹟之，或可得也。馬氏《小峨嵋山館叢刊》，知蒙察入，甚慰。前函允假《浪吟》諸集，蒙允檢寄，

極感。借書互鈔，昔人嘗行之，況爲保全故鄉文獻之事，弟極願遵辦。需用茗齋先生未刻詩稿及《平寇志》，茲由郵局掛號寄上，總共十册，伏乞察收。茗齋先生著述，弟所有者爲《湖西遺事》、《虔台逸史》、《彭氏舊聞録》、《太僕行略》，均已印入《涵芬樓秘笈》中。來示謂在廠肆中近見先生雜著三種，不知與以上所舉不相同否？如不重復，小汀丈不欲購存，即請吾兄代爲諧價，鄉賢遺著斷不可交臂失之也。北湖先生手寫詩文稿本自宜歸諸閬聲，萬望代留。弟已專函報知，屬其徑與尊處接洽。次雲先生《竹隱廬吟草稿》何以散出，度必昔年寄呈忠滑公，後遭庚子之難，流落人間。是宜勸蔚如丈速爲刊本。兄盍與言之。再有懇者，弟近擬輯印《百衲本廿四史》，除《舊五代》用《四庫》鈔本，《明史》用殿本外，其餘均用宋元明三朝刊本（《舊唐》只有明刊，《新五代》元本皆漫漶不能攝照，擬用汪諒本，《元史》亦有明初刊本，其餘皆宋元舊槧），南北諸史凡京師圖書館所藏宋元殘本，均已盡數攝照，然殘缺頗多，《周書》至今竟無一葉。世間所存三朝本大都字畫磨滅，不易影印。廠肆爲古書淵藪，不知能覓較佳之本否？敬乞代爲留意。除嘉靖補刊無須外，其餘如有宋元舊槧尚屬清朗者，即一二殘册，亦願得之。但乞勿告以爲敝處所求，此意當蒙鑒察。餘續布。敬賀
歲禧，兼頌潭福。

十三年十二月二十二日

四九

1924年12月23日張元濟致朱希祖

昨日復上寸函，計先達到。敝處藏《彭茗齋先生詩》凡三種，舊鈔者兩種，一四册，一一册，其一鈔本較新，亦一册。昨云四册，實誤記也。今日交郵局寄上（並《平寇志》），因分量不相劑，

故分爲兩包，寄到或有先後，恐勞廑注，故各包上均注明，並祈鑒及。

十三年十二月二十三日

五〇

1924年12月31日朱希祖致張元濟

菊生先生左右：

昨接大札二函，並《茗齋詩稿》六册、《平寇志》六册，不勝感謝。前函允寄各書以補鈔，《崔氏文集》未校，故爾遲遲。兹先將《淡巴菰百詠》一册、《吾亦廬文稿》二册及敝處所藏《曹氏先德録》一册、《浪吟集》一册、《淳村集》六册（連夾板二塊）、《廉讓堂集》三册（連夾板二塊），由北京商務印書分館寄上，收到後祈賜覆爲盼。其補鈔之《吾亦廬文稿》十餘篇及查藎卿先生詩稿，均俟校正後再寄。因日來應清室善後委員會函請助理點查皇宫物品，故爾更忙。《茗齋雜著》舊鈔甚工緻，第一種爲丁未年詩，與尊藏《茗齋詩稿》丁未一集雖半多重復，然不重復者亦多，其他皆係雜文。此書索價太昂，故未售去，兹已擅爲購得，約定銀三十元，亦由商務印書館寄上，將來亦擬借鈔。《張北湖集》恐不可久留，闓聲先生現在未知住於何處，往反稽遲，不如先生自購，或代爲購定，年關伊邇，價目或可酌減。廣東友人倫君藏有《楚臺疏略》十卷，明彭宗孟撰，鈔本。渠可出讓，惟索價太鉅，稍緩再圖，此書未知有刻本否。專此，敬賀

年禧（恕不另柬）。

弟朱希祖鞠躬

十三年十二月三十一日

宋元本史將來可設法攝照天禄琳琅各本。

五一

1925 年 1 月 15 日張元濟致朱希祖

逖先先生有道：

一昨歸自維揚，展誦十二月三十一日手書，祇悉一是。承假《曹氏先德録》一册、《浪吟集》一册、《淳村集》六册（有夾板）、《廉讓堂集》三册（連夾板），又擲還《吾亦廬文稿》二册、《淡巴菰唱和合刻》一册，又代購《茗齋雜著》三册，均已收到。《雜著》寫本頗工，且裝訂亦雅，似非新裝。價銀三十元，今託敝分館送奉，即祈察入。《楚臺疏略》從未聞知，府、邑兩志均不載其名，大約必無刊本，未知全書共有若干葉，索價幾何，統祈見示。《張北湖集》每册若售在三元以内者，即請代爲購入，以非本邑人，不欲出重價也。近在舍親葛詞蔚家借得蔣泰來之《寅穀詩鈔》，黄仙根之《銀藤花館詩集》兩種，正在迻録，昨得信云又檢出《鹽邑藝文前編》，係胡孝轅所輯，尚未寄到，弟先收得續編兩册，皆有明一代之詩。今得前編，異日鈔成，可稱全璧矣。承示宋、元本史可設法攝照天禄琳琅所藏，甚善，甚善。閲報知已着手清查，未知何日可查到？天禄琳琅又未知何時方許攝照？最著名者爲宋刊《兩漢書》目録，稱其字大如錢，紙白如玉，此最宜攝照。其他印刷精美者當亦不少，如有所見，並祈記録大概，示知爲幸。專此布復，敬賀
春釐。

十四年一月十五日

五二

1925 年 2 月 4 日朱希祖致張元濟

菊生先生左右：

前日接得一月十四日大札，敬悉新自揚州歸滬，路途平安，甚爲欣喜。《茗齋雜著》價銀三十元，已由北京商務印書分館付出。《張北湖集》原稿本廠肆本擬售于張閬聲君，故索價稍巨，向以北湖先生系吾邑横山張氏，集中所記祖塋皆在海鹽，後寓居硤石，遂爲海寧人，與曹氏相類，故敢介紹前來，彼頗奢望，恐不遂矣。《楚臺疏略》明鈔本十卷，五册，係友人倫君物，云可割愛，但未説價，現渠赴河南未回，將來見時當詳詢之。天禄琳琅尚未清查，將來總可想法攝照，俟點查時當記録大概奉上。前年購得明鈔宋本《水經注》四十卷，二十册，明白棉紙本，初疑自明柳大中本鈔出，不甚貴重。近由王君静安審定確鈔自宋本，勸我石印，以供同好，渠爲我撰一長跋，録其要如下：《水經注》，每半葉十一行，行二十字，與内閣大庫所出宋刊殘本、明柳大中鈔本、吴門顧氏所藏明景宋鈔本行款相同，取宋刊校之，凡宋本佳處、誤處與字之别構，此本並與之同，又以之校《永樂大典》本及袁壽皆所校景宋鈔本，亦十同八九，蓋即從宋刊本鈔出也。今宋刊本僅存十一卷有奇，《永樂大典》本存二十卷，孫潛夫、袁壽皆校本存十五卷，餘如柳大中本、歸熙甫本，陸孟鳧、錢遵王、顧抱沖諸家所藏舊鈔本，均已無可蹤蹟，而此本獨首尾完具，今日酈書舊本不得不推此本爲第一矣。（此下舉出此本較他本善處及他本誤處十餘條，考證精當，匡正戴校尤多。）王君治《水經》甚深，所見本甚多，諒無虚譽，但此書如付石印，必須照原本大小，其費必巨，他日當細數葉數及量准長短、闊狹尺寸，請代爲計算，當費印資若干，未知尊處可助成此事否，請代爲計畫是荷。聞蔣孟蘋君藏書全數爲貴館購得，中有《永樂大典》本《水經注》二十卷，大可印出，其他善本書甚多，可否擇尤示知一二。揚州之行必多得秘本，甚羨，甚羨。京師圖書館近新定一條例，可代人迻寫四庫本及其他善本，精寫精校，每册需銀八元，禁止外人自來鈔寫，可謂壟斷矣。敬頌道安。

弟朱希祖敬上
二月四日

五三

1925年2月11日張元濟致朱希祖

逖先先生閣下：

奉二月四日手書，謹誦悉。明鈔宋本《水經注》極爲難得，閣下願公諸世人，聞之欣快。照原書大小影印，成本必巨，惜敝處《四部叢刊》先已用聚珍本印行，且用大本，於營業亦不相宜。圖書館所存十一卷不知能影出否？俟量准尺寸，數明篇葉示下，再爲計畫。《楚臺疏略》蒙代商倫君，至感，卻不必亟亟，惟價昂則恐不勝耳。張北湖稿亦以此故，殊可惋也。蔣氏之書此時並未散出，書多而且好。敝公司究係營業，與此事不近，亦無得之之意。新得揚州何氏之書，以叢書爲最多，近人集部亦不少，宋刊本則只有《洪盤州集》一部，此時尚未理齊，容再詳告。手復，順頌
台安。

十四年二月十一日

五四

1925年2月19日朱希祖致張元濟

菊生先生閣下：

昨接大札，敬悉揚州所得有宋本《洪盤州集》，甚足珍寶。明鈔宋本《水經注》共八百十六葉，匡高約裁尺六寸三分，闊半葉約四寸一分。茲寄上樣紙一葉，祈代計算印資若干，其式照原樣大，如可付印，先賣預約券，未知可否？每部可定價若干，均祈籌畫，

費神費神。敝友言京中某將軍家原屬旗籍，喜戲曲，所藏傳奇、雜劇有千數百種，近家中落，房屋田産皆已賣盡，惟此戲曲視如性命，尚未出售，然坐食已空，今後將漸次出售，惟不肯言姓名，旗人尚體面甚於漢人也。前日敝友攜來傳奇目一紙，共十五種，以索價過高未購，惟中多名著，有世所稀見之本，兹特抄上。如尊處可全購，望每種下注明出價若干，以便介紹，若成必源源而來矣。專此，敬頌

道安。

弟朱希祖敬上

二月十九日

五五

1925 年 2 月 26 日張元濟致朱希祖

逖先先生閣下：

奉二月十九日手教，展誦祗悉。命估影印明鈔宋本《水經注》印價，照原樣大小，每張連史紙只能印六葉，每石只能印兩葉，故甚爲吃虧，兹附去估單一紙，敬祈察核。依此計算，成本須二千三百餘元，每部定價十二元，預約八元，全數售盡可收入四千元。託人代售尚須給以手續費，所贏不過千元。如改爲四開式，比原樣縮小縱一寸弱，横一寸强，内匡必須縮小較多，則成本可減輕三分之一，定價亦可較廉，銷數自可較旺，統祈裁酌。如爲再版計，欲留底版，則尚須加底版價。第二次印成本較輕，利益較厚，出版家能獲利者，亦即在此。若僅印一次，不復再印，即令初印之書盡數售去，亦終歸於損失也。再，發預約手續甚繁，敝公司不克代辦，緣同行甚多，援例要求，殊難應付。謹先陳明，尚祈鑒諒。另示傳奇目一單，頗有罕見之本，未知索價若干？是否可以選購，抑或必須全收？敬祈示悉。如力所能及，當再奉懇。昨日購得《鹽邑志林》

一部，毫無殘缺，費銀百元，尚不甚貴否？手復，順頌
台安。

十四年二月二十六日

五六

1925年3月3日朱希祖致張元濟

菊生先生左右：

二月二十六日大札敬悉。承估印《水經注》，計畫周詳，甚佩甚感。惟預約券不便發行，非自集資本不可，清明左右擬南旋一次，届時再當奉商，有費清神，不勝銘感。前呈傳奇目亦可選購，然總以多種爲宜。兹又續到數種：明刊本《旗亭記》（有圖）、明刊本《祝髮記》（有圖）、《紅雪樓傳奇》十二種（蔣士銓，較《藏園》九種多三種）、《古柏堂傳奇》十二種（唐英，乾隆精刊本）、《介山記》（宋廷魁，乾隆刊本）、《百花夢》（張新梅，嘉慶刊本）、《滕王閣》（乾隆刊本）、《東海記》（王曦，道光刊本）、《回春夢》（顧森，道光刊本）、《旗亭記》（蘭皋生，乾隆刊本）、明刊大字本《南柯夢》（湯氏原刊）、明刊大字本《邯鄲夢》（湯氏原刊）。京城曲本甚貴，因陶、王兩家專購明刊有圖傳奇，而崑曲家及新文學家亦相競購曲，然零星偶值相互競爭，故京城以曲本爲最易售。此次遇到大票傳奇，真是難得，希祖無力購買，故介紹前來。惟價值一層頗難定，然大概可分數等：一明刊有圖及希見之本，二普通明刊本，三清初希見之本，四清初普通本，五乾嘉希見之本，六乾嘉以後本。望先生將各等定一價目標準，則斟酌損益自不相遠，又有鈔本及未刊稿本亦須另擬。尊處如欲選購，可開一單，略注價目，希祖亦當代爲斟酌損益耳，請定奪。傳奇目：《千金記》（與汲古閣本不同，有圖，世德堂本，初印）、《鸞釵記》（一名《白蛇記》，有圖，圖缺數葉，富春堂本，初印）、《玉簪記》

（有圖，明金陵精刊本，初印）、《望湖亭》（明沈璟撰，明刊本，有圖）、《金印記》（明刊本），以上明刊本五種；《連環記》（康熙内府鈔本）、《全德記》（康熙内府鈔本）、《綵樓記》（乾隆内府鈔本，開化紙）、《玉盃記》（同上，同上）、《古城記》（同上，同上），以上内府鈔本五種；《一江風》（乾隆鈔本，精鈔，乾隆初和愉齋撰）、《鴛鴦扇》（嘉慶鈔本，藍絲闌稿本，精寫，嘉慶中東海劉永安撰）、《一庭霜》（同上），以上未刊本三種；《荷花蕩》（原刊本）、《人獸關》（原刊本），以上清初刊本二種。賣主不肯自定價，擬取拍賣辦法，出價最高者得之。《鹽邑志林》價百元，不甚貴。近購得《小蓮花室遺稿》二卷（族祖虹舫公女璵撰），二册，道光刊本，餘無所得。天禄琳琅近已點查，宋板書僅十餘部，元板數十部，其餘或移於内宫，或爲太監、遺老换去矣。《史記》（嘉定六年刊本）、《兩漢書》（宋淳化刊元補本）尚存，餘史未見。專覆，敬頌

道安。

弟朱希祖敬上

三月三日

五七

1926年1月18日張元濟致朱希祖

去歲得二月九日手書，知文旆于清明前後南下，故未即復。延企久之，而五卅之事起，内憂外患，接踵而至，擾攘至今，迄未寧靖。台從因未降臨，而弟亦未有一字達於左右，悵歉奚似。今日晨起稍閑，展閱前此來書，謹伸紙奉復如左：

一、某旗人所藏傳奇，未知曾收得幾種，甚爲企羡。前示敝處各款購藏，可就所開單内各種，注明價值。弟於此事完全外行，不敢妄對，甚負雅意，愧悚之至。

二、借下《曹氏先德録》一册、《浪吟集》一册、《淳村集》六册（有夾板）、《廉讓堂集》三册（有夾板），均早鈔完。兹京津交通已復，而直魯戰事又作，甚恐海遞到津之日，鐵路又爲兵車所阻，只可暫存敝處，俟大局稍安，再行寄繳。

三、鄉賢著述，近又收得《金華詩録》，係貴族笠亭先生在彼處掌教時所輯者。此外有《李杜詩通》，胡孝轅著；《香杜草》，任昌運著；《石鼓文釋存》，張燕昌著；《端石擬》，陳齡著；《地理辨正疏》，張心言著；《九山補志》，李天植著。又有《方洲集》，張寧著；《讀書雜録》，胡震亭著；《石窗山人詩稿》，胡焯著；《鏗爾詞》，彭貞隱女士著；《鹽邑藝文》前編，樊維城輯，則皆借自葛君詞蔚録存副本者也。尊處自數月來續得何本，並乞見示。

四、《楚臺疏略》不知詢過倫君，肯見讓否？需價幾何？甚盼告我。

五、新印先始祖《横浦文集》、六世叔祖《東谷公手書尺牘》兩種，各奉贈一部，寄北京分館轉呈，恐遞到不能甚速。

六、承示天禄琳琅所藏宋元本史可設法影照，有嘉定本《史記》，元補淳化本《兩漢書》，均尚存，聞之神往。借恐有何種章程，祈探示。

十五年一月十八日

五八

1926年2月7日朱希祖致張元濟

菊生先生左右：

時事多艱，久疏音問。昨接大札，無任欣喜。前承借鈔之書《平寇志》早完，《茗齋詩》尚有一册未畢，且鈔書雇人易，校書求人難，不校又不放心，想具有同苦。時局糾紛，兩方之書姑皆緩寄，如何？《海鹽縣志》擬修至清末止，而樹屏之意全爲興武，欲修至最近數年，且有許多誤會，故早已辭卻，然頗已集得金石志料二百餘條、畫家小傳八九十人。吾邑明季入復社者十人，而見於縣志者僅蔡士奎、陳梁、朱學章三人，而張奇齡、陳光繹二人則兩家家譜載之，至於馮振宗、馮景裕、張瞻、韓胡昭、劉王才五人則事蹟未聞，先生能助我搜求，則幸甚。《馮氏宗譜》未知有否，渴思一見。承贈《横浦文集》及尺牘，尚未寄到，謹先鳴謝。天禄琳琅宋元板書十之九已於民國十二年運至醇王府内，有案可稽，所存嘉定本《史記》、元補淳化本《兩漢書》，諦視皆系明版僞造者，可歎！倫君已於三四月間赴河南從事路局，《楚臺疏略》竟未説成，明春回京當再商量。朋友中多喜研究明史，近集一小會，先從事於集材料，頗搜購明代史籍。《竹垞先生集》言天啟四年實録毁於馮詮之再相，近購得一清初鈔本《天啟實録》，果缺四年（京師圖書館藏本同），然補以天啟四年全部邸抄，似亦爲他處所無，而爲希見之本，亦一樂也。敬頌

道安。

弟希祖敬上

二月七日

五九

1926年2月20日張元濟致朱希祖

逖先先生閣下：

獻歲發春，伏維動定納福。昨得二月七日手書，展誦祇悉。前承假抄之《淳村集》、《廉讓堂集》、《浪吟集》、《先德録》，已經裹紮，正思付郵，而尊函適至。嗣思津南尚有戰事，倘再進一步，京津交通難免梗阻，故仍撤回，俟軍事稍平再寄。敝處存尊齋之書，即用畢後，亦可如斯辦理也。族祖東谷先生尺牘大約已經遺失，兹補呈一份，即乞察收。《横浦文集》因寄贈京友部數較多，

附入敝分館貨箱運去，輪舟擁擠，且轉折亦多，故到達較遲也。先始祖著述甚夥，僅有《孟子傳》一種見於《四庫全書》，缺去《盡心》兩卷。敝處亦藏有鈔本，但季滄葦書目則作《孟子解》，近見故宫物品點查報告第一編第三册昭仁殿第一十一號書架有《孟子解》八本，抄宋本一函，編爲第十二號，未知是否此書？又連類而及者，《論語解》五本，抄宋本一函，編爲十三號。先始祖當時所著四書皆全，查《四庫提要·孟子傳》下注明内府藏本。頗疑名異而實同。當檢查時，吾兄亦躬與其事，不知尚能記憶否？如不能記憶，可否于開放之時，代爲查閲？先賢著作，固宜流通；眷懷祖德，尤懼散佚。倘果所料不差，未知有何方法可以借出抄録？俾便印行，務祈鼎力玉成，感激匪可言喻。至於《史》、《漢》等書，均係明版僞託，則可置諸不議矣。承示鄉賢列名明季復社者尚有五人，事蹟未見邑乘。敝處圖書館現有書籍涉明季事實者不少，倘有餘閒，當搜討。至馮裕宗、馮景裕二人，恐係與馮明卿同族，惟聞近甚式微。舍親三樂堂馮氏，並非同宗，亦未聞有族譜也。近日鄴架善本益增，聞之健羨不置。《天啟實録》以邸抄補足四年，至可珍貴。鄉賢著述，《方洲集》極爲罕見，弟近向友人處借得，照録一部。《鹽邑藝文》前編亦然。《徵吾録》敝處亦尚未有，他日尚思借鈔。邑志稱董碩甫先生所著有“四存”，“雜存”已刻入《鹽邑志林》，弟近收得“達存”、“疑存”兩種，而吾兄適得“鳴存”，竟成完璧，可喜之至。縣志重修已五十年，及今續輯，以時則可，惟弟自愧寸力不逮，兄亦因故辭卻，只可期諸後賢。所輯金石志料二百餘條、畫家小傳八九十人，真不爲少，異日亦尚擬假録副本，貽諸後世也。手此布復，敬頌

著祺。

十五年二月二十日

六〇

1926年5月14日朱希祖致張元濟

菊生先生左右：

近因京畿戰事，日困危風駭浪之中，飛艇擲彈，驕兵人城，薪金不給，車資軍票騰高物價，四郊難民人京者已二十七萬，至今未敢言歸，人多物少，來日大難，心緒不寧，久未奉覆，至以爲歉。承賜東谷先生遺墨，謝謝。《横浦文集》尚未收到。委查昭仁殿抄宋本《孟子解》八本、抄宋本《論語解》五本，因國民軍既退，已歸警察防衛，現在一切停止進行，不便查考。且當時點查，雖嘗躬豫其事，然亦未細閲，記憶不清，日後開放，或時局稍定，當特辦交涉，親去一查，再當詳覆。《平寇志》及《茗齋詩》均已抄全，惟未親校，尚難放心，暑假在即，俟爾時親校後即當寄還。鄉賢著述近有所得否？敝處近又收得明姚叔祥先生《蒙吉堂稿》一册，選本，非全集。又得馬笏齋先生朱筆簽校湯運泰《南唐書補注》八册，雖僅數十條，然甚精核，擬迻録爲一册。光緒間海寧許仁沐重刊嘉靖《海寧縣志》二册，近亦收得一部。《千頃堂書目》"《海寧縣誌》九卷，海鹽董穀撰"，即系此書。尊處如無其書，可託人至許宅索購。沈子培先生所刊翻宋本《澉水志》及管芷湘校本至元《嘉禾志》早已印行，未見傳本，近購得兩種紅樣本共七册，《嘉禾志》尚少一册，尊處必有其書，將來擬借得抄配。又收明閔寓五刊本《南西廂記》二册，末有跋，云梁伯龍謂《南西廂》崔時佩筆，李日華特校增耳，間有换韻幾調，疑李增也。初不知崔爲何處人，及閲明嘉靖間高儒所著《百川書志》，始知崔爲明嘉靖以前海鹽人（《百川書志》云：李日華《南西廂記》二卷，海鹽崔時佩編集，吴門李日華新增，凡三十八折）。然則明代海鹽曲家許炎南（字有丁，有《軟藍橋》、《情不斷》二傳奇）、祝長生（字金粟，有《題紅記傳奇》）外，又有崔時佩矣。廠肆近有明藍絲闌精鈔本《鄭端簡公雜記》二册，末有其孫心材附録，似即其孫鈔本，字頗精妙，索價銀百元，與之磋商，讓至八十元，以價昂未購，然至今尚未售去。又有友人攜來明棉紙補宋版《三國志》一部（宋衢州版，元大德、明嘉靖補版），實價三百元；明鄒元標《精忠傳》小説一部六册（精寫繪圖舊刊初印本，即今《岳傳》祖本，回數較少而異），實價二百元；《昇平實筏》二十册（清内府寫本），實價二百五十元；《忠義璇圖》二十册（清内府寫本，亦名《水滸傳奇》），上二種見《曲録》，實價二百元；分購合購均可。尊處如欲購，當代爲介紹，因敝處欠薪太多，不能留矣。兹由郵局先寄上《寄廡樓詩》二十二葉、補鈔《吾亦廬文稿》二十四葉，敬祈檢收。虔祝
曼福。

弟朱希祖敬上
五月十四日

六一

1926年5月29日張元濟致朱希祖

逖先先生閣下：

得五月十四日手書，知危城劇戰之中雖受驚恐，而闔潭無恙，聞之稍慰。《横浦文集》前於二月十一日交敝公司裝箱運京師分館，此時尚未寄到，交通梗滯若此，亦可見兵爭之爲害烈矣。前託代查昭仁殿所藏鈔本《論語解》、《孟子解》兩書，現在不便，自當作罷，俟日後遇有機會再瀆清神。元濟炳燭餘光，亟思將先代遺著陸續印行，藉綿先澤，況吾祖爲宋代大儒，其書又今世孤本，設不早謀刊佈，終必化爲煙雲。唯吾兄深體兹意，故敢奉託。今已印成者有《詞林紀事》、《寄吾廬初稿選鈔》、《竺岩詩存》、《西泠鴻爪》、

《張氏藝文》(凡得三十六人),現正排印者有先伯文圃公之《半農草舍詩選》四卷及弟新輯之《涉園題詠》續編。尚有數種,未曾編定,俟彙集成帙即付裝也。承示續得鄉賢遺著多種,至爲欣喜。沈子培新刊澉水、嘉禾兩志,寓中有無此書,遍檢未得。此係新刊之本,異日借抄,終易設法。《嘉靖海寧志》敝處亦尚闕如,今蒙指示,容即訪購。弟近所得者,有陳恂之《餘庵雜録》,談遷之《棗林外索》,徐豫貞之《逃莽詩鈔》,萬高芬之《皆山堂詩鈔》,葉耕之《清嘯堂集》(僅存前三卷),徐人傑之《疏影山莊吟稿》,朱和春之《笠漁偶吟》(爲桂卿先生之曾祖校正清本,尚未印行),印氏之《貞義詩文》(紀印鴻玉之妻徐氏守節事),釋源瀚之《水雲集》,徐德瑜之《舍真録》,無著人名氏之《金粟寺志》,劉堯珍之《惠鹽治録》(書凡四卷,僅存卷首及卷一),以上數種,不知吾兄有曾見過否?寄下《吾亦廬文稿》二十四頁、《寄廡樓詩》二十二頁,均已收到。寫資幾何?乞示當繳。《茗齋詩》及《平寇志》仍請暫存,俟郵政大通再寄不遲。《鄭端簡公雜記》二册,爲其孫心材所抄,自是可貴。其所記如與《吾學編》、《古言》、《今言》等書不相復者,八十元能酌減最佳,否則,弟亦願得之。鄒元標《精忠傳》全部,六册,實價二百元,殊太昂貴,如能商減,擬代東方圖書館購存之。便中介孫君伯恒與之磋議,無任感荷。再李君正奮所著《魏隋藝文志》,誠難能可貴。惟此類書籍,銷路有限,際此時局不靖,更不易推銷,只得暫行割愛,尚祈鑒諒。又影印古本正史,所需用者爲六朝之梁、陳,魏、周、北齊數種,至三朝本國志,敝處先有一部,因係明補明印,不能攝照。近已借得元刊,業已照出。至傳奇一類,近来或借或買,種數亦頗不少。因印刷過忙,恐須二三年方能印畢,故此時擬不添購。辱承介紹,謹謝盛意。前屬抄敝藏鄉賢著述清目,近已録成一册,另郵寄奉,乞察存。鄴架珍藏,弟均於得信時録出。惟去年夏間寄到三紙,皆台從於清明時節回里所收得者，近遍檢不得，可否乞補録一份（只此三紙足矣，其餘均有信）。再前示有互相借抄之約，極願遵辦，兹另開一單，俟交通無阻之時再求檢寄，每次以十册爲度，抄畢更换。敝處各書需借抄者，亦乞開單見示爲荷。專此，復頌
台安。

十五年五月二十九日

此單均擬借鈔者：

《珊網集》一册，《碧里鳴存》一卷，《長生長樂之居吟草》一卷，《文會堂詩鈔》八卷，《河汾旅話》二卷，《倚雲樓遺草》一卷，《徵吾録》二卷，《小蓮花室遺稿》，《詩緒輯雅》六卷，《春華秋實齋詩稿》五卷，《桂之樹軒雜録》一册，《樂安任氏家集》四册，《指馬樓詩鈔》四卷，《顧毓珠詩稿》一册，《蒙吉堂稿》，《指馬樓詞鈔》一卷，《逸在山人文稿》，《調齋詩鈔》，《景山小稿》一卷，《桑橋居詩草》，《梁溪政略》，《訥庵小草》二卷，《閩游小草》，《徐忠烈公集》，《鹽官竹枝詞》，《竹隱廬吟草》，《高僧摘要》。

六二

1926年6月10日朱希祖致張元濟

菊生先生左右：

五月十七日由郵局寄上補鈔崔氏《吾亦廬文稿》及查蓋卿先生《寄廡樓詩》各一卷並蕪函一通，均交商務印書館總務處轉呈，當時曾經掛號，至今未得回書，頗以爲念。日前北京商務分館遞到《横浦文集》八册，又由郵局寄來尊藏鄉先哲遺著目録一册，謝謝。披閲目録，知尊處又新得十餘種，不勝羨慕，其中尤以《金粟山志》爲罕覯。敝處前得乾隆《乍浦志》、嘉慶《硤川志》二書，亦頗罕見，中載吾邑掌故甚多，此《金粟山志》可寶又過於二書矣。

涵芬樓所藏浙江省志書未知已完全否？聞湖州《武康縣志》竟無刊本，僅有一稿本，儲藏數十年待刊，未知確否，果爾危險之至，吾儕可設法代印，因有熟人可商量也。洪亮吉所撰河南《固始縣志》，平湖葛宅託人代覓，久而未得，涵芬樓有此書否？近有友人家藏一部，計十六册，可以出售。廣東倫君所藏《楚臺疏略》十册，去年曾經商購，後因就事河南未果，前月曾去函借鈔，已有覆函允代鈔，惟原書字大，渠謂照原式迻鈔，不變行款，鈔資較大，又須别請人校勘，亦須潤筆。原書渠既不肯售，只好照辦，將來得到鈔本後，敝處迻録小字本一部，其大字本當歸尊處，未知可否？前函敬祈查復。念念。敬頌

曼福。

弟朱希祖敬上

十五年六月十日

六三

1926年6月24日朱希祖致張元濟

菊生先生左右：

日前由北京商務印書分館送到五月二十七日所發大札，前日又由郵局遞到《淳村集》、《浪吟集》、《廉讓堂集》、《先德録》四種，昨日又接六月十七日手札，均照收無誤。《寄廡樓詩》日前所寄，乃查氏謄清正稿，敝處所留乃新在北京鈔本，惟尚有原本草稿一册可以校正，兹將正誤表一一校勘，是者加圈於上，非者仍將原文加圈，特寄呈審定。前年清明節回鄉所得書目，兹特補寄一分，計共四紙，其中恐有與前後重復者，祈檢校爲荷。《鄭端簡雜記》藍絲闌明精鈔本，索價每册四十元，本未還價，兹承命去商，細閲之，即《鹽邑志林》中所刊《吾學編》之餘，想尊處已有，可以不購，雖爲鄭先生心材鈔本，可稱古蹟名蹟，然既有刊本，似可緩

圖，未知尊意以爲如何？敝處近又得朱毓文《坦坦居學唫草》一册、朱和春《板橋偶吟稿》一册，皆借自桂卿先生後人藏本迻録。《板橋偶吟稿》與尊處新得之《笠漁偶吟》未知相同否，因笠漁先生即名和春也。天禄琳琅鈔本《論語解》、《孟子解》兩書近已商之當事，將特别組織一組點查人員去審查一次，先定是否再設法傳抄，惟現在諸事停頓，一月之後或可報命。《漢魏六朝女子文鈔》係内子在杭州、嘉興時選讀，因以付梓，冀供同好，時在辛亥之春，刊於嘉興，今版捐於浙江圖書館。時守舊心甚，且選例不精，分類瑣細，所作序文繁蕪特甚。内子原名玉貞，時改名維，及今思之，頗蹈明人姓名相連有義之陋習，早已不用此名，種種不滿，故不以告人，不料尊處亦得一册，衹好以此一段陋史相告，幸勿見哂爲幸。《珊網集》一册、《文會堂詩鈔》四册、《樂安任氏家集》四册，先由郵局寄上。《春華秋實齋詩稿》五卷、《指馬樓詩鈔》四卷，皆係原稿未刊家集孤本，裝潢特善，郵局傳遞恐被摧折，可否由弟雇善寫者在家迻録，精校奉呈，期以四月，定當奉覽不誤。如需他書，祈指定再寄，區區之意祈原宥是荷。《平寇志》、《茗齋詩》即當親校，將來奉還後擬再借《物望志》四册、《吴忠節年譜》二册、《鹽邑藝文續編》二册、《棗林外索》一册、《佩韋齋外集》一册，祈預檢出爲荷。鄉先哲遺著月積年累，竟得如許之多，亦一樂事。弟離鄉較遠，搜求較難，所得不如尊藏之多，幸許借抄，可以彌此缺憾，不勝感謝。《鹽邑志林》爲明代一叢書，藏書家求者頗多，京中已多年不見此書，大可景印。最好再選邑中清代名著，如《平寇志》、《西域考古録》、《山中聞見録》、《客舍偶聞》、《陶説》、《飛帛録》、《金粟箋説》、《河汾旅話》、《禹航清課》、《東里嘹音》、《守黑編》、《明朝紀事本末補編》（十六卷足本）、《從政觀法録》、《論畫絶句》、《端石擬》、《入告編》、《淡巴菰百詠》、《海鹽辛壬殉難録》、《澉浦詩話》、《澉水新志》、《金粟山志》、《東皋雜鈔》（董潮撰），明代名著尚有《聖朝破邪集》、《鄭端簡公奏議》、《徵吾録》、《後梁春秋》、《海鹽文獻志》、《讀書雜録》、《靖海紀略》（曹履泰撰）、《楚臺疏略》等三十種，略加增減，爲《鹽邑志林續編》，其價值當不亞於正編、二編，相輔而行，求者必衆，既可發揚吾邑之耿光，又不埋没先哲之苦志，嘉惠士林，不損財力，此事惟先生力能成之。如有意爲此，弟當竭力贊助景印，仿《四部叢刊》最好。鄒元標《精忠傳》係敝親之書，當時預備翻印，與人爭購，故價甚貴。當時尚有嘉靖本《三國志演義》，同出一家，得此失彼，甚覺可惜。《精忠傳》係初印，墨色甚佳，前有圖，亦甚精雅，日前敝親曾託弟持與孫伯恒先生一閱，想已有函報告，其價已與敝親磋商減爲八折，再少恐不願售。聞孫先生言，貴館近亦有人送來一部，南方書價較廉，則在南購較爲得計。洪亮吉《固始縣志》十六册，定價二十四元，如要，當代爲介紹。秀水金氏新印萬曆《秀水縣志》想已收得。《武康縣志》既有乾隆刊本，想必可遇。《茗齋百花詩》敝處曾借倫君所藏迻録一部，如需校補，後當寄奉。敬頌
道安。

弟朱希祖敬上
六月二十四日

六四

1926年7月2日張元濟致朱希祖

逖先先生有道：

奉六月廿四日手教，知寄還《淳村集》、《浪吟集》、《廉讓堂集》、《先德録》等書，均已遞到。承抄示續得邑人著述書目四紙並校正查師遺稿訛字一紙，均經奉到，感謝。《漢魏六朝女子文選》乃必吾妹所輯，吾家道韞於家乘中可添一佳話矣。賜借《珊網集》、

《文會堂詩鈔》、《樂安任氏家集》，甚感。現在途中，不日必可遞到。《春華秋實齋詩》、《指馬樓詩鈔》蒙允在京覓人代鈔，至爲感幸。費用乞示遵寄。印有抄書格紙，即日寄奉三百頁，如不足用，候示續寄。至校對，即責成寫官兼任，由吾兄抽查，當不至於苟且從事，不敢全以相擾也。《物望志》四册、《吴忠節年譜》二册、《鹽邑藝文續編》二册、《棗林外索》一册、《佩韋齋外集》一册，遵命檢呈，又《笠漁偶吟》亦同時寄去，藉便參對。均託傳沅叔帶奉，到乞查收示復爲幸。託詢桂卿先生遺著，先擬借抄，如爲綿薄所及，尚擬爲之印行。復印《鹽邑志林》，同時輯印《續編》，弟亦久懷此願，惟年來從事搜集家集，同時並舉，力有不逮，姑懸此鵠，以待將來。《茗齋百花詩》已在友人處覓得，可以抄補，不再奉瀆。茗齋先生詩名甚震，而此《百花詩》佳者殊寥寥。題目過窘，雖名手亦無法也。胡宣子先生，縣志列入文苑，而一無著作。弟近購得其所著《谷水集》一部，有詩二十卷，詩學温、李，文亦駢儷爲多，陳光繹爲之箋注，康熙時所刻，印刷極精。胡君尚著有《谷水談林》，涵芬樓藏有殘本半部，恐補全亦不易矣。《鄭端簡雜記》既已刻於《鹽邑志林》，不必復購。天禄琳琅之《論語解》、《孟子解》，雖甚渴想，然吾兄爲要求當事特别組織，從事審查，專爲此書，未免過於費事，此則弟所不敢請者也。《精忠傳》此間卻有一部，已函告孫伯恒，請其轉達作罷，謹謝介紹盛意。河南《固始縣志》十六册，價廿四元，已得葛君回信，如無殘缺，即請代購，書價即繳。

十五年七月二日

六五

1926 年 7 月 13 日朱希祖致張元濟

菊生先生左右：

前日接讀七月二日大札，知《文會堂詩鈔》等三種業已收到。昨日又由傅沅叔先生處送來《物望志》、《棗林外索》、《鹽邑藝文續編》、《吴忠節年譜》、《笠漁偶吟稿》、《佩韋齋外集》共十一册，藍絲闌紙三刀，照收無誤。《笠漁偶吟》係初稿，敝處所藏係正稿，大同小異，俟詳細對勘，再行報告。《指馬樓詩鈔》十數日前已委人迻鈔，所用白紙無闌格，有乖雅意，未知要重鈔否？因多鈔一部，敝族中或亦有人要也。《春華秋實齋詩鈔》必用寄來之紙迻鈔。《桂卿先生詩文集》如尊處可爲印傳，必當慫慂將稿本寄上，此稿現藏秀臣處（爲冠侯之長子），堝在京師，然一方須通知臨侯，此事約兩月内弟當竭力辦成。日來校讀彭茗齋先生詩將竣，覺彭先生詩頗多明前後七子色彩，蓋明季此派盛行，類多摹擬漢魏六朝及盛唐，《茗齋集》中樂府詩多屬此類，不能窺見性情，詠物及長律不免誇多鬬靡，百花詩亦然。最佳者惟五七古及律絶。諸近體能寄託時事，發揮性情，綜其全體，規模弘大，詞旨清麗，在清初固可推爲名家，冠冕一邑，自不待論。狂瞽之論，不值大雅一哂。聞葛詞蔚先生家亦藏有《茗齋詩》，可否借來對勘？（《茗齋詩》初集起天啟七年丁卯，止崇禎十年丁丑，崇禎十一年至順治二年詩未見；鈔本三册起順治三年丙戌，止順治十四年丁酉；四册名《嶺上吟》，爲順治六年己丑之作；别有鈔本，名《行橇集》，不著年代，爲至北京之作，順治十五年至康熙二年詩未見；鈔本八册起康熙三年甲辰，止五年丙午；鈔本九册康熙六年丁未作，六年以後之詩亦未見；别有鈔本一薄册，大抵與《行橇集》相複，亦不著年代。案茗齋先生年五十九卒，蓋在康熙十年左右，見王漁洋所作《彭孫貽傳》。）能補鈔完全，尤所盼望。（書至此，因查彭先生傳，載先生爲陳公子龍弟子，陳公爲幾、復兩社魁首，正爲前後七子嫡派，差喜吾前言之不甚謬。）聞近得胡宣子先生《谷水集》二十二卷，不勝欣羡。年來搜輯鄉先哲遺著往往有意外之得，亦一樂事。故宫博物院定章甚嚴，已點物品如欲查考，不准一人前往，仍須全組同看，並非專爲此事特組一組，故苟有便時仍當代查，且設法迻鈔。尊處所有《精忠傳》是否系天啟時刊？鄒元標所著有岳武穆像及戰事等圖，寫刊甚精，如已購定，頗望早些印出，以公同好。如不是此本，或是而非初印，仍望購此間一部，上有胡適之序，其價稍減尚可商量。《固始縣志》十六册，完全無殘缺，惟中間略有爛板，書主曾攜至京師圖書館校補，而館中一部與此相同，想初印本更難得也，稍遲數日即當寄上。彼處尚有舊鈔本《三州輯略》一部八册，亦可出售，三州者，新疆之伊州（今哈密）、西州（今吐魯番）、庭州（今烏魯木齊），嘉慶時修，板早毁，頗難得，如要亦當代購，價亦不甚貴。此覆，敬頌
台安。

弟朱希祖敬上
七月十三日

六六

1926 年 7 月 16 日張元濟致朱希祖

逖先先生有道：

頃奉七月十三日手教，謹誦悉。前託傅沅翁帶去各書，知均遞到。《物望志》、《吴忠節年譜》，此兩種均甚罕見。鈔本中則《鹽邑藝文續編》，亦屬難得，尊處能迻録一分，俾世間多一傳本，至可喜也。先集《指馬樓詩鈔》，已經發繕，斷無重鈔之理。桂卿先生詩文集，惟未知卷帙幾何，弟正輯印先世遺集，爲數亦正不少，如卷帙過多，只可從緩。然無論如何，甚願借來録副，以備異日之用。《茗齋先生詩》，平湖葛氏確有一部，係分體編輯。昔年曾借閱一過，將兩部互勘，録一細目，其彼此同異之處，一一摘出，兹另郵寄呈。兄正校閱是書，祈乘便復閲，將來即可據此補鈔。但葛本

編次是否以年代爲先後，則不復記憶矣。敝處所存四册，卷帙甚厚，大約尚缺去六册。葛本卷帙較薄，行數亦疏，恐不能鈔補完全，此亦無可如何之事。弟於《茗齋詩》未能卒讀，且詩學尤爲門外漢，然以《百花詩》推之，則尊評固認爲確當也。先文忠所著《論語解》、《孟子解》，固極盼迻録一分，然檢閱過於爲難，則亦不妨從緩。《固始縣志》稍有爛板，敝處一部，如能抄補，固佳，否則，詞翁得之，亦慰情聊勝。書價廿四元，兹託敝分館送去，即乞察收。轉付《三州輯略》，未知需值幾何，亦祈探示。《精忠傳》係去歲傅沅翁在滬代購，當時匆促，不知何以漏未列册，現正檢尋，尚未覓得，然沅翁則謂確有此事，想不致遺失，容再奉復。一昨本邑沈知事與張樹屏兄過訪，又談及續修邑志事，弟仍力辭。惟葛詞翁見告宣統三年截止之説，沈君亦頗贊成云云，並以奉告。

十五年七月十六日

六七

1926年8月2日朱希祖致張元濟

菊生先生左右：

日前接得《茗齋詩目》一卷，後又接得七月十六日大札並銀幣廿四元。《固始縣志》日前已由郵局寄上，想已收到。《桂卿先生詩集》因未見過，故亦不知卷帙之多少，須俟彙丞來京，託彼借録。前日親赴故宫博物院商之院長，特出一組至昭仁殿，查《論語解》，實即《論語全解》，宋陳祥道撰，十卷，景宋鈔本；《孟子解》宋張拭撰，七卷，景宋鈔本。大失所望而歸。繼查國學扶輪社本《郘亭知見傳本書目》：季滄葦有九成《孟子解》宋刻本，三十二卷；汪士鐘有張狀元《孟子傳》二十九卷，缺《盡心》上、下（《四庫》著録亦二十九卷），書闌上批云："南潯劉氏有宋刻本，惟未言若干卷。"大約劉翰怡家必有是書，可從訪求，否則文淵閣内亦有此本，將來亦可傳鈔。日來爲北京大學考試新生，校書暫輟，《茗齋詩目》即日當爲細對。樹屏修志心切，亦屬難得。惟任此事者，最好專心爲此，弟須謀食，恐無暇矣。專覆，敬頌
台安。

弟朱希祖敬上
八月二日

前函所談《三州輯略》八册，索價銀十二元，送來時細爲翻閲，系不全本，缺半部。渠云尚有全部，共十六册，價須五十元。此書係嘉慶乙丑和寧所撰，版成即毁，故僅有傳鈔本，亦頗罕見，此書藏者本不願售，故僅以殘者出售，然苟得善價亦可割愛云。又有宋開慶本楊誠齋《文膾》二十四卷，八册，實價五百元，宋末刊本，已有圈點，紙甚佳，宋諱皆避，如要，可將頭本寄來。敝處因欠薪不發，下半年起擬暫停止購書，然書店及舊家仍有善本送來，衹好擇尤代爲介紹，想不嫌煩瀆也。

六八

1926年8月7日張元濟致朱希祖

《固始縣志》收到，葛屬道謝。朱桂卿師遺稿如在臨侯處，弟可徑商，不敢屢瀆。乞示，故宫《論語解》、《孟子解》與所期者名同實異，雖失望，而盛意則尤可感。《郘亭書目》所注，恐係劉疏雨所謂瞑琴山館，非今之嘉業堂也。涵芬樓藏有《孟子解》一部，有善本，承介紹極感。幸誠齋《文膾》係選本，無甚可貴。《三州輯略》有全本自佳，五十元過昂，乞索寄首尾。如舊抄非襯訂者，每册二元，全書合卅二元，何如？近又得吴遵程《成方切用》，並查得第三種爲《本草從新》，其一、二種爲何書，無從查知，乞見教。

十五年八月七日

六九

1926 年 8 月 16 日朱希祖致張元濟

菊生先生左右：

昨接八月七日大札，敬悉《固始縣志》已收到。《桂卿先生文集》在冠侯之大世兄處（現在外交部當録事），惟彙丞與之最友善，常通有無，故前函謂須待彼來京，必可商量，臨侯在蚌埠煙酒税局，亦可作函與彼一商，能得臨侯一言，必更易辦到。《三州輯略》彼方居奇，姑緩商。吴道程先生著作敝處僅有《成方切用》一部，亦非原板，其他不知。彭宗孟先生《楚臺疏略》十册已鈔畢寄來，繕校頗精，共九萬四千七百九十四字，抄資銀二十八元四角，加紙張校對及郵費共合五元六角，總共三十四元，其書尚係未切邊，俟敝處迻録一部後，當在京裝訂寄上。小兒名偰，字伯商，現在北京大學法本科二年肄業，喜作文，在本校《國學週刊》及《現代評論》常發表論文。前作《秦三十六郡考》駁王國維，已登週刊，今又作《五言詩發源問題》一篇駁日本鈴虎雄（原文爲陳廷傑譯，載《上海小説月報》），文雖草率幼稚，然亦頗有興趣，擬請先生介紹寄呈《東方雜誌》主筆一閲，如可入選，甚願爲之發表。如蒙允許，見示即當寄上，並祈代索投稿簡章爲荷。尊處所藏《鹽邑志林》十八册，是否係完全之書，便祈示知。專覆，敬頌
台安。

弟朱希祖敬上

八月十六日

七〇

1926 年 9 月 6 日朱希祖致張元濟

菊生先生左右：

日前接到八月二十一日大札並東方雜誌社介紹書，謝謝。小兒之文業已寄去矣。同時又接北京商務分館送來銀幣三十四元，業已轉交倫君。《楚臺疏略》俟抄畢奉還。日來敝親朱君彙丞率眷來京，寓於敝處，兒女嘈雜，頗疎筆墨，故爾遲覆。餘容續陳，敬頌
台安。

弟朱希祖敬上
九月六日

七一

1926 年 9 月 10 日張元濟致朱希祖

前繳還《楚臺疏略》鈔費三十四元，知蒙察入，轉交倫君，甚感。臨侯處碌碌迄未去信，今彙丞既已來京，且寓尊處，桂師遺稿仍乞代商借録。前購何氏書現正清理，忽檢得鈔本《三州輯略》一部，録呈卷目，不知與兄所見有無異同。如無異也，代購云云，可即作罷。近日書肆有無可購之書？兄如不自購，務祈介紹。弟兼收嘉郡人著述，並乞留意。惟已得三百餘種，慮見者多重複耳。

十五年九月十日

七二

1926 年 9 月 19 日朱希祖致張元濟

菊生先生左右：

奉九月十日大札，謹悉《三州輯略》聞得一鈔本，承示卷目，與前所見鈔本相同，蓋係足本，可不必再購矣。《桂卿先生遺稿》已託彙丞，得暇必去商借，俟有回音再當奉告。近來京中官紳生計窘迫，不可名狀，善本書籍出售甚多，如《永樂大典》之佳者，中有未曾輯出孤本，共有八册，先送至北海圖書館，館員吝於出資，皆爲日本人購去，其他珍本爲日本人購去者萬餘金，《大典》出至三百元一册。最近有二書，一爲明藍絲闌鈔本《聖濟總録》二百卷足本（乾隆汪刊僅百九十卷），價千元；舊鈔本《元人曲韻》四册，紀文達舊藏，張穆題籤，何秋濤有長跋，價二百元，因新近才見，故未爲日人購去。又有某王府所藏欽定四大曲，一《勸善金科》，一《昇平寶筏》，一《鼎峙春秋》，一《忠義璇圖》，皆係舊鈔足本，價八百元。又有明閔寓五刊本《西廂》六種（一、董解元《西廂》，二、王實甫《西廂》，三、馬致遠《西廂》，四、海鹽崔時佩撰，李日華增補《南西廂》，五、陸采《南西廂》，六、明李開先《園林午夢》），此書劉世珩曾借湖州金氏藏本翻刊，更動行款，誤字滿紙，又缺董解元《西廂》，僅得鈔本翻刊，聞後劉氏竟乾没金氏本未還。此閔刊全部，藏者本不肯出售，去冬王孝慈願出三百金求購未得，曾有“六幻、六幻，害人不淺”之癡語，因此書又名《六幻西廂》也。僅八册，價四百元，現已肯售。又有殿板《圖書集成》，價八千元。京中書籍較上海貴，日人肯出重價捆載東去，可歎可歎。敬頌

台安。

弟朱希祖敬上

九月十九日

再者，滬報載商務印書館重印《四部叢刊》及善本《二十四史》，甚爲欣羡。《二十四史》中《陳書》如未得善本，弟有嘉靖補宋版初印本，白棉紙印，未知可以充數否？《陳書》除宋板外，

唯此爲最善本。其他宋、齊、魏、周、北齊五史弟亦有同樣板本，唯不及《陳書》之佳。《梁書》北京圖書館有宋板，稍缺。希祖又及。

七三

1926年9月22日朱希祖致張元濟

菊生先生左右：

前日奉上一函，諒已達覽。頃有友人持來舊鈔本《鐵網珊瑚》十二卷，十卷册中鈐"涉園張氏主人鑑藏"朱文方印及"古鹽張氏小白珍藏"朱文長方印，其他别姓收藏印章甚多，有"笏齋"朱文方印，想係吾邑馬氏所藏，又有"文登于氏小謨觴館藏本"白文長方印。其最著者，書中所載書畫題跋與刻本不同甚多，似係迻録而字句亦多更改，或係朱氏存理初稿，亦未可知。又有宋吴文英《夢窗甲乙丙丁稿》，汲古閣刊本，存丙丁稿，其甲乙稿係藕邨先生手抄補，共四册，乙稿末有"壬子春日藕邨居士鈔於涉園之聽濤閣"兩行小字，甲稿首有"藕邨"朱文方印及"情之所鍾"白文方印。此兩書共索價銀百元，託介紹於先生，祈斟酌示覆爲荷。别有陳奕禧行書《查石丈墓誌》墨蹟十一葉，末亦鈐"涉園主人鑑藏"印。尊處不收書畫，故卻之。敬頌

節安。

弟朱希祖敬上

九月二十二日

再者，小兒偰日前作文一篇承介紹於東方雜誌社，已承登載，且酬稿費，敬代謝謝。涵芬樓所藏地方志聞已印有目録，其他藏書亦有目録，可否各代乞一部以備參考。近有人攜來端方家所藏《增廣鐘鼎篆韻》七卷，六册，昭文張氏藏鈔本。又有《隸釋》八册，舊鈔本，有某金石家校語甚多，忘其名。兩書皆甚可愛，題跋甚

多，定價四百元。因價貴不肯留閲，已送回矣。希祖又及。

七四

1926 年 9 月 26 日張元濟致朱希祖

逖先仁兄閣下：

奉九月十九日手教，謹誦悉。碌碌尚未復，又得同月廿二日惠函，開誦之餘，甚感盛意。都門善本層見迭出，聞之令人神往，惜價格高昂，涵芬樓雖頻頻收書，然不免出納之吝。《大典》未曾輯出之孤本最爲可貴，今已爲日人購去，亦只可成事不説矣。舊鈔本《元人曲韻》，價二百元，又《增廣鐘鼎篆韻》，未知能與《隸釋》拆售否（《隸釋》敝處已有明本）？此二書不知能影照上石否？擬請介紹與敝館孫伯恒兄一閲，如能上石，即請其就近諧價。至舊抄《鐵網珊瑚》十册、《夢窗甲乙丙丁稿》，既爲寒家舊藏，且有先人手澤，辱承遠告，至爲感幸。索價百元，能否磋商酌減。弟不敢遥制，統祈吾兄代爲作主，成議後即請伯恒兄暫爲墊付可也。敝館輯印古本正史，弟從事於此幾及十年，近漸就緒，擬即開印，允以珍藏嘉靖初印補宋本《陳書》慨借，欣感之至。京師圖書館僅存宋本八卷有半（爲列傳卷二十二第十八頁至卷三十），已悉數照來，其餘只可以南雍本補足。涵芬樓儲有兩部，均不甚好。尊藏爲白棉紙初印本，自必較精，甚欲乞假。如蒙檢交孫伯恒兄（列傳後八卷可以除出），當有妥便可以攜帶南來也。《南齊》借得沅叔宋本，其如《宋》、《梁》、《魏》、《北齊》，凡京師圖書館所有殘宋本，均已照來，《宋書》僅缺四分之一，《魏書》敝處有元印本，補配所缺亦無多。獨缺《周書》，而涵芬樓適有南雍精印白棉紙本一部，可以湊足南北七史，總算差强人意。最難得者爲宋本《舊唐書》，亦覓得六十餘卷，行款與聞人本同，所缺即以聞人本補入。《新五代》有宋本（弟已校閲一過，曾有後跋一通，兹寄呈，乞教正），

《宋》、《遼》、《金》三史均有元初印本，兹書一出，差可爲乙部生色也。《兩漢書》宋本不易得，李木齋有之，然《後漢》一種頗爲歷來藏書家所詆誚，雖宋不如明，頗欲用大德正統本。而涵芬樓所有印本均不精，有可用者又不全，難於上石，不知都中可能覓得否？如卒不可得，則擬用汪文盛本，未知尊意以爲何如？敝館所藏方志目録，前年即已印成，竟未寄奉，疏忽之至。另封一册寄上，即乞哂存。出版之後續收者又三百餘種，皆目中所未有也。其他書目，現正編印，印成再寄上。

十五年九月二十六日

七五

1926 年 10 月 1 日朱希祖致張元濟

菊生先生左右：

昨接大札並宋刊《新五代史記》跋一篇，拜誦之餘，至深欽佩。兹因略有所疑，別紙録獻，敬祈教正。又跋末“有異同者凡二百五字”，此句是否有脱誤字，因此二百五字必指異者而言，同者必不見數，故同字疑誤，而異上或有脱文，敬祈檢原稿一校。《元人曲韻》及《增廣鐘鼎篆韻》、抄校本《隸釋》皆係帶經堂物，不肯久留，四五日前已取去，今日去問已售去矣，甚爲可惜。《鐵網珊瑚》十册，十二卷，細閲卷數係書八卷畫四卷，畫卷數特少，然亦不敢謂其不全，因裝在一舊楠木匣内已滿，此匣及書面磁青紙似皆係清初物，恐皆係涉園原物。惟弟因卷數不齊，請物主費象鈞君多減價值。兹已議定兩種書共銀六十元，減去四十元，再少恐不能矣。弟不敢自專，仍請酌奪示覆。書現留敝處候命。《陳書》即日當送至商務分館轉呈。北京國立各校開課無望，弟閒居無事，近日新輯《宋中興館閣書目》及元修《宋史藝文志》時新收寧宗以後書籍目録、宋四種國史藝文志序疏證（太祖、太宗、真宗三朝國史藝文志，仁、英兩朝國史藝文志序，神、哲、徽、欽四朝國史藝文志序，高、孝、光、寧四朝國史藝文志序，皆近日鉤稽而得，於宋代藏書源流甚詳）、宋代官私書目考（約七十種，皆詳致其内容），此四種材料皆已搜輯，一月以後當可脱稿，將來刊刻務祈援助。敬頌
台安。

弟朱希祖敬上
十月一日

七六

1926年10月5日張元濟致朱希祖

逖先先生閣下：

頃奉十月一日手教，展誦祗悉。校《五代史記》跋文，蒙指示訛謬，曷勝感幸。初意只欲表揚宋刻之佳，故不復"追改"之説，以爲曾三異刻本，或不由於監本，而出於别本，且既據纂誤追改，而同光二年四月己卯册劉氏爲皇后，既經改己卯爲癸未，不應再脱"二月"二字，故妄意認爲别祖一本。然究嫌臆測，不如尊旨仍用"追改"之説爲長。至"異同二百五字"云云，自專指殊異者而言。然曾本亦有不如監本及殿本之處，異日影印之時，或悉遵原本，或依某本訂正，别撰校勘記，現尚未定，還祈指示。尊著新輯宋代書目四種，甚以先睹爲快。時局擾攘至此，而吾兄端居一室，從事著述，真所謂天下愈亂，吾心愈治，欽佩之至。《鐵網珊瑚》及《夢窗詞稿》兩書，兄爲代留，承代諧價減至銀六十元，以有先人手澤，亦不嫌其昂貴，即請代爲定議，書價向敝京館孫君伯恒處劃付，費神感感。《元人曲韻》、《增廣鐘鼎篆韻》兩書，已爲捷足先得，可惜之至。蒙借《陳書》，已交敝京館，想不日必可覓便寄到，先此布謝。順頌

著祺。

十五年十月五日

七七

1926 年 10 月 10 日朱希祖致張元濟

菊生先生左右：

昨日接十月五日大札，蒙俯納狂妄之謬見，仍主追改之説：足見虚懷坦白，不膠成見，甚佩甚佩。曾校《五代史》雖有追改之疵，然爲宋代第三刻本（就淺見所及，然尚有他本亦未可知），且曾亦一學者，其他校勘必甚精塙。兹爲考得曾三異事蹟數條，别紙録呈，以備跋文之材料。竊謂欲表揚此刊，一爲家刊之始，一爲曾氏頗有學問，曾著書，三爲曾氏專精歐陽修學，曾校歐陽氏全集，又校《五代史》。至於《五代史》刻本源流亦當説明，且著其追改之蹟，庶幾得褒貶之公。前後所録呈十餘條盡可全行採入，敝處並不留稿，如不嫌瑣碎，望直據各書所説發揮可也。《鐵網珊瑚》十册一匣，《夢窗詞稿》四册，宋刊明嘉靖補本，《陳書》八册一套（《陳書》補刻尚不多，宋元舊刊所留尚多，惟棉紙不甚白，如不合用即寄回），昨日已送至北京商務分館孫伯恒先生處矣。專此，敬頌
台安。

弟朱希祖敬上
十五年雙十節

七八

1926 年 10 月 14 日張元濟致朱希祖

逖先先生有道：

奉雙十節手教，謹誦悉。承示考得曾三異事蹟數條，備新五代

史跋文之用，甚感，甚感。曾刻《五代史》卓見定爲第三刻本，其第二刻本是否即以吴興思溪王氏所刻當之，其年月不知尚可考否，尚望見示。《鐵網珊瑚》、《夢窗甲乙丙丁》四稿，蒙代購定，銜感無既。書價託敝京館撥付，如尚未交到，望徑索取，弟已去信關照矣。其書並惠假《陳書》，孫君伯恒來信云已收到，覓便寄南，可請勿念。《陳書》補版無多，甚望其可以攝照也。專此布復，順頌
台安。

十五年十月十四日

七九

1926 年 10 月 14 日張元濟再致朱希祖

敬再啟者：

承示有崇禎刻本《金聖歎評〈水滸傳〉》三十六册，索價一百六十元，減讓四十元，已承代留一禮拜，至爲感幸。涵芬樓亦藏有明本一部，但係李卓吾評本，而非聖歎所評。如我兄所見實係崇禎刻本，自是可購，惟取價甚昂，擬請再爲商減。一切已託孫伯恒兄徑行接洽，屢屢瑣瀆，且感且悚。再頌
著祺。

十五年十月十四日

八〇

1926 年 10 月 15 日張元濟致朱希祖

昨復寸函，計先達覽，匆匆忘將附箋封入，兹再補呈，敬祈察核。祇頌
大安。

十五年十月十五日

八一

1926 年 10 月 15 日朱希祖致張元濟

菊生先生左右：

前四日奉上一函，想已達覽。所陳曾三異事蹟兹又續得二條，兹録於下：《國朝新舊官制通考》十卷，引證詳説爲《通釋》三卷，曾三異撰（《玉海》卷一百十九）；曾三異《宋新舊官制通考》十卷、《宋新舊官制通釋》二卷（《宋史·藝文志》）。此書雍正《江西通志》曾三異傳雖亦列舉，而無卷數，其《通釋》一種，《玉海》與《宋史》卷數又不同，故並録上。兹有人送來宋劉一止撰《苕溪集》五十五卷《目録》三卷，舊鈔本，十二册，索價二百四十元，實價一百六十元。又明陸容撰《式齋先生詩文集》三十七卷，《附録》、《年譜》等四卷，《菽園雜記》十五卷，雍正四年太倉浦泰手抄弘治刻本，十六册，價洋二百四十元，實價一百六十元。陸容係成化二年進士，官至浙江布政使司右參政。集分《式齋集》二十二卷、《浙藩稿》十一卷、《歸田稿》四卷。浦字頗古雅。此二書尊處如欲購，祈速來書決定爲盼。日來搜輯《中興館閣書目》材料頗多，將來輯成，恐較錢輯《崇文總目》卷數尤多，而其解題尤詳，此亦意外之獲也。專此，敬頌
台安。

弟朱希祖敬上
十月十五日

八二

1926 年 10 月 17 日朱希祖致張元濟

菊生先生左右：

奉十月十四日大札，謹悉。承詢吴興思溪王氏刻本《新五代史》年月，謹别具宇文時中事略，即可以略知其概，惟此爲第二刻本，曾三異本爲第三刻本，不過就現在所知者言之，實不可如此斷定。前函謂曾刻爲私家刻之始，亦有語病，王刻實在前，雖後歸國子監，不可即指爲監刻本也。匆匆布復，敬頌

台安。

弟朱希祖敬上

十月十七日夜

附宇文時中事略：

《湖州府志·職官表·郡守下》云：紹興六年十一月以左中奉大夫直寶文閣到任，八年罷差，知建寧。晁公武《郡齋讀書志》云：吕夏卿《兵志》三卷，公武得之於宇文時中，季蒙題其後云：夏卿戒其子弟勿妄傳。鮑欽止吏部好藏書，苦求得之（案：苦字當脱欲字），因借録於吴興之山齋。《郡齋讀書志·宋書下》云：嘉佑中以宋、齊、梁、陳、魏、北齊、周書詔館職讎校，政和中畢，頒之學官，民間傳者尚少。未幾遭靖康丙午之亂，中原淪陷，此書幾亡。紹興十四年井憲孟爲四川漕，始檄諸州學官求當日所頒本。時四川五十餘州皆不被兵，書頗有在者，然往往亡闕不全，收合補綴，獨少《後魏書》十許卷，最後得宇文季蒙家本，偶有所少者，於是七史遂全，因命眉山刊行焉。《宋史·宇文虚中傳》：虚中字叔通，成都華陽人，大觀三年進士。建炎二年應詔復資政殿大學士，爲祈請使。明年，金人遣歸，虚中曰："奉命此來，祈請二帝，二帝未還，虚中不可歸。"於是獨留。惡之者媒蘖成其罪，遂告虚中謀反，鞫治無狀，乃羅織虚中家圖書爲反具。虚中曰："死自吾分，至於圖籍，南來士大夫家家有之，高士談圖書尤多於我家，豈亦反邪！"有司承順風旨，並殺士談。虚中與老幼百口同日就焚死。案：宇文時中字季蒙，《宋史》無傳，而虚中字叔通，則時中殆爲虚中

之弟。兄弟皆好藏書。時中守吴興在紹興六年十一月，至八年罷，則思溪王氏所刊《新唐書》、《新五代史》必在紹興以前，取入國子監殆紹興八年左右，至紹興十四年時中殆已歸蜀，故出《北魏書》付井憲孟刻於蜀中。則時中亦甚有功於史學也。

八三

1926年10月18日張元濟致朱希祖

十四、十五日迭復兩函，計蒙垂察。頃奉十月十五日手教，開示曾三異事蹟兩條，展讀甚感，甚感。又知近輯《中興館閣書目》，續得材料甚富，欣羡之至。《苕溪集》敝處已有二部，均五十五卷。《書録解題》稱《非有齋類稿》五十卷，恐今不可得見矣。《式齋文集》敝處亦有鈔本，從弘治本出，係王西莊所藏，惟卷七、卷卅三稍有殘缺，不審兄所見一本能借來代爲抄補否？前示見有陳奕禧行書《查石丈墓誌》墨蹟十一葉，末鈐涉園主人鑒賞印記，未知索值幾何？族人有欲得之者，屬爲奉詢，謹再瀆陳，惶悚無似。滬杭鐵路已停止兩日，謡傳甚惡，不識能否轉危爲安。惟此時卻未開戰，知念附及。

十五年十月十八日

再，近擬輯印古本正史《舊唐書》，已覓得殘宋本六十一卷，業經照出，此爲常熟瞿氏所藏，極罕見。其行款與聞人詮刻本相同，所闕各卷即以聞人本補足，宋刻校勘人名如蘇之勤、霍文昭、徐俊卿、張嘉賓、朱倬等，不知可考其履貫否？倘蒙指示，曷勝感荷。

《式齋稿》缺葉：

卷十七《祭葉文莊公文》

“賴公成就，奄其逝矣，予行貿”（以下缺）

卷三十三《封事》

"計開言事十件，第七件，一件處置凶頑，量其所犯情罪重輕，或遷口外，或遷畿内"（以下脱落不全）

如蒙代抄，抄資幾何？候示遵繳。

八四

1926年10月25日朱希祖致張元濟

菊生先生左右：

日前奉到十四、十五、十八日三函，均已敬誦。承問南宋監本《五代史記》刊板時代，業已考得宇文時中事蹟奉寄，已可推知其大概，想已接到。又問《舊唐書》殘宋本校刻人名、履貫，兹略爲考核如左：蘇之勤、霍天昭二人均係兩浙東路提舉茶鹽司幹辦公事，徐俊卿、張嘉賓均係紹興府録事參軍，此四人如現在之辦事員及録事，蓋無大事業及學問可以表見，故不能考其履貫。朱倬係校正《舊唐書》主要人物，其人頗有學問事業，《宋史》有傳：倬字漢章，唐宰相敬則之後，七世祖避地閩中，爲閩縣人。世學《易》，入太學，宣和五年登進士第，調常州宜興簿。張浚薦倬，召對，除福建、廣東西財用所屬官。宣諭使明橐再薦於朝，時方以劉豫爲憂，倬因賜對，策其必敗，高宗大喜，詔改合入官。與丞相秦檜忤，出教授越州。高宗末年官至觀文殿大學士提舉江州太平興國宫。孝宗即位之明年卒，恤典如宰相，贈特進。據此則此《舊唐書》蓋爲南宋初刻本。《苕溪集》、《式齋集》業已送回售主，有別人取去，將來如可借得，當爲代抄缺葉。《水滸傳》確係聖歎評本，貫華堂原刻，板心下皆有"貫華堂"三字。此書甚希見，欲得者頗不乏人，故價不肯減少，現已送至孫伯恒先生處，請其定奪。陳奕禧行書查石翁墓誌墨蹟十一葉已代爲詢問，索價銀一百元，大約六十元亦可售，祈酌奪賜復。專此，敬頌

台安。

弟朱希祖敬上
十月廿五日

八五

1926年11月2日朱希祖致張元濟

菊生先生左右：

多日不得教言，甚念。日前寄上二函，一爲考明宇文時中事蹟以定南宋監本《新五代史》刊刻之時代，一爲考明宋刻《舊唐書》校正人朱倬事蹟，未知已收到否。涉園舊藏陳奕禧墨蹟前函亦已奉復，未知要否，均祈示復爲盼。文郎仲木兄大婚，本當前來敬賀，路途遥遠，未償厥願，兹特奉申喜聯一副，聊表賀忱，已由郵局寄上，伏祈哂納是荷。桂卿先生詩文稿已託彙丞前去借鈔，日前彙丞去閱，據云散稿一小箱，尚未整理，不肯遽行出借。彙丞言此事渠願抽暇整理，並希望選擇刊刻，藏者秀丞衹知收藏不知流傳，殊難理喻，恐仍須臨侯一言方可。浙事已平，滬上亦安，百兩盈門，暢酬喜爵，可賀可賀。敬頌
台安。

弟朱希祖率婦及子女拜賀
十一月二日

八六

1926年11月4日張元濟致朱希祖

迭奉十月十七日、廿五日兩次手教，展誦祇悉。代購貫華堂本《水滸傳》暨寒家舊藏書籍兩種，又蒙慨借三朝本《陳書》，均由孫君伯恒先後寄到無誤，費神，感謝。《鐵網珊瑚》、《夢窗詞稿》，先人遺物得爲合浦之還，尤當永矢勿諼也。《陳書》檢閲一過，惜

紙黯墨淡，不易攝照，擬將清朗各葉選出付影，稍遲方能寄繳，尚祈見諒。承示考訂宇文虛中事略，至爲詳盡。朱倬履貫除本傳外，其涉於校刊《唐書》之事，恐未必有甚可考。屢承教益，感荷無似。陳奕禧墨蹟需價六十元，已轉告族人，因價高，擬不購，瀆擾慚悚。

十五年十一月四日

八七

1926年11月4日張元濟再致朱希祖

再承假《文會堂詩鈔》四册、樂安任氏《傳家集》四册、又《珊網集》一册，頃已鈔竣，兹仍由郵局寄還，敬乞查收。擬續借《徐襄陽詩集》三卷、《石壑詩草》一卷、《高陽詩草》一卷、《游藝詩草》① 一册、《抑隅堂詩鈔》一册、《張北湖集》三册，倘蒙俯允，乞包好交京分館覓便帶下，屢瀆感悚。

十五年十一月四日

八八

1926年11月14日朱希祖致張元濟

菊生先生左右：

前日接得十一月六日並十一月四日大札，欣悉薄禮業已寄到，區區微意，何足云謝。《文會堂詩鈔》四册、任氏《傳家集》四册、《珊網集》一册亦已收到，先生辦事神速，欽佩之至。敝處無校勘之人，致兩次惠借之書稽留未還，惟《茗齋詩集》曾親校一

① 元曙按：關於此書的題目，張元濟的信中稱之爲《游藝詩草》，在朱希祖的信中稱爲《游燕詩草》。因無原稿校勘，故暫作此説明。

過，日内當先奉還，其餘皆抄就而未校，當速覓校人，庶免愆期之尤。《指馬樓詩鈔》、《春華秋實齋詩鈔》不久亦將抄就。兹將《徐襄陽詩集》三卷、《石壑詩草》一卷、《高陽詩草》一卷、《游燕詩草》一册、《抑隅堂詩草》一册、《張北湖集》三册送至商務分館，託孫伯恒先生覓便奉呈，因恐南方戰事路梗，故稍鄭重。陳奕禧墨蹟價高，致貴族人未購，甚歉。近又有人託介紹數書，别紙奉覽。涵芬樓地方志目及藏書目可否索一分。滬上有《吴江縣志》祈代購一部，愈新愈妙，因明代傳奇家吴江最多，頗思一覽爲快。宋國史藝文志四種已輯成，共訂二卷，約三萬字左右，因略加考證，原序之外，得四部總部數卷數，各部各類之數亦無遺漏，又有書目解題百數十條。《中興館閣書目》現正繕寫，其體例與國史藝文志同，亦有解題，翔實過於《讀書志》及《書録解題》，二書相輔而行，將來擬合刊。熙寧五年國子監書目刊書一百二十五部，已考出八九十部，宋蜀刊本書目已考出百數十種，惜北京大學又開課，不能專力從事，爲可恨耳。敬頌
台安。

弟朱希祖敬上
十一月十四日

明刻附圖《詞林逸響》四册（小令、套數、曲），實一百六十元；明閩刻附圖套板《西廂記》四册，實一百四十元；附圖百二十回本《水滸傳》三十二册，實一百二十元；明（李卓吾評）羅貫中《五代殘唐傳》八册，實六十元。

八九

1926年12月4日張元濟致朱希祖

逖先先生惠鑒：

前奉十一月十四日手教，展誦祗悉。先德《指馬樓詩鈔》、

《春華秋實齋詩鈔》，代抄將畢，聞之至感。承借《徐襄陽詩集》、《石壑詩草》、《高陽詩草》、《游藝詩草》、《抑隅堂詩鈔》、《張北湖集》，知已交京師商務印書館分館，惟尚未接到，容再催詢。大著考訂宋國史藝文志四種，向尊處遠承介紹，不勝欣感。惟商諸同人，均以價昂，不願購進，敬祈婉謝。俗事坌集，致稽裁答，抱歉無似。①

再告知《詞林紀事》印成，不久即託分館送呈，運輸恐需時日。又武昌友人得《茗齋詩稿》數册，允借觀，前借去之各册，盼寄還，便比對。

十五年十二月四日

九〇

1926年12月5日朱希祖致張元濟

菊生先生左右：

得十一月六日書後，匝月不獲音詢，甚念甚念。前託商務分館奉上《徐襄陽詩集》三卷、《石壑詩草》一卷、《高陽詩草》一卷、《游燕詩草》一册、《抑隅堂詩鈔》一册、《張北湖集》三册，想已收到。近有人持來《明吴忠節公遺集》附《年譜》，敝處已有《遺集》，而《年譜》亦已借尊藏抄録，故未購，中間缺字之處已代爲補鈔。友人持陳奕禧墨蹟者近又見示《捫腹齋詩鈔》稿本二册，其字蹟與前《夢窗詞稿》鈔本相似，而較工緻細小，略爲對勘，刊本多古近體詩七十六首，其已刊者異處甚多，刊本删去注文不少，當時視之固不甚重要，今日視之，皆掌故也。書已取去，惟録出七十六首目録一紙奉上。此書索價甚昂，且欲與陳氏墨蹟並售，此甚爲

---

① 元曙按：此函從“大著考訂宋國史藝文志四種”至“抱歉無似”，疑有脱誤。

難，故不敢以價相告，尊處如欲購藏，祈酌示一價，當代爲商量。此稿本恐尚非全部，因刊本前半部此稿收録甚少，惟裝潢頗精美，可不須重訂。近日已將借鈔各書倩人校對，再過旬餘，當先將重要各書奉還。拙著《宋代官私書目考》二卷已脱稿，計官書目三十三種，私家書目四十四種，各有考證，尚非草率。小女倓，字仲嫺，助輯《中興書目》，亦輯成唐韋述《集賢注記》一卷，略加疏證，唐代重要書目及藏書之事亦略具於此。此等事不入時調，恐非世人所樂覩，故非有力者代爲刊佈，恐覆醬瓿而已。專此，敬頌

台安。

弟朱希祖敬上

十二月五日

九一

1926年12月12日張元濟致朱希祖

逖先先生有道：

本月四日肅奉寸函，計荷垂察。前日奉十二日①手教，承示近見《捫腹齋稿本》，似爲族祖手抄，且有未刊之詩七十六首，並蒙抄示題目，良朋雅意，感不能忘。弟前在本邑亦曾見一鈔本，當時即將未刊之詩全數録存，與來目互較，略有異同，然相差不過數首。謹就來目附注寄呈。按《捫腹齋詩鈔》爲六世祖手訂，是必當時認爲未能慊意，故未捨棄，以是未敢續印，僅録一分，留示後人。惟既爲族祖手抄，亦願收回，藉存先澤，但未便貿焉定價，還乞代詢，並查明有無寒家印記。須費清神，感難言喻。《吴忠節集》缺字，蒙代補完，甚幸。所假各書，盡可從容留校，不必亟亟擲

① 元曙按：當爲五日。

還。至慨假諸種，尚未由京分館寄到，容再函詢。大著稿成，聞之欣快，能否先以副本寄我一閲，不勝禱盼。《馬嘷詩鈔》已迻録過半，不久將畢，此間鈔費尚不甚昂，每千字一角七八分，用紙在外，校對在内。然尚有錯字，尊處如欲借閲，當即寄奉。如欲在滬代抄，亦可照辦，候示祇遵。

十五年十二月十二日

九二

1926年12月18日朱希祖致張元濟

菊生先生左右：

昨接十二月十二日快信，敬悉起居協吉，欣甚。本月四日大札亦已接到，弟近來胃病大發，故爾遲復。前送商務分館鄉先哲書數部，當時因兵事阻隔，故云託便帶呈，孫先生或係太鄭重，故未付郵亦未可知，當爲一問並催寄。承借之《茗齋詩集》、《平寇志》、《楚臺疏略》亦當即日託孫先生寄上。《捫腹齋詩稿》似爲原稿，非詠川先生所抄，字較《夢窗詞稿》工緻，原稿似雍乾時鈔，有文藻者别抄目録，紙較新，題籤亦有文藻圖章，此人先生知之否？此稿兩册並陳奕禧墨蹟連售，定價百六十元，不肯減少，尚祈酌奪示復。拙作《宋代官私書目考》二卷及其他數種，擬倩人録一本奉上，先生能代爲籌畫印售，或出售版權，甚感甚感。《馬嘷詩鈔》能代在上海抄録一部並校勘，甚妙甚妙，省卻郵寄及一切周折，惟費清神爲不安耳。《兩漢書》已得有善本未？如印汪本，恐不如印嘉靖廣東崇正書院重修本。弟舊有跋文一篇，兹附上，閲後祈寄回，因未録副也。專此，敬頌

台安。

弟朱希祖敬上

十二月十八日

九三

1926年12月22日張元濟致朱希祖

逖先先生有道：

昨得十二月［十］八日手書，藉悉貴體違和，近日想早康復，至爲馳念。《搰腹》稿本何人手寫，未能決定，遍檢家乘，亦無文藻，其人想係曾經收藏之輩。所載未刻之詩，與敝處所藏别本無大殊異。今有涉園舊藏宋本莊、荀二子，正在商議，索價極昂。時局如此，不敢放手，只可姑舍，惟有負盛意爲不安耳。大著蒙録副畀讀，曷勝欣感，俟寄到，當示同人，與商辦法。《漢書》跋稿捧讀録出，謹繳還。汪文盛本既有此瑕疵，自當舍置。崇禎補葉，錢跋亦有微詞。此時尚在搜求宋、元本，至均不可得時，當再取用。《馬嘷詩鈔》，遵託人代抄一部，惟校對難得好手，訛字終不能盡免。承借各書，已函詢京館，尚未得復，當不致有誤也。

十五年十二月二十二日

九四

1927年1月11日朱希祖致張元濟

菊生先生左右：

日前接得去年十二月二十三日大札，適胃病大發，未嘗裁答，歉甚。昨日又接一月四日手書，知新近收得鄉先哲錢鎬手寫《六宜樓杜詩選》稿四册，甚羨甚羨。孫伯恒兄處託寄之書知尚未寄來，過於審慎，是弟之咎，當催其由郵局寄來。至其書名，蓋係孫先生未經察核，故有歧異，其實斷不致誤，將來寄到時即可明白。新抄之書，裝訂大小一律，或兩種抄在一册，故有斯誤。前言《搰腹齋詩稿》等敝友索價過昂，故第一次來函不敢明説，斟酌給價或可磋商。以弟約略對讀，不僅詩有增加，即已刻者亦大有異同，其中所刪之注最爲有用，遽爾棄置，未免可惜。尊處既有鈔本，容或與此有異，不妨酌還一價，如彼不售，再作罷論，好在中有他件，非比孤本先集不便還價也。拙著續有所獲，尚須大加修改，加以近有胃疾及十二指腸有損，醫生戒勿看書作文，恐須稍稽時日乃可録出副本。兹由郵局寄還《茗齋詩集》六册、《平寇志》六册、《吴忠節公年譜》二册、《鹽邑藝文續編》二册，裝成兩包，其餘稍遲亦可寄還兩三種。北京圖書館袁同禮購得《明史稿》（有表有志，非萬斯同本，與弟所藏殘本對，大異，蓋爲王氏初稿。付貴館刻，確否？）。敬頌

台安。

弟朱希祖敬上

一月十一日

承囑有售好書者仍通知。兹有友人擬售書數部，開實價如左：嘉靖白棉紙《古詩紀》八十册（襯紙、無缺葉），三百元；嘉靖廿二年喬刊《千金要方》九十三卷，三十二册（希見，但有明人動筆），一百二十元；明棉紙藍絲闌鈔本（明抄）《太常寺考》二十册（無刊本），二百元；乾隆抄宋本《建炎以來朝野雜記》二十四册，二百元（有“乾隆乙未鈔本”白文方印、“沈臺簪印”，上有朱筆、墨筆校語，頗精，梁鼎芬印，卷首多通行本一卷，有錢塘吴城跋）。

九五

1927年1月16日張元濟致朱希祖

逖先先生有道：

前日肅上寸緘，託孫伯恒君轉交。甫寄出即收得寄還書籍兩包，計《吴忠節年譜》兩册，《鹽邑藝文續編》兩册，《平寇志》

六册，《惟茗齋詩稿》只有五册，均舊鈔本，一四册，一壹册，當時寄去尚有抄寫稍新者一册，未蒙擲還，包皮上亦注明六册，想係漏封，還祈查核。《捫腹齋稿》既非先人手抄之本，且未刊之詩與敝處存本無甚異同，故不願出重值，給價過低，轉有不便，故前函敬請婉卻也。嘉靖本《明詩紀》最不易得，涵芬樓初只有萬曆本一部，極思補購嘉靖本。去歲收得密韻樓書，其中適有此本，已償宿願。《朝野雜記》亦有一不全之本，擬將來補抄若干册，便可配全。其他二書較爲冷僻，用處甚少，均擬不購。謹謝盛意。寓京某君購有《明史稿》，曾託沅叔介本館印行，已拒之矣。前屬購《吴江縣志》，遍訪各店，均無之。敝館有康熙（不全）、乾隆、光緒三部，如欲閲何種，當代借出寄呈。

十六年一月十六日

九六

1927年1月25日朱希祖致張元濟

菊生先生左右：

日前接得一月十二日書並《陳書》八册，又接一月十三日大札，知鄉先哲書六種七册亦已收到，一無錯誤。又接一月十六日大札，知《吴忠節公年譜》二册、《鹽邑藝文續編》二册、《平寇志》六册均收到無誤，惟《茗齋詩》六册僅有五册，檢查書櫃，竟失落一册，稍遲數日當與《茗齋詩目》一卷一併寄還。日前有同鄉王君宗旦，北京大學法律系學生，因有事回鹽，道出上海，因託其將《楚臺疏略》八册送至商務印書館總務處，未知已收到否。近由舍弟在鹽親戚家收得鄉先哲著述二十餘種，大都尊處已有，惟《沈氏宗譜》一册得到鹽邑掌故頗多，玆録目附上。元蘇天爵《滋溪文稿》，《四庫》收録，外間未見刊本，尊處有鈔本否？中有修遼、金、宋史搜輯書籍一文，甚有用，求之未得。病後未能多談，敬頌台安。

弟朱希祖敬上

一月二十五日

海鹽人著作四十四種：

《海鹽縣圖經》（胡震亨，十六卷）、《續海鹽縣圖經》（陳世倕，七卷，缺末一卷半）、《鹽邑志林》（樊維城輯，十一種，六十二卷）、《珊綱集》（不著撰人，不分卷，一厚册，鈔本，集邑人詩十九家）、《唐顧況詩》（席刻本，四卷）、《唐顧非熊詩》（席刻本，一卷）、《皇明遜國記》（鄭曉，嘉靖刻本）、《西村詩集》（朱樸，二卷）、《後梁春秋》（姚士粦）、《唐音戊簽》（胡震亨）、《唐音癸簽》（胡震亨）、《茗齋詩餘》（彭孫貽，二卷）、《松桂堂全集》（彭孫遹）、《金粟詞話》（彭孫遹，一卷）、《金石契》（張燕昌）、《飛帛録》（張燕昌，二卷）、《金粟箋説》（張燕昌）、《香樹齋全集》（錢陳群，七十七卷）、《鴛鴦湖櫂歌》（張燕昌，一百首）、《鴛鴦湖櫂歌》（陸以誠，一百首）、《小信天巢詩鈔》（陳石麟，原十八卷，缺末四卷）、《玉樹齋詩稿》（陳廷獻，一卷）、《春星草堂詩稿》（吴熙，八卷）、《墨麟詩集》（馬維翰，十二卷）、《抱樸居詩集》（馬緒，二卷）、《尊道堂詩草》（吴東發，二卷）、《詩畫巢遺稿》（吴本履，一卷）、《論畫絶句》（吴修，一百首）、《續疑年録》（吴修）、《陳氏雙烈傳詩》（陳其泰）、《宫閨百詠》（陳其泰，四卷）、《鄂韡聯吟集》（馬用俊，三卷）、《端石擬》（陳齡，三卷），《碧城詩鈔》（十二卷）、《雜著》（俞功懋，三卷），《雙桂堂詩存》（支清彦，四卷）、《緑蕉館詩鈔》（陳景高，四卷）、《倚晴樓全集》（黄燮清）、《雙桂軒詩存》（任沛霖，一卷）、《風雨對吟齋詩鈔》（任端良，四卷，《詩餘》一卷）、《西齋淨土詩》（釋梵琦，三卷）、《涉園叢刻》八種、《帶經堂詩話》、《詞林紀事》、《初白庵詩評》。

家集三十種：

《詩緒輯雅》（牧人公著，六卷，鈔本未刻）、《河汾旅話》（牧人公著，二卷）、《草聖彙辨》（迦陵公著，四册）、《明人詩鈔正續集》（笠亭公著）、《陶説》（笠亭公著，三卷）、《笠亭詩集》（笠亭公著，十二卷）、《春山詩存》（春山公著，五卷）、《三朱子詩選》（可與公、灑亭公、標謝公著，三卷）、《求聞過齋詩文集》（虹舫公著，十卷）、《健初詩鈔文鈔》（晴嵐公著，五卷）、《妙吉祥室詩詞文鈔》（粟珊公著，二十六卷）、《治經堂詩文集》（尚齋公著，二十九卷）、《鶴天鯨海焚餘稿》（朶山公著，六卷）、《聽秋館吟稿》（秀山公著，六卷）、《碧琅玕館詩鈔》（小泉公著，三卷）、《晚翠樓詩鈔》（小泉公著，四卷）、《竹南精舍詩集》（鏡香公著）、《竹南精舍駢儷文稿》（鏡香公著，一卷）、《景山小稿》（訥庵公著，一卷，鈔本未刻）、《訥庵小草》（訥庵公著，二卷，鈔本未刻）、《指馬樓詩鈔》（紫僊公著，四卷，鈔本未刻）、《指馬樓詞鈔》（紫僊公著，一卷，鈔本未刻）、《胥橋送行詩》（先六世祖竹友公輯，二卷）、《春華秋實齋詩稿》（先高祖遲農公著，五卷，鈔本未刻）、《鹽官竹枝詞》（先高祖遲農公著，附刻《南巡召試卷》三十首）、《文會堂詩鈔》（八卷，先本生曾祖彦山公輯族中詩人一百三十三家九百二十八首，咸豐元年刻本）、《文字辨正彙鈔》（先本生曾祖彦山公著，四卷）、《長生長樂之居吟草》（先曾祖崇山公著，一卷，鈔本未刻）、《倚雲樓遺草》（先曾祖姑著，一卷，錢唐蔣氏刻本）、《恬園酬唱集》（先叔祖西齋公在江西與人酬唱詩，二卷）。

續得鄉賢著述目録：

《方洲集》（二十六卷，附《讀史録》四卷，明張寧撰，萬曆刊本）、《徵吾録》（二卷，明鄭曉撰，嘉靖丙寅刊本）、《碧里鳴存》（一卷，詩，明董穀撰，嘉靖刊本）、《鹽邑藝文前編》（甲乙六卷，天啟刊本）、《黼齋詩鈔》（一卷，清孫映煜撰，嘉慶刊本）、《吾學編》（六十九卷，明鄭曉撰，明刊本，繆荃孫藏本）、《文獻通考纂》（二十四卷，明胡震亨撰，明刊本）。前委補鈔《吾亦廬文集》業已校好，又查蓋卿先生詩稿亦已録出一分，俟時局稍定，即當寄上。

新得鄉先哲遺書目：

《海鹽沈氏支譜》一册（沈虞尊撰，舊寫本）、《碧里雜存疑存》二卷二册（明董穀撰，附《豢龍子》，嘉靖刊本）、《滄浮子詩鈔》十卷二册（徐豫貞撰，朱筆自録友人評語，吴氏校刊本）、《石窗山人小稿》八卷一册（胡焯撰，孝轅後裔，自寫稿本）、《醉紅山館吟草》一册（何豫培撰，自寫稿本）、《何同治詩鈔》一册（何同治撰，何蘅山先祖，自寫稿，殘缺）、《寶拙堂遺稿》一册（鄭時敏撰，刊本，有破損）、《銀藤花館詩集》十卷二册（黄仙根撰，刊本，首尾缺三四頁）、《㑃浦詩鈔》二卷一册（馬世榮撰，乾隆刊本）、《拙宜園詞集》二卷一册（黄憲清撰，道光乙未刊本）、《永安湖紀游詩》一卷（陳敬璋、李聿求撰，刊本）、《秦溪棹歌》一卷合上一册（李聿求，刊本）、《玉庵秋褉圖詩》一卷一册（海鹽十二家修褉詩，寫本）、《紅葉館話别圖詩》一册（陳明遠輯，刊本）、《壬辰吟稿》一册（何梅築撰，自寫稿本，殘缺）、《小于舟詩存》一册（朱瀾撰，刊本，僅三頁）、《蓮溪草堂輓詩録》三卷一册（陳爾熾母仲氏，康熙刊本，邑人甚多）、《琅華仙館試帖詩》八卷四册（顔宗儀撰，刊本）、《律賦錦標集》一册（蕭應櫆輯，刊本，邑人所作賦甚多）、《地理辨正疏》五卷三册（張心言撰，道光刊本）、《朱公虹舫行狀》一册（朱昌頤撰，道光刊本）、《朱公朶山行述》一册（朱元慶撰，同治刊本）。

《陸梅谷叢刊》八册：《梅谷行卷》一卷、《梅谷續稿》三卷、《梅谷偶筆》一卷、《耕餘小稿》一卷、《吴興游草》一卷、《隴頭芻語》一卷、《夢影詞》三卷、《二鼊詞》一卷、《人參譜》四卷、《春草遺句》一卷，平湖陸烜撰，乾隆寫刊本，極精。《奇晉齋叢書》亦爲陸氏刊。

九七

1927 年 1 月 30 日張元濟致朱希祖

逖先先生閣下：

數日由敝公司交到惠寄鈔本《楚臺疏略》十册，弟適患流行性感冒，爲勢甚劇，未能即復。病榻展讀，其特參承天備監靖滅福府贍田諸疏，可謂言人之所不敢言，一士諤諤，令人生敬。惟訛字尚多，當重加校勘耳。昨得本月廿五日手教，知貴體尚未全復，至爲馳念。吾輩户外運動太少，故多有胃病，此不可不力矯其弊，願與兄共勉之。鄴架近得鄉賢遺著多種，《沈氏支譜》，其家不知在城在鄉？起訖在何時代？尚祈見示。《石窗山人詩稿》，弟處前抄得者爲六卷，尊處如多兩卷，異時尚擬借閱。至《寶拙堂遺稿》、《銀藤花館詩集》，均略有殘缺，敝處卻均完全，可請將所缺葉數起訖畫就格紙寄下，當代抄補，俾成完璧。承詢《滋溪文稿》，敝處有不全鈔本。烏程張君石銘近已刊行，可託熟人索取，但甚不易耳。已飭查館中有無此書，所需一文，當屬抄呈也。

再前年承示購得明抄宋本《水經注》，甚爲王君靜庵所賞，曾代估影印工價，議而未行，至今懸望。敝館近日復印《四部叢刊》，中有《水經注》一種，原用武英殿聚珍版本，靜庵來信謂不如改用尊處抄宋本或黄省曾刊本，鄙意兄所藏從宋本出，黄本究遜一籌，因思吾兄本有流通之意，不揣冒昧，敢爲陳請，倘許借印，擬薄助買書之資百廿元。聊將微意，想不責其唐突也。專此奉商，伏候裁示。

十六年一月三十日

九八

1927年2月27日張元濟致朱希祖

逖先先生惠鑒：

一月三十日曾上一函，翌日又寄去抄録蘇滋溪修史條議一文，均掛號郵遞，計早達覽，今將匝月，尚未得復。前知貴體有腸胃病，未審近日起居何如，甚用懸係。《茗齋先生詩稿》近已由友人寄到，凡十二册，的係先生手寫，中有先生名號印記數方。兹抄呈清目一紙，敬祈察核。第一、第四、第九、第十、第十一諸册及第七册之前半、第八册之後半，均爲我處所無，而我處殘本之第九册，又爲彼中所缺，適可補入。惟尚缺庚子至癸卯四年之作，全書除吁上鑒外並無序跋。按先生生於萬曆乙卯，王防孫亭爲先生撰傳，稱其博聞才辨，名噪一時，啟禎之間，三吴文社邀執牛耳，不應至廿七歲始有詩，恐以前尚有所缺，但都不敢斷言。《客舍偶聞》先生族孫晫跋，已不獲見全集，我輩生數百年後竟得先生寫定之稿十分有九。往年印《四部叢刊》時弟極思以葛氏鈔本列入，以無序跋，遂爾中止。今正編輯續集而此稿適見於世，不可謂冥漠中無呵護之靈。此實有可印之價值。所惜缺去四年，一無序跋，故躊躇不能決，未知先生何以教之。葛氏一部，記是分體，不知有可補入者否？前寄呈抄目一分，又另有先生詩鈔本一册，統祈擲還，以便檢對。《詩餘》一册與别下齋刊本比對，完全相同。但原稿次序淩亂，似是未定之本。既有刊本，將來即列入《叢刊》，此亦可以不印矣。葛詞蔚來信，稱金籛孫函告廠肆有《梅谷叢刊》一部，索價四五十元，渠先已購得，勸弟收之，寄來清目一葉，乃是大筆，敬乞代爲諧價，如不過三十元，即留之，否則作罷。費神之至。再前函奉詢兩事，一應否代借《吴江縣志》，一乞假明抄《水經注印》入《叢刊》，如蒙慨允，士林同幸。貴恙倘已大痊，統祈示復爲盼。承假

《石壑詩草》一卷、《高陽詩草》一卷（合一册）、《游藝草》一册，均已抄成，其《徐襄陽詩集》一册，敝處已有之，《抑隅堂詩鈔》一册、《張北湖集》三册，因與本邑無甚關係，均即日另郵寄上。續有乞借，容開單呈鑒。

十六年二月二十七日

九九

1927年3月8日朱希祖致張元濟

菊生先生左右：

陰曆年初因十二指腸病，飲食起居久受醫生拘束，乃赴郊外靜居療養一月，一切酬酢音問皆暫斷絶。近始返舍，乃得讀一月三十一日及二月二十七日兩函，並蒙抄寄蘇天爵修史條議，不勝感謝。賤恙近已就痊，惟飲食尚未復原，精神似已復舊，頻勞慰問，銘感之至。《抑隅堂詩鈔》之楊、《北湖詩鈔》之張，皆籍隸海鹽，其子姓始改籍海寧，與曹氏、吴氏情形相同，故入鄉先哲遺籍中。彭茗齋先生詩竟得到多本，集成全璧，甚爲欣悦。來函謂先生之詩（鈔本）至辛巳年二十七始有，按刻本《茗齋詩初集》起於天啟七年丁卯，止於崇禎十年丁丑，爲先生十三歲至二十三歲之詩，則崇禎辛巳以前、丁丑以後三年之詩未得見也，恐不僅缺庚子至癸卯四年之作。惟此次所得，始末所增甚多，至可寶貴。尊意擬刊入《四部續刊》，甚爲欣慰。去年曾草《茗齋年譜》一卷，粗得梗概，惟中間數年無詩文可憑，故未脱稿，將來得覩全集，當續成之。葛氏之目及去年遺漏未寄一册，不日即當寄上。明鈔宋本《水經注》前年即擬自印，以商務印書館只能代印，而未能代爲廣告預約及代售，故非多集資金不能付印。年來京中欠薪纍纍，遂無意及此，然校勘付印之願終未絶也，此書弟擬單行。《四部叢刊》如需《水經注》，弟處尚有嘉靖刊本一部，可以奉借，恐尊處已有其書，未敢自獻。《梅谷叢刊》業已爲原主取去，俟便當爲代問。《吴江縣志》現姑置之，俟要用時再當勞神借閲。近日京中見一三百四十二卷本之《八旗通志》，訂成三百餘本，嘉慶内府刻本（聚珍本），此書流傳甚少，而官制、田賦、年志等極有用，書估索價銀六百元，未知尊處有其書否，北京大學擬購而無款，甚爲可惜。《八旗通志》尚有一部，卷數較少，極易得。滬上近有善本書否？敬頌
台安。

弟朱希祖敬上
三月八日

再者，去年陽曆十二月内小兒朱倓有《漢三大曲音調考》一篇，約八千餘字，寄至《東方雜誌》社，至今渺無回音。如不登載，擬請代向該社索回寄來，因此間無草稿也。費神，不勝惶悚。希祖再拜。

又有朱偰所作《親屬範圍與親等計算法》一篇同時寄去，亦祈代問。

一〇〇

1927 年 3 月 9 日張元濟致朱希祖

逖先先生惠鑒：

久未得信，比來起居何如？甚念，甚念。一月十六日、三十日、二月廿七日迭上三函，廿七日又掛號寄還前借本邑先正著述七册，計均遞到。前承見惠《茗齋詩初集》一册，昨取出與新借稿本一對，乃爲丁卯至丁丑所作，編次體例，完全相同，前函謂先生不應至廿七歲始有詩，於此益可證明。稿本首册起于辛巳，是其間尚缺戊寅、己卯、庚辰三歲，加以庚子至癸卯先後共闕七年，倘能覓補則先生之詩可稱大全矣。近日貴體如已康復，前寄去葛氏鈔本先生詩目，又漏未寄還之鈔本詩各一册，望即付郵擲還爲荷。《馬嘷

詩鈔》已發抄，並照原樣專印格紙一種備用，附去一葉，並祈察入。專此布達，祗頌
台安。

十六年三月九日

乞假《蒙吉堂稿》選本、《徵吾録》、《竹隱庵吟草》、《小蓮花室遺稿》。

—〇—

1927年3月18日朱希祖致張元濟

菊生先生左右：

前接二月二十七日大札，曾奉復一函，想早達覽。又承寄還鄉先哲書七册（《石壑高陽詩草》一册、《張北湖集》二册《年譜》一册、《抑隅堂詩鈔》一册、《徐襄陽三稿》一册、沈曾懋《游燕草》一册），照收無誤。《茗齋詩目》一分及詩集一册作爲一包，由郵局掛號寄上，祈檢收賜復爲荷。嘉靖刻本《水經注》未知要用否？委購《梅谷叢刊十種》給銀三十元，售主不允，只好作罷。近有人送來明萬曆寫刊本《沈長水文集》二十册，白紙印，寫刊俱精，定價百元，有一二册序文稍損。此書前輩未曾見過，觀《平湖縣志·經籍門》可知，兹附上詳目一紙，如要，當可代購，否則問葛詞蔚先生要否？此鄉邦佳書，失之可惜，故不憚煩如此。《涵芬樓地方志目》屢思得一部，《涵芬樓書目》如有，亦擬得一部，未知可代爲設法否？《八旗新志》涵芬樓有否此書？京中頗少，清史館亦未得全書，此次所見全書尚留在敝處，惟價太巨，故尚未定去留。滬上此書多否，祈示知。敬頌
台安。

弟朱希祖敬上

三月十八日

《長水先生文集》二十册（明萬曆寫刊本，依原裝，不襯紙），明平湖沈懋孝撰，不分卷。《滴露軒藏稿》一册（《平湖縣志》作一卷）。《洛誦編》一册（《志》作二卷）。《石林簣草》四册（《志》作二卷）。《四餘編》四册（《志》作二卷）。《賁園草》四册（《志》作四卷）。《水雲緒編》三册（《志》作三卷）。《長水先生文鈔》二册（《志》無）。《淇林館雜鈔》一册（《志》無，《志》有《淇林雅詠》十卷，此無）。案：《平湖縣志·經籍門》載《長水詩文集》，注言詩文刻於先生歿後，多誤入他人舊作。先生與王淡生書云："小集二十册奉贈鄴架"，似文刻於生前，詩或後人付梓。據此，則此二十册爲生前刻，後刻分卷附詩。

一〇二

1927年4月6日張元濟致朱希祖

逖先先生閣下：

三月九日復上寸函，託傳沅叔兄轉呈。續奉三月八日手教，展誦敬悉。貴體就痊，至爲欣慰。上海發生戰事，人心皇皇，遲遲未復，甚爲歉仄。今日又得同月十八日惠書，知前寄一函，已届一旬尚未達覽，大約因郵局罷工之故。寄還鄉先哲著述七册，尚未貽誤，差堪稱幸。《茗齋先生詩》，續檢族祖春溪先生刊本，乃知先生少年之作，已於三月九日去信聲明。惟尚缺七年，則恐終不可得見矣。寄還抄目一分、選本一册，已於數日前收到，可請勿念。明抄《水經注》，尊意仍擬單行，甚善。嘉靖刊本，敝處亦有一部，且有惠定宇先生校筆。同人之意，擬仍用武英殿聚珍本，不再改用，盛意謝謝。《梅谷叢書》既不允售，只可作罷。《沈長水集》誠極難得，葛詞翁處卻有一部，亦係萬曆刊本。弟當時誤認爲海鹽人，曾擬借抄，嗣知籍隸平湖，故遂中止。鄉鄰文獻，且索重價，只可割愛。詞翁所藏種數是否完全，容代函詢，如須收藏，當再奉達。

《八旗通志》東方圖書館只有乾隆刊本，嘉慶續修向未收得。原擬購藏，惟默察滬地形勢，大禍在前，何必再取此罕見之書，來作覆巢之卵。雅意拳拳，徒呼負負而已。《馬嘷詩鈔》已録成兩册，其餘不敢續發。前三月九日去信，乞假《蒙吉堂稿》、《徵吾録》、《竹隱庵吟草》、《小蓮花室遺稿》，亦祈從緩付郵。異日重見太平，再爲一瓻之借。再承屬文郎在東方投稿，業已查詢，復箋附覽。涵芬樓所藏方志目録係三四年前所印，兹寄上一册，續收有三四百種，尚未列入。至其他書籍，現正編輯新目，俟印成後，當再奉呈。專復，順頌

台安。

十六年四月六日①

一〇三

1927年6月22日朱希祖致張元濟

菊生先生左右：

前日由傅沅叔先生家轉到本月二日大札，欣悉滬上已復原狀。《馬嘷詩鈔》仍承代行發抄，不勝感謝。北京生計日窘，本擬南旋，廣州、杭州、南京各有同事來招。弟雅不欲人政局，以學校而論，此時人皆趨南，鄙意時局未定，無論南北皆非振興教育之時，故亦不願棄書籍叢萃之區而他適。日惟閉户閲史，以消永日，暇仍從事搜輯散佚以自娱而已。前談嘉慶武英殿板《八旗通志》三百四十二卷，此書流傳甚少，已慫慂北京圖書館以巨價購之矣，否則早爲德國人所得，亦云幸極。又《長水先生文集》二十册，明萬曆寫刊本，平湖沈懋孝撰，前函亦曾奉告，此爲乾隆禁書，見於禁書總

① 整理者王翠蘭按：同年六月二日又去一信，託沅叔轉寄，告知《馬嘷詩鈔》已續發抄，如有好書，乞示。

目，故世稀有，前索價銀百元，今尚未售，聞可減價至七八十元。廠肆近無好書，頃有友人攜來書數種，别紙開呈，並附最低價目，如要當代購。前委抄《春華秋實齋詩》及《指馬樓詩》業已抄就，惟尚須校對。承借各書亦均抄竟，亦未校，當於暑假時設法校畢奉上。專此，敬頌

台安。

弟朱希祖敬上

六月廿二日

商務印書館如有重復地方志可出售，此間有友人要購，尤以邊省爲要，祈開示目録並至少價目。

《西夏書》十卷，四册，海寧周春撰，鈔本，四十元。《金小史》八卷，三册，明楊循吉撰，鈔本；《遼小史》不分卷，一册，明楊循吉撰，鈔本，四十元。嘉靖本《徵吾録》四册，明鄭曉撰（白棉紙精刻本），四十元。康熙刻本《平叛記》四册，毛霦撰（記明季山東兵事，徐從治殉難事在内），十二元。

一〇四

1927年8月1日朱希祖致張元濟

菊生先生左右：

日前由傅沅叔先生處轉到大札，適京師大熱，爲二十年來所未有，故遲遲未復。委購鄭端簡公《徵吾録》，此書係嘉靖時寫刻本，甚精，爲海鹽夏儒刻，在明代板刻中特爲秀美，故雖價貴，特爲介紹，茲還價未諧，徐圖之可也。在廠肆見《横浦文集》四册，不分卷，以先生新印本相校，詩全而文稍少，約有十四卷，末多《無垢公遺蹟》一卷，爲新印本所無，前有家傳，末題“顺治甲午十五世孫鳴臯重梓，男聖時、侄孝友”。又有康熙二十三年海昌令黄承璉序，云集凡一百八卷，先梓此，將以次續成，故此書魚尾下僅有卷

字而數目字未刻，但留墨塊，以待全書刻成再以次刻卷數也。此書實價十二元，如要可代購。元王惲《秋澗先生大全集》《四部叢刊》本有單行本否？祈代購一部，價若干，示知即寄。費神費神。
敬頌
大安。

弟朱希祖敬上

十六年八月一日

一〇五

1927年8月7日張元濟致朱希祖

逖先先生有道：

前月今日肅上寸函，託傅沅叔轉交，計蒙察及。閱報知都門大熱，起居何如？甚以爲念。《馬臯詩鈔》已鈔過大半，大約再需兩月可以竣事矣。近日見翻明天啟本《兩浙名賢録》，書凡六十二卷，著者爲錢塘徐象梅，字仲和。卷首有樊維城序，中有數語，曰“余宰鹽邑，生舊附籍西鄉，亦以序問”云云。撰閱姓氏，徐君之次爲平湖陸澄原，同時參閱者，亦以海鹽人爲多，共十二人，如姚士舜、鍾祖述、許士奇、鄭忠材、鄭端胤、陳昌懋、陳梁均與焉平湖七人，然則徐君似曾僑寓吾邑者，然縣志均不載，豈其人以布衣終，故弗之及乎？我兄於桑梓文獻研究素深，敢以奉詢，敬求指示。前示有《徵吾録》擬售四十元，乞代還價七折，未奉還示，度未必肯售也。專此，敬頌
台安。

十六年八月七日

一〇六

1927年9月1日朱希祖致張元濟

菊生先生左右：

前接八月七日及八月十一日大札，因北京大學改組，俗務叢集，久未奉復，抱歉之至。承詢徐象梅先生曾附籍吾邑，此爲先生開始發見，頗爲驚喜，若非樊維城一序，則吾邑有此寓賢，幾隱没而不彰矣。尋光緒《杭州府志》藝文門，載《兩浙名賢録》五十四卷，《外録》八卷，明諸生錢塘徐象梅仲和撰，然傳中無此人。康熙《錢塘縣志》不但無其傳，且藝文志中亦不載其書。惟他書尚未尋考，他日如有所得，當續告，先生如有所得，亦祈告我。清初刻本《横浦文集》四册已代爲購得，計銀十二元，其書當託孫伯恒先生寄上，其款亦當向彼支取。嘉靖刻本《徵吾録》其價未諧，且其人近至天津未回，俟彼回時當再與之磋商。《王秋澗集》已在京購得一部（此書係景印弘治本，誤字脱簡甚多。近有人送來舊抄元本《秋澗集》百卷，補弘治本墨塊無字處六七千字，又校重要部分誤字數千，惜其書價太巨，四百元，已還之矣）。敬頌

秋安。

弟朱希祖敬上

九月一日

一〇七

1927年10月14日朱希祖致張元濟

菊生先生左右：

前月奉上一函，並託孫伯恒先生寄上《横浦文集》四册，想已收到。久不奉大札，甚念。兹見友人家有黄梨洲《明文案》二百七

卷，八十册，康熙鈔本。此書未嘗刊刻，僅於《南雷集》中載序二篇，謂所選勝於《唐文粹》、《宋文鑑》、《元文類》，又謂三百年來集之行世藏家者不下千家，有某兹選，彼千家之文集即盡投之水火不爲過。其言不免過誇，然唐宋元三選後，究此書爲最有價值。又有明鈔本《張宛丘集》十二册，係七十六卷本，中缺十二卷，係宋張耒撰。《四部叢刊》中有景舊鈔本張耒《右史集》六十卷，明鈔本所缺十二卷，其中十一卷爲《右史集》中所有，僅騷體一卷無從補抄，是此明鈔本有十五卷爲《右史集》所無，殊堪寶貴，且其他四十餘卷篇目大體雖同，然亦或有或無，可以互相補充，字之相異處更多。此二書均可出售，《明文案》定價一千六百元，《宛丘集》定價六百元，其價雖可減少，然不能過多，察敝友之意，兩書同購亦須二千元之譜，未知尊處欲購此二書否？弟甚希望有人能將此二書印出，則吾儕寒士亦可得閲覽，故敢介紹前來，祈即賜復，以免爲捷足者所得。專此，敬頌
台安。

弟朱希祖敬上
十月十四日

敝友家中尚有明嘉靖司禮監繙元大字本《文獻通考》一部（白棉紙，初印，明内府藏），明仿宋《合璧事類五集》一部（白棉紙、初印，明鄭端簡藏）。

一〇八

1927 年 10 月 26 日張元濟致朱希祖

逖先先生有道：

前得九月一日惠函，因候《横浦文集》，故未即復。及書到而小兒染患腸炎，病勢頗劇，入居醫院，日日須往料理，無暇握管。迨小兒稍有轉機而弟又被綁票，縶居盜窟凡六晝夜，幸得生還。復

奉本月十四日手書，致勞廑注，殊深慚悚。信簡有清華學校字樣，吾兄是否任彼講席？至爲企望。《横浦文集》爲本支後裔復刻，不見著録。辱蒙代收，感荷不盡。承示有鈔本《明文案》出售，此書卻不多見。然敝處於五年以前曾得《明文海》一部，凡一百四十册，此書成在《文案》之後，增益三百餘家，大山可包小山矣。《宛丘集》卷數卻比《右史集》爲多，然江南圖書館藏有兩部，當時借影甚易，不知孫君星如何以不取此六十卷之《右史集》。今《四部叢刊》再版，業已印成，亦已不及更换。仰荷介紹，至感雅意。《馬嘷詩鈔》鈔成已將匝月，擬每册抽校若干葉再付校勘之費。然卒卒罕暇，因循未果，稍緩必當發憤爲之也。近又購得鄉先輩遺著畢星海《六書通摭遺》，馮昌臨《易學參説》兩種，並以奉告。餘事續布。順頌

著祺。

十六年十月二十六日

一〇九

1927年10月19日朱希祖致張元濟

菊生先生左右：

本月十四日奉上一函，介紹黄梨洲《明文案》及宋張耒《宛丘集》，想已達覽。前函言明鈔本《宛丘集》缺十三卷，均可由《四部叢刊》中《張右史集》補足，惟缺騷體一卷。兹案《張右史集》内亦有騷體，在古詩内，則此二書相湊，適成七十六卷。《宛丘集》所多十六卷，大率系五七言古詩，約多千數百首，文亦多數篇。專此，敬頌

台安。

弟朱希祖敬上

十月十九日

一一〇

1927 年 11 月 5 日張元濟致朱希祖

逖先先生閣下：

前月廿六日肅復寸函，越三日後得同月十九日、二十日並封手書。猥以弟偶遭强暴，殷殷垂問，感荷無似。以先寄一函，略述近狀，計當達覽，故未即復。弟在彼中僅及六日，飲食起居尚無大困。若輩初以商館爲弟一人私産，故所望甚奢，嗣經解釋，亦遂恍然，並屬詳細調查，越日復來，自認誤會，以是較易解決，所耗甚屬有限，然在弟則已負擔綦重矣。還家以後，賤體尚堪支持。家人雖受驚恐，亦各無恙，足紓綺廑。《馬嘷詩鈔》，業已寫竟，計十八萬七千四百八十六字，分裝十一册，原闕卷十，而溢出朱鴻緒一人之詩一册，未知何故？寫成後曾託人校對，另出校資。弟每册均將前十葉復校一過，仍有錯字。然弟實無暇，不能手竟（即自抄一部，至今亦未校對）。應否即行寄上，抑或另行雇人復校？敬候示遵。兩月内原書尚可留在敝處也。再抄校之費，每千字一角七分，共銀三十一元九角二分。又代印格紙八百葉，計銀四元。兩共三十五元九角二分。弟有託尊處代抄之書，將來彼此劃算可也。《明文案》、《宛丘集》兩書，前函已陳，兹不述。

十六年十一月五日

一一一

1927 年 12 月 8 日朱希祖致張元濟

菊生先生左右：

前接十月二十六日及十一月五日大札並尊作絶句十首，蒙難而心夷泰，甚佩甚佩。尊藏有《明文海》一百四十册，此書包含明代史料不尠，京中同志甚望此書印出，海内外之欲得此書者必多，未知可俯允付印否？《馬嘷詩鈔》承代雇人迻録一部，感激之至；最好請再託人復校一過，其款當於日後奉繳。敝處代抄《春華秋實齋詩鈔》及《指馬樓詩鈔》亦已竣事，惟尚未校對，當託人爲之一校寄上。《物望志》、《棗林外索》及詩一種亦早抄畢，即日當可繳還。今秋以來，因餬口計，教授清華學校，編輯中國近世史講義，參互考訂，日無暇晷，甚以爲苦。如此忙日，尚須半年可了，反不如去年之樂。友人有明初刊《元豐類稿》十六册，有張宗櫹收藏印，價銀三百元，如要祈示知。敬頌台安。令郎貴恙想早全愈，甚念。

弟朱希祖敬上

十二月八日

一一二

1927 年 12 月 18 日張元濟致朱希祖

《明文海》卷帙過多，商館以營業爲主，際此時局如斯，巨籍恐難銷售，只可稍緩再謀進行。先六世叔祖舊藏明初刻本《元豐類稿》，未知印本如何？能寄首册一閲否？今歲自遭劫質，損失殊重，不能不節省。《毛詩》之數，苦其昂貴，如見書後令人可欲，當節衣縮食爲之。近有一事堪以奉告者，則《彭茗齋詩集》中間缺去數頁，借得葛氏鈔本，大約可有補齊之望也。此頌

著祺。

十六年十二月十八日

一一三

1927 年 12 月 30 日朱希祖致張元濟

菊生先生左右：

日前接讀大札，敬悉壹是。《南豐類稿》本擬將頭本寄上，因此書襯紙鑲裝甚大，且甚乾淨，恐郵寄不免縐損，只好將此書内容詳告。案此書共五十卷，十六册，四套，極細薄之白棉紙印成，墨色亦舊，無刻板年月，但與《四部叢刊》中之《南豐類稿》同一板。《四部》本係烏程蔣氏密韻樓藏元刊墨口本景印，兩部相較，款式全同，惟此部稍有斷板，而蔣本則無，惟蔣本似有修補板，此部則無，序中挖補二字而已。而第一序末蔣本王三槐，序此部作“宋□三槐三震序”，且提行，字體與前無異，未知與蔣本孰先孰後，但皆係元板則無疑義。書主尚不知此爲元板，只言明板，索價四百元實價三百元，則不可再減。云首册有“宗槏之印”白文方印，“一字□齋”朱文方印，“古鹽張氏”白文長方印，藍絹簿面，裝訂頗精雅。如要，祈速賜回音，否則恐售於他處矣。玉堂族祖《韻書》敝處已有。近來購得道光《乍浦備志》三十六卷，平湖鄒璟撰，中述海鹽事頗多。又購得《山書》十八卷，孫承澤撰，康熙鈔本，有朱彝尊印及秀水朱氏潛采堂印，且載於《潛采堂書目》。此書所記係明崇禎元年至十七年三月大事，乾隆時知不足齋鮑氏有一鈔本進呈四庫，《浙江采進書目》載之，後入《全毁書目》，故《四庫存目》不載此書，傳本恐甚少矣。未知尊處有此書否？敬頌歲禧，不另。

弟朱希祖鞠躬

十二月三十日

一一四

1928年2月5日張元濟致朱希祖

逖先先生有道：

前月十三日肅復寸函，計荷鑒及。舊曆更新，伏維潭第安吉爲頌。委抄《馬嘷詩鈔》，早經告竣，前奉手書，屬覓人就原本對校一過。舍侄振聲在商務印書館任事，夜間尚有餘閒，因令對勘月餘，始得蕆事，當酬給伊銀幣五元。收條附上。連前印紙及繕寫，共費去四十元九角二分，真不菲矣。今書及餘紙已於昨日付郵，掛號寄去，敬祈察核。但恐几塵落葉，仍拂掃難盡耳。近日校閲宋、齊、梁、魏四書，撰有後跋，寄由傅沅翁處轉呈，敬祈賜教。其中以《南齊》爲最佳，餘三種均有明補，而《陳書》較多。都下時有秘笈，兄如見有宋刻殘本以無明補者，甚盼見示，即一二卷亦可貴，當設法通假也。

十七年二月五日

一一五

1928 年 2 月 25 日朱希祖致張元濟

菊生先生左右：

前日接得二月五日所發手札並鈔本《馬嘷詩鈔》十一册，不勝欣喜，無任感謝。日來清華新換校長，故住校數天，前日返寓始得展讀，已延閣一星期矣。抄校費四十一元俟下次接得尊覆即寄。此間已代鈔就《春華秋實齋詩鈔》一部，約六卷，《指馬樓詩鈔》約四卷，其款若干尚未算結，刻正倩人校對，稍遲一二旬即當奉寄。近有海寧人持來《容庵存稿》二册，同光間鈔本，詩文三卷，《孤臣述》一卷，明許令瑜撰，末附其子脅《孤臣述識後》等二卷(令瑜在唐王時任福建仙游縣知縣，尋擢吏科給事中，崇禎十六年進士。《識後》言："自禮科給事中諱相卿始舉進士，以道學直節顯聞嘉靖間。晚徙家海鹽紫雲山中，疏奏得改籍鮑郎鹽課司，是爲紫雲許氏，子孫世世爲海鹽人。子諱閏造，貴州道監察禦史，子五人，嚴州府儒學教授諱敦倬，其仲也。是生世父及皇考。"然則令瑜爲海鹽人，與曹氏頗能媲美)。《孤臣述》中載唐王事頗得其要，敝處已借録一部，其原書仍求售，索價二十元，已商減至十二元。

尊處如欲購，當可代辦，其書暫留候覆。明桂王時有仁和金堡者，撰有《徧行堂集》四十六卷，康熙中刻於廣東，此人在南明史上爲最出色人物，屢欲觀其書而未得，惟得其續集十六卷，已爲出家後改名澹歸之作，中有關於涉園者數篇，尊處想已採録，其正集未知涵芬樓有否，擬欲借觀，祈物色之。《物望志》等業已校畢，尚有一二小種未校，下星期當可付郵也。敬頌
台安。（《魏書》、《陳書》宋本零卷單附上。）

弟希祖敬上
二月二十五日
（史跋傅宅未送來）

一一六

1928 年 3 月 3 日張元濟致朱希祖

寄查師詩二十本，如不足，示知再寄。問宋、齊、梁、魏書四跋，沅叔如未送到，望索取。又宋刻《眉山七史》無明補者，遇有殘本，即一二册亦欲得之。倘能補入，得將明印各卷换出，何幸如之。①

一一七

1928 年 4 月 14 日朱希祖致張元濟

菊生先生左右：

前接三月三日及七日大札，以校中編講義頗勞瘁。春假三四日，稍事游息，以故遲遲奉復，不勝衰歉。大著宋、齊、陳、魏各

① 元曙按：在《張元濟書札》中，此函作爲附録附在張元濟 1928 年 2 月 5 日信後。

書跋業已拜讀，專言校事，精密審慎，無贅語盈辭，不勝佩服。《齊書》跋尤覺生動而多精采，兹特繳還。《梁書》跋如已成，更祈賜讀，因此書曾經涉略，稍有心得也。《物望志》四册、《容菴存稿》二册兹先寄上，祈檢存示復爲感。尚有單本二三種及代抄之書，俟校畢奉寄。近來購得《鄭端簡公集》十二册（此集與《端簡奏議》有重出否）、吴東發《群經字考》十卷、《石鼓文讀》七卷，乾隆末刻本。又重得陳訏《唐省試詩箋》十卷，乾隆丁丑刻本，六册，謹以奉贈。小兒偰，字伯商，曾作文數篇，承介紹於《東方雜誌》社，已登載四五篇，不勝感謝。近又撰《日本侵略滿蒙之研究》一書，又名《滿蒙問題》，約六七萬字，有圖有表，搜集東西文材料頗豐富，於日本侵略滿蒙之歷史及現狀，以及將來之趨勢頗明瞭。滿蒙問題，固爲日本生死存亡之問題，亦爲中國生死存亡之問題，日本得滿蒙，可以扼中國之吭。日本人嘗言東三省之富源可以等於美國，以日本之强而又得如美國之富，吾國之不爲所吞併幾希矣。吾國人之計及此者尚寡，計及此而規畫以抵制之更寡。此書揭日本人之野心，警賣國者之迷夢，將來或有影響於國内，敢祈介紹於商務印書館出版。最好售去版權，稍得善價，今秋小兒擬赴德國留學，聊補資斧。伏祈鼎力吹嘘，至以爲感。又附上拙著《讀書題識》第一卷，務祈指正，閲後便祈寄還爲盼。敬頌時綏。

弟朱希祖敬上

十七年四月十四日

一一八

1928 年 4 月 26 日張元濟致朱希祖

逖先先生有道：

三月初旬曾由郵局掛號寄查蓋卿師詩集二十本，四月十七日又續上一函，昨得同月十四日手教，似所寄詩集尚未到，何遲遲也？附下令郎所著《日本侵略滿蒙之研究》稿，已轉送敝公司，乞其鄭重審查，優給酬報，將來當由敝公司徑復。大著《讀書題識》擬從容展讀，須稍遲方能寄還也。陳宋齋先生爲弟八世外祖，所輯《宋十五家詩選》、《讀杜隨筆》均先購到，而《唐省試詩箋》訪求甚久，迄未獲得。今蒙貺賜，爲之距躍三百，拜領謝謝。擲還《物望志》並代購《容庵存稿》均收到。又校讀宋、齊、陳、魏書跋文四通，乃蒙誇飾，殊多慚愧。承示近收《鄭端簡文集》及吴東發《群經字考》，甚爲欣幸。《鄭集》疏奏多與《奏議》相重，然次第頗爲淩亂，亦有不見於《奏議》，未知何故？《群經字考》，敝處有一殘本，僅存三卷，如續遇有所見，幸乞代留，若終不可得，則異日尚擬借抄也。弟近印成《涉園叢刻續編》，當託敝分館送呈，大約一月必可遞到。

十七年四月二十六日

一一九

1928 年 5 月 4 日朱希祖致張元濟

菊生先生左右：

昨接四月廿六日大札，敬悉《物望志》、《容菴存稿》、《唐省試詩箋》及拙著《讀書題識》等皆已收到。小兒所作《日本侵略滿蒙之研究》一書蒙介紹於商務館，不勝銘感。玆已由館中來信，謂須删減至五萬字，報酬每千字銀三元。玆據小兒之意，謂删減、改削均可，所有條件均照辦，惟改後須將原稿及改本寄示徵求同意，此其一；原文六七萬字只作五萬字算，雖多删減，未免没其勞力，今擬字數遵命作五萬字算，而每千字可否酬報五元，共二百五十元，此其二。玆附上館函，費神請代一説，如其不允，則將此稿請商務館出版從優抽取版税亦可。瑣瀆之處，不勝抱歉。《查藎卿先生詩集》承寄來二十册，實先已接到，且代分送各學校圖書館及同鄉，上次奉函實爲漏筆，幸恕其疏忽。聞近日購得别鈔本《春華秋實齋詩稿》，未知有若干卷，系何人所鈔。此間舊有稿本多係草書，且多塗改，抄者固難，校尤不易，故抄後久擱未校。兹有不情之請，可否將近得鈔本寄京一校，此事須弟親自校對，則兩本異同及多寡均可互相勘補也。《讀書題識》務祈不吝斧削，從緩繳還。《字考》當代訪或寄鈔。敬頌
台安。

弟朱希祖敬上
五月四日

一二〇

1928 年 5 月 29 日朱希祖致張元濟

菊生先生左右：

奉五月十六日大札，並《春華秋實齋詩集》二册，欣慰之至。敝處所藏先高祖原稿《春華秋實齋詩》六册，較此二册多三分之二，然此二册中亦間有原稿所無者，原稿改削處多草字，頗難識，此二册空格處即原係草字難識者，弟擬騰出十日工夫親自校勘。小兒文稿費神介紹，不勝銘感，今已直接去信接洽。中國書店有光緒《吴江縣續志》八册（三元六角），乞代買惠寄。敬頌
台安。

弟朱希祖敬上
五月廿九日

一二一

1928年6月12日張元濟致朱希祖

代買《吴江縣續志》，連郵費共洋三元三角六分正。①

一二二

1928年7月20日朱希祖致張元濟

菊生先生左右：

前接六月十二日大札，並由中國書店寄來光緒《吴江縣續志》六册，其價三元三角六分五已蒙代付，不勝感激。本當早奉覆函，適其時北京軍事變化，學校停頓，雖國家前途有望，而遞嬗之際不免有遭損失。近日南都友朋銜命北來者頗多，不免有應酬之繁，加以敝親陶翰卿兄逝世，爲之料理喪事，心緒煩悶，嬾親筆墨，以故久疏音問，務祈原宥。《春華秋實齋詩鈔》弟親爲校勘，誤字甚多，因原本草稿，抄者多不識，皆已一一改正，俟略加裝訂，先行寄上。承借別一鈔本，擇其不重復者已迻録一册，惟未校正，遲日再寄繳。小兒伯商名偰，此次至江浙旅行，道出滬上，囑其趨府晉謁，伏祈教誨，無任企望。北京既改北平，首都南遷，人口頓減，商業衰落，書鋪中亦不見好書，偶有舊家出售，佳者價甚昂貴。近有人出售李竹溪所藏古錢拓本十二册（中國銀行公會拓出二十部，係非賣品。當時拓工、寫工每部合二百余金，早已分完。此書所拓之錢即《古錢彙》内之錢，惟彼係翻刻，此係原拓，精粗不同耳），旁有釋文，實價洋二百四十元。又陳介祺所藏古陶拓本二十

① 元曙按：在《張元濟書札》中，此函作爲附録附在張元濟1928年2月5日信後，從行文看，不是原文。

六册，共約四千種，實價洋四百元，皆無折扣，此二書頗有景印價值，未知尊處要購否。别有人出售明初刻本《淮南子》，高誘注，六册，細白棉紙，完整無缺，實價洋二百元，此書不見藏書家書目，實爲希見之本。又嘉靖許宗魯刻本《吕氏春秋》十册，白棉紙，多古字，價洋八十元，亦無折扣，如要祈示知，當代爲介紹。《真意堂叢書》三種頗難得，涵芬樓有其書否，此間有一部，價甚昂。敬頌

台安。

弟朱希祖敬上

七月二十日

一二三

1929 年 2 月 20 日張元濟致朱希祖

告知在日本訪得《陳書》（已足）、《三國志》（亦可商）。又在國内購京蜀大字本《後漢》，今歲古本廿四史必可印行。

又訪得《中庸説》，並借到《孟子傳》。

又買得馬青上《悔游對山詩餘别集》，縣志不載其人。

又借到《衡門集》並楊雍建《弗過軒詩鈔》。

問海三隆福有善本散出否？有所得否？①

---

① 元曙按：在《張元濟書札》中，此函作爲附録附在張元濟 1928 年 4 月 26 日信後，從行文看，不是原文。

一二四

1929年2月25日張元濟致朱希祖

問清史。①

一二五

1929年4月12日朱希祖致張元濟

菊生先生左右：

近由傅沅叔先生轉到大札，欣喜之至。去年秋末正欲作書問候起居，適逢商務分館孫伯恒君言大駕東渡，須歷時日，因而不通音訊者倏逾半載，歉仄之至。近聞尊藏新得善本書甚多，不勝欣羡。宋刊本《中庸説》、《孟子傳》竟得重印，尤爲至幸。馬青上《對山詩餘别集》稿本一册似在傅沅叔先生家見過，弟亦不知其名。《鄭氏衡門集》十五卷前年在北京文友堂見過一部，惜已售與日本人。楊雍建《弗過軒詩鈔》未知有若干卷，幸速抄就。敝友藏有《黄門奏疏》二卷、《西臺奏疏》一卷（亦楊雍建撰），正擬借抄，將來可交換抄寫。去年秋冬之際新得鄉先哲遺著有：《錢永州集》八卷，四册，明錢芹撰，萬曆戊寅刊本；《碧里鳴存續編》一卷，一册，明董穀撰，嘉靖刊本；《思亭全集》五種，六册，吴修撰，道光乙酉刊本；《海軍調度要言》二卷，二册，鄭昌棪譯，光緒刊本；《治經堂集》二十卷，八册，族祖錦琮撰（舊藏《治經掌集》係初次刊本，五册，僅十六卷，此本多四卷，他卷亦多删改），道光刊本。又有貴族所撰刊之《徽縣志》及《晴雪雅詞》各一部。

---

① 元曙按：在《張元濟書札》中，此函作爲附録附在張元濟1928年4月26日信後。該書編者曰："十八年二月二十五日又去一信，問清史。"

諸書如欲借鈔，祈示知奉寄。鈔書易，校書難，前承借之書尚有數種鈔畢未校，故爾未還，近半年來忙碌殊甚，遲延之處，伏祈原宥。代鈔之書已校就者一種，當先寄上。承問《清史稿》審查事件，此事因故宫博物院委員會委員有不滿意於稿中之書法叙論對於革命黨有不敬之辭，欲扣留不准發行，乃召集北平學界十六人，中有委員五人，議決發行與否。希祖當時主張發行，惟略事審查其不妥及重要遺漏之處，群多贊成此説，不料即以總匯之責加諸吾身，惟校課繁忙，學殖淺陋，實難當此重任。《清史稿》共一百三十一册，五百三十六卷，校勘既不精，脱誤無從校補，披覽數月，時作時輟，雖略有所得，而分任各家尚未交稿，且實際交稿者不過三四人，亦僅能審一小部分，故所得必不能滿衆望，將來擬將書法叙論之謬戾、重大事實之遺漏及錯誤分爲三部，各舉大凡，略舉類例，作爲報告書，聊以塞責。蓋此事本以塞不欲發行者之口，非欲爲此未完備之稿浪作糾謬也。此書已寫二紙，因事閣止。昨又接大札，乃續前十餘日所書奉上，祈宥其疏。敬頌
時綏。

弟希祖敬上

四月十二日

一二六

1929 年 5 月 31 日朱希祖致張元濟

菊生先生左右：

前月奉上一函，想已達覽。抄校本《春華秋實齋詩鈔》前函已云郵寄，後以事擾，竟爾忘卻閣置，抱歉之至。今已尋出，與《指馬樓詩鈔》三册準於一星期内裝訂，一併寄上。前借詩稿鈔本三種亦已尋出，同時寄上。半年來任學校課程稍忙，百事廢弛，真不堪悔恨。下半年當減省事端，專理史學。近有人送來乾隆本《乍浦

志》及《續志》，寫刻極精，實價銀十四元，如要當代付款留住。小兒僎所作《日本侵略滿蒙之研究》雖已售於商務印書館出版，然志在流傳，故望從速出版。今付書將近一年，去信催促，據云業已排印就緒，今小兒僎擬投考清華大學派送美國留學，思得此書以爲著述成績，於考試不無裨助，擬仰仗大力代向館中索取樣本一部寄下爲荷，六月二十日左右寄到最好。費神費神，敬頌
時綏。

弟朱希祖敬上

五月三十一日

一二七

1929年6月18日朱希祖致張元濟

菊生先生左右：

前三日接到六月九日大札，知《日本侵略滿蒙之研究》樣本已蒙借得寄來，不勝感謝，但此書刻下尚未寄到，想不日即可遞達。茲寄上《春華秋實齋》鈔本三册，係希祖親自校對，其紅字系小女倓同校時所寫，原稿多草書，故誤字較多，又《春華秋實齋》別本二册亦附還。《指馬樓詩鈔》三册抄後略倩人校，恐不免仍有誤字，茲亦奉上。《笠漁偶吟稿》一册、《佩韋齋外集》一册亦奉還，《錢永州集》四册、《乾隆乍浦志》四册亦奉上，《乍浦志》價洋十四元，不能減少，如不欲購，望早日寄還。楊雍建奏疏二册業已抄成，惟未校未裝訂，將來必可奉借。專此，敬頌
時綏。

弟朱希祖敬上

六月十八日

前承代鈔《馬嘷詩鈔》及代購《吴江縣續志》，其款俟查清結算奉還。再，承借之書除此次奉還以外尚有何書，尊處可查否，

《棗林雜俎》一册是否尚未奉還，祈示知。希祖又啟。

一二八

1929 年 9 月 24 日張元濟致朱希祖

六月廿七日曾上一函，到廬山後又寄一信，計均達覽。弟已于月初返滬，俗冗碌碌，殊罕淑狀。承詢彼此抄書帳目，别紙開呈，敬祈察核。先德兩著，編纂方法未能明瞭，前已别紙疏列，敬祈明示。敝處借去書籍未蒙發還只有《棗林外索》一種，正不必亟亟也。前知從者正《清史稿》，現已竣事，同人多已交卷否？此書究竟能否發行，抑或竟予閣置？尚望見告。廠肆邇來有無善本發見？聞取價仍甚高，不知信否？鄴架續得何書？邑中先哲遺著比又增益幾種？甚願聞知。前借得鄭端簡《衡門集》，業已抄完，惜書主索還原書甚急，不獲復校，是則可憾耳。邇又覓得《金粟箋説》、《紫雲先生年譜》、《宜圃隨筆》，均係小品，正在傳録。兄如需抄何種，示知即寄。尊藏吴東發《群經字考》、董穀《碧里鳴存》續編、《胡石窗山人小稿》、《蒙吉堂稿選本》四種，擬乞抄寄。倘蒙惠寄，不勝感幸。

十八年九月廿四日

一二九

1930 年 2 月 7 日朱希祖致張元濟

菊生先生左右：

自接得九月二十四日大札後，以事務叢脞，短才難應，迄未奉復，甚愧甚歉。自九月開學以來課程較前加多，因小兒偰赴德留學，負擔稍重，不得不兼别校教課，以資彌補。又因搜集南明史料，向各方借抄書籍有數十種之多，均須親校以免錯誤，且借此多閲完全，亦醫淺嘗之一法，屏除百事，專從事此二事，故親友書札亦因疏闊，伏祈原宥是荷。《清史稿》事頗多内幕，其始因館員索欠薪須售史稿以償，故借審查之名以相拒，其實審查不過託辭耳。希祖等二三人頗有糾誤數百條，屢催開會報告，而故宫博物院竟置之不理。其後因趙爾巽家上呈國府催售《清史稿》，償還趙氏印刷費二萬元，於是故宫博物院秘書長李宗侗以“反革命”三字禁止《清史稿》之發行，報上發表之審查報告十餘條，即復呈國府之文，皆係李君一人所爲，希祖等實未預聞。且希祖派爲審查員，實非國府所派，係集合故宫博物院專門委員分任其事，而群推希祖爲主任，此事李君實不贊成，故早無形消滅。此次一人單獨發表，不開會通過，其私衷益昭然矣。趙氏詐索印費固爲可惡，蓋印刷費係公款，且係遼寧方面所付，故《清史稿》印出時遼方即取去四百部，以償此款矣，惟預約購《清史稿》者出資百元僅得半部，爲太冤耳。近半年來購書頗多，而鄉先哲書僅得《鄭端簡奏疏》一部，隆慶辛未項篤壽刻本，共十四卷，内有五卷係八千卷樓丁氏鈔補。又有《年譜》一册，同時刻本，惟前後多缺，將來擬借尊處所藏抄配。先高祖《春華秋實齋詩鈔》正稿請人審定，早已失去，此數册係希祖二十年前在族人亂紙堆中理出，尚未編定次序，將來擬請通人選擇編次，付之剞劂，以盡子孫之義務。《彭茗齋先生詩集》聞已抄全，此書是否擬刊於《續四部叢刊》？前日新購得《茗齋百花詩》刻本一部，又鈔得茗齋家書一通數千字，叙述甲申海鹽兵事，寄至贛州者，此書可補《海鹽縣志》之缺，且述彭氏家事甚詳，不日當過録一分奉贈。《群經字考》六册、《碧里鳴存》前、後二册兹先寄上。《胡石窗山人小稿》、《蒙吉堂稿》選本皆未裝訂，遲日奉寄。《錢永州集》及拙作《書籍跋文》稿本如已抄畢，即祈擲還。《棗林外索》一册奉還。《國學季刊》文二篇奉贈。尊藏《覓園集》一册、《鄭端簡年譜》四册、《金粟寺志》一册亦祈一借，

餘容續陳。敬頌

時綏（《律賦揀金録》四册奉贈）。

弟朱希祖敬上

二月七日

一三〇

1930 年 3 月 4 日朱希祖致張元濟

菊生先生左右：

昨日接得尊處所寄書一包，計《鄭端簡公年譜》四册、陳梁《莧園集》一册（近在友人處借得《莧園集》一册，系舊鈔本，然與尊藏本完全相同）、《金粟寺志》一册，惟不見大札見惠，想已爲郵者失卻，暇時祈仍賜教爲盼。陳梁逸詩及傳記已輯得數十首，在《莧園集》外，他日當録呈。敬頌

時綏。

弟朱希祖敬上

三月四日

一三一

1934 年 4 月 15 日朱希祖致張元濟

菊生先生左右：

此次過滬，兩次晉謁，暢談甚快。委代購乾隆刻本《二南訓女解》四册，洋十六元，要否？成化本《宋史》，現確查缺本紀卷二十三至二十九共七卷，又缺列傳卷一至八共八卷，兩共缺十五卷，中經學人略用墨筆點記，頗似統計，不惡不俗，頗似明人手筆，亦不甚多。現磋商減至三百六十元，共一百五十八册，如合用，乞示知，各將全書寄來。專此敬頌

道安！

弟朱希祖敬上

四月十五日

注：在朱希祖該信原件上有張元濟批語。在“《二南訓女解》”上，張元濟批曰：“請代購。”在“成化本《宋史》”邊張元濟批曰：“不知印本如何。”並在天頭上批曰：“請□動筆最多者數册寄下一閱。”

一三二

1934年4月29日朱希祖致張元濟

菊生先生左右：

日前接讀復函，適臥病數日，未即裁答爲歉。《二南訓女解》四册已代購。成化本《宋史》，兹取得四册寄上，一爲首册，一爲無點之册，其他二册點記最多。據藏者言，全書點者十之一二，不點者十之七八，原共一百六十册，今存一百五十八册。又云查舊賬，其祖購入時，價洋八百元，今少二册，價亦減半，而又欲減，未免太苛。此四册審查後，如合意，祈即示知，以便將全書寄上，其款祈由南京商務分館代付。如不合意，請即寄回，以便繳還。李聿求《魯之春秋》如已印好，祈寄樣本一分，俾與敝藏稿本一對，然後印刷，未知可否，且擬作序一篇以附驥尾。此間有初印《乾隆熱河志》一部三十六册、嘉靖本《山海關志》十卷四册，兩種實價共洋一千二百元，前年北平東方文化圖書館得一鈔本《熱河志》，洋八百元，以此衡之，尚不算貴，惜無力購也。敬頌

道安！

弟朱希祖敬上

四月廿九日

注：

① 《魯之春秋》爲南明史重要典籍，清道光十三年海鹽李聿求先生撰。

朱希祖先生1934年8月18日所作的《稿本〈魯之春秋〉跋》對此信中“李聿求《魯之春秋》如已印好，祈寄樣本一分，俾與敝藏本一對，然後印刷，未知可否，且擬作序一篇以附驥尾”的來龍去脈作了説明。朱云：“去年冬，又得先生（元曙按：指李聿求）稿本《魯之春秋》二十四卷，添注塗改甚多，間有黏貼全葉，盡行改作者。初疑此書未有刻本，故海内藏書家未見著録，今春謁張菊生先生於上海，始知李氏裔孫已托商務印書館影印此書。旋蒙菊生先生將影印樣本寄閲，得睹先生曾孫新跋，謂此書成於道光十三年，其年先生卒，至咸豐七年始付剞劂；九年，刻成二十二卷，惟序目及表尚未全刻，適丁太平軍役，版片全毁，僅攜得鈔本及所刻樣本兩部。此書之流傳源流始昭然矣。余所得稿本，蓋爲别一流傳之本，足資校正者頗多，乃别作《校勘記》數十條，録呈菊生先生，俾資參考改正。”（見2002年學林出版社《文史大家朱希祖》第36頁）

② 在此信邊有張元濟所寫“23. 5. 1復”字樣。

一三三

1934年5月1日張元濟致朱希祖

奉四月廿九日手教，謹誦悉。《二南訓女解》四册頃以奉到，鐫印俱精，甚感盛意。《宋史》四册亦閲過，印本甚遲，視涵芬樓現存兩部均不及，將來不能參備影印之用，遵囑即速寄還，仍託南京分館繳上，敬乞察收，費神，不勝感謝。大著《史學從著》敝同人擬乞借閲全稿，如蒙允許，甚幸。《魯之春秋》稿，我兄欲假閲，並爲撰序，容即轉商李君。内子久病，近極危迫，不克多述。

《山海關志》單購若干？乞探示。

注：

① 此回函爲打印稿，無擡頭，無落款，該印稿第一行爲“録廿三年五月一日張菊翁覆朱逖先先生函”。

② 上海檔案館存有一頁（編號0040）朱希祖寄與張元濟的幾部自著目録，該目録寫於“國立中山大學醫學院用箋”上，目録如下：

《史學叢著》一部，内文三十篇

《鄮亭文集》六册，内史籍題跋二十六篇，南明史籍序跋四十篇，其他雜文二十二篇，共八十八篇。

《宋代官私書目考》二卷

《宋代金石書録》三卷

《中興館閣書目》四卷，《續目》一卷，《考釋》一卷

一三四

1934 年 5 月 30 日朱希祖致張元濟

菊生先生左右：

近因遷居太平橋南，又因敝眷由粤來京，整理書籍行篋頗費時日，且聞尊府有事，未得確信，不敢滋擾，故大函訖未奉復。拙著文稿大半僅有原稿一篇，非迻録副本，不敢外寄，俟抄竣後即當呈政。嘉靖本《山海關志》八卷四册，實價銀四百元，價值太昂，不敢問津，此書如能景印，則亦可購，收藏印頗多，最初爲明四明謝三賓所藏。專此敬復，恭頌

道安。

弟朱希祖敬上

五月卅日

注：

① 此信載《歷史文獻》第九輯。

② 朱希祖先生離開北大後，1932 年秋，受廣州中山大學校長鄒魯之聘，任中山大學文史研究所所長，1934 年春，受南京中央大學校長羅家倫之聘，從廣州至南京，任中央大學史學系主任，所以此信中有“近因遷居太平橋南，又因敝眷由粤來京，整理書籍行篋頗費時日”等事。

③ 信中所云“聞尊府有事，未得確信，不敢滋擾”，系指張元濟夫人過世。

④ 所謂“拙著文稿大半僅有原稿一篇，非迻録副本，不敢外寄，俟抄

峻後即當呈政”，即對張元濟先生5月1日信中“大著《史學叢著》敝同人擬乞借閲全稿”一事的回復。

一三五

1934年10月10日朱希祖致張元濟

菊生先生左右：

暑假中曾託何柏丞先生轉呈《魯之春秋》序及校記，想已達覽。大駕想已旋滬，十四日擬來府請益，祈速賜示，以定行止。專此敬頌

道安！

弟朱希祖敬上

十月十日

注：

① 在此信“十四日擬來府請益”一句旁，張元濟批曰：“午後四五句鐘尤便。”在此信末尾，張元濟批曰：“23. 10. 11復。”

② 四五句鐘，即四五點鐘。

一三六

1934年10月13日朱希祖致張元濟

菊生先生左右：

快函敬悉，十四日之約，因事擬展緩，兹定於本月二十二日星期一午後造府請益，先此奉聞。敬頌

道安！

弟朱希祖敬上

十月二十三日

注：信原件落款時間爲十月二十三日，似應爲十月十三日。

一三七

1934年10月20日朱希祖致張元濟

菊生先生左右：

前接十月十五日函，敬悉壹是，廿三日造府之約又須展期，因此日偕友人至南京附近考察蕭梁陵墓碑刻，故未能到滬，然不久總擬赴滬一次，届時再當奉聞。前在《明詩綜》等各總集中，輯得彭茗齋先生詩一百一十餘首，此册現在北平，未能攜來，一時未能應命。茗齋先生生日爲明萬曆四十三年乙卯六月十一日，因前曾草一《茗齋先生年譜》，考得兩種證據，定爲此日。王漁洋撰傳，謂公年五十九卒，則爲清康熙十二年癸丑，但卒之月日，則未曾考得。當時所草年譜因未得全集，事實太少，未能成書。將來頗擬續成。兹先由郵局寄上《旭樓叢刻》六册，稿本系小女倓所撰輯，請介紹於商務印書館出售版權，務祈照拂爲荷。專此敬頌

道安！書目及《金粟寺志》當親奉還。

弟朱希祖敬上

十月二十日

一三八

1934年10月□日張元濟致朱希祖

逖先先生有道：

奉本月二十日書，知有訪碑之行，不克來滬，良覿中阻，□望無似。《旭樓叢刻》稿本六册，先已由郵局遞到，展閲一過，斐然□誦，具徵家學淵源。來示屬售版權，遵即轉送敝公司，續有復信再奉達。承示茗齋先生生卒年份，極感。漁洋□傳，□□□各文集中，未知見於何書，尚乞查示。弟近輯成《茗齋詩集》，前此僅缺

三年，當先生廿五至廿七歲（起天啟丁卯迄康熙癸丑，中缺戊寅、己卯、庚辰三年），莞補恐復無望。此書出版年譜，當可增益不少。

注：

① 朱希祖此時任中央大學史學系主任，並兼任中央古物保管委員會委員。朱希祖先生與其子朱偰先生發起了對南京及南京周邊地區六朝陵墓的調查和研究的工作，所以有“偕友人至南京附近考察蕭梁陵墓碑刻”之事。後朱希祖有《六朝陵墓調查報告》一書問世。

② 上海檔案館所藏此封張元濟先生的回信係草稿，未完，原件無月日，亦無落款。

③ 兩封信中所提到的茗齋先生即彭孫貽。彭孫貽（1615—1673），浙江海鹽人，我國明末清初的著名詩人，字仲謀，又字羿仁，號茗齋，又號管葛山人。王漁洋《彭孫貽傳》稱其“博聞才辯，名噪一時，啟禎之間，三吳文社，邀執牛耳”。他是明末的貢生，入清後奉母杜門而居，潛心著述，猶留心於明史，著有《平寇志》、《山中聞見録》、《客舍偶聞》、《明末紀事本末補編》、《甲申後亡臣表》、《茗齋詩集》等。但就是這麽一個大家，因詩文中對清朝多有忌諱，所以其著述很少流傳，以致散失。《茗齋詩集》一書，是張元濟先後花十多年年時間編輯而成的。爲此書張元濟、朱希祖兩位學人通信探討、共同搜集達十四年之久。

④ 張元濟在此信中說：“弟近輯成《茗齋詩集》，前此僅缺三年，當先生廿五至廿七歲（起萬曆丁卯迄康熙癸丑，中缺戊寅、己卯、庚辰三年）。”彭茗齋先生生於明萬曆四十三年（1615），該年爲乙卯年，按中國傳統演算法，戊寅年（1638）彭先生當爲二十四歲。所以“當先生廿五至廿七歲”，實爲“廿四至廿六歲”。

一三九

1934年11月22日朱希祖致張元濟

菊生先生左右：

前日造府暢聆教言，甚快。今日接得大札，並附商務印書館信，敬悉拙作（元曙按：指《楊么事蹟考證》）已承介紹，不勝感謝。館信所示各點，俟該書寄到後再斟酌修正，加以標點，且尚擬補入五六條，再行寄奉可也。《廣東十三行考》當與本人商酌，蓋彼恃此補助留學日本費用，恐非售稿不可也。《彭茗齋先生傳》如不在四大册内，或在二小册内，祈再一檢。敝處借抄數册，尚在北平，一時不能取到，略有善本亦在北平，皆寄存東交民巷德國銀行，冬假擬至北平，或可移南也。上半年來滬，曾奉覽宋本《周禮》，頗蒙欣賞，此書頗擬出讓，可否介紹於涵芬樓，且求代定價格，因買書太多，無以爲繼，只好割愛也。承代借知不足齋鈔校本《僞齊録》一册，業已收到，如奉拱璧，急擬細校一過，即當奉還。鮑本大致與繆刻本相同，脱誤太多，幸此書散見於《三朝北盟會編》及《建炎以來繫年要録》甚多，《大金弔伐録》亦有篇可校。現擬作一《僞齊録校證》，校其異同，證其謬誤，且補其脱文數十條，將來可呈政焉。海鹽先哲書目及《金粟寺志》今由郵局奉還，謝謝。專此敬頌

道安！

弟朱希祖敬上

十一月二十二日

注：

① 《廣東十三行考》爲朱希祖先生的學生梁嘉彬所撰，“廣東十三行”是清代全盛期，設在廣州的對外貿易的商行，它是當時中國唯一的一個對外貿易窗口，“十三行”是統稱，不一定就是十三個商行。

② 張元濟在此信末尾批曰：“23. 11. 24 復。”

一四〇

1934 年 11 月 27 日朱希祖致張元濟

菊生先生左右：

頃接大札，敬悉壹是。王漁洋撰《彭茗齋先生傳》未知已尋得否？蓋在某卷之末，必可翻得焉。拙著《楊么事蹟考證》已加句讀，又添補六段，序文已將時事删去，然作書之旨稍晦，閲者亦未能引其注意，能不改原文最好，如必欲改，亦無不可也。前定稿費百七十元，可否代懇增至二百元，如不能增，亦不必計較，蓋圖表不可以字數算也。如能接受，尚有不情懇求三事：一、書用中國式、中國紙，二、字稍大，三、末次校對望寄來自校。且能於三個月内出版，尤所欣願。費神之處，容後面謝。《僞齊録》各本脱誤甚多，增補改正不少。作者楊堯弼無傳記可考，且有誤作“克弼”者，今搜輯事蹟爲作傳一篇。《僞齊宰輔書》中全部錯亂，排比考證，爲作《僞齊宰輔年表》一篇。專此敬頌

道安！（《楊么事蹟考證》一書由郵局寄上。）

弟朱希祖敬上

十一月二十七日

注：

① 在此信最前面張元濟批曰：“呈岫廬先生台閲，乞核示。張元濟 23. 11. 28。”

② 張元濟在此信末尾批曰：“23. 11. 30 復。”

一四一

1934 年 11 月 30 日張元濟致朱希祖

奉十一月廿七日手教誦悉。大稿已收到，遵即轉致敝館總經理王君，頃得復信，謹附呈乞察核，並附印就契約兩紙。《僞齊録》可從容校閲，不必亟亟發還。王漁洋撰《彭茗齋傳》已檢得，果在小册鈔本中。

注：此回函爲打印稿，無擡頭，無落款，該打印稿第一行爲“録廿三年十一月三十日張菊翁覆朱逖先先生函”。

一四二

1934 年 12 月 7 日朱希祖致張元濟

菊生先生左右：

《僞齊録》業已校畢，用鮑抄校本及《三朝北盟會編》、《建炎以來繫年要録》、《大金弔伐録》、《大金國志》詳校。鮑本與繆刻本大致相同，小有出入，足資互校。鮑本誤字尤多，而脱去約千數百字，兩本相同，幸賴《會編》等書補出，可謂一大快事，特作《校勘記》二卷，已脱稿。又撰作者楊堯弼傳一篇，堯弼雖仕僞齊，然其心專以考察史事而去，齊使其至金乞師共同侵宋，堯弼託病辭而不去。後金廢齊又仕金，説金以齊地及梓宫歸宋，金左副元帥撻懶竟行其計，堯弼遂得與齊地（河南、陝西）同歸於宋，乃爲宋官撰《僞齊録》，自宋以來，僞齊史事全賴此書以傳。故堯弼之爲人頗有關於當時之大局，《宋史》不爲立傳，其事蹟散在各書，全賴鉤稽而得。又《僞齊録》輾轉傳抄，删節脱誤不一，其中僞齊宰輔尤爲錯亂不可猝理，兹爲詳考數書，理其除授年月，撰《僞齊宰輔（左丞相、右丞相、左丞、右丞、門下侍郎、樞密院）年表》一篇。又楊堯弼自序一篇，鮑本、繆刻皆脱，兹從《會編》中獲得，以弁諸首。其他本書名稱異同及其中須考證而始知誤者，皆散見於《校勘記》及拙作序中。故此書雖爲校勘，實兼考證。擬定名爲《僞齊録校證》，未知可以出版否？兹將鮑氏抄校本《僞齊録》一册由郵局寄至尊處，祈代還於商務印書館，費神，謝謝！《楊么事蹟考證》稿費及梁氏《廣東十三行考》稿業已寄來，照收無誤，專此敬布。順頌

道安！

弟朱希祖敬上

十二月七日

注：在此信末尾張元濟批曰："23. 12. 10 復。"

一四三

1934年12月13日朱希祖致張元濟

菊生先生左右：

前日接讀大札，敬悉壹是。鮑氏抄校本《僞齊録》業蒙收到代還，不勝感謝。拙作《僞齊録校證》並朱筆補正繆刻《僞齊録》，遵命由郵局掛號寄上。惟是書系校正善本性質，如亦列入歷史小叢書，未知適宜否。鄙意仍擬售版權，因抽版税太瑣碎，頗不耐煩也，敬祈與商務印書館婉商。如不合用，即請寄回；萬一合用，則又有一事須聲明於前，即朱筆補正繆刻本尚須寄回過録一本。因弟正擬撰《僞齊國志》，此本校補之處正須引用。此間未留稿本，若待此書出版後再引用，則未免太久，故必須過録一本，然後將原本再行奉上，決不妨礙版權也，專此敬頌

道安！

弟朱希祖敬上

十二月十三日

注：在此信第一頁張元濟批曰："23. 12. 19 復。"

一四四

1934年12月21日朱希祖致張元濟

菊生先生左右：

昨接大札並尊著《茗齋集跋》，拜誦之下，不勝欽佩。表彰先哲，流布碩著，功至巨也。拙作《僞齊録校證》暫留尊齋，可不急急。前賢尚有《僞楚録》一書，記張邦昌事，見《三朝北盟會編》引用書目，今已亡佚，所流傳者，僅有《東都事略》中《張邦昌

傳》，後人抽出，題爲《張邦昌事略》，單行刊刻。今叢書中尚有其書，其略已甚。然《僞楚録》逸文散在宋代各書甚多，現擬彙輯成册，加以考校，其卷數恐較《僞齊録》更多，蓋張邦昌始末恐世人詳知者甚少也。將來二書並行，均將仗大力流布，無任企禱。《魯之春秋》未知何日出版。專此敬復，順頌

道安！

弟朱希祖敬上

十二月二十一日

注：在此信第一頁張元濟批曰："23. 12. 22 到。"

一四五

1935 年 1 月 23 日張元濟致朱希祖

逖先先生閣下：

前日枉臨，晤談甚快，以病齒未能詣答，殊爲歉仄。大著二種，均即轉送敝館主者。得復，謂同人傳觀，均甚欽佩，極願印行，可用四號字排成四開版式，與國立編譯館所著各書同，出版後，按定價以版税百分之十五奉酬等語，謹代達。統祈察核示復爲幸。《皇明經世文編》書極難得，同人等均未見過，擬請轉商書主，將全書目録及在前正文一二册寄下一閲，再行決定，無任禱盼之至。專此布復，即頌

儷安！

弟張元濟頓首

元月廿三日

注：張元濟先生一月二十三日函，爲手稿原件，並有相同内容打印稿一件，打印稿最後署款日期爲"二十四年一月二十三日"。

一四六

1935年1月28日張元濟致朱希祖

日前奉到一月廿四日手復誦悉。承示尊著《僞楚録輯補》、《僞齊録校證》二書，擬將售稿之費以酬寫官，並可將《僞齊録》原文字數除去不算，具感雅意，當即轉致館中主者。據説，近來此項書稿多用版税辦法，尊書印成後仍擬抽奉版税，未能遵酬稿費，屬爲婉達。大稿仍當暫存尊意，如以爲可行，當再試排版樣呈閱。又《皇明經世文編》書固名貴，而價值過昂，現在財力艱難，一時亦無力購致，有負介紹盛意，並屬致歉。特並奉陳，均希鑒察。

注：張元濟先生一月二十八日函，爲抄件，無擡頭，無落款。該抄件第一行爲“録廿四年一月廿八日菊公復朱逖先君函”。

一四七

1935年2月12日朱希祖致張元濟

菊生先生左右：

接讀大札，已閱旬餘，未曾奉復，甚歉。拙作《僞楚録輯補》、《僞齊録校證》可照抽版税辦法出版。惟尚祈暫行寄回從事修改，再行寄上。《續四部叢刊》本年内何時起出版？最好先將重要必印書目先刊出數種，其他隨時順便出版。例如《宋大詔令》等，大都頗希望早日出版。有數種書雖係宋元版，而學術上似少價值者，少印爲宜。頗有多人對上期《叢刊》有不滿者，故敢以奉告。芻蕘之獻，想必樂聞也。專此敬頌

道安！

弟朱希祖敬上

二月十二日

注：

① 在朱希祖2月12日信正文左邊空白處，張元濟寫有如下文字：

復信呈□打三分，打出後連此信呈 □□、岫廬、拔可、□翁一閱。以打樣兩分發下，署名後發。張元濟託 24. 2. 15

② 在此信末尾，張元濟批曰："24. 2. 14到，次日復。"

③ 張元濟所寫復信即下一封2月15日信。

一四八

1935年2月15日張元濟致朱希祖

逖先先生閣下：

歲轉春回，伏維潭第萬福。昨得本月十二日手教謹誦悉。大著兩種，允照版税辦法出版，遵即轉致敝館主者，並請將原稿寄還，敬候台從修改竣事發還，再行排印。承詢《四部叢刊續編》第二期出書時期，現在尚未能定，大約早則四月，遲則七月。本届擬出之書，自當編定書目，先期刊佈。宋刻《太平御覽》及《罪惟録》在必出之列，《宋大詔令》頗多譌字，尚須校勘。承屬早出，自當趕辦，以答盛意。至去歲所出第一期，書凡七十五種，中有六十八種本編在當年擬出書目之内，其增出七種，《龍龕手鑒》、《禮部韻略》、《夢溪筆談》、《龜溪集》則曾編入預備次年擬出之書，又《先天集》、《茗齋集》、《吴騷合編》則爲續增，皆世所罕見之本。又《預約發行簡章》第五條載明"續有所得隨時編入，如認爲急要，則提前出版"，第六條載明"得以預備明年續出之書酌爲更换"各等語，似無不合之處，如有人道及者，尚祈代爲剖析，無任感荷。近購得邑人遺著《蛩吟小草》一種，著者爲朱光昭，字小髯，刊于嘉慶廿五年，其子名右賢，出嗣敖姓，入四川籍者，似爲我兄族人。鄴架如未有之，當以奉贈。再《皇明經世文編》未知爲何人所得，並乞見告。專此敬頌台安。

二十四年二月十五日

一四九

1935 年 2 月 27 日朱希祖致張元濟

菊生先生左右：

接得二月十五日大札，並拙作稿本二種。適預備遷家，未曾奉復，歉甚。現已遷居竺橋桃源新村五十九號，部署粗定，始得執筆裁復。承示《續四部叢刊》景印次叙，甚諒苦衷，友朋談次，已代剖析。《僞楚録輯補》不日當先寄上；《僞齊録校證》擬略改定格式，稍遲寄奉。《皇明經世文編》，敝友以籌得款項度歲，未忍出售，且因各處出價皆未中程，苟得善價，仍可商量云。承示敝族祖小髯公《蛩吟小草》願惠借一抄，若以見贈，不敢拜賜。春假時擬至北平選取書籍攜京，屆時如有善本，願以抽版税辦法寄奉景印。專此敬復，敬頌

道安！

弟朱希祖敬上

二月廿七日

注：

① 在此信末尾張元濟批曰："贈□《蛩吟小草》一種，24. 3. 1 復。"並有張元濟所寫"竺橋桃源新村五十九號"。

② 竺橋桃源新村五十九號，爲朱希祖在南京的新住址。

一五〇

1935 年 3 月 4 日朱希祖致張元濟

菊生先生左右：

接三月一日大札，並承賜族祖小髯公《蛩吟小草》二册，不勝感謝。敝處珍藏善本不多，且多屬於史部，偏於南明，深恐不適一般閲讀者之目，蓋敝帚自珍者人或吐棄之，故未敢獻醜也。如《明末忠烈紀實》（二十卷，徐元文撰。此書温睿臨《南疆逸史》最爲推重，與萬斯同《明史稿》並列。元文曾爲《明史》總裁，爲乾學之弟。曾傳抄一部，脱誤甚多，以各書校補，曾爲長跋。後又得舊鈔本一部，較傳抄者更善，若二書互校更好）等是也。此等書籍，在研究南明史者視之固爲珍本，普通學者不視以爲重也。現在其書皆不在手頭，俟至北平後選出四五種奉上一目，以備采選。竊謂海内奇書尚多，然非宋元版正統派所重，而與歷史有重要關係爲海内所罕觀者，實宜多爲流傳，如北平圖書館之《萬曆會計録》，日本静嘉堂文庫之《皇明四朝成仁録》（十卷二十六册，屈大均撰，天壤間稀有之本，江蘇國學圖書館所藏一部系他人續撰，與屈書完全不同，謝國楨《晚明史籍考》未嘗判别，誤以爲一書而微有不同）。如妙選各圖書館所藏而藉以景印流傳，則必有可觀者，未知先生以爲何如？專此鳴謝，敬頌

道安！

弟朱希祖敬上

三月四日

一五一①

1936年5月4日張元濟致朱希祖

編號0070文字如下：

① 元曙按：張元濟先生1936年5月4日致朱希祖信存上海檔案館，爲草稿，共兩頁，編號爲0069、0070。此二頁内容相關，但文字不相連接。在兩頁紙上均有張元濟所寫“25. 5. 4”阿拉伯數字，即1936年5月4日。

兄曾見過否？兹有商者，桂卿先生四子臨侯與兄爲僚婿，其女宗桓適嘉興夏氏，其父母皆物故矣。近來上海見弟，據稱其夫名文鑣，字炳炎，入贅于朱氏，民國十六年畢業于清華學校即贅於其家，結婚一月，旋赴美國密西根留學，所習者經濟科。數年前，臨侯逝世，彼時炳炎亦已畢業，宗桓速速歸國，已有日矣。嗣忽來有信。

編號 0069 文字如下：

兄與有淵源否？桂卿先生孫輩幾無一人能自立者，宗桓夫家如是，母家又如是，身世憫然。聞其幼時未入學校，所受教育殊淺，今年已三十有九，補習恐亦不易，臨侯身後蕭條，夫又遠出不返，察其□説，必甚艱苦。最好先謀一事，姑自糊口。弟擬爲之學校謀一國語教員，然上海人多，於□殊難有成。不知南京有機會否。炳炎舉動至爲可①

注：信中所提到的臨侯，即朱臨侯，爲朱希祖的連襟，其夫人爲朱希祖夫人張維女士的姐姐，宗桓即朱臨侯的女兒。朱臨侯的父親即朱福詵，朱福詵字桂卿，前清翰林，爲張元濟先生的老師。張元濟對桂卿先生的後人一直較爲關心。朱宗桓曾去上海見張元濟，張元濟對其情況並不瞭解，見其可憐，準備在上海某學校爲其謀一教員之職，但朱宗桓從小未受過正式教育，年紀又已三十九歲，所以張元濟在 5 月 4 日致信朱希祖，問有無可能在南京爲朱宗桓找到工作。朱希祖在下面的回信中，介紹了朱宗桓的實際情況。

一五二

1936 年 5 月 8 日朱希祖致張元濟

---

① 元曙按：往下的字難以完全辨認，大致的意思是想設法讓炳炎回國，並希望朱希祖能想辦法幫助朱宗桓。最後的文字是：“至如何援手，無從弟之贅陳也。”

菊生先生左右：

昨接大札，不勝欣悦。因聞得胡孝轅先生《赤城山人稿》殘本三卷，多涉本邑掌故，向謂此書蓋已亡佚，不謂天壤間尚有殘存數卷爲先生所得，實可慶賀。臨侯亞兄之女，前在北京未出嫁時，常來敝寓居住，自出嫁以後，其夫夏君至美留學，而宗桓姨甥女蓋因其夫家不在北京，仍住母家。其時臨侯夫人已去世，臨侯又常外出。不知何故，竟染鴉片等惡習。其夫蓋已聞知，竟不回國，亦不通問，偶有來信索川資回國，蓋托辭耳。臨侯對於其女亦頗憒憒，臨侯去世更無人管束。内子本願邀其同居，奈彼積習太深，不願就此束縛，即來南京一二次，亦未嘗顧敝寓，閑雲野鶴，頗有自得之樂。其住吴氏家中者，因嗜好相同也。故雖設法强彼夫回，恐終成棄婦矣。臨侯之子在漢口尚好，對於其姊亦頗淡漠。惟宗桓年紀已近四十，潦倒如此，終成不了之局，欲加援助，終覺束手無策。夏君在美，決非無力回國，最好托人一探訪，再行設法。專復。敬頌道安！

弟朱希祖敬上

廿五年五月八日

一五三

1936年9月9日朱希祖至張元濟

菊生先生左右：

七月二十五日及八月二十二日兩奉大札，皆未奉復，良以正值中央大學考試新生出題閲卷，嗣又匆匆赴北平，於九月六日始回京，故而遲遲，伏祈原宥。朱宗桓姨甥女已回上海，當來見先生，可詳詢一切。此次赴北平，於故宫博物院發見胡孝轅先生《唐音統籤》全部，自甲籤至壬籤一千卷皆爲詩，癸籤三十三卷爲詩話，甲、乙、丙、丁、戊爲刻本，己、庚、辛、壬爲康熙鈔本，癸爲刻本，其内容再當詳告。各卷詩人小傳較《全唐詩》爲詳，孝轅先生皆附有各家考證，《全唐詩》皆爲删去。此爲《全唐詩》祖本，大可景印流傳。已商之故宫當局，可以付印，如商務印書館願任此事，或單行或加入《四部叢刊》均可。此事不特於吾邑文獻大增光彩，即於吾國文學史亦大有裨補。望先生主持付印，是爲至禱。弟明日至考試院爲典試委員，考試高等文官。入闈十日，不與外交通。匆匆略陳，緩日再當詳報。附致王雲五先生函，祈轉交。敬頌
道安！

弟朱希祖敬上
九月九日

再者，近來因章師年老不能多講，一二老弟子每月一次至蘇州助講一回，弟亦在其列，任講《史記》。去歲因時局不寧，竟未購書，鄉先哲遺著亦僅得六七種，均不甚重要，惟得到先曾祖手録本《十世祖子峻公完姻簿》，中載因弘光元年點選淑女，嘉興一府七縣，不論大小男女俱成姻禮云云。此亦一亡國史料也。希祖又及。

注：

① 上海檔案館所藏朱希祖 1936 年 9 月 9 日信共四頁，其編號依次爲 0021、0022、0023、0024，前三頁爲正文，後一頁爲附言。此信後的附言，疑不當是該信的附言。因爲章太炎先生於 1936 年 6 月 14 日逝世，而此信中卻云“近來因章師年老不能多講”，觀其語氣，似太炎先生仍然在世；且張元濟的回信中對正文的内容多有涉及，惟對《十世祖子峻公完姻簿》未有任何提及，像張元濟這樣的學人，對此重要史料似不應不提及。

② 在此信正文末尾，張元濟批曰：“25. 9. 14 復。”

一五四

1936 年 9 月 14 日張元濟致朱希祖

奉本月九日手教，謹誦悉。附下致王岫廬兄信，遵即轉致。弟

行年七十，自顧一切幼稚，何敢言壽？岫兄此舉，弟曾聞之，欲通信阻止，再四追詢，秘不以姓名相告，今奉來書，乃知曾以相瀆，甚爲不安，務請輟筆，勿重弟咎。我兄有所撰著，本以啟迪來學，世人極以先睹爲快，但乞勿爲弟而發，幸甚幸甚。孝轅先生《唐音統籤》，世間只知有戊、癸二集，今爲我兄發見全書，真是意外之事，甲、乙、丙、丁既有刻本，何以絶無流傳？不知刊于何時何地？“戊籤”楊序僅言“宣子念齋承先剞劂”，豈即此“功未及半之本”乎？承商准故宫當局，可以印行，自是盛舉。屬由商務印書館出版，業已轉達。惟有先決條件二：甲、“戊籤”僅屬晚唐，合之“癸籤”，凡二百七十九卷，敝處一部裝成五十八册，平均每册以六十頁計，當得三千五百頁，其他七百有三卷，未知有若干頁，如過於繁重，且有《全唐詩》在前，恐有不易銷售之慮；乙、故宫借印書籍，向來索酬甚重，此書用途較窄，即令卷帙不至過多，而酬報匪輕，亦覺不勝擔負。甲項情形，已函託北平敝分館就近調查；至乙項，未知兄在北平時，曾否與故宫當局談及，有何具體辦法？再，此書如可印行，全書必須寄至上海照相。以上各節，統祈我兄出闈以後逐項見示，至爲禱盼。宗桓甥女前日來見，一切已面告矣。姑太太闔福。

注：

① 張元濟回函爲打印稿，無擡頭，無落款，打印稿第一行爲“録廿五年九月十四日張菊翁覆朱逖先君函”。

② 張元濟回函中所説“弟行年七十，自顧一切幼稚，何敢言壽？岫兄此舉，弟曾聞之，欲通信阻止，再四追詢，秘不以姓名相告”等語，係指商務印書館總經理王雲五（字岫廬）先生等人，爲張元濟七十壽辰編印紀念文集一事，朱希祖爲此文集所作的論文是《西魏賜姓源流考》。《張菊生先生七十壽辰紀念文集》於 1937 年 1 月出版。

一五五

1937年2月16日張元濟致朱希祖

逖先先生閣下：

昨日肅上一函，又郵寄《芻蕘之言》十分，計先時達到。晚間由王岫翁交到十四日手示，藉悉貴體違和。不知已痊復否？甚以爲念。修復胡墓，尊意欲由中央古物保管委員會辦理，自更有力。惟中央委會終須有所根據，方能行文本省。再有本縣款産關係，似縣政府仍應呈遞。至遞中央委會呈稿，即祈改定，再另呈省政府云云亦可省去。統乞裁酌。再弟本有南京之行，現因校印廿四史即須結束，恐須稍遲，故先奉商，並候示遵。順頌

痊安！

弟張元濟頓首

廿六年二月十六日

注：

① 此信載于《張元濟書札（增訂本）》。

② 此信中所云“修復胡墓”等語，指修復胡孝轅先生之墓。關於此事來龍去脈，朱希祖先生在其《致中央古物保管委員會函》中有詳細交待。詳見本書第320頁。

③ 朱希祖《致中央古物保管委員會函》原稿藏國家圖書館。原稿無落款月日。查朱希祖日記，該信寫於1937年2月24日。

一五六

1937年8月2日朱希祖致張元濟

菊生先生左右：

昨奉大札，並承賜鴻著《芻蕘之言二》。拜讀之餘，知海鹽農

業副産小羊皮一種，直可替代蠶桑，崇論弘議破世俗一般之謬見，裨益民生，實非淺鮮。擴而充之，食牛之事亦大利所在，剷除俗儒陋説者多矣。先生經世弘猷，於此可見一斑，欽佩之至。國難日亟，吾國文化保存不易。北平圖書館寄存上海貴重書籍，新近爲袁守和運回一大部分於北平，實堪浩歎。敝藏書籍亦頗有堪稱國寶者，如何保存，正乏善策。北平敝廬中書籍，尚有占敝藏半數，幸最精之部皆已南遷，然彼處廬舍、書籍恐不免犧牲矣。希祖生平别無他好，節衣縮食全供買書。家無積蓄，故此後避難且無資斧，欲保存貴重書籍（敝藏無宋元版本之書，然鈔本及史部孤本頗有之），更無善策。京城非安全之地，先生有何善策以爲賜教乎？專此敬謝。順頌

道安！

弟朱希祖敬上

八月二日

注：此信末尾張元濟批曰："26. 8. 5 復。"

致羅香林、朱倓信札

一

1932 年 10 月 15 日致羅香林

香林兄鑒：

弟於十月十二日乘英國日本皇后船至香港，十四日抵香港，十五日抵廣州，弟在途中已將鬍鬚薙去，因鬚色現白者太多，人以爲我已老朽，實則弟尚不過五十三足歲，西人至年五十餘亦有剃鬚者，弟竊慕此，幸勿訝哂爲禱。弟現寓廣州西濠酒店，祈駕接洽至校爲荷。專此敬頌

時綏。

弟朱希祖啟

十月十一日

注：

① 羅香林（1906—1978），字元一，號乙堂。1906 年生於廣東省興寧縣寧新鎮。1926 年夏考入清華學校史學系，兼修社會人類學。1930 年夏，入清華大學研究院。專治唐史與百越源流問題，兼肄業燕京大學研究院。在清華期間，羅香林問學於梁啟超、王國維、陳寅恪、朱希祖諸先生。後先後在中山大學、中央大學等校任教，曾任廣州市立圖書館館長。1949 年，他全家移居香港。1951 年後，先後任香港大學兼任教師、講師、中文系主任、教授、東方文化研究院主任、亞洲研究中心管理委員會副主席。1968 年任期滿，港

大贈他以終身名譽教授稱號。他還擔任过香港私立珠海書院院長、中國文史研究所所長、國際筆會香港中國筆會會長等職。羅香林一生著述頗豐，尤其在客家文化研究方面成就卓越，著有《客家研究導論》、《客家源流考》、《客家史料彙編》、《客家遷移及分佈地圖》等，被學術界譽爲客家總問題專家。

1935 年 3 月 31 日羅香林與朱希祖的次女朱倓女士結婚。

朱倓（1905—1980），朱希祖次女，字仲嫺，號菊齡。幼承庭訓，精研古代典籍。1923 年入北京女子師範大學預科，1925 年入北京大學，1929 年入北京大學研究所國學門。1932 年冬與母親一起南下廣州照顧父親朱希祖先生的生活起居。1933 年 11 月受聘爲中山大學圖書館編目員。朱倓一生著述頗多，早期就在《燕京學報》、《中央研究院歷史語言研究所集刊》等學術刊物上發表文章，著有《明季社黨研究》等專著。

② 1932 年秋，朱希祖受中山大學校長鄒魯先生之聘，赴廣州中山大學爲史學系教授，兼文史研究所所長。10 月 15 日到達廣州。

③ 關於薙鬚事，朱希祖在 1932 年 10 月 15 日日記中說："余年三十五即留鬚，連鬢大胡頗具美觀，時沈衡山先生鈞儒與余同自一月一日起留鬚，近四五年，髮未斑而鬚全白，恐人謚余老朽，乃常購烏鬚藥水囑内子、小女代染，然黑白不均，且常現紅色，彌增醜態。入廣州境，未見有留鬚者，乃知此地更賤老重壯，於是決計剪薙。所剪落全鬚用紙封存，留爲紀念，乃賦七律一首紀其事。"（詩作見《酈亭詩稿》卷一）

④ 該信所署日期爲 10 月 11 日，可能有誤。朱希祖 10 月 15 日抵達廣州，信中說"現住廣州西濠酒店"，並說已經薙去鬍鬚，故此信當寫於 15 日。

二

1933 年 8 月 19 日致羅香林

香林兄鑒：

僕於八月三日乘意郵至上海，六日上午始達，七日至海鹽故鄉一行，十四日至上海，十五日乘滬寧車渡江赴北平，十七日午始達。十八日至北京大學探問招考研究生情形，始知中山大學文史研究所招考研究生簡章至今未曾寄來，致報名者不知內容，無法報名。現已寫快信奉教務長報告此事，並通知延期報名及考試，重行登報，改爲八月廿一至廿八日報名，三十至三十一日考試。因此之故，僕自己辦事程式非改變不可，且回廣州日期亦非展緩三四天不可。廣州考試日期本定九月十四、十五兩日，現擬改至九月十九、二十兩日考試，廣州報上亦非再登延期廣告不可，此在教務長信中亦已詳細告知，望兄至教務長處探望此信接到否，如未接到即將此信代告教務長及校長爲要。簡章僕亦未帶一紙，只好默記要點印出，供報名者參考，一方面仍請催寄簡章，方可作爲正式憑準。至禱，至禱。經此波折之後，報名者恐已稀少。聞去年中山大學招考時，託北大代招新生言明題目由廣州寄來，考試期過題目仍不寄來，如此誤事，北大傳爲笑談，今又重演一回，令人於邑。

弟朱希祖敬白

民國廿二年八月十九日

三

1934年3月2日致羅香林

香林弟鑒：

自抵南京審察校情，業已受任視事。惟此間學生久受繆鳳林等教育，所編歷史講義以詳贍爲主，且用文言，方壯猷、謝國楨二人多不能立足，以其講義毫無計畫，詳略不均，文字亦有欠通處，故爲學生反對而去，吾觀彼二人講義，方尚可敷衍；謝則講清史半年，專講其明季史料，尚未涉及清史範圍，所授中國通史一年教完，然經過半年僅講至漢，且無講義，雖無學生反對，恐亦難以交卷。故平時不豫備，臨時抱佛脚，終無幸存之理。下半年擬聘中國通史及隋唐五代史教授一人，每種三小時，惟尚須兼别項課程三小時，如目録學或中國史學史、國史名著選、中國沿革地理等，任擇一種，必足九小時方可任教授。然此間人選甚嚴，平時無史學上專門貢獻，恐難通過，故希望從速豫備數事，開列於下：

一、速將隋唐五代史閱一遍或將司馬光《通鑑》隋唐五代閱一遍，擇重要志傳參考。

一、速發表幾篇隋唐文章。

一、練習文言，淘汰冗長文句及新濫名詞。

一、預先起草隋唐五代史大綱，以便閱史時充實之。

此間國史館長有章太炎先生消息，大約可成事實。餘言再談。順頌

近好。

希祖啟

民國二十三年三月二日

注：

① 1934年春，朱希祖先生受昔日北京大學弟子、中央大學校長羅家倫之聘，任南京中央大學史學系主任，而向中山大學請假五個月，家眷暫留廣州。羅香林也想入中央大學，故朱希祖有此信。

② 此時朱倓因已受聘爲中山大學圖書館編目員，專管理善本書，故未隨朱希祖先生到南京，而仍留廣州。

四

1934年3月24日致羅香林

香林弟鑒：

接得三月十三日來信，藉悉壹是。鄒校長來電，勸回校主持，復又來快信，懇切勸回，並囑吴敬軒兄亦來電及快信，務要我速回。僕以校事不可久懸，恐請假五月不能邀准，業已去函辭職，以便另請替人。温先生能來文史研究所主持甚好，請先去信代爲問候，並問能撥冗來所主持否？蓋此事不可遥領也。頗聞温先生不願

離潮州，未知確否？俟得確實回音，自當竭力推薦，現在既已辭職，不便再言請代矣，專函推薦接替，此事乃尚可説。京師人浮於事，謀事較廣州更難，人才亦較廣州爲多。前函言方壯猷、謝國楨二君已辭中央大學史系教職，方已去，謝辭而復來，此間已將彼之教課分配他人，不料彼又來，只得再收回讓還於彼，然彼恐終立不住也。下半年如仍在此，自當代謀教課，惟來函計畫恐緩不濟急。春假之後即須預籌下半學年課程，預聘教員雖不必即定，亦須預爲物色推薦，届時逐鹿者必多，更難位置，故望先成《唐書南蠻傳疏證》及《唐書源流考》（不必加新舊二字，致範圍縮小），一面在月刊發表，一面工整謄兩篇寄來，以爲推薦成績品，再加舊日著作之已刻者若干種足矣。其餘題目且不必作，速將隋唐史細讀一遍，一爲教員無暇再讀，終身不能深入，深爲可惜，現在發端已覺遲矣。兩唐書列傳分析，此事可不必作，前人作之已告失敗，蓋唐書列傳最難知其人物之地理分佈，大都不言所生之地，專書其姓氏之郡望，故李必隴西，王必琅琊，李白究竟爲何地人至今聚訟未决，所以作歷史研究題必先看書而後可定。隋唐《經籍志》分析亦可不必作，所擬計畫數條頗難考證精確，若空談議論頗無價值。李正奮曾作《隋代藝文志》及《唐代藝文志》，亦僕囑彼撰者，業已成書，因《隋書·經籍志》本爲五代史志（梁、陳、北齊、周、隋五代）其所載，書皆五代所藏所作之書，非專屬隋一代作也。兩唐書志，載唐所藏所作之書，亦非專屬唐一代作也。故欲知隋唐兩代著作之多少及學術發達之狀况，非别撰二志不可。若來書所擬分析辦法，專施之隋唐二代所作之書，則尚有價值，然非先成二代藝文志以求出其成績總數（此事非專恃隋唐二史志可成，須參考數十百種以補其遺漏）不可，否則分析《隋書·經籍志》、《唐書》經籍、藝文志，無異分析上古以至隋唐經籍，各不完備而欲施結論，豈非徒勞而無一功乎？僕甚反對不讀書而空作文，故研究所學生先教其讀書然後

作文，以救世弊。望弟亦先求實學，勿事空論，甚盼。敬頌
時綏。

希祖謹啟

三月二十四日

注：

① 朱希祖離開中山大學，起初並未正式辭職，故校長鄒魯來電力勸朱希祖先生回廣州中山大學主持文史研究所工作。這時，朱希祖才發出正式辭職書。

② 信中所説的温先生指温廷敬先生。温廷敬（1869—1954），字丹銘，號止齋，早年筆名訥庵，晚歲自號堅白老人，廣東大埔縣百侯鎮人，是清末到民國期間粵東地區卓越的學者、詩人，也是著名的文史學家和地方史志專家。

五

1934年6月6日致羅香林

香林仁棣鑒：

連接三函，均悉。地志十五箱已收到，各箱竹皮及箱板皆無損壞之處，各海關均未開視，故其内書本必無損失者，現堆存中央大學圖書館，因書架未備，尚未開點，料必無缺損也。承照料轉運保險，甚屬妥善，不勝感謝。中央大學史學系中缺三年級一班，教員太多，下學期又有丁山、蕭一山兩君回校，丁自山東大學回，蕭自英國留學回，皆係舊教授，故新薦之人一概不能加入，此就國史言之耳。外國史則添聘張貴永，彼在德國專習史學，今得博士回國，故羅志希必欲聘他也。行政院新成立中央古物保管委員會，管轄全國古物，余亦忝列爲委員，聘書已接收，由行政院長聘請。其會即設於行政院内，下設職員頗多，前月託内政部次長傅汝霖爲君謀事，前日傅君蒞舍，據云可位置於古物保管委員會，因彼處職員須

用有歷史知識者。古物本爲内政部該管，故此次提出人員内政部占多數。傅君爲北大史學系畢業，頗竭忠於余，故俟該會組織時，君必可得一較善位置，此堪報告者一。昨日又特訪羅志希，告以爲君已謀得古物保管會職員事，擬兼任史學系教課一門，略資補助，志希已允請君爲隋唐五代史教員，月薪六十元。下次見彼擬改名義爲兼任教授，想亦可達目的，此堪報告者二。特中山大學通志館及研究所職務，現在且勿急辭，俟此間接聘書後再辭。專此即頌
撰祺。

朱希祖敬啟

六月六日

注：

① 信中傅汝霖當時爲國民政府内政部次長，朱希祖的弟子，後中央古物保管委員會成立，傅汝霖爲委員長。

② 信中羅志希，即羅家倫。羅家倫任清華大學校長時，羅香林在該校讀書。但兩人不知有何過節，羅家倫始終不肯聘羅香林爲中央大學教授。

六

1934 年 7 月 15 日致羅香林

香林仁棣鑒：

倞兒來京承照料，並贈象牙箸，謝謝！中央大學史學系聘書想已收到。中央古物保管委員會已於本月十二日開成立會，十四日開第二次會，通過預算案並會議規則、辦事規則。此會直屬行政院，與各部來往，公文平行。傅汝霖爲委員長，由行政院院長派定。會内分三科，科長爲薦任職，科員爲委任職。科長須有各古物專門知識，頗難物色；科員亦須略有專門知識。君係史學畢業，亦可克任，傅君已允任君爲科員，月薪約百五十元以上，八月内方可開始辦公。因傅君須至青島四星期，而預算案每月約二萬元，亦須由行

政會議通過方得實行。君此時正可專門預備隋唐五代史，至要，至要。餘容續告。敬頌
暑祺。

朱希祖敬白
七月十五日

注：

① 信中所言“倞儿”，为朱希祖第四子朱倞，1916年生。

② 羅香林於1934年9月辭去中山大學本兼各職，至南京中央大學任教，教授中國民族史與隋唐五代史，並兼中央古物保管委員會審核事宜。朱倓已先於1934年5月13日至南京。

七

1934年7月24日致羅香林

香林仁棣鑒：

昨接來函，藉悉中山大學近狀，至慰。李白華、謝仲斐二公均未有事，極願代爲設法介紹，然京師謀事人多，難有把握，祈各代爲致意。承詢嘉靖聞人刻本《舊唐書》價值，竊謂此書完全者尚多，價亦不過百三四十元，此有缺損，望不必買，南京有一部甚好，價亦不貴。當代一問。此復。敬頌
暑祺。

朱希祖謹啟
七月二十四日

八

1935年8月29日致朱倓

菊女鑒：

近接香林信，知汝與香林曾至泰山、曲阜一游，今想已回京矣。閱《大公報》知中央大學提早於九月六日上課，余本擬九月一日起程回京，三日晨抵京，因卧床已售完，改於三日起程，五日晨抵京。大兒、大媳、寧孫於九月一日起程，三日抵京。北平天氣仍熱，書籍雖漸整理完工，然編目仍不能完備，惟擇向未編目者略編二三類而已。北平應酬大忙，日日有人請酒，故對於整理書籍反有妨礙。中間又與大兒、大媳、寧孫至西山游玩四天，住於香山飯店，房價每日每房僅二元餘，一人多費旅費十五元而已，頗覺快樂。茲附香林一信，望轉交速辦。母親以次想均好。

八月二十九日　父字

注：

① 羅香林與朱倓於1935年3月31日結婚，八月赴泰山、曲阜游覽。

② 1935年暑假，朱希祖先生回北平老屋整理藏書。先生長子朱偰也於此時回北平，蒙故宫博物院院長馬衡先生慨允，朱偰在故宫等處拍照、測量、查閱資料，寫成《元大都宫殿圖考》、《明清兩代宫苑建置沿革考》、《北京宫闕圖説》三部專著。

③ 此信寫於北平。

九

1935年8月29日致羅香林

香林賢婿鑒：

承寄二函，均已收到。何柏丞已有回信否？甚念。中央大學應聘書未知送出否？如暨南脱空是否要回廣東中山大學，抑僅就中央？望速決定。茲有託者，接函後，望速與張貴永一談，俄國史改爲俄國近世史，自彼得大帝起至現在亦可。西洋最近外交史張君最喜教，如俄國近世史覺得勉强，改授此課亦可，惟須在史學系教授，不可在政治系教授，因跨系事須得各方面會議允許方可，但史學系課程指導書上無此課程，雖欲添置，亦須得文學院長、校長同意方可，故愚意仍以俄國史標題，惟加近世二字以限制，則省卻許多手續。又中央大學在《大公報》登載九月四、五兩日各主任及教授須至校爲學生選課簽名，故四、五兩日余須至校簽名，惟去年此事託助教姚琴友辦理，今年仍可如此。惟關於兩事須與接洽：一、課程，如張貴永教課決定後，急須通知彼，以便學生選課；一、個個教員須要有學生選課，有時須强迫，且不可違□越緩選習。此二事望與琴友接洽，並託彼代爲簽名。敬頌
時綏。

希祖手啟

九月二十九日

注：

① 此信所署日期“九月二十九日”有誤。此信即爲上封致朱倓信中的“兹附香林一信，望轉交速辦”的那封信，所以應是寫於八月二十九日。此信香港大學原注有“由北平來信”，查先生《南京日記》，朱希祖先生於民二十四年八月二日赴北平故居整理書籍，民二十四年九月五日回到南京，所以此信不可能寫於民二十四年九月二十九日。

② 信中所言何柏丞者，名炳松，曾任北京大學史學系教授，朱希祖曾爲其譯作《新史學》作序。此時何炳松出任上海暨南大學校長，朱希祖向何推薦羅香林爲史學系教授。故朱希祖在此信中有“如暨南脱空是否要回廣東中山大學，抑僅就中央”一問，這兒“中央”指中央大學。後羅香林於1935年兼任上海暨南大學教授，教授南洋史地與華僑史，並同時在中央大學任課。

一〇

1936年9月9日致羅香林

香林賢壻鑒：

余於八月十九日起程赴北平，九月六日回南京。中央大學七日起上課。而考試院高等文官考試，又延余爲典試委員，乃介紹君及

繆鳳林、沈剛伯、郭廷以爲歷史襄試委員，君既不能回京，此間十一日起考試，只好把君名注消。回京後，見君書，及仲嫺口述，知君任廣州市立圖書館長，兼中山大學講師，授隋唐五代史三小時，而欲以仲嫺爲圖書館總幹事，薪金百元。今欲問者數事，望逐條詳細回答，

一、館長月薪若干？

二、廣東薪給是否已改大洋，抑仍小洋？

三、館中聞經常費每月小洋二千元，如何分配？聞館中用三十人，則每月購書費有若干？新允增加二三千元，能實現否？

四、館中舊有書有若干？有詳細目録否？如無目録，有登記簿可查，能速造簡略目録否？

以上四條望速詳告。余以爲此館如不增加經費，多用人而不買書，則直是一毫無意味之機關。且仲嫺爲總幹事，而令兄等多人爲館員，在廣州或尋常見慣，不足爲奇；若在江浙必爲公論所不容！以經費如是之少，未能擴充圖書本身，以爲將來之成績；乃先創辦《圖書週刊》及《廣州學報》。週刊不能行遠，不如月刊、季刊。而學報則非圖書館經費所宜辦，是亦非君一人所能辦，專務外而不求讀書講實際學問，已非所宜，況借公費以辦非圖書館責任内之學報，尤易招物議乎！此皆僕所不能讚美者也，何則？以上二端，皆易爲外人攻擊之資料也。作事須立於不敗之地，今爲君計，用人萬不可再增加私人，現在定局者，既往不咎，裁員而再易以親屬，則大不可。學報萬不可辦，一則減少圖書經費，二則妨礙君專門學問，與其辦一淺薄之學報，不如辦一精采之圖書月刊或季刊，亦可以發揮學術，如爲舊籍解題，或爲新書批評，或介紹專門學術書籍，如史學書報及一切社會科學書報，而附以本館書目及報告，此亦可以大有影響於國内學術界也。而館中根本事業則擴充書籍爲第一要義，而擴充計畫宜先預定，且宜有次叙，如先完備普通書而後

補充善本書，蓋以經費如是之少，善本書决不宜亂購也。普通書宜分數種：

一、黨史書籍。（此不過爲門面計，不得不略爲購置，其實中山大學購置已多，不必求全矣。）

二、應用經史子集。（除館中已有外，擇商務書館所出《四部叢刊》及《續編》、《三編》，《叢書集成》以及石印各叢書，價廉而書多，且多善本，然後查上列各書所無者，再購單行本或叢書，務求應有盡有，庶使廣州著作家不感缺乏書籍。）

三、就原有地方志大事充補。（館中方志頗多，宜擴充而求完備，庶使珠江流域亦有較完全之地方志一份，毋使北平獨豪。）

四、廣東史籍及廣東人著作、家譜。（廣東史籍除地方志外並不甚多，廣東人著作較難一時完備，家譜亦然，然此可一方面購買一方面徵集捐送。）

以上四端，宜立一經費分配計畫，期以一二年内規模略備，是則辦圖書館可謂有成績矣，以後若能蟬聯，然後稍購善本書，以求精進。假定第一年每月有專款指定購書爲二千元，每年二萬四千元，則宜以第一項每月一百元，年千二百元；第二項每月五百元，年六千元；第三項每月千元，年一萬二千元；第四項每月三百元，年三千六百元。爲君自己學問計，宜多備隋唐五代史參考書，爲仲嫺計，宜多備東林黨史籍及專集，（仲嫺有《東林黨著述考》），則所餘年千二百元，亦足以逐漸購置矣。至於新出書報（日報、月刊），則舊有經常費中，除館員薪水及辦圖書月報或季刊外亦可以畫出一部分購置。而外國書籍，只好從緩，如新增經費有三千元，則每月千元購外國書籍，亦須别定計畫，不可亂購。如此能繼續二三年，則珠江流域圖書館必可首屈一指，庶不虚此一行。而君自己，此後亦宜多看書少作文，專精隋唐五代史，不可旁騖，此則余所深望也。與其成一當家翁不如成一專門學者重要。專此敬頌學祺。

朱希祖手啟

九月九日

注：羅香林於1934年9月到中央大學任教後，因羅家倫對其的成見，故羅香林一直未得教授資格。羅香林遂於1936年8月離開中央大學，受聘爲廣州市立中山圖書館館長，同時兼任中山大學教職，教授隋唐五代史。但當時羅香林並未向中央大學辭職，而是以請假一年的名義暫時至廣東工作。9月23日羅香林至南京接眷南下廣州，26日全家離開南京。

一一

1936年10月13日致朱倓

菊女知之：

日前接汝十月一日來信，知汝與凌孫身體皆安適，甚慰。余家於九月三十日即中秋節遷居曬布廠，書籍因捆得甚好，裝滿一大車毫無損失。惟月仙於十月二日與越娟相駡動氣而去，故書籍雖已分類安放各室，然皆未拆開，尚費周折。余胃納不佳，至今未愈，較前瘦損。又因《西魏賜姓源流考》愈作愈長，大約須五六十葉，至今未了。雙十節前開戰風聲甚緊，心緒不寧，百事不能進行，故信也嬾寫。雙十節較平靜，可免戰事，余即於是晚赴蘇州講演，昨晚始回。復兒於十月七日始來信，附其岳父手筆，致其子匡，囑其於其女結婚時爲代表簽名蓋章於婚書上，此事始有保障，即可進行。余即寄洋百元於復兒，囑其作爲買自行車及來南京川資，如何辦法，現在尚未決定，俟決定後再當告知。廣州潮濕，住樓下不宜，速宜想決遷移。圖書館内辦公情形若何？經費有辦法否？統望詳細告我。目下最要緊宜先查明已有書籍，作一草目，以爲購書時查考有無之用。新民坊電鈴，房東只肯出洋一元，故已拆來裝於吾寓矣。

父字　十月十三日

注：信中“凌孫”，指羅香林與朱倓的長女羅玲，1936年生，在朱希祖日記中，“凌”字多寫爲“玲”，抗戰中中山大學遷雲南澂江，羅玲於1940年在雲南澂江染病夭逝，年僅五歲。“月仙”與“越娟”爲朱希祖家中的兩個女僕。“復兒”，即朱希祖第四子朱僑。

一二

1936年10月13日致羅香林

香林賢倩鑒：

日前接得海塗來函，欣悉路塗平安，甚慰，甚慰。遲遲奉復之故，詳復小女信中。小女來函謂現居德政新街二號樓下，廣州地氣潮濕，蚊蟲又多，於小女身體極不相宜，最好從容物色遷居樓屋爲良。凌兒嬌小玲瓏，極其可愛，宜善撫養，若付之乳母之手，則飲食不時且無節度，背後欺侮又無論矣。自己職務固宜顧到，兒女身體更宜兼籌調宜。仍按時刻自己哺乳，覓一循良女僕管抱，較爲適宜。區區愚見，未知以爲何如？唐史急宜猛進，研究歲月如流，勿專務外，爲人輕送流年，有切實之學問而後有附麗之榮名。研究唐史者近漸人多，非有毅力精心，恐不能出人頭地。《論語》言“欲速則不達”，見小利則大事不成，研究唐史實爲一大事，且又不可不達，至要，至要。購書款已確定未？鄒海濱回長中山大學有何設施更改？暇望常通訊詳述。專此敬頌
撰祺。

希祖手啟
十月十三日

一三

1936年10月15日致朱倓

菊女知之：

今日接汝第二號信，已悉戰事已可暫免。復兒定於十月二十五日在桐廬行結婚禮，二十七日率新婦至南京見尊長，即於二十八日治喜筵請親友，喜柬正在付印，不日寄來，先此通知。余日前寄來一信，想已收到，聞飯食清淡而乳少，務望勿太省膳資，至要，至要。香林望代告知不另。

十月十五日　父字

一四

1936年12月1日致朱倓

菊女知之：

今日接汝十一月二十三日信，言我方一月未來信，心甚憶念，不勝詫異。余於十月底曾寄來謝帖一函，又於十一月十日寄來一信，中附照片二：一爲余與汝毋及復兒夫婦合照，一爲復兒夫婦合照。其餘似尚有照片附來，不能記矣。此函距汝二十三日發信已十一二日，何以尚不接到？豈付之洪波耶？又汝母於十一月十九日寄汝一信，現在想亦已收到矣。余自發汝信後，十一月十一日即率大兒、倞兒同復兒夫婦至杭州，寓復兒西湖俞莊寓中。俞莊地址在西湖定香橋五十號，其屋有大室一間，南北有廊。此室有南京會客室四間之大，别有房四間，大者亦較南京房間爲大，小者相等，有廚房、下房，有小花園，約二畝餘，花木甚多，房屋係舊式洋房，臨西湖小南湖，風景亦佳，房租每月銀元十八元，若在南京恐需七八十元，可謂適意矣。此次復兒結婚，其用銀四百三十二元，收親友送禮銀二百三十元（内有大兒五十元，汝家二十九元三角，福姑母二十元，備兒二十元），實在由我付出者不過二百二元，而四百三十二元中在南京用去者不過二百四十二元（連金鑲珠鐲六十元作見面禮物均在内），一百九十元付復兒還債、添衣服、購腳踏車，及路上及南京零用。至於來往京杭皆坐二等車，皆由北平來京之八叔

（在鐵道部）送免票二張，四分之一出費票二張，故二人來往二等車僅付銀七元弱，否則必須添出車費四五十元也。余至杭州時，復兒以餘款購脚踏車一輛，銀三十二元，彼甚快樂。尚有餘款五六十元作爲彼不時之需矣。然彼每月開支不甚寬裕，故至年底恐尚須幫彼數十元也。凌兒兩次照片多已收到，余見之甚爲歡喜。余近兩月來多病，胃纳不佳，到杭州又大吐瀉一次，近一星期來稍好，然甚忙，寄存圖書館之地方志及善本書十大箱，彼方要屋，乃將地方志存史學系地圖室，善本書全遷寓中，現已全部開箱取出，毫無損失，誠爲幸事，且甚乾燥，心中大慰。《屈大均著述考》尚未整理，且未加考證，現在尚不宜發表。近來想撰《南明書》，然既無一人抄集材料，而心中又時多不快，仍未開始，奈何，奈何！明年汝母六十生日，甚望汝來闔家團聚一次也。

中山大學文史研究所畢業生曾了若，在雷州師範任教，彼撰《隋唐著述考》二十餘萬言將脱稿，吾已寫信囑彼寄香林登載《廣州學報》。

父字　十二月一日

一五

1936年12月1日致羅香林

香林賢壻鑒：

前接十月三十日所發信，尚未作復，緣彼時正忙於復兒婚事，近又派爲普通考試典試委員尚未完畢，故未能作復。來函謂抄張萱《西園聞見録》一百零八卷，需銀八百元，未免太巨，此事實不必忙，因此書天津圖書館有之，憶北平圖書館曾借抄一部，所費不過三百餘元，且此書余亦見過，不甚佳，蓋係明史類耳，惟係貴省鄉賢著述，將來款項領到時，託天津或北平設法抄録可也。貴館擬先搜集廣東地志及先賢著述自屬要緊，但當先編一館有廣東地志目及先賢著述目，然後可就未有者添購，此事萬不容緩，否則不免重購，及他人無從介紹也。再者普通必要之書亦當陸續添置，不可專從本省着想。余前有一購書計書寄來可參考也。唐代史籍參考書不甚多，而近出中外雜誌中反甚多，不可不注意。正中書局葉溯中近派人來託我代催君將高等本國史第三册編完，速行寄去，以了結此約，因各處已購一二册者多來信催第三册，以求完全。並言已來快信五六封，君何置之不理？望君先去一函，並騰暇晷編完此書爲妙。專此敬頌

撰祺。

遏先手泐

十二月一日

再者，廣東地志普通者想貴館中多已有之，而乾隆以上刻本價值甚貴且亦不多見，近有人攜來《雍正廣東通志》，實價一百二十元；《乾隆廣州府志》，極少見，實價二百元；《廣東漢魏六朝磚拓本》一册（前有序，預備刻而未果者），亦爲希世之寶，價亦甚巨。此數種貴館購書款未領到恐亦不能購也。磚拓本若購得可影印發售。遏又及。

一六

1936年12月14日致朱倓

菊女知之：

日前接汝十二月四日來信，知余十一月十日左右所發之信並復兒夫婦及其他照片數張均未接到，廣州信來往既多需時日，又有失卻，實屬可恨，其後又一快信一次，未知收到否？自明年一月一日起來往信札又須編號，乃可稽查，否則失卻一封亦不知道。汝寄與母親小説二本亦已收到，前日復兒來信，又附來汝寄與他大洋七角，此款乃余早爲汝補足二十元送於復兒，又寄來還我，其實此事

余早於失卻之信中説明爲汝補足不必寄還。李滄平託汝寄來《遼史拾遺補》五卷二本，今日始收到。此書爲楊復吉撰，江蘇書局已有刻本，與厲鶚《遼史拾遺》刻在一處，余皆有之，今仍由郵局將原書寄還。《陶詩彙注》李君如必欲得，可以南明人集擇余所未有者交换。梁朝《鍾喻園文集》余已得一鈔本，四册，詩文皆全，李君處南明人集可開一目録來，如價值較陶集高者不妨找錢也。屢次來信囑將地志目録抄一份寄來，或廣東人著述目録寄一份來，均未見答，如此則雖有適當之書亦無從介紹。今觀來信，言館中購書如此麻煩，來往書信又須半月以上，則雖有書籍亦無從介紹。余之地方志目録付中央大學者至今未還，想已失去，余自己只有目録一册，善本亦在内，故不能寄來，恐廣州欲購萬金以上書必難做到，不如姑待時局穩定再説。惟香林來信言先購廣東地志及廣東人著作，則館中所有两項書籍目録，先須寫出寄示或可介紹。西安事變，大局又不堪設想，南京是否能久住又將難説，望多通信爲要。備兒已於本月九日回京，係場中出錢派來南京農場聽講一月即須回臨淄，彙丞近亦來吾家，已住十日，然朱家驊雖爲浙省主席，余與百年、士远三人共寫一信介紹，恐亦遽難得事。偉兒近已遷居玄武門大街二十號，房錢每月九十元，實在太貴。玲兒照片均已收到，又覺長大可喜，惟云十個月即須斷乳，不免太早，必須周歲方可。余本擬動手撰《南明史》，時局如此，又不免心緒不寧矣。

十二月十四日　父字

香林均此不另。復兒夫婦照片今補寄一張。

注：

① 信中所言“備兒”，爲朱希祖次子朱偰，爲我國著名煙草專家，曾任貴州省農林廳總技師，全國人大代表。“偉兒”即朱希祖長子朱偰。“彙丞”爲朱希祖内侄。

② 信中所言“李滄平”，即李滄萍，爲朱希祖早年北大弟子，朱希祖在中山大學時，李滄萍也任中山大學教授。李先生也喜藏書，故兩人接觸較多。

一七

1937 年 1 月 8 日致朱倓

菊女知之：

汝所來信均已收到。日來因余胃病間作，而汝母又新患失眠，故懶於寫信，加以近日章宅請作太炎先生行狀，忙於搜集材料，迄未得閒。汝之中山大學圖書館聘書遍覓不見，恐已失去，只好請中山大學補發一證明書，寫明服務起訖年月及編目成績較爲好看，此事託文學院長范君一辦必可成功。《史通版本考》亦爲未成之作，俟覓得修補後再説，因此篇無甚發明，故久擱置也。《廣東地方志目》已收到，近日稀見志書價目日貴，館中既無的款，恐亦難於添補。前開來之《雍正廣東通志》及《乾隆廣州府志》，香林即置之不答，蓋實無辦法也。汝言館務太繁，香林仍擬就教務，余以爲現在姑且耐繁，因羅志希對香林感情不甚好，不肯扶掖。去年香林未走時，彼請姚薇元擔任補習班歷史，而不肯以此項教課加於香林，留住不必赴廣東。其後又請金毓黻（北大老學生，編《遼海叢書》者）任史學系東北史，故現在回來至多仍保留唐史、人種民族史，欲改爲教授必甚難也。張某《南明史詩》，余前年早已購得，其中材料極普通，不甚佳。備兒來京已一月，除星期日外多在孝陵衛聽講，且宿於彼處，不久將回山東。汝母生日擬不邀親友设讌，時局在國難期間，無甚興趣，汝遠從廣東來，川資太貴，又有小孩，恐太麻煩，故不一定要汝來，然能來尤妙。玲兒現在想又長大些，將要獨坐矣。《廣東學報》作文者不多，恐甚難維持，現在叢報太多，每月必有數處來要文，余一概謝絶。

一月八日　父字

香林均此不另。

注：信中所言“金毓黻”，即金毓黻，字靜庵，爲朱希祖早期北大弟子，

我國著名史學家，曾任多所大學教授。一度出任安徽省政府秘書長，1937 年秋朱希祖先生運書至皖南避難，其多有幫助。1940 年接替朱希祖出任中央大學史學系主任。

一八

1937 年 1 月 21 日致朱倓

菊女知之：

頃接廣三號信，知玲兒已能獨坐，甚慰。汝母生日汝決定來京，甚善。屆時復兒夫婦亦一定來，宇眉已懷孕，身體甚健。余一二月來常常傷風、胃病，其故由於心中不甚舒快也。汝母偶患失眠，近稍見愈，惟睡不着時開燈看書，此大傷神，近已戒之。備兒、倞兒近皆在家。倞兒記性欠佳，恐學工業不甚相宜，近課以《史記》，頗有興趣，如將來能改變其興趣，則擬教之治文史之學。因余四子中無一人能傳家學，無以慰吾老境也。北平房屋近有人肯出五千餘，擬五千五百即思售去，將在鄉下小築田園，俾避難時柴米雞豚差能自給，不求多也。京中造屋，余不甚思，六十以後總思退休，以免羈束之苦，汝以爲何如？

父字　一月二十一日

香林均此。

一九

1937 年 2 月 3 日致朱倓

菊女知之：

日前寄去二號信，想已收到。余一二月來，胄納不佳，面帶黃色，肌肉銷瘦，頗增老態，總緣心中不舒。明日擬至蘇滬一游，聊散悶氣，兼收售書，有友人來招也。四五日後即可回京過陰曆年。

倞兒不聽勸告，滿擬其改變宗旨，爲講《史記》，傳我家學，孰意其必學機械。備兒於五六日前回山東。陰曆二月二日汝母生日，彼仍欲來，届時汝亦能來，可謂全家團聚。二月三日余與大兒決定率全家至海鹽掃墓，自始遷祖至先嚴，共二十二代，因多合葬關係，共爲十四處，約全到共須四日。預算川資須銀二百元，余與大兒各出一百元。城内住一日，掃墓四日，路上往返三日。全家之人計有（余夫婦，大兒夫婦，三兒夫婦，汝與玲兒，又備、倞二兒，及二孫女）十四，可以替代游玩山水，較有意義也，想汝亦必樂去也。

二月三日　父字

香林均此。

李滄萍屢次要我《陶集彙注》，欲以原價二十四元讓他，余曾去信拒絶，實爲不情。今願讓與他，以慰他積想，蓋此書，余數十年僅見此本。

二〇

1937年2月12日致朱倓

菊女知之：

日前寄去第三號信爲人所延閣，遲寄四五天掛號付郵，可恨之至。余於二月四日赴上海，後又至平湖，借得李清手稿本《南渡録》六卷本，快慰之至。此書爲南明史中第一要書，余求之十餘年，初僅得四卷本，且年月事蹟錯亂甚多，繼借得揚州吴氏測海樓藏本移録一部，然亦不分卷，中亦有脱誤，聞傅以禮藏有五卷本，見其跋文，欲求一見而未能得，心常歉然，此次竟得六卷足本，且又爲李清手稿，真出於意想之外矣。余胃病至今未愈，恐終無全愈之日矣。倞兒未肯傳家學，大失所望，余老景日增，子女分散，身邊無服侍之人，更覺不便。寫至此，適接汝四號信並玲兒照片，甚慰。《雍正廣通東志》係他人所有，業已售去矣。

二月十二日　父字

二一

1937 年 2 月 12 日再致朱倓

菊女再鑒：

來函謂中山館購書費每年有毫洋三萬餘，約合大洋二萬元，業已通過預算，則從此可以暢購書籍，望與香林商酌可否照余去年代爲計畫購書程式進行。即每年購地方志一萬元，普通書五千元，地方先哲遺書二三千元，雜志及其他書籍二千元。其理由地方志爲一切文化總滙之籍，美國圖書館首開此風氣，涵芬樓次之（今已焚去），北平圖書館勇猛購此，尤以明版地方志爲最，今爲全國第一，北大、清華、燕京各大學亦嘗從事於此，惟不及北平圖書館耳，故宫博物院僅有乾隆至康熙地方志，亦爲全國光耀，南京則國立大學及圖書館皆不知此重要之事，惟金陵大學頗有新地方志千數百種，亦聊可慰。西南及東南、兩廣各省尚未夢見此事業，故中山圖書館首當提倡，以爲南國之冠。今年提開大洋一萬元先購普通地方志，明年再提開大洋一萬元購稍貴重地方志，以爲基礎。其後年增加數千元，則在南方必首屈一指矣。理應制一“二三年計畫書”呈請當局，每年分三四次付款，則轉而易舉。

父又及

二二

1937 年 2 月 12 日致羅香林

香林賢壻鑒：

《廣州學報》業已收到，近兩月來政海波瀾驚駭莫測，著述爲之輟業，作文無抄寫之人，亦覺甚苦。頃接仲嫺信，知貴館購書費業已通過，此後可略事收購矣。友人處有元（大德）刻明補大字本《新唐書》五十册，本子極大（涵芬樓所印雖係宋本，然百衲搌補，且描改錯誤，仍不足恃），可出售，索價四百元（以余估計，若每本五元，則甚便宜），貴館極可購入，此與君所學相關，與他善本不同也。敬頌

撰祺。

遏先手泐

二月十二日

二三

1937 年 4 月 21 日致羅香林

香林賢壻鑒：

連接兩函，以事繁未復，甚歉。小女及外孫女南旋，想已安抵廣州，路上未知暈船否？臨行時所攝照片六張頗佳，今特附上。欲借貴館所藏《乾隆天門縣志》及《彭湖紀略》二書，已出借書條送上，望即日寄來爲盼。《乾隆廣州府志》、《廣東漢魏六朝磚拓本》、《華延年室題跋》三種如欲購入，望即通知，當將《廣州府志》寄上，此皆極難得之本，於貴館最爲適用。地方志目已繕寫一本，將最少價目細開於各部之下，又將總數開列於後，其中極難得之志價稍貴，蓋千餘部中最精華各志已盡在其中，雖僅有四百數十種，然皆與貴館所藏不相重復，而所揀剩之四百數十種皆普通之本不值錢矣。惟明版十餘種及浙江部分不在其内，兹將目録寄上，望從速呈請市府批准。呈請時須説明選擇精華及不重復兩點，而其最廉者每册不及一元，其精華部分有北平圖書館及海内藏志家所無者，價自當稍貴。此間地政學院亦正在進行購地志，如貴館不購，可向彼方進行，故以速爲妙。專此敬頌

撰祺。照片六張夾在地志目内。

希祖謹啟

四月二十一日

二四

1937年5月6日致朱倓

菊女知之：

地方志目二册已寄來，想早收到，未知已呈請市府否？沈德潛《元和縣志》確是珍本難得，余出條所借《天門縣志》及《澎湖紀略》二書望速寄來，至盼，至盼。何吾騶《元氣堂集》僅三卷，嘉慶己卯重刊本，即李洸借與我所抄者，其序跋皆空話不足資考證，原刊本已散佚，未知有若干卷？此公係貳臣，不足取，王夫之《永曆實録》中有《何吾騶傳》，且言“彼撰一史以諛附新朝”可參考也。然此公係李洸祖先，親戚頗事迴護，不必與之打筆墨官司也。彙丞事已託金靜庵，彼於昨日始赴安徽，爲省府秘書長，或可代覓一事也。玲兒種牛痘後身體已復原否？汝精神薄弱，眼圈常發黑，望珍攝保養爲要。

五月六日　父字

香林均此。

二五

1937年5月9月致朱倓

菊女知之：

前日寄去廣二號信並《乾隆廣州府志》，想已收到。前信言廣東有人彙刻晚明人集，望代爲購一部，如有人能送，尤妙。《天門縣志》、《澎湖紀略》兩書務望從速寄來。東莞《張氏叢書》中有《張家玉集》望代購一部。近有人購得康熙刊《屈大均廣東文集》，其序跋與《文外》所載大異，價奇昂，如要可代商。

父白　五月九日

二六

1937年6月4日致朱倓

菊女知之：

廣三、四號信並《澎湖紀略》、《天門縣志》均已收到，寄去《廣州府志》三十二册知已收到，惟云同樣又有一部，缺三册，價亦數十元，甚善，甚善。此書傳本極稀，雖有殘缺，亦可收購，幸有足本可資抄補，可自藏也。東莞張其淦之《明遺民詩詠》余已有之，不必再買，如已寄來，當爲中央大學購入亦可。余所要者乃其所刻張家玉弟兄之詩文集，《張氏叢書》六種乃其自著，可以不要。《南華雜誌》來信謂先寄三册，尚未接到。《屈大均廣東文集》僅八册足本，其價值與余前年所購之《翁山文集》四册相等，必須銀二百元，且尚未能割愛，當徐圖之。因其中《黎遂球文集》與今流傳之黎遂球《蓮鬚閣集》大有出入，翁山自撰序跋文十餘篇，《翁山文外》有未載者，其已載者文亦較詳，實堪珍寶，將來必可設法購得也。玆另有廣東人詩文集及地方志數種可爲中山圖書館收藏者，别紙開列，可代爲介紹。玆附去香林一信，望轉交。玲兒近來必更長大可愛。汝母於一星期後擬赴北平。余近來身體仍未完全恢復健康。

六月四日　父字

注：此信中云："玆另有廣東人詩文集及地方志數種可爲中山圖書館收藏者，别紙開列，可代爲介紹。"在此信後，附有一紙，開列書目六種，即此。今録於下：

《康熙新寧縣志》（十卷，康熙十一年刊本）四册，100元。

《惠陽紀勝》（三卷，羅陽黃錫圭輯，道光庚寅刊本，以下四種均歸善黃氏彙刊本），一册。

《羅浮紀勝》（三卷，輯者同上，同上刊本），一册。

《西湖蘇蹟》（不分卷，歸善黄安瀾撰，同上刊本），一册。

《東坡寓惠集注釋》（六卷，附《海南集》，邵長蘅、顧嗣立注，同上刊本），四册。

以上四種共 14 元。

《咸陟堂文集》（二十五卷，釋删鶩撰，南明人，康熙刊本），十二册，60 元。

以上六種實價大洋一百七十四元。

二七

1937 年 6 月 5 日致羅香林

香林賢壻鑒：

久不通訊，甚念。廣州政界近甚平安，想貴館一時亦不致動摇也，惟經費方面未知容易請撥否？中山大學方面想應不致更動。此間中央大學史學系亦無更動，惟不能增添課程。隋唐五代史請假一年，兹已假滿，想一時不能銷假前來，作何辦法？望斟酌示復。敬頌撰祺。

希祖敬啟

六月五日

二八

1937 年 6 月 21 日致羅香林

香林賢壻鑒：

接讀六月十四日快信，藉悉動定安泰，爲慰。中央大學史系一職現在只好不提及，好在現在不添聘教員也。蕭菊魂處已擬就一信，今特附致，姑且去一試。鄒校長已赴廬山，不久相見矣。地志既已呈報，想無問題，款稍緩亦可，惟批准後望即通知，以便將志書整理提出寄來。惟暑假時欲至北平一行，然亦未定日期。

半年來所撰大作五篇，皆偏於一隅，未將唐代重要問題作深刻之研究，使世人一振耳目。余近來所撰《西魏賜姓源流考》及駁陳寅恪文二篇，皆與唐代姓氏有關，想已閲及。竊謂有唐一代姓氏之學最爲粗疏，林寶《元和姓纂》，《廣韻》所注姓氏，錯誤百出，《唐書·宰相世系表》更多荒謬。姚薇元撰《北魏姓氏考》，余囑其改爲《魏書官氏志廣證》，大體尚精博，然衍陳寅恪鑿空臆測之謬法，論據多未真確，已指出數十處，勸其大加修改，頗見採納。唐代姓氏與此書大有關係，惜其書未付刊，不能供參改，然陳毅《魏書官氏志疏證》亦頗佳。兩《唐書》人物生地郡望皆多不足據，此事專研唐史者亦當發憤整理考正，望留意及之。余近擬撰《兩漢姓氏考》，兹事體大，然探究吾國姓氏源流，糾正《元和姓纂》等之荒謬，此文頗不可缺也。

陳際泰《已吾集》係禁書，頗可貴；朱葵之《壽閒齊吟草》係其全集之一種。陳、朱二集，余皆已有，可不必寄來。明末清初廣東人著作最難得，價亦甚貴，然當竭力搜羅也。玲兒回廣後，余常玩其照片，殊深馳念，望珍護之。敬頌
撰祺。

希祖手泐

六月二十一日

注：蕭菊魂，字冠英，中山大學大教務長，朱希祖在中山大學時，與其交情甚好。

二九

1937 年 6 月 21 日致朱倓

菊女知之：

廣五號信已收到，香林信先一日到，汝致母親信亦早到。南京天氣甚涼爽，未離單夾衣，明日已夏至，仍覺涼快，而北平、天津熱極，聞有至寒暑表百七八度者，甚可怪。汝母仍未赴北平也。張家玉弟兄詩文集，遇見時可買，不必急急。《屈大均廣東文集》當竭力代購，可先呈報，因呈報批准，動隔二三月，甚紆緩。幸係人家所藏，尚可購得，若在書店决不及待，故廣館購書甚不方便，書店好書必不能買到。將來須想方法，市府只須核准購書數目款項，所購何書不必顧問，且亦未必能顧問，徒縛人手足，眼見好書放過而已。《四朝成仁録》余有一部，將來如需購入，再行斟酌可也。宇眉尚未分娩，復兒常有來信，可勿念也。

六月廿一日　父字

三〇

1937 年 7 月 16 日致羅香林

香林賢壻鑒：

來信已悉。余近游黄山，昨日始歸，故爾遲復。敬軒信已另發，然所求恐不可必得，姑試言之可也。地志購買先謀批准，後謀得款，現在究竟已批准否？若第一步未曾達到，恐無望矣。北平戰事又起，若一擴大，必波及南方。玲兒與用人居，習染恐不免壞，將來早入幼稚園可改正也。敬頌

撰祺。

希祖白

七月十六日

注：信中所云“敬軒”，指吴敬軒。吴敬軒，名康，字敬軒，時任中山大學文學院院長。

三一

1937年7月16日致朱倓

菊女知之：

前寄去京五號信，忘寫號數，想已收閱。余於七月五日率大兒及中央大學經濟系教授劉南溟同去游黃山，六日晚抵黃山，在山中游六日，心曠神怡，不聞世事，探奇攬秀，爲生平第一奇遇。及第六日下山，始知北平又有戰事，頓增憂慮。十三日余先下山，一日達杭州，寓於復兒處。十四日留住一天，見孫兒面貌頗英秀，爲取名元昭，字孟陽，小名仁。余家取名，向無排輩字，余擬自孫兒起選定十六字，爲十六代排輩字，周而復始，曰："元德克明，邦家之光，世承其美，保大永昌。"故吾孫之名曰元昭。仁孫肥大强健，頗可喜。

余在西湖岳墳西里許曰頭山門内購地三畝，因本家純先之友在彼地擬創一新村，購得地二十餘畝，皆政界學界中人，且皆相識者。純先、沈士遠、鄭曉滄（浙江大學教授）、陳明哉、顧幼民（二人皆海鹽人）及余，皆各得三畝，爲首者曰姜卿雲（浙江省党部秘書），人頗不雜。每畝價銀五百元，其地離湖約五六百步，村傍汽車公路，交通甚便，西至靈隱，東至岳墳，爲湖山交紐之地，故游湖游山皆甚方便。杭州人住家不喜在湖濱，因夏熱冬冷也；尤不喜在湖南，因更熱更冷也。頭山門内，夏涼冬暖，且在湖北，杭州本地人所選住地頗有深意。且地隱蔽，戰事波及較少，離市尚近，匪劫較難，故余決亦加入。現在西湖地價飛漲，湖濱之地每畝至少二千元，靈隱一帶地畝亦需千元。此地因二十餘畝一併購入，故價較廉，若分散而購，畝亦需七八百元也。又南京方面房價甚貴，甚不合算。近中央政治學校合作學院主任壽勉臣創一住宅合作社，每股一千元，得地八方，大房二間，下房一間，余與大兒各認六股，各可得大房十二間，下房六間。地四十八方，以二十四方起房屋，構造式樣可各自設計繪圖。以二十四方作庭院（庭院與他家庭院溝通，栽樹種花，公雇花匠管理，因社内同人皆相認識），仿佛一大花園内各造院落也。付款辦法，先付四百八十元（六股，每股先付八十元），房屋造成再付四百八十元，即可遷入，其後每月約付八十元左右，以七十二月付完，之後房屋即歸自己，可以不出房款矣。六股房屋連地總值六千元，造屋購地皆歸合作社墊款，較銀行墊利息低微，至多不過八厘。如此則購地之時付四百八十元，造屋之後付四百八十元，以後按月攤還，僅等於現在每月之租金，租金一去不復回，此按月攤還之金正如每月存款，將來仍可收回，故余亦決計加入。且即遇戰事毀去，所損不過九百六十元。地尚在，實不損，其餘譬如每月出租金也。若幸而不毀，則六年之後，余若退休，則可出賣此屋，至少仍值六千元，可以移此款在西湖造屋矣。惟此等計畫雖好，不幸戰事即起，若一擴大，南京、杭州皆危，惟購得地皮終不至於消滅，所以亦尚合算。

汝又有喜，務望保重。《幾社考》或《東林碑傳集》可整理，其他跋文等類，可不必作。

地志款不知何日可得？其他擬購之書不知已否提出？《屈大均廣東文集》須二百元，《四朝成仁録》須八十元，亦可預先提出。又有鈔本王巖《貴耳集》（南明廣東人），四册，四十元，亦可提出，蓋非經過四五月不能購成也。

余游黄山時胃病又作，蓋飲食不調所致。今已稍愈矣。

七月十六日　父字

三二

1937 年 9 月 3 日致羅香林、朱倓

香林、仲嫻鑒：

日寇肆虐，音信阻隔。香林及仲嫺信均已收到。余於七月九日起裝書籍六十大箱，地方志亦在内，然仍剩普通書籍十餘小箱，寄存大兒寓及曬布廠寓内。至十二日草草裝完，十三日率内子及寶娑携書籍行李包八十六件，包京贛鐵路貨車一輛運至宣城，再擬由宣城雇載重汽車二輛至徽州，無如一切汽車均爲軍用統制，不能私雇，宣徽之間交通幾斷，只得在宣城租屋暫住。彼屋每間十元，避難來者太多，後到無屋可租，今留此已二十天矣。敵機雖飛過，並不投彈，蓋其目的在南京、廣德也。南京於十四日起天天被轟炸，幸京中空防鞏固，損失不甚巨。中大實驗中學全部被炸，焚去八十餘間，死校工數人。其地房屋亦有五六百間，死百餘人。歐蘭及二孫女在上海法租界，然亦不穩當，以後須設法遷移。余擬於一星期後遷往徽州，因書籍已由鐵路局材料廠廠長林某（北大學生）允不出費代運至徽也。閱報知廣州亦已有敵機投彈，汝等及外孫女於危急時須避至香港，最好婦孺先避，不可貪微薪以賭生命也。書此問好。回信寄歙縣城内徽州師範學校校長江植棠。

九月三日　逷先啟

注：信中所云“七月”，實爲八月，因爲七月九日朱希祖先生尚在黃山。此據先生長子朱偰所撰《先君逖先先生年譜》改正，且閱下封信亦可知爲八月。

三三

1937年9月22日致朱倓

菊女知之：

昨接廣十一號信，係九月五日發，半月始接到。余在宣城已寄汝一信，未知收到否？亂離時世，音信難達，至於如此。余自八月十三日同汝母及寶娑來宣城，帶書六十木箱，又藤箱等九隻，此外行李二十件左右，包貨車一輛，約洋六十五元。惟宣城至徽州火車未通，全賴載重汽車俗名卡車運輸，此項卡車全歸軍用，一輛多雇不到，今以安徽省政府之力，代託京贛鐵路工程局工程車每日帶運六箱至徽州，然工程車無篷，天若陰雨，皆不敢運，恐漏濕書籍，故一月以來，僅運去七次四十四箱。倞兒於上月二十八日，先至徽州接書箱，寄存徽州師範學（校）。汝母及寶婆亦於九月十七日至徽州。余俟書籍行李運完再至徽州，大約再過一星期可以行矣。

中央大學決議遷四川重慶，以重慶大學爲校舍，離城二十餘里，余與大兒皆決定前去。九月二十日召集全體教授會議於南京，余於十九日晨由宣城赴南京，二十日上午九時預會。然此兩日敵飛機大規模來轟炸南京，十九日上午來六十餘架，至京城内二十架左右，余尚在路上。下午二時半抵南京，三時敵機四十架來襲，余行至珠江路被阻，避難於一公所，閲一時半始去，可謂險矣。二十日上午十時半敵機五十架又來，余在曬布廠宗宅避難，閲二時半始去。此兩次，敵機皆在余頂上盤旋，拼一死亦不覺懼。中大國文教授胡小石住宅，在中大西南模範監獄前，洋房三進被炸毁，幸人未傷。此日大兒在黄山未到。余即於二十日下午四時乘江南鐵路車回宣城。中華門江南鐵路火車站前落一大炸彈，毁房二十餘間，時在十九日下午三時，離余下車時僅三十分鐘，可謂幸矣。二十日下午三點半車，因避難人盈千萬，遷至四時開，余在候車處約一時餘，深恐敵機來襲，亦頗懍懍，蓋上海、松江、蘇州車站，皆炸死人數百，可鑒也。

是日本擬至建康路浙江興業銀行，代汝領出長期存款千元並利息電滙至廣州，奈是日敵機在南京飛擾二點半鍾，午飯遲至二時始吃，吃後即上車至中華門，深恐乘不着火車，故銀行未去，此後當設法滙來，惟須俟大兒回去，否則無人可託，只好暫存該行，徐徐設法。

中大薪水七、八兩月全發，九月份起七折，又須購救國公債實足一月分六個月扣完，故此後薪水到手不過對折，又須至四川，且將來能維持到底與否，尚不可知，骨肉分散，甚無謂也。汝與香林現在生活想尚可維持，將來不知如何。故千元本利，總想替汝滙來，庶可於危急時維持生活。廣州若危險時，汝等擬避至何處？現在圖書館内急宜以公欵設置地下避彈避毒室，庶辦公可安心，至要，至要。否則私人集款構造亦可，生命重於一切，毋忽！

九月廿二日　父字

香林賢婿均此。

寫完此信時，見報紙載敵機於二十一日兩次襲廣州，皆有二十餘架，想汝等無損也。接信後宜速復，以免懸念。回信寄安徽歙縣城内徽州師範學校校長江植棠轉交。

三四

1937 年 10 月 5 日致朱倓

菊女知之：

在宣城接得廣十一及十二號信，余亦寄來兩信，想皆收到。此次由南京運書六十箱，行李二十五件，於八月十三日至宣城，然無卡車可雇，不能運至徽州。幸由京贛路局材料車每日代帶四五六箱不等，天雨之時必須停頓，故四十餘天然後運完。然猶賴安徽省政府秘書長金毓黻之力，始得辦到如此。余於十月二日始赴徽州，書籍六十箱全寄徽州師範，所租房屋即在該校隔壁，即江校長之寓宅，此亦由安徽教育廳長楊廉所託，故甚得其力。

中央大學决定遷四川重慶開學，以重慶大學爲校舍，定於十一月一日開學。余與大兒同去，倞兒亦須同至四川設法入學。今大兒已先於月之二日啟程赴川，余與倞兒約於月之十五日左右赴川。復兒審計處事已停職，僅月發維持費五十元，將來恐連此數亦靠不住，已决令彼夫婦及仁孫來徽與母同住，可資照料。歐蘭仍住上海法租界，亦頗危險，然回來則京滬、滬杭車皆危險，只好不動。備兒於危險時亦囑其來安徽，然彼單身且有同事爲伴，無論何處皆可避難。福姑仍滯天津不能回北平，且彼長子菊人由青島電局調滄州，今滄州已失，不能回天津，其家已兩月餘不寄錢，福姑與其媳、孫同住，恐帶去之錢業已用完，余於其來信説明情況後即於月之一日滙去銀一百元，然未知何日可達。徽州所租房屋僅三樓三底，及下房、廚房各一，每月租金十元，房子不甚好，而開銷尚省。閲報知廣州敵機肆擾甚凶，汝雖居二樓，然僅可避機關槍，不能避炸彈，總以避至鄉下爲是。專此切囑。香林賢婿均此。香林及汝寄至徽州信今日接到。

父字　十月五日

三五

1937 年 10 月 22 日致朱倓

菊女知之：

九月二十二日由宣城寄汝一信，十月初旬又由徽州寄汝一信，未知收到否？余在宣城接汝數信至廣十二號，十月初旬在徽州又接汝一信並香林一信，此後來信凡接到，我信必須提起某月某日信已收到，因在路途不能編號，心煩意亂亦忘卻號數也。汝信及香林信均言廣州被炸甚劇，館中裁員甚多，汝已避居龍歸市，甚善，甚善。汝母現又由徽州城内遷居安徽屯溪鎮鄉下，地名隆阜上村正街七十號戴伯瑚家。此地屬休寧縣，山水環繞，風景甚佳，戴東原先生所生之地也。伯瑚即東原先生後裔，相叙師誼，投契甚深。其家有戴氏東原圖書館，彼家杭州西湖亦有房屋，章太炎師母至杭常寓彼家，蓋章師、俞曲園先生推而上之，段玉裁、王念孫父子，爲俞之私淑弟子，段、王又爲東原弟子，故伯瑚對於余極力照料。彼家房屋甚大，且有花園，書箱六十件全放在彼家大廳上，極安全，極乾燥。汝母所居爲彼家書房，極精雅。四房一會客室，月租僅八元，可謂廉矣。隆阜魚肉菜蔬雜貨俱有，惟布匹洋貨須至屯溪，僅三里耳，此後不擬再遷矣。因此處不通鐵道，又非軍事要道，徽州有軍事設備，謠言甚多，隆阜離徽州七十里，水道（新安江即浙江）可通，將來回杭亦甚便也。大兒已先至四川重慶。因中央大學全部遷重慶，余與倞兒今日由隆阜動身，擬至蕪湖乘英國輪船赴重慶，將來通信可徑寄重慶。汝母在家寂寞，汝須多通信以慰之。歐蘭因京滬、滬杭車常被炸，不敢來。復兒因審計處裁員停職，僅發維持费月五十元，然其科長極看重地，薦至杭州保安處爲會計，月薪百三十元。惟杭州敵機常到，轟炸甚凶，西湖之濱亦不能免，不得已時宇眉及仁孫已囑其至隆阜與汝母同居。匆匆不及多談。

十月廿二日　父字

香林賢壻均此。

注：信中云："蓋章師、俞曲園先生推而上之，段玉裁、王念孫父子爲俞之私淑弟子。"按：此處恐爲朱希祖筆誤，他本意當爲"俞爲段、王之私淑弟子"。

三六

1937年11月19日致朱倓

菊女知之：

到重慶後接汝十一月三日信，由中央大學轉交。余於十月二十二日率倞兒由隆阜動身，在徽州城内住一天，廿三日至蕪湖，廿四日夜乘輪船開漢口，廿五日晨抵漢口，二十八日由漢口乘輪船開重慶，三十一日晚到宜昌，十一月二日宜昌開船。過三峽，風景甚佳，船中帶杜詩一部，詩中所詠川東風景，到處可以印證。憶前年在南京太平橋寓廬，夜，余二人默背杜工部《秋興》詩八首，所謂"巫山巫峽"，所謂"夔府孤城"，所謂"瞿塘峽口"，不圖皆身親見之，而流離失所、國勢危殆，頗亦與當時相似，“直北關山金鼓震”，讀之令人心傷。回首當時太平橋吟詩之歡樂，直有天上人間之感矣。十一月六日晨始抵重慶，與大兒同寓重慶棗子南埡馬鞍山靄廬後院。此間天氣多陰雨，十日中有八九日如是，無整日之日光，霧氣漫山，終年多陰鬱，加以國憂家難，更覺愁悶。飲食之不適口，起居之不如意，更無論矣。惟橘子甚便宜，如福橘者一角可購十七八個，如金山橘者一角可購十個，而其香味實與彼二種相等，此可算爲一種口福。其餘百物昂貴，與南京相等，洋貨加倍以上，學校薪水七折，又扣去救國公債每月五十元左右，一年扣完。且近日戰事不利，將來學校能否維持尚不可知，只好得過且過。

汝長期存款千元已與南京浙江興業分行通信説妥，將存款單寄去換一短期往來存摺，寄至汝母處。余今日又寫信汝母，囑再通信該行，商量將此往來存款千元轉存廣州浙江興業銀行分行，直接將存摺寄汝，如能辦到較妥，否則南京因蘇嘉綫軍事影響，恐轉入戰綫範圍，則頗危險。

嘉興若不幸失守，則杭州危，囑復兒送三媳及孫兒至隆阜同住。杭州若不幸失守，則隆阜亦危，只好囑復兒送汝母及三媳等一併來重慶同住，復兒自己亦只好留此。廣州若危，汝與香林作何退步？至四川乎？至雲南乎？宜預先計畫。備兒現在已歸不得，幸彼單身，只要有錢，到處可以藏身，在臨淄鄉下住亦可，回來路上反受危險。福姑母處余於九月底寄去銀一百元，已來回信，云已收到，現在已回北平。歐蘭於上海將失時已遷至公共租界安全地帶，現在一時尚不要緊，惟只能通電報未能通信。倞兒到此，已蒙羅志希允許作爲特别旁聽生，諒可隨班考試（已再要求），成績有效，惟及格後尚須補入學試驗，録取後即可入中央大學二年級，難關重重，不知將來如何。下星期起方可開課。

香林仍兼中山大學教課，甚好。彼來信云汝有喜，確否？達在何月？現在飲食如何？身體强健否？務須珍重。

十一月十九日　父字

香林賢壻均此。

三七

1937 年 12 月 24 日致朱倓

菊女知之：

日來廣州危急，正在憂念，昨夜乃接十二月十九日所發航空信，稍抒憂慮。隆阜杳無信息已四十餘日，汝母不識時局，動輒與我計畫相左，乃又吝出信資，大約寄來平信，故不能寄到，即能寄到亦須四五十日，我發去航空快信六封，電報一封，僅我初到重慶時來過航空信一封，以後消息全然不知。備兒、復兒亦不來信，令人憤恨。今我已棄去一切，不復希望矣。大媳已到香港，今晨接彼電報，謂明日（二十五日）下午二時可到重慶。來信謂汝與香林及玲兒擬來重慶，甚善，甚善。惟計算路途恐不方便，一因粤漢路時有敵機襲擊，漢口有十萬餘人待船赴重慶而不得，故此路甚難達到。一因至昆明後再至重慶，此路亦甚難走，雖昆明公路可達貴陽，貴陽公路可達重慶，五六日可到，然川資甚大，行李不能多帶，來往遷居人甚擁擠，必稽留時日。其他實無公路，若由昆明向北直達重慶，僅可坐轎，沿路多土匪，且政學各機關近大事裁員，香林來此亦無事可爲，惟汝等三人若來與我家同寓合住，開銷頗省，每月三十餘元已足，因同住同食較可節省。汝等若來，只可由香港至昆明，由昆明經貴陽至重慶。汝若能來，我可略釋羈旅之愁苦。如由香港乘飛機來重慶，每人銀三百元，小兒二歲以内可免費，惟行李每人僅許帶十五公斤。然重慶將來亦不能免敵機來襲，直接兵事或可較緩時日。若因川資太大，爲汝計，尚有二法：一退回興寧鄉下，則藉鄉里保護，不致遭土匪，亦不致來敵軍，惟廣東若爲敵有，則香林在彼恐較危險，蓋屠殺知識分子及强拉壯丁爲敵運輸打仗時有所聞；一暫居昆明，余有友人方臞仙名樹梅，爲昆明圖書館高等職員，其人甚好，可請彼照料一切。香林快信尚未接到，恐須二十餘日可到。

十二月廿四日　父字

香林賢壻此。

弟偰附筆請安，並歡迎前來同居。

注：在此信最後“弟偰附筆請安，並歡迎前來同居”數字，爲朱偰親筆。

三八

1937 年 12 月 29 日致朱倓

菊女知之：

頃接十二月廿四日所發航空快信及香林十二月十一日致大兒平信，已悉一切。余於十二月廿二日與汝第二次航空信，未知收到否？香林十二月十一日所發快信，並未收到，蓋即寄大兒之信也。汝母於十二月廿六日來一航空快信，係十二月七日所發，云已與汝二信，但汝並無一信寄去，想所發平信，故遲緩耳。汝母不擬來重慶。今觀大勢，敵陷杭州後，一路擬渡錢塘江，沿浙贛路攻江西南昌，趨長沙；旁支由桐廬、嚴州攻衢州，截斷浙贛路，亦趨南昌；一路沿江西上攻九江，以達南昌。故皖南徽州一帶，我大軍嚴守，山路險峻，彼或捨難就易，浙贛路貴溪（在江西）若失，徽州不攻自破，我大軍必撤至南昌，故隆阜或可免兵災，但防盜匪而已。復兒隨保安隊早於上月退住嚴州，將來或退徽州。宇眉已率孫兒抵隆阜，與汝母同居。小叔叔已遷居長橋。惟備兒久無來信，今濟南已失，膠濟路到處用兵，臨淄必被兵災，但備兒單身，易於逃避，想無危險。歐蘭率二孫女，已於十二月廿六日由香港乘航空機抵此，路上僅七點鐘，晨發，下午三時到。

汝欲來重慶，吾甚欣望。因汝既有玲兒，懷孕四五月，舟車勞頓，恐有不宜。不如汝先行，汝至香港，乘航空機來，費銀三百元，玲兒未滿兩歲，可以免費，但行李不能多帶，每人只許三十三磅，多一二磅亦可。重慶天暖，可不帶皮衣。汝來此，吾可供給房屋飯食，不必汝自已開銷，因同住一處，添一人不覺得也。此間本有一間空房，可供汝住。香林可多帶行李，由香港至昆明，並由昆明經貴陽至重慶（由昆明至重慶，公路車費每人四十五元，但行李亦只能帶二三件），川資不過二百元左右，但路途辛苦，且須沿途待車，稍稽時日。此係指廣州警急而言，若尚未十分危急，圖書館務尚須維持，則香林稍緩動身亦可。惟廣州遲早之間必發生問題，故汝接此信後立即預備來重慶可免危急時不得解抽身之患，汝有兩重累，決宜早走。香港中國航空公司每逢星期五開重慶，可先寫信至香港世界旅行社（在香港告羅士打行）託定座位，或星期三四先至香港待機並購票。動身前二三日先來一電，報告動身之日，只要簡單，屆其日下午三時，當遣大兒到飛機場來接。電報只寫重慶“中央大學朱（用韻代）某日飛渝菊”十一字已足。如此辦法，最爲妥當，汝可不必再猶豫，可免多少驚嚇，有害胎身。此囑。

十二月二十九日　父字

香林賢壻均此。

三九

1938年1月18日致朱倓

菊女知之：

一月八日接得汝一月四日航空快信，心甚不安。余本擬要汝來重慶，稍慰寂寞，因終日不怡，久之必生疾病。然最大原因，因重慶房屋櫛比，政府及各重要機關均遷在此，敵必以此爲目標而來空襲，余寓正在國民政府前面，寓傍山頭即設高射炮，危險已極，所以不願汝來冒此危險。故毅然決然囑汝不必前來。汝言將赴桂平，亦非安全之地。今日接得香林來信，知桂平之行尚須有待公家經費，未可必得，興寧地當衝要，亦不安全云云。（一月十三日航空信）。余意汝仍當來重慶爲妥，有三原因：一敵將侵南華，竟敢與英法爲難，香港、安南亦在囊括之內，故雲南、廣西皆非樂土，反不如重慶敵來較難，重慶萬山重疊，避空襲之地甚多，陸軍到此更非易事，一也；汝已懷孕，必須住近都會，且有親屬照料，汝母雖不在此（汝母前日來信言宇眉已率孫兒至隆阜與汝母同住，汝母現已由隆阜遷至凹下，在屯溪東南四十里，與房東戴伯瑚家，同程管侯［余友］一併遷往，管侯曾爲凹下鄉董，極有勢力，四面皆山，農民殷實，敵與土匪決不侵入），有侄孫繩先夫人在此，彼極肯負責照料，希望汝來，歐蘭亦然，二也；余前二日與繩先夫人及大兒、大媳游重慶南七八十里群山中地名南温泉（公共汽車一小時可達，洋車亦通，尚須坐船一段），風景秀麗，山水皆佳，其傍山洞甚多，皆有一二里長，洞離山面皆二三十丈，避敵機最好，且此地敵機決不去。其傍洋房旅館頗多，洋樓房一大間（有兩床及桌櫈、衣櫥、妝台皆全）每月包租十六元，二人包飯亦十六元，兩葷兩素，一人亦可，只八元，小兒不算，温泉洗浴可不出錢，天天可洗。汝若能來，余立即先去包租一間，將來余與倧兒亦租一間，繩先家租二間，大兒夫婦亦將舍此居彼，既可避空襲兵災，其地有兵守土，亦無土匪，三也。汝宜與香林商酌，最好汝與玲兒先至香港乘飛機前來，照余前信辨法，香林能來最好，若館務或校務羈身，緩來亦可。汝來此後，若長期避難，一切費用余亦略可接濟，汝不必憂。因余總希望汝來，精神方面略可安慰。汝若決計能來，仍先來電報通知。中央大學史學系教員額已滿，隋唐五代史羅志希已請姚薇元擔任，又有金毓黻任遼金史及東北史，餘皆仍舊，因此香林無法安置，如來避難亦可。復兒現隨浙保安機關在衢州；備兒前日來信已抵宜昌，偕同事四人將赴成都，仍辦煙草改良事宜。

一月十八日　父字

香林賢婿均此。

再者，今日閱報知敵小部分由香山登陸，雖廣東軍隊必可攘逐，然廣州必吃緊。由港來川者必多，汝若能來，必須託人先在港購妥航空票，而後屆時由夜車赴港乘機來渝，小兒二足歲以内本可免票，然須不過二十磅，若二十磅以外亦須半票百五十元，然有熟人招呼亦可馬虎免票。此間天氣忽冷，皮衣亦須帶一件。香林若由粤漢車來，亦須乘夜車方可免空襲。汝寄來書籍文稿皆未收到，未知可查否？

父又及

四〇

1938年2月8日致朱倓

菊女知之：

昨日接得二月三日航空快信，並由中國銀行滙來銀二十元爲余祝壽，當此國難時期，本不應有此種耗費，況各人薪金所入折扣孔多，又不必贈此巨禮，故受之滋愧，惟此款系香林賢壻所贈，卻之反爲不情，故只好權受，望代爲道謝。

重慶陰曆除夕確有空警，惟無空襲，市人虛驚不小，因逃踐踏而死及爭船渡江船翻而死者各數人。中央大學有防空壕十餘所，然因山石鑿成，石由水成岩片片積成，若一震動必片片墮下反爲壓死，近已壓死工人數名，故此等壕，人咸不敢避入。幸四面空地甚多，各三四五里，樹木之下亦可隱蔽。學校當局辦事糊塗，不克稱職，保衛師生於此可見。

備兒已于一月二十六日來重慶，幸免於宜昌轟炸。二月五日又率同事四人至成都，攜山東公款三千元至新都、金堂等處，仍辦煙草改良事宜，惟每人僅發生生活費十五元。復兒近接汝電報，迎母至川，曾返凹下一次，然汝母不能來川，故復兒仍回金華保安隊機關服務。汝母住址寄安徽屯溪鎮隆阜郵政局楊局長收轉凹下，因楊局長爲我家寓徽州城内時房東，今彼家眷亦在凹下，故可託轉。

現在廣州時有海警，汝與香林究有何預備？若待火燃眉，則四圍環境决不易打破，亦不能從容離開。總宜先事預防，至要，至要。此問近佳。香林均此。

父字　二月八日

四一

1938年3月19日致朱倓

菊女知之：

三月十六日接得汝二月十九日所發快（信），知汝已安抵興寧，甚慰。余於三月一日一人遷至重慶南岸約二十里地名文峰塔廣益中學，風景爲重慶第一。該校在重慶附近最高山，山頂有一塔七層，可以登第一層，望重慶周圍百里江山，楊子江如帶縈紆，其下長松數十萬株偃蓋群山。校之四周，四季花木俱備，校舍雖系洋房，高高下下，依山勢而建，隱約於松竹蒼翠之中，遥望之竟似仙山樓閣。現在紅白山茶，紫色、白色玉蘭及桃李花盛開，令人貪玩而不忍去。適該校校長欲余介紹歷史教員，值梁嘉彬託余謀事，乃介紹他去。余乃商之校長借居彼校，與梁君同住一室，每星期住四天，其餘三天仍與大兒同住原處，以便至中央大學授課，星期四、五、六乃授課之期。且該中學書籍頗多，可以在彼處著書，且可避空襲。汝大約在何月分娩，望預告。汝母常有信來。備兒已至成都，月薪約可得四十元。歐蘭又已懷孕二月。

三月十九日　父示

注：梁嘉彬，1910年生，廣東番禺人，歷史學家，朱希祖先生在清華任

教時的學生，曾撰有《廣東十三行考》等多種學術著作，《廣東十三行考》之序爲朱希祖先生所作。朱希祖先生在序中云："初，梁君在國立清華大學史學系肄業，曾撰有《廣東十三行行名考》，載于《清華週刊》，師友之間，咸稱道之；畢業後，回廣州，繼續研究十三行史實，時余適爲國立中山大學文史研究所主任，聞其好學，特延請爲文史研究所編輯員，使其專心致力於此，期成巨著。"梁嘉彬是當年十三行中天寶行的第六代後人。

四二

1938 年 4 月 10 日致羅香林

香林賢壻如晤：

日前寄來航空信，想已接到，中言大唐寶鈔出於《唐書·食貨志》，兹閲兩《唐書·食貨志》，皆無其文，不知出於何書，而商務印書館所出《中國商業史》中言其事，但不注出處，此著書不忠實之過也。

近接三月十七日仲嫺來信，言飲食不合脾胃，人口多，不能自己添菜，又玲兒對於新雇女僕因言語不通不喜其看管，終日纏繞其母，此二事皆不宜於孕婦。一則營養不宜有礙健康，一則恐太勞心力。將來分娩時若仍如此，恐母女皆不相宜。惟飲食一端猶可忍耐，而玲兒看管之人能否雇舊者前去，以分勞苦？此則余日夜憂念所不能放心者也。現在戰機好轉，惟日寇南侵或將加緊，或竟無暇南顧，皆不可知，總望仲嫺産後滿月仍望速回廣州，至要，至要。專此敬頌撰祺。附仲嫺信，望加函寄去。來函委撰雜志文，稍待。

遏先敬啟

四月十日

四三

1938 年 4 月 10 日致朱倓

菊女知之：

前日接到三月十七日快信，知汝飲食不合脾胃，玲兒纏繞左右，此二事皆于孕婦不宜，余頗不放心。飲食不充分，腹内嬰兒營養亦不足，飲食汝稍添雞蛋等滋養品在房内食。一面余寫信與香林，囑其將舊管玲兒之女僕設法前來，否則汝分娩時恐更吃力，恐釀成他患，此錢决不可省。汝母來信，因汝分娩不能前來照顧，在興寧言語不通，恐諸事不能稱意，甚是擔憂。汝母現已離開凹下，攜全眷同復兒至金華，書箱僅帶走最重要兩號，其餘皆寄存戴宅（凹下四箱，隆阜五十四箱），然無人看管，余頗不放心，今亦無可奈何矣。汝母擬攜越、佑來重慶，而宇眉、仁孫及實姿則隨復兒住金華鄉下，大約二十餘天以後可以抵重慶矣。余自三月一日起，每星期日及星期一、二、三住重慶江南文峰塔廣益中學，與梁嘉彬同住一房；星期四、五、六三天仍住大兒寓，至中央大學授課。今待汝母來，余仍想遷回重慶，蓋此間天氣早熱，不便再與梁同住矣。

四月十日　父字

四四

1938年4月24日致羅香林

香林賢壻如晤：

接得四月十七日航空信，欣悉小女於本月十二日生一男，可賀可喜。刻下想仍在民衆醫院，最好留院多住幾天，較在鄉間飲食適宜，則母子均可康健，所得甚多，深爲盼望。内子來信，對於小女飲食不慣一端十分掛念，故住院延長一層亦可以慰其懸念。滿月後能接回廣州尤佳。兹由中國銀行滙上銀二十元，望轉滙小女，聊表賀意。本擬購辦滋補物品寄來，以路途太遠不便郵寄，故質直寄此款也。余虛度六十，愧無建白，承蒙徵文紀念，實不敢當，然既集有名人鉅作數篇，加以大作及小女、大兒所撰（大兒已撰成一篇），亦可集成一册，或在此間再徵數篇，即可委託商務印書館出版，明年六十足歲時必可聿觀厥成。望先爲彙集見賜爲幸。余近因旅居無聊，又無書籍足資撰著，不得已將春秋戰國及兩漢氏族深加研究，始覺後世言姓氏之書皆毫無根柢，誤謬百出，《元和姓纂》、《唐書宰相世系表》其誤尤多，頗擬别撰一書以探其本。《燉煌雜録》所鈔《姓氏録》殘卷可借得一觀否？能購一册尤妙。專此敬復並賀璋喜。附小女信望轉寄。

希祖敬啟

四月二十四日

四五

1938年4月24日致朱倓

菊女知之：

接香林十七日來信，知汝在十二日產一男，深爲欣喜。現已寫信香林道賀，並囑其留汝住醫院，多住幾時，飲食方面，較爲適宜，且離開玲兒多幾天，以免勞擾，如此則母子均康健，所得良多，幸勿愛惜費而急於離院也。汝母來信，亦以汝飲食不慣，十分掛念。今寄來銀二十元，聊以志賀，望汝多購滋補品以健身。滿月後可回廣州，然若廣州轟炸太甚，亦須另行想法。汝母今日來信，言在金華尚好，擬暫時不來重慶，因路上敵機轟炸太甚也。惟既已離開凹下、隆阜，不顧書籍，金華非安全之地，近日敵機亦去，死傷多人；將來戰事轉好，欲克復京杭時，則敵機必去金華肆虐。重慶敵機雖來過一次，僅至飛機場，共有七架，市空未及來，然以路過遠，敵機回去時，未出川境油罄，下墮毁三架，又四架過漢口被擊下，隻機不回，自此之後不敢再來，故余仍擬囑汝母來。汝宜自己保養身體，父母皆甚系念。

四月廿四日　父字

仲晏姊如晤：敬賀弄璋之喜，已另有信及禮券十元寄香林兄矣。請保重。

弟偰　弟婦歐蘭

注：信後附筆爲朱偰親筆。

四六

1938 年 5 月 8 日致羅香林

香林賢壻如晤：

上月接得航空快信，欣悉小女於四月十二日產一佳兒，當發航空快信道賀並附薄銀二十元及大兒禮銀十元，想已收到。旋又得小女四月三十日來航空快信，知在醫院住十天即移興寧宅内，身體尚健，且謂滿月後即回廣州。然敵機常來廣州，究宜嚴防。小女如到廣州，最好仍在僻壤租屋居住，至要，至要。内子現仍在浙江金華三兒處，來信謂暫時不來重慶。然金華實非安全之地，敵機常去，余已去信囑其仍來重慶，今已二星期不得信，來與否仍不得而知，余甚不放心。大兒所租馬鞍山藹廬寓所，房主欲收回自住，今已别尋寓所，尚未定妥，此後來信望寄重慶沙坪壩中央大學爲妥，並望通知小女爲荷。小女處余不另去信，恐彼已離興寧也。專此敬頌撰祺。

希祖手泐

五月八日

四七

1938 年 5 月 16 日致羅香林

香林賢壻鑒：

元電悉，德政街被炸，此間各報未載，幸安，甚慰。戰事愈緊，閩粤恐將連帶發動，此後轟炸亦必愈烈，若汕頭敵登陸，則興寧危，小女及外孫等最好從速接回廣州，將來路斷恐更難接。最好使小女等設法至重慶來避難。内子已至漢口，即來重慶，可以團聚，君能同來尤妙（警急時非如此不可）。敬頌

撰祺　《更生評論》第三卷二期已接到。

希祖敬啟

五月十六日

四八

1938年7月12日致朱倓

菊女知之：

我於六月十二日復汝一電至興寧，以爲汝與香林接電後即動身自贛來川，故不來一信，孰料待至近日將近一月不得汝與香林來信，我與汝母甚爲憂慮，屢欲發電來問，恐汝等已離興寧，已在路上或受阻難，而廣州轟炸甚烈，想汝等决不再去。轉輾思維，愈思愈恐，即在路上，亦當來一航空快信報告，因此深懼或有不測之禍，憂念非常。乃今七月十二日始接汝六月廿九日廣州航空信，卻好一月不得信，憂念始釋。亂離之時，骨肉之情最爲關切，節衣縮食必多發航空信，以省無謂之憂思，令人眠食不安也。

汝母於五月廿八日抵渝，先寓藹廬。六月十九日遷居重慶南岸袁家花園洋房，且爲汝多租一間，汝若不來，預備復兒、宇眉來住，若彼等亦不來，要租者甚多。汝之南京浙江興業銀行定期存款千元單，現已由汝母帶來，特至重慶浙行請其以航快信至上海總行，促轉存渝行，月前已行辦妥，其千零七十元，不受財政部每七日領百分之五拘束，隨時可以支取。因此項長期存款到期已久，故爾特别通融。我家中行等存款亦照此辦法辦理，然中行已聲明不能由上海轉存渝行，且仍須受財部拘束，惟七日領百分之五可由渝行

支付，然存單存摺寄至上海後已一個半月餘，尚未來回信，雖渝行負責代寄，取有收條不致失散，然故意遲延之，使人損失月利，此則實在可惡，可見半官僚之銀行不及商辦之有信用也。

香林六月一日寄來文稿四篇已於日前接到，現在時局緊張，文又未曾集齊，只好緩印；惟對此四君望先爲道謝。

汝與香林擬隨館中貴重圖書遷往桂平，亦一好辦法，且由廣西到貴陽亦有公路，將來如欲來渝亦較近便。惟廣州市雖暫時平安，然敵機肆虐，每出人不意，仍須防備，從速離開方爲善策。香港至渝飛機亦用法幣，歐篇來時即是如此。現在定價，港至渝每客三百二十元。此乃四川人所設局，我已探聽確實。

中央大學想必無變動，因患難之時不致輕意辭退教員，故亦不能添請教員，只好另外想法，如有機會自當設法。大兒現遷居重慶化龍橋化龍新村二號，離中大較近，亦一鄉鎮也。

香林賢壻均此。

七月十二日 父字

四九

1938 年 8 月 14 日致朱倓

菊女知之：

八月五日接得七月二十九日來信並附照片二張，不見玲兒已一年有半，今已儼然一小姑娘矣，面盤豐滿，甚覺可愛。文兒亦甚魁梧，汝亦較前肥滿，甚慰，甚慰。廣州仍有敵機轟炸，汝與兒女雖住龍歸里，然香林當仍至圖書館辦公，不無危險之虞。遷移書籍費如已領到，望速赴桂平爲要，否則亦當設法從速離開，庶可放心。余與汝母及越娟、佑兒遷居重慶南岸袁家花園，暑天亦甚風涼，園中有一二百年古樹數十株，老桂四十餘株，踞于高山之腰，文峰塔在對面高山之上，山峰如屏，中有田疇，如園庭滿鋪絲草，風景甚佳。重慶城内温度若至百度，此間不過八十二三度。倸兒補考中央大學入學試驗已及格，下半年可升入航空機械班二年級。余家房屋租金每月僅二十元，然占洋房兩大間作房，别有堂屋、浴室，下房公用，惟離中大較遠。

香林賢壻均此。香林信亦早接到。

父字　八月十四日

五〇

1938 年 9 月 16 日致朱倓

菊女知之：

昨接八月十九日來航空快信，路上行了二十五天，與普通信無異，想係航空機爲敵襲擊之故。此後汝在桂平寄航空信不便，不如改爲快信爲宜，航空機若仍由渝通港，則仍寄航空爲妙。汝於八月十日起程赴桂平，香林同行而染瘧疾，幸今已愈，想已返廣州運善本書矣。汝有鍾太太爲伴，尚不甚寂寞，且有照應，余尚可放心。惟香林是否長留廣州服務？廣州終屬危險之地，能離開較妙。現在世界大戰將起，英法租界如天津、上海恐皆爲敵人收回，即香港亦恐爲敵所必取，如此則敵必取瓊州島而侵兩廣，故桂平一地亦非甚安全，城中尤甚（姑婆塘是否在城内）。若爲未雨綢繆計，宜在鄉鎮卜居尤宜。柳州、桂林既來敵機，桂平爲潯州舊府治，水陸交通衝衢，現在既宜防空襲，將來更須防直接兵禍，此雖過慮，然形勢實如此。漢口現甚危急，政府機關全來重慶，人口驟增，物價劇增，煤漲至一元五角一担，他可知矣，幸余居南岸，物價較城中較低。漢口萬一失守，敵機必來重慶，余居袁家花園，四面空曠，樹木森茂，房屋蔭蔽，不致爲空襲所迫，且散布隱匿亦易，較城中安全多矣。

汝母來時已將最善本書兩箱帶來，已存在袁園寓内。隆阜、凹下書六十箱，據戴宅來信亦甚安全。蓋徽州一府四面皆高山峻嶺，敵既侵入江西，必避此不攻，一時或可幸免。今藏書家多寄居上海、天津租界及香港，將來恐反難保矣。汝之存款，現皆取出另存，已可活動，要否寄來作爲萬一遷移之資，望來信説明。如不需要，僻壤反慮誨盜，則仍存此處可。倞兒現已補考編級試驗及格，下半年或可編入航空系第二年级，作爲正式本科生，現在已赴軍訓，如教育部不駁，則無事矣，部方只要原居大學證明資格即得。家内一切平安。復兒仍在金華住家，彼自己在富陽、桐廬間爲某軍長軍需科主任矣。

九月十六日　父字

五一

1938 年 10 月 14 日致朱倓

菊女知之：

九月十四日接汝八月十九日桂平來信，即於十六日復汝一信，諒已收到。余近來研究心理學及哲學書，以爲治史之鎖鑰，頗覺專心，故未與汝多通信。香林近由廣州來兩信，十月十一日又接汝九月十五日與汝母信。今特寄香林一信言新史學（汝可取看），故附致汝一信。汝母身體强健，現與吴祥麟家同住，間與吴太太打麻雀牌消遣。倞兒已去受軍訓，下學年可升入中央大學正科二年級已無問題。復兒近來一電報，擬辭職率眷來渝，因彼在前綫任軍需既甚危險，而金華常受空襲又不放心。余既電滙川資二百元，囑彼速來矣。大兒近住重慶化龍橋化龍新村二號，大媳將在十一月中分娩。惟時局日非，漢口危在旦夕，廣州又將告警，自力驅寇，恐力未逮，外交壓迫又少希望，前途渺茫不知所届，惟人心不死，或可不致滅亡耳。香林近已涖桂平否？敵機常來，望還鄉間避之。

十月十四日　父字

五二

1938年10月14日致羅香林

香林賢壻鑒:

九月廿二日及九月廿八日兩次航空快信均已接到，小女由桂平來信兩次亦已收到，惟路上經過二十七八天，故余所去覆信僅用快信，故接到較遲。

中山大學加鐘點聘君爲副教授，當茲國難時期實已聊勝於無，惟敵機常來廣州市空襲，總宜小心爲是。現在敵由大鵬灣登陸，惠州告危，其目的實在廣州，務望見機而作，恐中山大學亦必遷地也。前承惠寄六十紀念鴻文數篇，現在無從付印，深覺辜負作者盛意，且時局如此，實亦無心爲此，若各退還作者，抑又難以爲情，若遲延一年半載，則亦無以對作者，如何處置，乞代籌畫。余近來閱譯本德國郎泊雷希脱《歷史學》及黑格爾《歷史哲學》，深感治歷史必須從社會科學入手，且最初須從心理學入手，以歷史爲人類心理過程也。余輩向治歷史，僅爲斷片的考證，用力多而收穫少，若僅少數人爲之猶尚可也，驅全國學子出於一途，於社會實際進化無甚影響，此實大謬。然若朱謙之輩，不治歷史而空談歷史哲學，此又謬之謬者。余近閱心理書多種，最喜讀高覺敷《現代心理學》及其所譯諸書，而《現代心理學》中有《現代德國文化科學的心理學》一篇，與治歷史尤有關係，惜此種心理學尚無譯本。今高君聞在廣州襄勤大學爲教授，乞代爲一訪，深致敬意。高君於心理學造詣極深，將來深願與之爲友，以便領教。余將來思欲轉移中國歷史學風氣，故先治心理學，繼治社會科學，然後用以治歷史，必於史學別開生面，若仍沿舊習治史，雖略有所得，於人類所補實尠，此余所以欲提倡新史學及新文學也。附與小女信望轉寄。貴恙想已全愈。祇頌撰祺。

希祖敬啟
十月十四日

五三

1938 年 10 月 24 日致朱倓

菊女知之：

昨日閲報知廣州已失守，香林未知已來桂平否？書籍二百箱已運出否？日前聞桂平城内亦有敵機轟炸，受驚嚇否？甚念，甚念。現在軍事恐將直接波及廣西，不如從速前來重慶，余寓處鄉間山中，市中雖有時偶來敵機，未曾大炸，鄉間更平安，自陰曆十月起至明年三月止，重慶天天有霧，爲空襲天然障礙。四川北有陝西漢中山地，南有雲南、貴州山地，正面自宜昌以至重慶，高山淺江，敵軍艦不能飛渡，機械部隊亦無所施其技，故較安穩。即國家滅亡，四川亦最後亡，故深願汝等前來團聚。廣西現在已變成前綫矣，接信後望速與香林商酌行止，速復爲盼。現在敵軍若得武漢，必急攻長沙、南昌，故我已滙款至金華，屬復兒夫婦率孫兒從速來重慶，復兒來信亦願前來。最好汝同香林從速來此，商量亡國後出路。最要，最要。

十月廿四日　父字

香林賢壻均此。

五四

1938 年 12 月 7 日致朱倓

菊女知之：

頃接十一月廿六日航空信，藉知壹是。十月廿五日航空信及香林信均照收，惟書籍十包至今未心到。據友人言，現在郵局來往包裹往往失卻，書籍尤甚。去年備兒由山東臨淄寄書籍十餘包至徽州，經四五個月始收到，已屬徼幸。現在郵局較去年更隨便，故此項書籍未知能否遞到，尚在不可知之列，快到、遲到尚是第二問題，然或可不致失卻。中山圖書館書已運出一百八十箱至桂平鄉下，未知有專員保管否？如無保管之人舍而他去亦屬徒然，最好想法保存爲是。中山大學不能開學，則香林不得不謀別事，履歷兩紙當分别託人。羅志希與香林實在不對，不肯幫忙，新近中央大學因文、理、法、教育各院一年級新生，須照教育部新章添中國通史三小時，須增四班，非添一教員不可，余以香林薦，志希言已請定周培智矣（周爲清華史學系畢業，曾在某校教授中國通史，後留學英國學史學，新畢業回來），現將到校，則中大方面已無希望。現在一方面託人謀黨部工作，一方面託人在教育部謀編譯館工作（因各失陷省分大學教授、講師留在重慶者，部皆設法位置於編譯館，專研究編著，恐人才爲敵用也），決當竭力進行，最好能在重慶得事，則較易發展。廣東省黨部遷移無定，將來結果如何尚未可知，惟現在謀事薪水恐不能多，而生活程度逐漸提高，國步艱難不知伊於何底，真不堪設想也。俟託人有眉目當來航快或電報通知汝等來重慶，時必經貴陽，尚須候車，余有一學生楊文山（中央大學國文系畢業，曾受余課，今夏畢業，現住貴陽城内南通街四十一號），可尋他照料，此人誠實可靠，此次梁嘉彬至昆明過貴陽，余介紹楊君，照料甚周。（梁君今夏由余寫信至中英庚款委員會介紹爲研究員，月得百金，派至昆明西南聯大工作）。汝等能速來尤妙，本人實在到此，謀事較易。復兒辭職不准，故宇眉等不能來，仍在金華，急則居鄉下。歐蘭又生一女。

香森賢壻均此。

十二月七日　父字

五五

1939年1月8日致羅香林

香林賢壻覽：

昨日接得十二月二十二日自柳州來函，藉知路途平安，待車來渝，無任欣慰。到貴陽時尚須再候車，行□處旅館人滿，人地生疏，恐更周折。余有弟子楊文山，名志薄，家住貴陽城内南通街四十一號，可去一訪，託其照料一切，此人誠實可靠。貴陽至重慶定於一月十日通航空飛機，到貴陽後定於何日起程，何時可到重慶，先來一航空信，以便到車站來接。車站在重慶江南岸，地名海棠溪。不可渡江進城，即在海棠溪雇轎逕至袁家花園，約七八里，每乘轎約洋五角多則六角，行李亦可用轎裝載同行。房屋已早代爲租定，即在余寓樓上，現在暫定房一間，要多一間亦可再租，一切再當詳細面談。專此即頌
旅祺。

遏先手泐

一月八日

菊女均此。

五六

1939年1月10日致羅香林

香林賢壻鑒：

由貴陽來快信與電報同於今日上午接到，始悉已於元旦安抵貴陽，欣慰之至。電謂中大遷黔，乃系謡言，決無其事。若以軍事而論，渝實較黔安全，疏散亦並不緊張，早已完事。此間已於上月多租樓房一間，即在余寓中，洋樓頗乾淨，專待移住。貴陽至渝若待登記車位，勢必至四五月而後可，非設法託人特別通融不可。若得

車來渝，必在終點海堂溪下車，即在南岸（重慶城在江北岸，故不必渡江），離袁家花園不遠（約六七里），可雇轎（附近轎子甚多）徑至吾寓，每乘約洋五角或六角，可雇三四乘（小孩必須與大人同乘），並行李一同前來。説袁家花園時每易誤爲葉家花園，必須寫給他看，或做圓形手勢亦可。到花園後説明至新造洋房，轎夫必知之。貴陽至重慶航空機已通，可先來航空信示知行期。至於此間謀事，早已託人，然必人至此間乃有把握，來渝後可面談也。日來敵機入川，過渝並不投彈，蓋多至外縣鎮有軍事工作者轟炸，鄉下更不足憂，望速來此。頌

旅祺。

菊女均此。文山代候。

逷先泐

一月十日

公路車到站鐘點不能一定，往往接不到。

五七

1939 年 1 月 22 日致羅香林

香林賢壻鑒：

上旬接得來電，仍由郵局轉來，途中仍有延閣，與航空快信相等，故復以航空快信，想早收到。後又接得航空快信，知尚未動身，今託族人繩先寫信於黔省政府秘書陳、任二君，託其設法代購車票來渝，兹特附上，望持函懇託爲盼。近日重慶城略受轟炸，無大損失，南岸敝寓更不受影響，故仍望設法偕小女從速前來。到黔渝公路終點海棠溪下車，可逕雇轎至袁家花園，每乘約洋五六角，不可渡江進城。專此即頌

旅祺。羅志希言君來校中有小事可暫屈。

逷先手泐

一月二十二日

注：爲避難，羅香林、朱倓一家四口於 1939 年 1 月 28 日到達重慶，與朱希祖一家同住袁家花園。後中山大學遷雲南澂江，羅香林于同年 3 月 28 日赴澂江就中山大學教授職。同年 8 月 26 日朱倓率兒女飛昆明轉澂江。

五八

1939 年 4 月 17 日致羅香林

香林賢倩鑒：

接讀自昆明、澂江兩處來信，知已安抵中山大學。昆明亦有書荒之患，群賢在彼亦覺英雄無用武之地，殊有同感。日來研究汲冢書問題，發明愈多，頗感奇快，將來有成專著之望。孫仲容先生《籀藁述林》及顧觀光《武陵山人遺集》能借得到，祈寄來一閱。如有他種戰國史材料，亦望隨時供給爲禱。圖書館書籍何時可到？令兄貴恙如何？令表兄去必可調護。敬頌

撰祺。仲嫻等均安好，且即有女伴同居，望放心。

逷先手泐

四月十七日

五九

1939 年 5 月 23 日致羅香林

香林賢倩史席：

近連接數信，均未答復，良以壹意著述，未皇執筆。家中瑣事，新都慘炸，仲嫻書中必已詳述，無庸贅言。前函述及拙著《僞齊》、《僞楚》兩録可由貴館請款付印，鄙意亦以爲可，如能實行，望示辦法。近撰《汲冢書考》，業已完成，其目如下：

汲冢書來歷考第一

得年、出地、盗姓、冢主、物品、書制

汲冢書文字考第二

汲冢書篇目考第三

汲冢書校理年月考第四

汲冢書校理人物考第五

附：魏哀王魏今王考

周赧王周隱王考

考定荀勖《穆天子傳叙録》

臣瓚姓氏考

杜預《春秋左氏經傳集解後序》證僞

今本《周書·兩大匡篇》釋疑

全書至少約四五萬言，尚未確數。此書多發前人所未發，皆確有證據，不事空談臆説。尚擬别作一序，説明汲冢書之價值，如戰國人所撰《戰國史紀年》爲唯一遺著，《戰國策》爲楚漢時人撰集，且多爲策士設論，《史記》承譌襲謬與諸子多相乖戾，而紀年卻與之相契合。《周書》七十一篇見於《漢書·藝文志》者，晉孔晁爲之注，而汲冢又重出此書（《易經》二篇亦重出），至唐孔注僅存四十五篇，後又亡三篇，宋人以孔注本爲主而補以汲冢無注本十七篇並序一篇，兩本合存六十篇，亡十一篇，若無汲冢《周書》，則並此十八篇亦亡之矣（汲冢《周書》十卷見於《隋書·經籍志》，本于荀勖《中經》、《新簿》，决非臆造）。且漢代孔壁古文、晉代汲冢古文、今代殷墟甲骨文，可稱三大發見，然學者之中對此三者有全信者，有全不信者，有信其一而不信其二者，有信其二而不信其一者，余謂全信可也，全不信亦可也，信此而不信彼則必有入主出奴之見矣。案此三大發見，當時目睹實物者皆信之，惟信耳而不信目者，有先入之見者，則不能無疑焉。此事有關於中國全體學術及歷史甚鉅，余爲此書有深意存也。新撰《雲南兩爨氏族考》，擬登

《新民族週刊》，今別録寄。敬頌
撰祺。

二十八年五月二十三日　逷先白

再者，《江應梁君雲南僰夷研究審查報告書》可附刊彼書。別有《雲南濮族考》一篇，長萬餘言，擬登《東方雜誌》，略得稿費以購參考書。然昆明如有偉大學術刊物（中央研究院刊物除外），亦可以犧牲稿費供彼登載，以備滇人之參考。而江君書中亦可轉載此篇。然登載學術刊物，必須多抽印單本數十本寄來，以便分送朋友。現已囑仲嫻謄寫，即可寄來。江君如有意見發表，最所歡迎。

逷先又及

注：

① 信中所云《僞齊》、《僞楚》兩録，係指朱希祖先生所著《僞齊録校補》、《僞楚録輯補》兩部著作。這兩部著作，寫於 1934 年底至 1935 年初，完稿後本擬由商務印書館出版，可見朱希祖 1935 年 1 月 18 日、2 月 12 日致張元濟信（藏上海檔案館），後不知爲何未能在商務出版。這兩部著作，最後於 1944 年由獨立出版社出版。

② 《汲冢書考》一書，其稿後由先生長子朱偰先生整理，1960 年由中華書局出版。

③ 江應梁，1909 年 2 月生於雲南昆明。1938 年中山大學研究院畢業，獲人類學碩士學位。其早年專攻社會學、人類學，後深入研究民族史、民族學，主要著作有：《抗戰中的西南民族問題》、《西南邊疆民族論叢》等多種，並主編了《中國民族史》。《雲南僰夷民族研究》係江應梁所撰的碩士學位論文，1938 年 12 月國民政府教育部將此論文交朱希祖先生審閱，朱希祖先生所撰審查報告即信中所謂《江應梁君雲南僰夷研究審查報告書》。

六〇

1939 年 7 月 22 日致羅香林

香林賢壻鑒：

近因新生痔瘡，西醫囑靜卧一星期，作爲自然療養不必服藥。依法而行，痔雖暫痛，精神則反覺疲軟，甚至不能執筆，不能看書，日日思卧，已四五十日矣。最近數日稍能振作。上月接讀來函，以濮夷非羌種爲規。余本斷定濮爲沿海民族，屬蠻屬羌皆以地域關係，在西南即屬於蠻，在西即屬於羌。漢人以西僰屬於羌，唐人以僰屬南蠻，此与青羌入《南蠻傳》同爲地域所囿，用爲種族第二名稱，而非其種族原始第一名稱也。

余年漸老，頗思從事研究撰著工作，不願從事講演事務工作，中央大學方面既無史學研究院或研究所，不能遂我意志，蓋余之著作時期暫臻成熟，置之消耗意志、頹廢精神之地，亦甚可惜，故擬决然捨去。現惟中山大學、北京大學有史學研究院，此二方若知研究指導需人之重要而誠意來聘，余皆願就。

海濱校長前屢欲余返校，頗形誠意，然其中有一關鍵余不便明言，即不願擔任史學系教課是也。現在中山大學有研究院，最好專門擔任指導工作，院内或可開一中國史學史研究班，有時亦可講演，則史學系三四年級生亦可入院聽講，如此則可以解除困難，北京大學方面亦有人如此提議。惟余私意，現在中山大學方面熟人反覺稍多，且重返此校，聊贖前愆，亦理所應當。望將此意密報學校當局，以示有此機會而已。余個人第一志願擬返徽州隆阜戴宅，一方整理所藏書籍，免爲蟲蝕（此項書籍雖將現額薪金全部積二十年亦不可得，故必需去保存），一方著作戰國史以餉學子。然路途難行，故尚遲疑，如可通行無阻，則雖上述二處亦不願去。仲嫺正在探聽飛機行期及價目，因伯商或將有昆明之游，或可同來，屆時必當電告。上述事是否務須速復，以便决定行止。專此敬頌

撰祺。

遏先手泐

七月二十二日

注：

① 此信原注爲“民二十九年七月”，誤。此信應寫於民二十八年七月二十二日，即1939年7月22日。此信中云“余年漸老，頗思從事研究撰著工作，不願從事講演事務工作，中央大學方面既無史學研究院或研究所，不能遂我意志，蓋余之著作時期暫臻成熟，置之消耗意志、頹廢精神之地，亦甚可惜，故擬决然捨去。”從“擬决然捨去”一語，可見朱希祖此時仍在中央大學。至民國二十九年（1940）三月二十七日朱希祖方辭去中央大學教職，改任考試院考選委員，並兼國史館籌備委員會總幹事（見朱希祖该日日記）。此信中又云：“仲嫺正在探聽飛機行期及價目，因伯商或將有昆明之游，或可同來。”可見朱倓此時正在重慶。爲避難，羅香林、朱倓一家四口於1939年1月28日到達重慶，與朱希祖一家同住袁家花園。後中山大學遷雲南澂江，羅香林于同年3月28日赴澂江就中山大學教授職。同年8月26日朱倓率兒女飛昆明轉澂江。（上述日期均見朱希祖日記）。可見此信不可能寫於“民二十九年”的七月二十二日，只能是“民二十八年”的七月二十二日。

② 信中説“惟余私意，現在中山大學方面熟人反覺稍多，且重返此校，聊贖前愆，亦理所應當”，所謂“聊贖前愆”之“前愆”，系指1934年春朱希祖受羅家倫之聘任中央大學史學系主任而離開中山大學之事，因學年中間離開，中山大學措手不及也。

③ 伯商，即朱希祖先生長子朱偰。

六一

1939年7月26日致羅香林

拙著《雲南濮族考》，斷定濮人初爲沿海民族，其本字爲“僕”，與“僰”實爲一字。而漢人所稱西僰，爲濮族沿僕水上流而深入西羌者，故《史記集解》徐廣稱爲羌之别種也。嚴格言之，濮族即僰族，稱爲濮可，成爲僰亦可；稱爲蠻，稱爲羌皆不可，此所謂析言之也。然吾國古人，往往以方位混括種族，如東夷、北狄、西戎（或西羌）、南蠻是也。後世史家，凡居於南者，皆列入南蠻傳，而不問其種族之異同，如南蠻之中有青羌是也。其他東、西、北皆類是，徐廣稱西僰爲羌，亦猶是也。蓋蠻與羌，皆爲其種族之第二名稱，此所謂混言之也。徐廣稱西僰爲羌，猶拘於方位之誼，今人稱僰爲夷，豈僰人爲東夷乎？蓋沿西南夷之混稱耳，故混稱之名不可拘泥也。治吾國歷史者，當明此意而不可以辭害志也。《濮族考》中明言僰人即僕，亦即百濮，爲西南夷之大宗，介於羌蠻之間，謂爲來自西方可，來自南方亦可；呼爲羌可，呼爲蠻亦可。故季漢之時，稱濮人爲青羌，亦或稱爲南蠻也，此就僕水本流言之，其上流氐、羌之境，下流越南、緬甸、暹羅之境，亦有僰人，則或稱西羌，或稱南蠻，隨地異名，不拘一例，而僕之本名，則終不可没。僕之本名，即所謂第一名稱也，又可稱爲專名。隨地異名，或稱西羌，或稱南蠻，即所謂第二名稱也，又可稱爲公名。余未嘗言濮或僰之本名，而徑稱此種族爲羌人，此不可不明辨也。至於製造第二名稱之當否，此亦古人任其責耳。徐廣之釋僰族爲羌之别種，亦專指西僰而言，未嘗概括僕水流域全體僰族言也。今所當問者，西僰之僰，是否曾深入西羌地域。揆之後來羌人深入南蠻地域而後人加以蠻名，則僰人亦可深入西羌地域而後加羌名矣。然真正之羌與真正之僰或濮，其一切風俗語言當然甚異，豈待深辯哉？又吾人所考者爲古代歷史上之種族，西人所考者爲現代社會上之種族，種族隨時代而有遷移，風俗語言亦多隨環境而有改變，故二者之間相互參考則可，若執現代社會上種族之分佈，即視爲古代歷史上之種族即如此，則不可也。來書謂僰夷居地後爲西羌所侵入，故《史記集解》遂誤以西僰爲羌之别種，又以今滇黔羅羅出於西羌爲例。案漢之僰道，在今宜賓等地，近於羌境，稱爲西僰，其境當更在僰道以西。《史記·大宛列傳》“出邛僰”，《正義》云“僰，今雅州”，則又在僰道以西，近於今西康。是在當時，明明僰人侵入西羌，而非羌人侵入濮地矣。又雲滇黔羅羅即古盧鹿。此説出於西人，余於《雲南兩爨氏族考》已辯其謬，可覆案也。君此疑問，於余頗多啟發，則此等疑問亦深有益於學術也。

二十八年七月二十六日

附羅香林來書：

奉讀近作《雲南濮族考》及《雲南兩爨氏族考》，言百濮即僰夷及爨爲漢姓，實發前賢所未發。惟僰夷與西羌爲二種不同民族，求之於古，則西羌多以犛牛、參狼、白馬爲圖騰（見《後漢書·西羌傳》）；而僰夷則文身像龍，自謂九隆子孫（見《後漢書·哀牢夷傳》）。驗之於今，則西康羌人與雲南僰夷語言全異，而滇黔羅羅（即古盧鹿）自謂出於西羌，語言習俗多與西康羌同，而與僰夷迴別。西人言民族與語言分類者，將僰夷列入撣語或泰語類（“泰”即“撣”之音變），而羅羅與羌則列於藏緬語類。撣語類分佈於廣西、貴州、雲南、安南、暹羅、緬甸之一部分地域，似即百越之一支；藏緬語類分佈於西藏、西康、貴州、雲南、緬甸之一部分地域。雖其間亦雜錯居處，且内容又分無數小組，然大别總爲二種系統。漢以前所稱百濮，誠如尊著所考定爲僰夷系統，然其居地後爲西羌所侵入，故《史記集解》遂誤以西僰爲羌之别種，而明清人言滇黔史地者，亦每稱羅羅爲濮蠻或百濮，要皆未分析羅羅與僰夷之異同，而强以舊名相加也。鄙意既稱僰、濮爲同一民族，則不如勿稱之爲羌人。不知尊意以爲有當否也。

注：上述兩信原稿均藏國家圖書館。原件無擡頭和落款，但有標題——《答羅香林書》。

六二

1939年8月5日致羅香林

香林賢壻如晤：

接七月二十九日復函，知北大、中大形勢如此，余亦决不願再作馮婦矣。中央大學方面現在仍未擺脱，當局者好植黨而排異己，多疑忌而鮮誠意，權則集中於己，責則全歸於人，故主任一職不但有名無實，而且有過無功，然彼所以仍聘余爲主任者，以系中雖有金、郭（彼私人）、張、姚、周（清華系）爲之羽翼，然資望學皆未深。而沈、繆二君實爲異己，沈則不管閒事，彼尚可容；繆則外有軍人勢力爲之後盾，彼亦不敢排斥。余與彼雖略有關係，然郭、張、周頗多讒言取媚，故深有疑忌之心。今年姚公書要求改講師加薪水而不得，怒而他就，有人讒爲余排斥姚而欲進君；周之來也，亦深疑余排斥彼而欲進君，此二事當局者頗深信之，而對余竟於言語之間顯露譴責之意，然所以不解除余職者，以系内尚無適當之人繼任主任而可以壓服沈、繆者，故此次聘書雖仍聘余爲主任及教授，然心中實刺謬不然。彼現在頗屬意於金，以金曾爲安徽省政府秘書長也。（樓光來本英文系教授，然一任浙江省秘書長，而一躍爲文學院長。董貫賢本爲經濟系教授，然一任銓叙部次長，而一躍爲教務長。彼辦學校完全用官僚式，故喜用官僚）。故余擬本學年内專任教授，而主任職請假一年，請金暫行代理，業已與當局當面接洽妥當。蓋金爲余北大舊學生，其人尚可親，爲學亦頗忠實。學校爲國家公共事業，務望其能逐漸締造，而不希望拆臺，故余雖欲退，當以漸退而不以急退也，將來戰局告終，余則擬全部退職矣。今枉道事人，到處仰人鼻息，不如暫仍舊貫，徐圖退出，爲獨立自營之生活以樂餘年，决不再俯仰隨人矣。玆有答君問“西僰非羌”一書，及新撰《漢代蜀布考》及修補《雲南濮族考》數條，已令仲嫺鈔出，特行寄來。《漢代蜀布考》亦可附於《雲南濮族考》之後，至於與君論西僰一書，不過爲吾二人私人討論，不必附入。近來外交形勢好轉，而敵人末日將屆，瘋狂之態度自必轉增，日來重慶因月色光明，敵機常來夜襲，敝寓仍甚安全。李默庵處不去講演，甚

好，因塗中甚危險也。仲嫺當即擇日乘飛機來滇。專復。即頌
撰祺。

遏先敬白

八月五日

注：信中所謂“中央大學方面現在仍未擺脱，當局者好植黨而排異己，多疑忌而鮮誠意，權則集中於己，責則全歸於人，故主任一職不但有名無實，而且有過無功，然彼所以仍聘余爲主任者，以系中雖有金、郭（彼私人）、張、姚、周（清華系）爲之羽翼，然資望學皆未深。而沈、繆二君實爲異己，沈則不管閒事，彼尚可容；繆則外有軍人勢力爲之後盾，彼亦不敢排斥。余與彼雖略有關係，然郭、張、周頗多讒言取媚，故深有疑忌之心。”其中“當局者”或“彼”，指羅家倫；“金”，指金毓黻；“郭”，可能指郭量宇；“張”，指張貴永；“姚”，指姚薇元；“周”，指周培智；“沈”指沈剛伯；“繆”，指繆鳳林。

六三

1939年9月10日致羅香林

香林賢壻如晤：

接九月一日來信，知仲嫺及外孫等已安抵澂江，甚慰。來函述北大情況如此，實可浩歎。賓四下學年仍舊否？頗急欲知之。此人若去，北大史系無出色人物矣。余近來閱日本高橋清吾之《政治思想之變遷》（642頁），《政治學概論》（287頁），《現代政治之科學的觀測》（247頁）。頗感舊日之未有所學，此後擬閱經濟學説史、社會學説史以爲治史之根柢。《雲南濮族考》及《雲南兩爨氏族考》均可託黄文山發表，以中大《新民族》停刊未發表也。至《汲冢書考》五卷雖已脱稿，病後尚未謄清，如顧頡剛願收此稿，即可謄清後付彼出版。此間十月二日開課，想中山大學亦同也。專此即頌

撰祺。

遏先手泐

九月十日

注：信中所謂“錢賓四下學年仍舊否”，詳見第六十五封信的注解。

六四

1939年9月10日致朱倓

菊女知之：

接汝昆明、澂江兩次來信，知路上平安，惟稍嘔吐，外孫輩均安好，甚慰。阿玲、阿文去後，佑兒頗形寂寞，問彼阿玲等何處去了，則云與姊姊坐飛機到雲南去了，且做手勢口中又云“轟轟轟”去了。一月以來，身體本健，近數日則又腹瀉，又瘦了。澂江物價比重慶如何？用人麻煩否？購物便當否？望來信述知。我家所用廚子至真武山購煤，每担僅六七角，彼報賬一元，後查知，彼辭而去了。近又另換一人，煤雖稍廉，菜又不甚會做，真是無法。鄰舍蕭太太近日作古了。汝去後敵機又來三四次，皆在夜裏。南岸平安，中央大學投炸彈二次，共六七枚，皆在平地，毫無損。美豐存款明日囑倞兒去取出滙來。備兒一信附來，云前次失落未寄，甚抱歉也。

九月十日　父字

上二信寫好後，因連日白天上午有空襲警報（參政會開會故），延閣昨日倩倞兒進城至美豐銀行代取存款滙至澂江，該行云美豐在昆明亦有分行，只要將存單打好圖章後至昆明分行支取，不必滙也。今將存单寄來，惟須至昆明一取。恐滙款亦須至昆明取也。此存單支取可以省出匯費。又客屬總會寄來一信，另函寄來。此信收到須立即回復。

遏先又及　十三日

注：附信中言“上二信”，指上述九月十日分別致羅香林、朱倓的兩封

信。“客屬總會”指客家人總會，爲民間組織，羅香林爲客家人。

六五

1939年10月致羅香林

香林賢壻如晤：

錢賓四教授已回北大未？甚念。余近作七律一首，擬贈賓四先生，録於下，並望轉致爲荷。此頌

著祺。

逷先

贈錢教授賓四

學府何須用碩儒，呑舟駕浪勢堪虞。高官退作儲胥館，捷徑資爲利禄途。著作等身徒覆瓿，讒諛鼓舌勝吹竽。荒江老屋容君住，點綴由來可有無。

注：

① 錢賓四，即錢穆先生。此信原注爲“民二十九年”，誤。應爲民二十八年，即1939年。因爲朱希祖《贈錢賓四教授》一詩寫於1939年9月30日（見朱希祖該日日記），而此信中又説此詩爲“近作”；且在同年10月26日朱希祖先生在致羅香林的信中説：“贈錢賓四詩，如賓四仍在北大，請不必送他，因文不對題也，且詩亦不佳，故亦不必寄至他家中。”故此信應寫於10月26日之前，9月30日之後，很有可能就是附在10月26日的信中一道寄予羅香林的。

② 朱希祖寫此詩贈錢穆先生與傅斯年有關。胡宗剛先生在《顧頡剛與錢穆的一段交往》（載《温故》之六，2005年廣西師範大學出版社，第95頁）一文中，談到1939年，正在西南聯大任教的錢穆先生應顧頡剛之邀，到成都齊魯大學國學研究所任職一事。爲了能順利擺脱北大，而又不開罪於傅斯年，顧頡剛先生爲錢穆設計了一套周密的計畫：先以回鄉奉養老母爲理由，向北大請假一年，待人回到無錫之後，再向北大提出辭職；在無錫待滿一年後，再前往成都就職。胡宗剛先生在文中説：“錢穆向北大辭職之所以這樣謹

慎，是因爲當時把持北大的是傅斯年，他素有天才縱橫學林霸才之稱。其人扮演多種社會角色，時而學者，時而政論家；既是國家學術機關的主事者，也是清流知識份子的發言人。在史學上開闢史料學派，在治學上與錢穆有不協之處，這也是錢穆思走的另一原因。即便是敬而遠之，也要不留痕蹟，可見傅斯年能量之大。當抗戰結束，傅斯年代理北大校長，當時舊北大不在昆明者，均接到信函，邀請返回北平，但錢穆卻没有得到邀請，殆與此次辭職有關。”

六六

1939年10月26日致羅香林

香森賢壻鑒：

頃接十月十七日信，知聚興順行李尚未運來，實必信用掃地，誤人不淺，且現在運費較當時更貴許多，當令其賠償損失。此間倞兒至校後久不來家，因車轎太貴，故亦無法去問，惟至南山曹宅去請代催（行李送去時附曹宅介紹信，當時並無收條，故余亦無法去提出另行運送，現在唯有託曹宅原經手人耳），亦無回音。

贈錢賓四詩，如賓四仍在北大，請不必送他，因文不對題也，且詩亦不佳，故亦不必寄至他家中。

《雲南濮族考》，稿費僅寄來二十元，此處未出收條，恐彼處誤算，望代爲一問。然彼附有油印通告，謂：此次稿費少送，實因印刷紙張費太貴，超過預算，故爾減發。惟黨部公費辦報不應失信，預算超過，此應當事人負責，不當使撰文人負責也，望據理代爭。惟《濮族考》字數未曾確查，後來加入之附考（《漢代蜀布考》）未知録入否？望來函告知。大作《海南島黎人源出越族考》字數若干？何以有九十元之多？豈待遇有不相等耶？伯商之稿約五千字左右，僅送十元。此種騙人文章之流氓報，實屬可恨。《益世報》亦是余所最恨之報，其歷史仲嫺知之。稿費多少在其次矣。《雲南兩爨氏族考》如未付去，望即中止；若已付去，亦無法矣。不過受辱太甚，好像投降他耳。

史學文章余最喜班孟堅，其次范蔚宗，蓋較易學習。若司馬子長筆太放縱，易流於油腔滑調，然其佳處自然超出於班、范以上，惟在於善學者審之耳。余近撰《中國通史評論》一篇（《中國通史》爲金兆豐撰，約八百餘葉，中華書局出版）將在《時事新報・學燈》發表，出版後當寄來一張。

余自春夏之交病痔以後，精神不振，心緒亦不佳，故戰國歷史至今未曾繼續整理，惟整理此史須明社會科學，近來細續日本高橋清吾撰《政治思想之變遷》前後兩種，約千二三百葉，已讀畢，頗有滋味。又讀社會學一種，現擬選擇經濟名著，俟略得社會科學精義，然後再整理戰國史；一方面正徵求史料，近得顧觀光《國策編年考》，甚好。

余近因心緒不佳，夜讀《文選》詩及杜詩已百數十首，略皆可背誦，然年老易忘，可奈何？然已得力不少。近已學作各體詩三十餘首，其中有《新戰國》七首五古；《秋興詩》八首，步杜工部原韻，可爲當今詩史。伯商新撰《杜工部評傳》一部頗佳，所作詩亦稍進步，頗能引吾興趣。伯商将就財政部簡任秘書，即將發表。中央大學教授已辭去，僅兼課六小時。此覆。即頌
撰祺。

遏先啟事　十月二十六日

六七

1939 年 10 月 26 日致朱倓

菊女知之：

行李事已詳香林信中。幸雲南天氣温和，可勉强支持。此間近兩日來下雨，甚冷，已衣綿衣矣。學校可不兼事，汝自已整理舊作

亦好；否則，香林欲學古文，汝亦可隨他學習。余舉《漢書》作爲模範，其中亦有叙論之文，如各表之序；亦有奏記議論之文，如劉向、賈誼、晁錯、趙充國等；而記事之文，則志、傳兩種可細觀其段落，而用字造句最宜留意。一面宜選事學作各體文章，汝二人如果專心學習，余亦可互相觀摩，蓋此種藝術，非多人同時學習不能提高興趣，文章無興趣不能成也。余近來作詩頗感興趣，正因中央大學有四五人高興作詩，乃能起余耳。

佑兒已斷乳半月餘，亦略肥健。澂江生活詳情下次來信望細細述知，自房租以至柴米油鹽菜蔬皆可瑣述。此間米已略漲，每大斗四元七八角，煤每担二元一二角，肉每斤四角，豬油八角，蔬菜每斤必在一角以上，洋燭每對一元六角，皆較汝去時高漲。化龍橋附近前曾受炸，故中秋前後大兒全家來此十日。備兒來信謂已改就財政部煙草模範場枝師，月薪二百元（實支一百七十元），在郫縣城内。復兒來信謂已升中校，月薪二百元，然軍界對析發薪，僅得百元。現住金華鄉下，通信處：金華郵政第十號信箱。余近派爲高等文官考試典試委員。

十月廿六日　父字

六八

1939年12月26日致羅香林

香林賢壻如晤：

近接十二月一日來函並滙款二十元，至今未復，因近來作詩牽出許多詩人來作詩戰，如汪旭初、沈尹默、章行嚴、方東美、汪辟疆（此五人皆老手，甚佳），歐陽翥、沈士遠、盧前（亦佳），馬叔平及大兒伯商（次之），日來挑戰，應接不暇。余向不作詩，此次詩興頗好，愈作愈覺有味。因平生作考據文，埋没性情，不能發抒抱負，詩則言近旨遠，大可發揮性情，而後朋友以及世人皆可瞭解余衷情。沈、汪、章等咸謂余詩一鳴驚人，壓倒儕輩，此雖繆贊，然余亦頗不自菲薄，因此之故遲遲作答。而詩則已積至四五十首矣。近因同門吴檢齊因鼓吹抗敵，寓居天津，始則名捕，繼則利誘，皆不爲動。近津局既變，吴爲敵支解以死，余爲作《天都烈士歌》七言二十韻并序，尤爲得意之作。稿費續增二十元，如係代償，仍當寄還。大作《客屬總會十周紀念大會特刊序》，此等文章本不易求雅，今略爲批改，以後作文如欲雅馴，於新名詞當分别慎擇，動静各詞尤宜少用，句法須求簡練，大忌冗長，試觀《漢書》即可醫治此病。桂平圖書能設法取出否？甚念。此復。即頌
文祺。大作附繳。

遏先謹白

十二月二十六日

注：

① 吴檢齋先生，太炎先生弟子，我國著名經學家，中共地下黨員。1937年北平淪陷後十日，在地下黨的安排下，吴先生化名汪少白，化裝轉移到天津，秘密從事抗日救亡運動，與家人絶音問二年餘。1939年8月，天津水災，吴先生染患傷寒而不自知，僅以一般感冒治之。後來病情嚴重，天津無法醫治，只好秘密潛回北平。不敢直接回家，悄悄住在一親戚家中。9月11日身體不支，經友人幫助入協和醫院治療。由於在天津延誤時日過久，又並發支氣管炎，終以腸穿孔搶救無效，於9月21日逝世。

先於此，1939年7月，吴先生致電同門汪東於重慶，言“始遭名捕，繼復利誘。夙承師訓，義不辱身，兩年以來，日撰抗敵文告及秘密撰稿，不下三十萬言。誠恐津局一變，音問將絶，故略陳近況。”

吴先生一死，全國誤傳其爲日寇殺害，十一月重慶報載其爲敵人肢解以死，舉國震動。延安也開了追悼會，毛澤東挽之曰：“老成凋謝。”周恩來挽聯曰：“孤懸敵區，捨身成仁，不愧青年訓導；重整國學，努力啟蒙，足資後學楷模。”中共“七大”將吴承仕列入烈士名單。

② 朱希祖《天都烈士歌》見《酈亭詩稿》卷三。

六九

1939年12月26日致朱倓

菊女知之：

十一月九日、十二月一日兩次來信以詩戰忙未答。香林續寄稿費二十元，如係彼處續發可受，若香林代償當寄還，故至今未去領出，望汝老實説明，不可使香林受累也。近作詩目附寄，以鈔寫太煩，故未將詩寄來，他日擇可傳之作油印，當寄來一分。近作金兆豐編《中國通史》（中華出版）評論一篇，在《時事新報·學燈》發表（其中文學部分全抄余《中國文學史要略》，不易一字），約四五千字，將來寄來。此間物價愈貴，旅居真不易矣。

十二月二十六日　父字

《漢書》讀得若何？有心得否？

近作詩目：

五古：司水、大霧、詠史、登歌樂山、新戰國（七首）

七古：次韻贈汪旭初沈尹默、贈旭初、贈尹默、再贈旭初尹默、酬尹默、登巴山、酬方東美、偶感、酬馬叔平、酬章行嚴、答旭初、答行嚴、天都烈士歌

五律：避地（四首）、弔長沙、儒冠

七律：秋思用杜工部《秋興》韻（八首）、贈諸慧僧

七絶：感舊（八首）、有感（二首）

七〇

1940年1月27日致羅香林

香林賢壻鑒：

新歲以來，未得來字，甚念。仲嫺來信言君並力爲《越族考》，

甚好。柳州書籍將爲他人奪去，甚爲可惜，最好仍由中山大學設法運來，似憶已得教育部准許，則可取消省令，雖運費需萬數千亦值得也，可向鄒海濱言之。新近國民政府命張繼、葉楚傖、鄒魯、楊庶堪、王伯群、胡毅生、鄧家彦七人（皆中央委員）組織國史館籌備委員會，以張繼爲主任委員，已于本月二十三月開成立會，公舉余爲秘書長，將會内籌備事宜全委余辦理。秘書長之下設秘書一人；第一組（本名設計組）主任一人、設計專員一人、採訪專員一人；第二組主任一人、文書幹事、會計幹事一人、庶務幹事一人、録事四人；别設顧問三人。開辦費三千元，經常費每月五千元，規定薪水月三千元，開支月一千元，購置書報月一千元。此會直隸國民政府，秘書長爲簡任職，月薪六百元七折實支四百二十元，籌備一年結束即成立國史館，館之經常費月五萬元。秘書係國民政府主席推薦，亦廣東人，未知姓名。第一組主任余推薦張聖奘爲之（今爲重慶大學教授，北京大學畢業，美國史學博士，又留學英國二年，留俄八月，專調史學狀況，且德、法、意亦去過，曾撰《南都事略》，仿《東都事略》爲之，又撰《南明史稿》五十餘卷，博士論文爲《清史修改條例》。張江陵後人），第二組主任掌總務，張主任所用。顧問三人，一汪東，張主任用；二但燾，章門弟子，現任國民政府秘書，會中各委員推舉，能文章；三金毓黻，余推薦。余所推薦者，金能搜輯史料，張能規畫史例、調查歐美各國檔案收藏及整理法，頗爲主要人物，餘皆官場應酬而已。汪、但二君可撰國史館列傳，尚屬可用。秘書月薪四百元，顧問、組主任月薪三百元七扣，是所入甚少，不能聘請高等人才，故顧問及第一組主任許兼原職，余須辭去中央大學主任教授，改爲兼任教授，仍授課六小時。此間薪水太少，君來此不合算，故未聘君。蓋君既爲中山大學教授，又兼文化書院事，不能舍彼而取此也。鄒海濱先生有病，開會未到。日前寄還之大作，略加簽注，可以細玩。君作慣報上宣傳體文章，浮文太多，非大加淘汰不可。蓋傳世之作與用世之作作法不同，因報上文章大多係賣文性質，字數愈多愈好，胡適等每自詡爲吾文有若干萬言，可以見其中病之深矣。君如學文，須痛自改變。敬頌

近好。

逷先手泐

一月二十七日

七一

1940年1月27日致朱倓

菊女知之：

新歲以來接汝一信，甚喜。余新近發展之事詳香林信中。惜汝已至雲南，不能幫我作事，然免得人言任用私人，亦佳。將來汝在外亦可幫我作事，因我之計畫國史館成立後，須在館外請人作文，重價懸購，汝亦可應徵。汝《東林碑傳集》最好從速整理，添加要人；一面讀《漢書》練習作文，至要，至要。余近來亦用功《漢書》，每日必讀一卷，作文更見進步。

一月二十七日　父字

七二

1940年2月14日致羅香林

香林賢壻鑒：

接二月八日航空快信，藉悉《越族考》之內容。國史館籌備委員會組織略有改動，秘書長改爲總幹事，仿中央研究院例，蓋此會係暫設性質，且係學術機關，暫不列爲官吏。若依官吏性質，則必須經過銓叙局等輾轉審覈資格，至少須歷四個月乃能見國府主席明令，如此則此會須五個月後乃能開辦，未免延緩。若一律不作官

吏，則徑由本會聘任，則半個月内即可成立，將來國史館亦可早開。薪水照原擬，現在第一組幹事尚未能聘定，因月薪太少，月支實數一百八十元，故不敢請君擔任。中山大學教授名義較本會幹事高，薪水恐亦較多，且半途請代課亦甚難，惟調查檔案史料或任編輯，亦頗有趣，且下學年或兼中央大學通史一門亦未始不可謀得。菊女同來（此間住在一處，開銷較省，物價亦較雲南廉，又可從我學古文），速把《僞齊史長編》撰成（此《長編》作爲菊女所撰，因此編材料大半爲菊女所搜輯），且助我撰《戰國史》。將來國史館成立或總檔案庫成立，必可謀得史館圖書庫或檔案庫編目等事。且國史館成立後，除修民國史以外，擬大規模修中國通史，重修清史，故君等如現在能來亦好，否則仍在中山大學任教授，一面速練習歷史文學，精讀《漢書》，俟開國史館時再覓機會，或來或否，望君速定，航快覆我，俾可定局。專以即頌
撰祺。

遏先敬白
二月十四日

菊女均此。

七三

1940 年 2 月 26 日致羅香林

香林賢壻鑒：

接二月二十日信，知一時未能離開中山大學，以全信義，甚是。現在該會經費林主席允撥每月八千元，頗可略采史料，出版刊物。近日考試院長戴季陶欲余爲考試院考選委員會委員，且許余兼國史籌備會事，惟中央大學方面須辭去主任教授，余已允之。院方即提出國府簡任大約三月内即可發表，考試院委員係簡任第一級，薪俸月六百八十元（八折），與各部政務次長並，籌備會總幹事月

支公費二百六十元（不折）。俟明年國史館成立，爾時如任余爲總纂，則再定何方爲兼職；若不任余爲總纂，余專任考試院委員可矣。余本不樂作官，一則考試院委員除考試時忙半月，餘外平時毫無事作，仍可研究學問。大多皆不到院，每星期去一二次可矣。一則受學校當局官僚惡習悶氣，一朝脱離，甚屬快事。籌備會人尚未完備，現在推薦之人甚多，中央研究院方面亦頗思染指，然余决不理也。吴宗慈爲人如何？會中本擬請他爲顧問，因彼曾撰《廬山志》，且曾在行政院簽注修改清史，然此人係汪精衛所請，而在學校又興風作浪，恐此人不可請，望代爲調查。幹事雖小，然亦等於各部主事（舊制），且擬用史學系畢業生，故黄仲琴不合格。余本擬位置君於顧問之列，因外邊有力者及内部委員亦有推薦，故不屑與之爭。惟幹事則須確實辦事，故爭者較差，將來如無合格之人，則仍當請君來屈就。因位置不高，風浪較少，若編國民政府成立以來至抗戰時年表及抗戰月表或日曆有成績，而顧問中無成績者將來自然淘汰，故現在位置之高下似可不必計較，且顧問月二百元，幹事月一百八十元不折，待遇相差無幾。若别有他人，則君仍用力於歷史文學，而唐代史大可尋出問題練習作文，俟明年開館時再行加入亦可。敬問起居勝吉。

逷先敬啟

二月二十六日

七四

1940年2月26日致朱倓

菊女知之：

備兒前日奉場中差遣來重慶，大約即須回去。彼場長欲以長女嫁彼，現在爲女師，彼亦見過，頗中意，或可成功，待彼自行詳告汝。復兒今日來信謂宇眉於十二月生一女，均安好。大兒又於正月四日添一男。國史館籌備會須於三月内成立開辦，因存案及預算表之批准須時稍多。香林始終須尋替代人，半途而走，置教課於不顧，似覺不好，蓋鄒海濱亦爲委員也。

父字

注：此信未署年月日。原件整理者在此信前注有“民二十九年二月二十六日”字樣。

七五

1940 年 3 月 25 日致羅香林

香林賢壻惠鑒：

國史館籌備委員會已開辦半月，而委員、顧問、幹事尚未到齊，所聘請人物，余所物色者僅四人，尚稱合意。當局所用，委員所薦，皆不能辦事，反多掣肘，官場用人大都如此，可慨也。考選委員會委員已於本月十六日奉到國府簡任狀，二十一日到院任職。本會在歌樂山靜石灣，國史館籌備會亦擬遷彼處，敝寓亦擬遷去，庶兩方皆可兼顧而無跋涉之勞、空襲在途之險，然尚未確定，正在商租房屋中。國史館史官擬采前代成法，擬用類似考試法，如平日之史籍著作、傳記文章爲第一必需條件，臨時再試作名人傳一篇（仿晉代例），以定位置之高下，蓋此等作品可以見其才學識三長如何程度也。前者人人可保薦，只要有著作，後者於聘請之前先由館指定民國或前代一名人請其作傳一篇，憑此定延聘與否及位置程度。如君所薦温延敬，頗有保薦資格，蓋已有史籍著作及傳記文章也。君自己望速整理唐史，或將唐代名人多搜事實，重作多傳（一、補兩唐書所未備者，如陸心源之《宋史翼》。一、有傳而其重大事業未備者可重作傳，是非倒置學術未彰者同。一、撰彙傳，如唐代藩鎮傳、唐代文苑傳之類。此等著作半賴考據，半賴文章，可練習）。國史館籌備會將來或須延長時間，行政院當時簽注意見即有此意，因檔案散在各處，抗戰時期未能調閲，史料大半在淪陷區域，重慶無法可得，故國府主席命簽注清史之紕繆，此即爲延長之最好籍口也。故余料一年之後，如抗戰未終了，决不能開館，正不獨節省經費已也。考試院無所事事，院長委余指導屬員研究清代貢舉及銓叙制度而已。君恙想已復原。敬頌
撰祺。

遏先啟

三月二十五日

七六

1940年3月25日致朱倓

菊女知之：

得三月一日信，知香林未能離開中山大學，甚是，蓋教育事業亦甚重要。而作史事，業須備三長：一文章雅潔，二考訂精確，三識見高深，須明社會科學及哲學。雖當今之人合格者甚尠，而能備一、二或一、三兩條件者亦不多。将來擬於史館中特設儲才館，仿清朝翰林院庶常館教習庶吉士三年之法，選各大學史學系畢業生課以本國各斷代史及史法、歷史文學，補習社會科學及哲學，厚給津貼，至少月百數十元或二百元，畢業時選其成績及文章尤佳者補史官。故余於香林信中囑其整理唐史，練習傳記文章，庶躋於作者之林。讀《漢書》仍爲作傳記文章之根本學問，汝於讀《漢書》時一方面注意史法及文章，一方面注意漢代史事，一舉兩得，惜不得余面授方法，恐仍不得要領也。且有小兒女纏擾，亦不能静心研究，然勉爲之，終有所得，不必求速。

三月廿五日　父字

附告香林：

余今聘定幹事二人：一李菊田，河北人，北京大學國文學系畢

業，專研究《戰國策》，頗能考證，有心得，文筆亦雅，詩尤佳；一蔣逸雪，江蘇人，南京國學專修館畢業（三年），在龍蟠里國學圖書館閱書三年，廈門大學國學研究院研究生，江蘇中學高中文史教員五六年，著有《陸秀夫年譜》，新撰復社首領《張溥年譜》，文筆雅潔。其他北大、中大史學系畢業生欲來者五六人，觀其作品皆蕪類而非著作才，故皆不入選。

七七

1940年4月9日致羅香林

香林賢壻鑒：

接讀三月杪來函，知余寄去最近快信尚未接到。中山大學全體學生罷課，海濱先生辭職教育部已准辭，以許崇清長中山大學，日來校中未知已復課否？與許公相識否？想不致更動也。惟暑假後校中必有大改革，君察此環境覺有不安否？望速表示爾志，以便從早預備。余於三月二十一日已赴考試院考選委員會委員任，該會已移歌樂山二年，現國史館籌備委員會亦將遷移歌樂山，與考試院相去不遠，余來往其間甚便，惟家住南岸相去幾七八十里，路上往來須費二日，太不經濟，故擬移家歌樂山，業已選定住址，不久即可遷去，此後通信可暫寄歌樂山考選委員會，因所遷之地山名番號皆未探問確實也。國史館籌備委員會尚有幹事一人未請定，月薪實支二百零六元（新改定額），無折扣，君如能來，余尚可竭力推薦。歌樂山新造房屋將完工者尚可預定，則君家眷亦可同來。此間物價雖日漲，然總比雲南尚廉。惟以資格論，則自以中山大學教授高，若環境不險惡，則勿來亦可。敬頌

撰祺。

遏先啟事

四月九日

七八

1940 年 4 月 9 日致朱倓

菊女知之：

近接香林三月杪信，汝無一字，想身體必安適也，甚念。中山大學風潮險惡，許崇清來能收拾否？現已恢復原狀否？香林在彼地位安全否？頗爲懸念。如在彼覺不甚合宜，不妨捨彼來此。姚薇元本教隋唐五代史，去年改授中國通史二班，聞繆鳳林言，近學生甚不滿彼教法，都罷課，然羅家倫仍欲維持，將來恐不能蟬聯。香林實可接彼教課，然羅家倫器量褊小，不忘小怨，香林終不爲彼所喜，故余亦不敢再行推薦。余現已將史學系主任及教授全部辭去，不兼教課，完全與彼脱離關係，此亦一快事。現在仍舊金靜庵代理主任。前函囑香林就唐代傳記多用工夫，此爲根本之圖，若專心致力於此，則名聲必日起。汝《東林碑傳集》望從速補完，所作論文及序跋亦集成一集，可使商務印書館出版，則於汝此後事業必大有裨補。余之文集現在無從集成，散在各處，亦一憾事，不然亦可以出版矣。接函後望詳細作復，此間大小均安好，惟不日又將忙於遷徙矣。

四月九日　父字

七九

1940 年 4 月 26 日致羅香林

香林賢壻鑒：

接四月十三日來信，始悉中山大學風潮始末，現雖平定，恐其後波浪仍多不易平靜。近許崇清來重慶候見蔣委員長商量治校政策，余在考試院請其兄許崇灝（現任考試院秘書長）介紹一見（許校長即寓考試院中），暢談中山大學事並建議從根本整頓。延請確有學術成績學者以爲表率，此等學者須重金聘請；充實圖書儀器以增進教員學生知識，此兩項若不充實，則名教授决不肯來，致學識退步落伍也；又須鏟除地方區域成見，實事求是裁去不急之務及閒職員以增加名教授薪水及圖書儀器；全國大學以中山大學經費爲最多，大可辦一模範大學。大意如此，聽受與否則不計也。因圖書事談及汝所管中山圖書館事，據許言此項書籍即彼所主張暫歸連縣廣東文理學院管理，又言汝將此項書籍分爲二處存放，善者置於龍州，次者置於柳州，現柳州部分即擬運去連縣，而龍州部分許頗怪汝不向彼説明，彼見龍州地方官始知，且龍州一度失守，其書存在與否今尚不知，今龍州雖奪回，即書存在，運送極難，況又不知存亡乎？余案：許爲廣東教育廳長，圖書館爲彼所該管，何以移至龍州之書不向彼聲明，望速將此事源委補告於許，使彼不致始終介懷，並將此事源委略告於余。許又言師範學院十六教員、學生來信力主辭退至七十餘教職員名單，許言不知有此事，余即辭出。因撮此大要告汝，望汝自審進退也。國史館籌備會已蹉跎三閲月，尚未開始編纂，全因經費支領轉輾機關太多，近始領出，以致聘人購物皆致拖延，下月一日起須積極加工進行一切。幹事之補聘不能延至六月杪，因所編年表及他文件一律須於十月底告竣。汝若願來，須立即電知，以便推薦。敬頌
撰祺。

遏先啟事

四月二十六日

八〇

1940 年 4 月 26 日致朱倓

菊女知之：

接汝四月十三日來信，知悉壹是。現歌樂山方面房屋已租完，

余看中二所皆爲捷足者先得，故暫擬不遷移家眷，惟在外飲食稍苦耳。國史籌備會已遷至歌樂山，擬從速積極進行。香林欲來望從速電知，惟薪水太少，地位不高耳。許校長雖與香林略有意見，然風潮之後更換教員必多，如師範院十六教員恐未必能蟬聯，其他不稱職爲學生反對者尚多，添聘爲難，香林未必在不請之列，教授地位較高，余終望其從事於此，較爲久長之計。蓋國史館開館時館長未必仍爲張溥泉，余既任考試院委員，亦未必仍進國史館，即進亦未必有實權如今日，故不至萬不得已時亦須顧慮及此。前日見許校長言决定將中山大學遷至廣東連縣，中山圖書館書籍决運至連縣，文理學院亦在連縣，可彼此共用云云。余前借《澎湖紀略》及《天門縣志》已在宣城失去，蓋余所借人之書籍及書店寄來頭本皆集在一籐書箱内，爲車站堆房人抽去，余前已爲汝言之，余擬將來賠償，望告知香林報銷時可特别聲明，或余再補出一借書條亦可。中山大學若遷連縣，汝願同去否？如香林必欲同去，亦只好去，如可不同去則仍可來重慶，惟一家散離亦究不方便，且汝有小兒女，雖欲出外從事職業，家内無人管理亦是難事，始歎女子一出嫁即不能從事職業，更談不到學問進步也。余爲香林計，若中山圖書館無枝節問題，一經説明，且自陳辦事不周到之過，許校長亦必涣然冰釋。余再從旁吹噓，或不致更换。以香林之長於教授，能得學生歡心，則從事教授終爲久長之計，不若官場之多變幻也。余年老暫入官場，實非本志，太平之後，余書籍售去，仍擬歸老田園，從事著述，人生不過爾耳，熱鬧場中余實厭煩也。即汝亦只要香林有職業，汝在家讀書作文亦較從事職業爲樂。

四月二十六日　父字

總之，香林若自信許必反對他時，可立即來電聲明願就，余即推薦，必可獲准。

八一

1940年4月29日致羅香林

香林賢壻鑒：

四月二十六日寄去航空快信想已接到。其時國史館籌備會只擬添聘幹事一人，爲君計，名義上不敵大學教授，故爾躊躕。惟許校長不協於君，故來信問君願屈就否？昨日與主任委員張溥泉會談，决擬增聘顧問一人（原定六人，惟因經費關係只聘五人），余即推薦君爲之，當蒙溥泉允准，並代開履歷呈交。時第二科主任何承天亦在座，彼亦廣東人，云與君相識，余去後彼尚留張宅，不知背後談何語，而溥泉忽立即寫信派人送至余寓，言“羅香林爲貴壻，應避嫌，位置他機關”。今將其信附上，不知此意溥泉自主與，抑承天進讒與？則不可得而知矣。爲君計，只好靜待許校長到校後看其對君態度若何，若無惡意，仍隨校遷連縣，待暑假時再定去留。惟君家眷是否同至連縣？若暑假後不蟬聯豈非徒費跋涉？如有朋友家眷須來重慶者，最好君之家眷隨之同來，暫住敝寓，開銷既省，仲嫺學藝亦可進步。俟君下半年職業確定，再接家眷較爲穩妥，蓋君一人在外進退較自如也。中央大學方面决難進去，其他方面自當代爲留意。專此敬頌

譔祺。

逷先啟事

四月二十九日

附張繼原信：

逷先先生：

今日承教甚多，本會即可開始工作。惟羅香林君聞係貴婿，弟意似應位置其他機關，以免非議。特希諒察，並頌

道安。

弟張繼頓首

廿九、四、廿七

注：朱希祖推薦羅香林入國史館籌備委員會，曾被人攻擊。陳垣先生爲其鳴不平，陳垣先生在 1941 年 9 月 22 日致陳樂素的信中説："朱逖老薦其婿羅香林入國史館，竟爲人所攻，拂衣去。奇也，婿不能薦耶?"（1990 年上海古籍出版社，陳智超編注《陳垣來往書信集》第 674 頁）

八二

1940 年 6 月 2 日致朱倓

菊女知之：

月前接到五月十日來信並香林信，適考試院、國史館皆有特別事，忙於作文，故爾未復。且敵機接連大規模轟炸重慶亘十餘日，避防空洞每日或夜須三四小時，多至五小時，亦甚疲乏。歌樂山、袁家花園均未炸，惟化龍橋附近被炸，大兒寓中亦有炸片穿屋，惟器物未損。財政部機要室被炸，秘書處房屋略震壞，人皆無恙。中央大學四周落彈，而人物均無傷。此次以北碚、池溪口、小龍坎、化龍橋、兩路口被炸較多，重慶、復旦兩大學被炸一部，小龍坎紗廠被炸，其他房屋毀傷較少，因只有炸彈無燃燒彈，而人民死傷卻在千人以上。

汝接受中英庚款補助，研究明季社黨，甚善。惟將來報告成績，用何題目？若用舊作，只須將東林黨人榜，應社、幾社等考撮要報告。至如《東林黨碑傳集》，不必交去，留待將來自己出版爲妙。

近接汝五月二十九日信，知中山大學須遷粵北。汝同去則恐長途跋涉，獨攜兒女來重慶則恐與香林久遠别離，一但戰事有阻隔更覺擔憂。此事進退皆難，余頗不能爲汝畫策，待汝母答汝可也。

六月二日　父字

香林均此不另。

注：信中所言"池溪口"，通常寫作磁溪口。

八三

1940年8月11日致羅香林

香林賢壻鑒：

近接來函，並附饒宗頤《新書》四十卷目録、文二篇，甚好。饒君現任何事？在何處？可來重慶否？望君去信一問，並示履歷，擬推薦於史館，最好看其《新書》全稿再薦，望不必先説。日來被任高等考試典試委員，出題閱卷甚忙，又接任普通考試典试委員，故久未致君信。聞將隨校遷廣北，不日起程，望珍重。敬頌

近祉。

逷先手泐

八月十一日

近有錢海岳撰《南明書》八十卷，初以爲甚好，細看實覺失望。抄録《小腆紀傳》（七十五卷）而略加新材。既無志、表，又乏標準，文亦欠佳，非史才也。

《新書》太失斷限。凡仕於新者乃可入列傳，今如劉向、梅福、淳于長、董賢等何以皆入列傳？又如竇融、馬援、馮異、岑彭等何以亦入列傳？則爲項羽撰《西楚書》時，韓信、陳平及其分封諸王皆可入列傳矣，何其濫也。"紀"以編年，《後漢書·皇后紀》已爲劉知幾所譏，《新書》有文母太后紀，亦不當也。

注：

① 信後兩節文字寫於原信正文框的周邊，爲朱希祖後加的附文，顯然是細讀了饒宗頤的《新書》目録之後對該書的評價。《新書》，饒宗頤先生爲王莽新朝所作之史書，故曰《新書》。

② 錢海岳，1910年出生於江蘇無錫，上世紀20年代即開始從事南明史研究，1949年後曾於南京大學歷史系教授南明史課程，著有《哀蟬落葉集》、《涣花樓詩集》、《明清故宫詞》、《重修清史商榷》、《吴越國故蹟考》、《禹蹟

考》、《訂補歷代州域形勢》等著作。並完成了紀傳體史學著作《南明史》。後在南京圖書館工作，“文革”中被迫害致死。朱希祖對錢海岳的整體評價還是不錯的，朱希祖在1940年5月8日日記中對錢海岳有如下評價：“其篤志專精，亦有特長可取，以視會中所聘五顧問，實高出一籌矣。”朱希祖想聘其爲國史館籌備委員會顧問，5月9日日記云：“寫張溥泉信，力薦錢海岳爲顧問。”5月10日日記又云：“至國史館籌備會與溥泉面談請錢海岳爲顧問。”但因種種原因，此事未果。

八四

1940年8月11日致朱倓

菊女知之：

余近來心緒不佳，故久未給汝信。上旬回南岸接香林及汝信，知汝須偕香林遷至廣東北部不來重慶，心甚失望。敵現擬由湘西進取長沙、衡陽，斷東西交通，截斷粵漢鐵路，則廣東北部、中部亦危，此亦可憂之一也。

八月十一日　父字

正將發信，又接八月八日來函，並附丁則良跋文一篇，校正余楊么卒日矛盾，蓋當時誤寫也，甚好。然謂楊么事蹟爲神話小説，則不然，他日當辯論之。丁爲何處人？是否中央研究院派？望查明。託百年説項，當相機行之。菊女是否必須前往？是途危險又復懷孕，望斟酌行之。川資既巨，得不償失，然亦有一得，危殆時可至興寧較便。又及。

八五

1940年9月2日致羅香林

香林賢壻鑒：

昨由歌樂山回南岸，接八月二十六日來函，知文駕已抵貴陽，而菊女、文兒留滯昆明。又接菊女八月二十七日自昆明來信，言將與中山大學同事之有家眷者取道安南經香港轉粵北，已定於八月二十九日動身。然越、港間輪船不通已數日，不知菊女已前去否？昨日報載港、越交通恢復，則又能成行矣。來函謂致信菊女，囑其於飛渝後即在余家居住，不必逕飛桂林，此計甚善，可減少危險。然菊女來信言由昆明至渝飛機售票頗有限制，須公務員有機關證明方可，且須於九月二十日以後方可購得云云。余以爲此事可託叔範、彙丞辦理，以學校名義亦可辦到。至於九月二十日以後方可購得亦屬無妨，蓋譬如長途待車，在叔範處開銷較省，而又有照應。一飛重慶先期通知余家，即可至機場來接，省卻路途多少跋涉之勞，川資亦可省出許多，在渝分娩，醫院設備又較完善。又平時與内子同住，可省卻許多雜務，可專心研究明季黨社，且可得余之指導。汝在南雄進退亦較自由，望速圖之。專此敬頌

旅祺。

遏先手泐

九月二日

八六

1940年9月8日致朱倓

菊女知之：

接八月二十七日信及卅一日信，知已定得九月二十八日由滇至渝飛機票一張，故極遲九月杪必可見面，甚爲快慰。然待至九月杪至渝再留若干日飛桂林，香林恐不能在桂林久待，已早赴南雄以備授課，一可慮。由渝飛桂林須四百四十元，再加由滇飛渝四百八十元，中間旅費至少近百元，則已費去千金，再由桂林赴南雄又須數百元，是汝與文兒須用去香林中山大學一年薪金之半，若遇變局，

則存款用罄，新款渺茫，何以逃難資生？二可慮。近得香林八月廿六日自貴陽來信，言已囑汝至渝後不必再飛桂林，即留於渝與汝母同住，生產時住醫院，此計較善，旅費可省千金，一也。與汝母同住開銷較省，二也。汝研究改中央大學而實際可得余指導，三也。香林與其侄可包飯校中，周僕可暫作校役，或仍用周僕煮飯而與友人同居，亦可省費；即或遇變，不帶家眷，進退自如，四也。桂林至南雄路途遥遠，乘車勞頓；南雄僻在内地，醫院設備未必完備，若留渝則免卻許多危險，五也。總之，亂離之世，手頭之錢萬不可用罄，不可貪團聚之樂而貽可憂之禍，望汝再三斟酌，自己決定，余不過聊示微意而已。

九月八日　父字

再者，香林此時尚在貴陽，汝航空來渝行李衣服所帶至少，若汝決定留渝居住，則速即由航空快信告知香林，囑彼將汝衣箱書籍設法運至渝，一以便汝取用，一可免由貴陽運至南雄，運費亦不少也。若汝決定須至南雄，則路出重慶，反多周折，桂林機票又須待時，不如逕飛桂林；或仍由安南赴香港，惟此道時通時阻不能一定，日閥圖越尚未死心，故此道終是危途。總之，萬事隨汝之便，余不過開示路徑，任汝自己決定如何行可也

父又字

八七

1940年10月10日致朱倓

菊女知之：

昨接汝及倞兒信，知汝已於六日晚抵家，不勝欣慰。余近來身體多病，精神不佳，不能看書作文，其原因有三：身體微熱，連十餘日或數日不等，一也。國史館飯菜太壞，食不下咽，每餐必減少食量，加以心中不樂，食易停滯，以致營養不足，不特身體消瘦，

且易滋生疾病，二也。史館中余之卧房向北，風特别多，身熱畏風，風侵加熱，三也。前日起余因飲食太劣，且須快食，緩則無菜，又致停食發熱，今仍未退。此事須想根本辦法，否則，長此下去恐要送命。本擬今日回家，因畏風而止。大約下星期一進城開會，或於此日回家，或於下日回家。此次回家擬多住幾天，稍食滋補物以資調養。

雙十節　父字

注：此信原注爲“民二十八年十月十日”，誤。此信應寫於民二十九年十月十日，即1940年10月10日。因1940年8月中山大學從雲南澂江遷至廣東樂昌、乳源等處，羅香林於9月率研究院一部分學生抵桂林，11月24日離桂林赴衡陽，轉乳源。（見《羅香林先生年譜》1995年11月臺北國立編譯館發行）。而朱倓則於同年10月6日從昆明飛重慶，並於同年11月22日由重慶飛桂林與羅香林會合。朱希祖1940年11月12日日記云：“菊女晨乘飛機至桂，文孫同行。彼來在10月6日。”正與此信中“知汝已於六日晚抵家”相合，且1939年10月羅香林、朱倓均在雲南澂江。故此信應寫於1940年10月10日。

八八

1940年12月18日致朱倓

菊女知之：

屢次來信均已收到，因精神尚未復原，故不裁復。昨日接得香林來信，知汝於十二月十一日又添一男，不勝欣慰。惟聞伙食惡劣，最好由香林隔一二日送一雞來，聊可滋補，雞蛋、核桃亦可多備。余於本月十一日始赴歌樂山，住考選委員會，然因是日早起受寒，又大傷風，至今未全愈，足見身體虧虚。國史館方面余仍堅辭總幹事，已三留三辭，至今尚未解決。以事業言，固不宜捨置；以人事言，實早應離開。以彼輩敗壞事業則有餘，襄成事業决不能，徒然使余日受惱耳。大兒以余冬天來往南岸起早不便，在城内和平路（舊至聖宮，在通遠門内）一百九十九號租房二間，廚房一間（係財政部同事合租，舊税務局内有防空洞，甚好），每月價洋二十餘元，不日即當遷去。汝身務宜珍攝爲要。

十二月十八日 父字

袁家花園房屋仍保留，器具留在内，新租屋有器具，明年陰曆二月杪仍遷回袁園。

注：

① 在此信邊上，朱希祖夫人張維女士寫有附言："另附上十元給汝購雞食。母字。"

② 朱倓新生男名羅武，爲其次子。

八九

1940年12月18日致羅香林

香林賢壻鑒：

屢接來函，因病未能奉復，心甚抱歉。昨又接手書，知本月十一日又添一外孫，不勝欣慰，兹由郵局寄去國幣貳拾元，聊表賀忱。余生平治史，自上古至六朝又自宋至清，其治亂與亡之蹟皆瞭然於心，因在大學皆講授數過，惟隋唐五代僅少時閲《通鑑》一過，年久皆已忘卻，此次病後無以消遣，乃將《通鑑》隋唐五代部重閲一過，實覺親切有味。現在隋八卷、唐八十一卷（已閲至六十二卷）、五代二十八卷已閲三分之二，每日三卷，再半閲月即可完了。《通鑑》紀唐事占八十一卷，特別詳贍，且覺唐代重要事可考者多，將來有暇可互相討論。國史館事大失所望，造成一支乾薪送人情營私利之局面，故急擬辭去要職。專復敬頌

譔祺。

逷先啟

十二月十八日

注：此信原注爲“民三十年十二月十八日”，誤。此信應寫於民二十九年十二月十八日，即1940年12月18日。因羅香林與朱倓的次子羅武生于1940年12月11日，正與此信中“知本月十一日又添一外孫，不勝欣慰”相合。

九〇

1941年1月6日致朱倓

菊女知之：

汝産後連來兩信皆已收到。余於十二月十一日至歌樂山考試院，因身體未全復原，又傷風頭痛甚劇，十四日即回南岸，又患膝骨節痛不能行路，仍請周綸醫治，醫藥費又用去百餘元。自十月以來，余兩次病費四百餘元，汝母病費二百餘元，而余傷風及足疾至今未全愈，汝母咳嗽亦時常發，汝母又不肯醫治痊癒，稍愈即停止醫藥，恐將來如章太炎先生，因傷風咳嗽成吃力病而致氣喘，望來信時竭力勸諫，不要惜小費而成大病。我家已於十二月二十一日暫遷通遠門和平路一百九十九號，袁家花園租屋保留，此後來信望寄和平路或歌樂山考選委員會。倞兒已於一月三日赴北碚天生橋財政部税務署第一科辦事員，薪水不過百元左右，將來仍擬調至中央銀行較有出息。余於一月五日至考選委員會，足雖未全愈，擬在此休養。飯食與陳、沈二公同食，尚好。房屋一大間，向南，余獨住，亦適意。且試院附近有住宅一所，已租定房四間，廚房、下房各一間，洋式，有地板，每月租金六十元，大約二三月内可遷來。遷定後南岸及城内屋皆退租。自一月分起學校及衙署薪俸皆十足發。國史館籌備委員會總幹事一職四上辭呈未准，以余現在精力，少任繁劇事最宜，蓋總幹事及顧問所得辦公費相差不過五十元，宜張主任不肯允改也，可見待遇不公，勞逸又相差太遠，何以能服人心？辦事又荒謬絶倫，使我精神不快。若改顧問，甚善。不改而仍舊職，余亦只好取消極態度矣。

一月六日　父字

香林賢壻均此。

九一

1941 年 2 月 19 日致朱倓

菊女知之：

余與汝母均於二三星期前來信，久不接汝來信，甚念。想汝近來身體必健，兩外孫亦均安好，香林想已至中山大學。彼由農民銀行滙來洋一百元已於昨日取出存於銀行矣。倞兒曾來一信未知收到否？國史籌備會余四上書辭總幹事，上星期始准許改爲顧問，僅任起草官制、史例，不管他事，亦可不到會，每月支公費二百元，原來總幹事亦不過二百五十二元，任重而有名無實，且多受氣，常常住會，自己不能看書作文，犧牲太大，現在省力許多，又可看書作文矣。余現在常住歌樂山考選委員會新造屋，吃飯與百年、士遠在一處，尚堪適口。母親等仍住城内，而歌樂山所租屋本有六間，月租六十元，現在此屋已賣，又不能遷去，惟別一所尚在接洽中，如不能租只好仍遷回袁家花園。近來家中病多全愈，考試院發全薪又加津貼三十元（共七百十元），尚堪告慰。

二月二九日　父字

九二

1941 年 5 月 13 日致朱倓

菊女知之：

昨日接得五月七日來信並文、武二外孫照片，欣慰之至。四月十八日來信亦早收到。因余近日又疾病重重，心緒欠佳，是以遲復。余自四月初旬以來，初受感冒，繼又瘧疾，旋又腳痛，去年冬天各病均重演一回。瘧疾雖改爲隔日瘧，已服藥阻住，而脚痛則比去冬今春加重，兩腿皆腫，又腫至腹部、胸部、面部，今腫雖漸除，而痛尚未止，蓋已醫治三四星期矣。佑兒近來亦重患瘧疾兩次，餘皆安好，然小病亦時或偶有也。

北平張二嫂來信，言北平僞組織派公私産業保管委員會來查吾家房産，二嫂老實，均以實告，連四所房産契據均行獻出。該會委員乃言房主不在北平房産須歸該會保管。大有没收之意，惟言限兩個月房主回來自住則無問題（此言三月二十七日説，二嫂來信已在四月下旬）。然要我回去，我情願不要房屋，汝母等去又無用，因房契上用我真名。我小有名聲，彼會必更作梗。我意若能保全書籍，則比房子較貴，然二嫂老實，自言不説謊話，彼會很相信她，恐一切書籍二嫂亦明言是我所有，則書籍恐亦不能保矣。身外之物得失無常，本不足介意，惟費過一番心血分類搜集之書籍及善本尚多，不無可惜耳。

時局日非，戰期綿延，何日可了，不能預測。此間米荒，朝不保暮。我家五月初平價米不來，市中又無米可糴，幾乎斷炊，好容易在鄰家商購五升（合市升七升半），費洋四十五元，蓋市石每石須三百六十元矣。煙煤每担二十元左右，肉每斤三元買不到，蔬菜每斤七八角，男工月工資三十餘元，我家因此尚留住和平路未遷回袁園。日來敵機又常來肆擾，恐終不免回袁園矣。

中央大學校長羅家倫辭職，部准而蔣不准，决不更動，顧夢餘説此間未聞。

百年經營磚瓦窑，去冬以來煤米大漲價，工人資給亦加，而重慶轟炸太甚，人皆不敢造屋，故虧本不堪。余來重慶後所積四五千恐又全擲□□矣。

四月中考試院秘書長許崇灝託余代覓私人秘書一人，將來亦可改爲院秘書，余以香林薦，旋彼閱履歷則云此人資格太好，不可屈爲私人秘書，願留彼弟中山大學校長用，余因託彼寫信致彼弟，請改香林爲師範學院史地系主任，彼允竭力推轂，蓋今已寫信去矣。吴康來渝不必請他帶物，因帶物彼必遠道送至我家，若家住袁園，彼來往轎錢必需十餘元，我家請他吃飯亦必需費十元左右，且肉類若買不到反爲慢客，故帶來少許物件甚不合算。余個人以後擬多住歌樂山，彼如需見我，請他先用電話問我在歌樂山考選委員會否。

五月十三日　父字

香林賢壻均此。倞兒我已許其轉系或轉學，現正辦交涉，惟未定入何系耳。

注：

①　抗戰期間，朱希祖一家在重慶，北平日僞政府有一“公私産業委員會”要將朱希祖在北平的房産作爲“無主”房産代管，其實就是没收。後朱希祖曾去信託周作人設法周旋，周作人爲保全朱希祖房産出了不少力。朱希祖1942年2月27日日記云：“上午，寫北平張叔範夫人信，附小汀叔祖信，並致起蒙信，言住宅已有舍妹福嬘爲房主，亦可設法通融矣。”日記中“起蒙”，即周作人。周作人，字啟明，又作啟孟，當時周已出任僞職，朱希祖爲避時諱，故在日記中將“啟孟”隱作“起蒙”。另：福嬘，爲朱希祖堂妹。

②　信中所説“百年辦磚瓦窑”一事，在朱希祖1940年7月至1942年11月的日記中斷續有所記載。其時，考選委員會有一編纂名魏晴嵐，四川峨嵋人，據説善經營房地産，於是考選委員會委員長陳百年、副委員長沈士遠等一干人集資辦磚瓦廠和木行，陳、沈二人爲最大股東，朱希祖也參與了投資。結果陪了血本，錢全被騙走。關於此事，詳見朱希祖1940年7月2日、7月3日、7月18日、9月19日、9月20日、9月21日、1942年4月11日、10月15日、11月2日日記。

③　信中所言“顧夢餘”，即顧孟餘。顧接羅家倫爲中央大學校長。朱希祖在信中常作顧夢餘、顧夢漁。

④　信中所説吴康，即中山大學文學院院長吴敬軒。

九三

1941 年 5 月 28 日致朱倓

菊女知之：

近接來信，知吴敬軒來渝，自欲來見，仍擬託彼帶物，因此汝母囑汝代向西藥房購買預防及已發惡性瘧疾藥二十餘元，預防及已發普通瘧疾十元左右，其款若干，開明數目，託敬軒帶還。夏布長衫料及汝自購之夏布等是否亦託彼帶來，望來信説明。余定於六月一日全家遷至歌樂山國史館附近，南岸及城内房屋皆退租，稍可節省，而飲食起居稍適，來往路費可全省。新租之屋三間，每月約五六十元，不甚好，然已難得，詳細情形再説。

五月二十八日　父字

九四

1941 年 6 月 12 日致朱倓

菊女知之：

我家於六月一日已全部遷至歌樂山向家灣二十九號，凡南岸袁家花園及城内和平路一九九號一切書籍、行李、器具皆聚集於此。此間所租房屋三間，尚大，惟光綫不甚充足，又廚房在廊下，亦不好，然已費九牛二虎之力乃能租到，蓋向國史館轉租也。房租每月不過六十元，而此次遷移費竟達六百數十元。余之足病至今尚未全愈，已二月餘矣。故此次遷居又全仗汝母之力。北平房屋□□消息，惟前日小汀叔祖來信謂吾家所存北平書籍已由叔範夫人運出十四大木箱、十二中號書箱，此二十餘箱即余在二十五年夏至北平親自選擇重要者裝入釘好要運至南京而未果者，小汀叔祖又謂當可代爲選擇十之三四運出。此皆寄存人家，可守秘密。此信若確，則房屋内書籍雖尚有十分之七，由價值上講則已過半矣。昨接香林信，今復□□望代寄去。此間大小均安。

六月十二日　父字

九五

1941 年 6 月 12 日致羅香林

香林賢壻鑒：

余足病月餘，至今尚未全愈。六月一日已全部遷於歌樂山向家灣二十九號。昨日接得六月三日所發來函，欣悉中山大學史學系教授下學年仍舊蟬聯，且加薪及津貼；仲嫺亦加津貼，種種收入，家用不患匱乏，不勝慰藉。黨務機關，勸君不必加入，不特生活不舒，米貴至每石三百數元，且黨員尟足有爲者，徒荒學力，無謂也。敬頌

撰祺。

逷先啟事

六月十二日

九六

1941 年 7 月 14 日致朱倓

菊女知之：

接六月二十七日信，知汝在桂林被竊，此亦無可奈何，錢財爲儻來之物，不必介意，李白詩所謂“天生我才必有用，千金散盡還復來”，只要身體强健，精神清爽，足矣。暇當助汝作文以恢復之。余自遷歌樂山後，又頗作詩，近作五古長篇五六首，開闢中國未有詩境，惟鞭策現代詩人太甚，恐爲一般浮華之士所不喜，然亦無可奈何我也。余足疾近一旬來始愈，晨起登山，覽江山之勝，觀雲海

之奇，此亦有助余詩思也。吴敬軒未來，贈品太多，藥物甚需要。汝之大床因遷移不易，已代爲售，洋三十元，其款與藥物錢一併託敬軒帶來，若不便，或寄來或代爲存銀行皆可。香林蟬聯以不動爲是，不另作書矣。

香林均此。

七月十四日　父字

九七

1941 年 7 月 14 日致羅香林

香林賢壻鑒：

頃據沈尹默兄言，《善才寺碑》非褚遂良書，係唐魏業所書，雖學褚字而氣味頗俗，褚書有《陰符經》、《伊闕佛龕碑》、《孟法師碑》、《兒寬贊》、《房梁公碑》、《聖教序》（同州本、雁塔本），皆正書，故《善才寺碑》可不必購。專此即頌

著祺。

遏先手泐

七月十四月

九八

1941 年 8 月 16 日致朱倓

菊女知之：

接汝八月四日信，知論文已交出，甚慰。且知汝得到瞿式耜與教士及西洋利器之關係，更善。余近因居近國史館，有四幹事皆能研究史學，皆余所介紹，願受余之指導，積極進行，余乃指定吴、晉、宋、齊、梁、陳六朝史試行研究，仿余舊所擬《新梁書》辦法，各人認定一代，今定蔣君任吴史，朱君任晉史，李君任宋史，

傅君任齊史，余任梁、陳二史，已開始着手，汝若能來可分任一史。别有中央大學史學系畢業二高材女生亦願受余指導。先是，余前年本擬研究戰國史及秦史，此二女生即在此團體之内，分任楚史、秦史，最有成績，余因此撰成《汲冢書考》五卷。後因此團體内五男生分任齊、韓、魏、趙、燕五史，太懶惰，無成績，因此解體。此次六朝史中恐亦有一二懶惰者，然受余之約束，且此後如有成績，可希望入正式史館，故或可成就。汝與香林亦可趁此機會加入團體，若有成績，將來自可得高尚出路，遂平生之志願，博社會之聲譽。史識既可近步，文章亦可造就，眼前生計亦不患難解决。故余致香林信中希望汝與香林立即同來重慶，余所租屋尚可擴張一二間爲汝寓所，合餐又可省錢，不知汝二人以爲然否？大兒至西康已在回返途中。倞兒下半年已可轉入中央大學地理系矣。

八月十六日　父字

注：

①　信中受朱希祖指導研究六朝史的國史館籌備委員會四幹事爲蔣逸雪、朱焕堯、李菊田、傅振倫。

②　信中言“大兒至西康已在回返途中”，指先生長子朱偰參加康昌考察團至西康一帶考察，後朱偰有《康昌考察記》一書行世。

九九

1941年8月16日致羅香林

香林賢倩覽：

來函知欲就黨部，並委接洽中央大學事，且云半月之後須來重慶，甚善，甚善。蓋中山大學學生風紀太壞，亦無趣味也。顧孟餘至今未曾接事史學系主任，金静庵請假四月至成都三臺東北大學，須十月初方回，故一時無從接洽，大約兼課事易謀也，且先來此，俟顧接事即當進行不誤。仲嫺不慎，不識人，至被盜竊財物，累君損失不少，將來責令竭力作文，積累所得，補足損失，幸勿嘆惜爲荷。最好仲嫺亦令來重慶，且立即同來，省卻君再往反，損失川資。此次來不必乘飛機，只乘公路汽車，川資較省。君決計就黨部再謀兼職，則一切書籍均設法帶來，蓋此間書籍昂貴，且不易得。至於川資缺乏，或先擇要用者帶來，如《二十五史補編》、《水經注索引》，余欲借閱且不可得，《通典》及《地理雜誌》、《禹貢》等亦無從借，望君多帶些書來，款項不濟，到此即可移□。仲嫺下學年津貼，此間易謀，如教育部及中英庚款皆可設法，不患無事。且汝等來此，學問必更長進，文章亦可精練，頻年在廣東，汝二人學問文章皆未進步，此甚可惜，故望汝等立即來此。惟黨部方面之事是否懸缺以待，必須此事着實乃可來此，至要，至要。專復敬頌撰祺。

遏先謹啟

八月十六日

一〇〇

1941年10月22日致羅香林

香林賢壻鑒：

余近一年來常常生病，病費用去不少。近來因發見上古史偉大事蹟，前人從未注意，且與歐洲人地下所發掘、德國人地面調查所得事蹟相印證，決非空言想像，如徐旭生所爲（徐旭生在北平研究院撰一《中國上古史》，近日來渝，與余談其大概，推翻書本上一切傳説，然多推想臆説，無一確證）。因此喜而不能寐，蓋精神太興奮，發明甚多，外似失眠，其實不然，近已能睡矣，決非神經病也。惟近患痢疾半月，頗疲乏，現已愈，惟瘦損未復原，胃口甚好，不久將復初。余本欲君與仲嫺來助我整理上古史，將戰國史擴大至上古，規模宏大，證據確實，然非一人所能奏功，故希望勤謹而有興趣者助我爲之。前接兩次來信，均言整裝待發，已將余所租屋增租兩間以待汝二人來以便同居，共同研究。最近來信作罷，乃大失望，蓋汝等來此自有位置，中央大學方面顧夢漁接辦後，史學系主任已换沈剛伯，惟彼尚在宜昌家中未來，即來擔任與否未必定，故現在史系竟無從接洽。研究古史有重要參考書竟無從借得，然已得百分之九十矣。因前年購得石印《十三經注疏》及兩《皇清經解》、《諸子集成》及《四部叢刊》零本古經、子等尚可用，今欲需用郝懿行《山海經箋疏》、吴承志《山海經地理今釋》（劉承幹叢書本）、楊守敬《水經注圖》竟不可得，《山海經》二種中山大學圖書館如有，乞用汝名借出寄來，急備參考（由郵局航空寄，郵費不嫌大，即寄還），圖太大不必寄。精神尚未復原，不能多寫，仲嫺即以此信示之可也。此頌
譔祺。

遏先白

十月二十二日

一〇一

1941 年 10 月 24 日致羅香林

香林賢壻鑑：

昨日寄去航空快信一函，想先收到。昨晚有友人來言中央黨部已發表君爲秘書處專員，此友爲北京大學畢業生亦在秘書處爲專員。據云此職甚空閒，每月連津貼及米亦有四五百元，余以爲此職君大可就，君來可率仲嫺同來助我整理古史。余之希望將來設法成立一古史館，編纂之外注重調查古史區域，及發掘地下埋藏古史遺蹟遺物，尤以西及西南爲最重要，人皆未注意，望守秘密，其詳千言萬語不得説盡，蓋實爲驚動全世界之發現也。君若來可將古史參考書竭力多帶些來，如馬氏《繹史》、《水經注圖》、畢刻《山海

經》（經訓堂叢書本）、郝懿行《山海經箋疏》、吴承志《山海經地理今釋》、近人水經注索引（或稱引得）等，又《古經解彙函》、《小學彙》、善本子書（尤以《列子》、《文子》、《新序》、《説苑》等爲最要），《叢書集成》、《四部從刊》三集本，景宋本《太平御覽》（最要）、《初學記》、《藝文類聚》、《北堂書鈔》等重要類書，此皆余所未能借得者也，《全上古三代秦漢六朝文》亦須帶來。中央黨部既已發表君職，不可失信，不宜辜負，有關將來信用。且君來兼可爲余奔走運動成立古史館，或附設於國史館内，然權在外行而注重私利之人，實難成事，此事惟君來可詳商。中央史系兼職可成功，然不甚合算，再説可也。敬頌
譔祺。立候回信。

遏先白
十月廿四日

一〇二

1941 年 11 月 25 日致朱倓

菊女知之：

接汝十月二十日來信，並坿國幣二十元贈新生兒，照收無誤。余痢疾二十天，服貴藥始愈，愈後消化不良，腹瀉時作時輟，飲食至今未復原，竟至不能執筆寫信，故遲遲作復，今日勉强寫此數語，聊以塞責。

十一月二十五日　父字

一〇三

1941 年 11 月 29 日致朱倓

菊女知之：

余自去年十月以來，一年有餘疾病纏綿竟未間斷，近日重發第三次惡性瘧疾，今已第五日，狼狽不堪，故余决定明年陽曆一月初全家遷至屯溪轉地休養，否則必至斷送性命，望汝勸香林不必驕傲，速就新職，正俸既有四百四十元，又每月津貼约百元，又可領平價米八斗（四人計算），每斗六元，其餘無論米價高至百數十元一斗，皆歸政府支付。城内房屋每間五六十元，冬季無屋可租，若接租余屋，三間僅六十二元（每月租價），此系國史館去年所租，故價較廉，若欲新租則每間亦須三四十元，且亦租不到，因歌樂山從未被轟炸，故住户繁多，我家附近有防空洞，且租地一塊種菜，現在正食新鮮地産。現在家具昂貴，汝家若欲新買，至少必須七八百元，我家床有三隻，書桌、圓桌、方櫈、木桶、煮飯器具完備，可享現存之福，不用花錢。接此函后，望立即决定，若無川資可打電來，設法電滙來。

十一月二十九日　父字

香林均此。若不來亦須電復，以便賣去一切物件。

注：最終朱希祖並没有遷家至屯溪休養，而羅香林則奉中樞吴鐵城秘書長電令於 1942 年 1 月 31 日率全家至重慶任中央党部秘書處專員職，且向中山大學請假兩年。羅香林一家到重慶後，先與朱希祖同住於郊外向家灣，因工作地点离家较远，羅香林並不日日回家。後於 1942 年 9 月 11 日遷居重慶城内兩路口巴縣小學行廬（見朱希祖 1942 年 9 月 11 日日記，此日日記寫爲巴縣小學，但後面的日記有時卻寫爲巴縣中學）。

一〇四

1942 年 6 月 11 日致羅香林

香林賢壻鑒：

余近三日來忽又患惡性瘧疾，先是感冒咳嗽怕風，已七八日，至前日始知是惡性瘧疾。星期日望君回家商量出版事宜，《僞齊》、

《僞楚》兩録決擬售稿，其他尚擬輯一《史學叢著》，中分史籍、氏族、地理、金石、史實等考辨，附以其他各種小單行本論著，分數期出版，趁此機會將所有著述發表一次，以免散佚，未知以爲然否？敬頌

譔祺。

逷先手泐

六月十一日

注：此信原注爲"民卅二年"，誤。此信當寫於民卅一年六月十一日，即1942年6月11日。信中所云《僞齊》、《僞楚》兩録，指朱希祖先生所著《僞齊録校補》和《僞楚録輯補》兩部專著，這兩部專著寫於1934年底至1935年初，完稿後本擬由商務印書館出版（見朱希祖1935年1月18日、2月12日致張元濟信，後不知爲何未能在商務出版）。1942年1月31日羅香林奉中樞吴鐵城秘書長電令至重慶任中央党部秘書處專員（見《羅香林先生年譜》1995年11月臺北國立編譯館發行），羅香林到重慶後聯繫了獨立出版社，爲朱希祖先生謀劃出版《僞齊録校補》和《僞楚録輯補》。而朱希祖先生1942年10月5日日记有"本日收到《僞楚録輯補》稿費二千元"的紀録，12月30日日記中有收到"獨立出版社所付《僞齊録校補》及附録稿費三千五百元"的紀録。故此信不可能寫於"民卅二年"即1943年。

一〇五

1942年10月8日致羅香林

香林賢壻鑒：

前日在府飽餐盛饌，謝謝。《僞齊録》現正謄寫下卷，尚須添附録數篇，恐需半月始能交去，煩向該社一説，以免懸望。《史學概論》或可同時交去。黨部如有紅茶，每斤二十餘元，煩代購貳斤，因歌樂山所買既貴又不好也。《詩經注疏》如二百元，可買，亦乞代購。内子現已大愈，惟飲食尚未復原，此次所用女僕似尚好，仲嫺可放心赴部辦事矣。敬頌

譔祺。菊女均此。

逷先手泐

十月八日

注：此信原注爲“民卅二年”，誤。此信當寫於民國卅一年十月八日，即1942年10月8日。查朱希祖先生日記可知這段時間先生一直在修改、校對、謄寫《僞齊録校補》，且1942年10月5日日記有在羅香林家午餐的紀録，10月8日有發羅香林信的紀録，10月11日有“寫菊女信，並附國幣二百元，託購翻殿本《詩經注疏》十九册”的紀録，11月19日日记有“至香林行廬，以《僞齊録校補》及附録三册交香林，託其轉交獨立出版社經理盧某”的紀録，這些内容均與此信内容相合，故此信當寫於民國卅一年十月八日，即1942年10月8日。

一〇六

1942年10月26日致朱倓

菊女知之：

接汝來信並附叔範及備兒信已悉。上星期一因雨未至陶園開會，近日因胡藻宗離職赴其父處，家中又忙得不了，汝母病後身體瘦損，未曾復原，恐操勞太過，更不易恢復。越娟因僧兒能獨走更要小心管，亦勞苦太過，常有小病。然女佣人百方託人找雇，至今未得，奈何，奈何。余近亦常有腹疾及咳嗽。《僞齊録校補》及《校勘記》已寫就，近日正在撰讀《僞楚録》、《僞齊録》長篇筆記約七八篇，亦半已抄好。針對時事而言，但不顯露，頗得意，大約下星期一可以攜來。專賣事業，外邊反對頗多，謡言孔熾，望囑大兒小心對付，怨府不易居，亦當局平日不滿人意之所致也。庚款董事會致汝信今附去。紅茶二斤若干錢？望在購買《詩疏》款内扣去。汝母又託汝代購鹹肉二三斤、大鹹魚乾的二三斤，下星期一來取，亦在該款内支付。叔範昨日來信，言北大早已辭職，望囑大兒保留其職。

十月廿六日　父字

注：此信原注爲“民卅二年”，誤。此信當寫於民卅一年十月廿六日，即1942年10月26日。查朱希祖日記，1942年10月14日云：“本日《僞齊録》本文及《校勘記》寫完，共約四萬二千數百字。”10月18日日記云：“撰讀《僞楚録》、《僞齊録》筆記一篇，題目曰《宋高宗自儕於僞楚僞齊而爲金之附庸國》。午後，謄寫此篇。夜，又撰一篇，題目曰《宋高宗退守苟安不樂用有爲之人》附《劉豫與宋高宗用人之比較》。”之後幾天的日記，均有撰寫《僞齊録》筆記的記載，此正與信中“《僞齊録校補》及《校勘記》已寫就，近日正在撰讀《僞楚録》、《僞齊録》長篇筆記約七八篇，亦半已抄好”相合。故此信應寫於1942年10月26日。

一〇七

1942年11月16日致朱倓

菊女知之：

昨日始接到汝十日所發之信，儋兒此次發水痘及痧子，身體發熱，痧退而熱不退，病頗危殆，迨至第八日始漸退熱，第九日熱退盡，離□不過三天，故當時頗憂慮，加以開會仍忙，故《僞齊録》至今日始畢工，然尚須句讀、校對。今晨本擬進城，而考試院院務會議停開一次，無車可乘，加以下雨，今日仍不能來。後日天晴即當來城，汝母擬於下星期來。香林、大兒望以此告之。

十一月十六日　父字

注：此信原注爲“民卅二年”，誤。此信當寫於民卅一年十一月十六日，即1942年11月16日，朱希祖先生當日日記云：“本日考試院院務會議停開，故未進城。”此正與信中“今晨本擬進城，而考試院院務會議停開一次，無車可乘，加以下雨，今日仍不能來”相合。且這幾日日記中均有句讀《僞齊録校補》及《校勘記》的紀録，也與信中“《僞齊録》至今日始畢工，然尚須句讀、校對”相合。

一〇八

1942 年 11 月 29 日致朱倓

菊女知之：

附去香林一信，並《中國史學通論序》一篇，望轉交香林。汝母因被褥未洗，滋補品未食了，余之寒衣未修補完，一時不能來，且家中多病人，佑兒似患百日咳（今日已稍愈，又不似。總之終日喜在大門外游嬉之故），僧兒昨日起亦傷風咳嗽，余亦傷風咳嗽，惟汝母與越娟尚健。寫至此精神太不好，不寫了。

父字　十一月廿九日夜

注：此信原注爲“卅二年十一月廿九日”，誤。此信當寫於民卅一年十一月廿九日，即 1942 年 11 月 29 日。朱希祖當日日記：“寫香林信，附《中國史學通論序》一篇，託其轉交獨立出版社盧某。”此正與信中“附去香林一信，並《中國史學通論序》一篇，望轉交香林”相合。故此信應寫於 1942 年 11 月 29 日。

一〇九

1942 年 11 月 29 日致羅香林

香林賢壻鑒：

余於前日起因赴考院開會，受寒傷風咳嗽並發熱，昨日偃卧一日，今日午後略愈，然咳嗽正甚。今附上《中國史學通論序》一篇，中假借君之言以略表此書精華所在，未知君許可否？如以爲可，望付仲嫻抄録一篇，以轉交盧君，並催促其稿費，因票價日低一日之也。《太史公解》及《漢十二世著紀考》亦須催還原稿。專此敬頌

譔祺。

遏先手泐

十一月廿九日夜

注：此信原注爲“卅二年十一月廿九日”，亦誤。理由同上。

一一〇

1943 年 1 月 15 日致朱倓

菊女知之：

下星期一（一月十八日）進城開會，望稟知汝母，此日有便車可回家。又余擬再撰關於臺灣史蹟文登《大公報》，望託香林將南洋史籍中林道乾傳記或記載抄録寄來，快郵遞寄爲盼。

一月十五日晨　父字

注：當時因美國有戰後擬劃臺灣爲委任統治地的議論，朱希祖不以爲然，因撰《中國最初經營臺灣事略》一文，1943 年 1 月 9 發表於《大公報》。1 月 14 日《大公報》登載姚枏所作《荷蘭高文律擾臺灣事略》，内有駁朱希祖《中國最初經營臺灣事略》中“林乾道”爲“林道乾”之誤，高文律爲荷蘭人，非中國人。朱希祖乃檢閲明代荷蘭史實，以考證高文律。故有 1 月 15 日此信。朱希祖於 1 月 16 日撰《補充中國最初經營臺灣事略》，再交《大公報》，然《大公報》遲遲不发，這引起了朱希祖的不滿。後《大公報》於 2 月 2 日才發表《補充中國最初經營臺灣事略》。姚枏，法國留學生，南洋研究所研究員。

一一一

1943 年 1 月 23 日致朱倓

菊女知之：

前日寄去一信，想已收到。《補充中國最初經營臺灣事略》一篇想係末段與《大公報》社論“荷蘭在臺灣有三十七年光榮之歷史”相反，故不肯登載余之説“荷蘭在臺灣四十五年失敗之歷史”，彼必閲之，失興也。余之文速囑香林取回，登載《中央日報》或登載《時事新報·學燈》，囑大兒介紹去，登出後必須將該報買一分寄來。香林自遷進城後，余處從未來一信，其忙如此耶？此文已交出數天，杳無消息，失望之至。

十一月廿三日　父字

大兒信已收到，但無許宅謝帖。

再者，限價以後歌樂山及行政院均不賣豬肉及牛肉，現在惟略煮鹹肉夾菜度日，下星期一汝母必須回家，望預先在城購牛肉三四斤煮成五香牛肉帶回家，再買些咸魚，又白糖早已吃完，如有平價白糖亦望買二三斤。聞蔣委員長下手令，不許糖漲價，未知確否？

父又字

一一二

1943年2月26日致朱倓

菊女知之：

昨接汝信，並《瑶川朱氏宗譜序》一篇照收無誤。下星期一考試院又停開會，故余不到上清寺矣，望不必預備午飯及添菜。陰曆二月初二日汝母生日，汝擬與叔範來祝壽，汝母言散生日汝等不必爲此前來，來往車錢甚大，物品又貴，決不要糜費，且此間牛肉豬肉多買不到，無以供客，且反累汝母費力，故決不必特爲此來。如兩路口或上清寺能買得到牛肉望代買二三斤。星期六或星期日託陳科員帶來，如不及寄，下次亦可。貓不要吃他物。

二月二十六日　父字

注：《瑶川朱氏宗譜序》係朱希祖先生因朱鐸民所請而爲《瑶川朱氏宗譜》所作。朱鐸民，章太炎先生女婿。

一一三

1943 年 3 月 29 日致朱倓

菊女知之：

汝來信已收到，然已過期。史學會開成立大會日余本擬到會，因接到黎東方特來信請出席，時余眼病大作，兩眼紅腫，時須洗濯敷藥。汝母及越娟、儋兒亦然，故未允前去。閱報余又被推爲常務委員九人之一，然開會不來通知，故又未出席。姚從吾已來余寓見過，聞徐旭生亦欲來，未果。今日本可至陶園開會，與旭生一談，因放假不果來，又須半個月方能來矣。顧頡剛所主張二事：一、句讀二十四史，能讀者不待句讀，不能讀者雖句讀亦不能讀，且此亦非史學會應做之事；二、《史學雜誌》使各大學輪流辦，一大學史學家甚少，何能獨辦？此事應在會中辦，不然要史學會何用？即此二事已覺荒謬，他可知矣。故余極不重視也。三月十八日與香林一信，直接寄至行廬，問其要當高等文官考試襄試委員否，因余爲典試委員，故擬推薦，至今不來回信，香林直忙極矣。

三月二十九日　父字

附大兒信望轉交。汝家在此所租房屋一間，房東劉姓已回，要收回自住，如何？

一一四

1943 年 3 月 31 日致羅香林

香林賢壻鑒：

頃接來函，知三月十八日信未曾收到，襄試委員爲時尚早，尚可推薦，當開履歷前去。張熙在福建永安，南洋研究院請彼爲研究員，彼已來信告謝不來，因一則有約在前不可中道而廢，一則自永至渝旅費須萬金，彼無力設法也。前信已言，今重述，望告院長了此一案。下月五日史學會開常務理事會，地點時間不知，若何？如有便或可出席，建議一二案子。此日星期一或可進城開院務會議，可以請假。惟余目疾尚未愈，雖係傳染，紅已略退，而右眼珠如有物翳，視物糊塗。內子亦然，偿兒眼病已愈，而口中又壞，大小舌上起白點，牙肉腫而略臭，身热已三日，亦是傳染，其地小兒皆已醫好，想亦無妨小命也。中央党部欲余講經學，如有車接送，則講四次乃可略明大義，二次則太少也，惟每次不知需若干時，是否每星期講一次，抑連講四天？專此敬頌

撰祺。

遏先手泐

三月三十一日

一一五

1943年4月29日致羅香林、朱倓

香林、仲嫺均鑒：

頃接仲嫺來信，一邀内子赴南温泉，一催經學講演題目。近因偿兒出疹子，熱七日始出，已不動不哭，甚危殆，始知去年冬非出疹子也，鬧得大小不安，近日已轉危爲安，尚在服藥。而余又因撰研讀《中國之命運》報告，月底須交出，故内子不能赴南温泉。經學題目擬就四個寄上，去《易經》既濟、未濟一題，以此題講時恐抵觸三民主義也。講演以星期五、六爲妥。專此即頌

儷祉。

遏先手泐

四月二十九日

注：

① 《中國之命運》係蔣介石所作，當時要求國民政府機關工作人員均

要寫出讀書報告。

② 當時朱希祖擬訂的經學講演題目爲：一、儒道。二、儒家憂樂論。三、中庸之中和義。四、孟子之仁義説。（見《乙堂函牘》第八十三册《集論》下，《乙堂函牘》未刊，藏香港大學圖書館）

一一六

1943年5月9日致羅香林

香林賢壻鑒：

前日接得快信，始知黨部講演須改至六月上半月，而講演日子星期五、六亦不便，只好改在六月第一、二星期之星期一、二下午三時（或二時）至五時可也，望接洽後再來信告我。兹寄上《西夏史籍考》一篇，約五千餘字，望速代爲寄至衛聚賢處，本擬直接寄去，因忘卻彼住址也。衛君日前來要文章，謂《説文》即擬出一普通號，五月中旬初集稿付印，故須速寄。《僞齊録》、《僞楚録》末次校勘最好由我自校，望通知盧君將原稿及末次校勘樣本交君轉來，至盼，至盼。因《中國史學通論》誤字、脱字太多，校勘者太不負責也。府上在此間所租房屋，已由房東收回自住，一切書籍皆在我家妥爲安頓，望放心可也。儋兒痧子已發好，現已無病，在地行走，又甚活潑矣。《李斯傳》已在搜集材料從事研究，頗多新發明，此書或爲生平最得意之作矣。專此即頌

儷祉。菊女均此。

逷先手泐

五月九日

尚有《臣瓚姓氏考》一篇約五千字，亦爲得意之作，如《説文》可登兩篇，亦可寄去，可一問。

注：《李斯傳》係一潘姓者約朱希祖先生所作。

一一七

1943 年 5 月 21 日致羅香林

香林賢壻鑒:

頃接考選委員會來函，言高普考試卷已收齊，急欲發表襄試委員，余已薦君爲之，尚缺一人擬請顧頡剛爲之，因顧君去年曾爲之也，望速去一請，如不願爲，望改請傳振倫，立須來信，以便提出。惟閱卷地點在歌樂山本會，一切膳宿及來往旅費統由本處供給。閱卷每人至多五百本，閱卷費四百（三百本）至六百元（五百本）。專此即頌

撰祺。

逷先謹啟

五月二十一日

附大兒一信，望即加函送去，或仲嫺帶去。

一一八

1943 年 5 月 26 日致朱倓、朱偰

菊女、大兒知之:

五月二十四日星期一余與大兒游北碚，余行後汝母將余所存於床前書桌中國幣五千一百元一包改放於汝母床前半桌末一層抽屜亂布中，恐人熟知余置錢票之所在而防遺失也，其日傍晚余回家，至夜查帳，點款而不見此包，汝母言:“余已藏好。”余不再問，至二十五日余欲用款，汝母去取此包乃已不見，遍尋不得，然並不聲張。女僕色亦如尋常，似非竊者。越娟平日經手重款從未有錯誤，且余此款放於床前書桌中彼亦知之已十餘日矣，汝母改放所在彼卻不知。且更有可疑者，汝母將此款與金鐲兩隻包好，一部分露出放

於一處，票紙亦包好露出一部分，單竊票而不竊鐲，此甚奇事。今日汝母尋了一日，食飯亦不消化而腹痛。余勸以不必再尋，五千一百元不過值銀一百數十元，失之亦不甚可惜，所謂“千金散盡還復來”，何必介意？然汝母廉謹，執意欲賠償，余不要。汝母女流，自己又不能生産得錢，故看不開，恐鬱而成疾，望汝等設法接至城散心，順便勸解爲要。

五月二十六日燈下　父字

一一九

1943 年 5 月 29 日致朱倓、朱偰

菊女、大兒知之：

昨日寄來快信一封，想已收到，所述失竊國幣五千一百元，今已尋着。緣汝母記憶力不好，此款置在我床前書桌下一層信稿中，雖經檢尋，未曾看見，昨日汝母又在亂信稿中檢查，始行尋着，雖受虚驚，尚未失卻，亦云幸矣。

五月二十九日　父字

一二〇

1943 年 6 月 28 日致朱倓

菊女知之：

香林要《顔師古年譜》，徧尋兩次不得，未知置於何處，本擬今日託傅振倫帶來，找不到只好慢慢再尋。汝母身體不適已愈否？前日歐蘭來，知大兒猶思子不樂，望勸彼不可執滯。

六月二十八日　父字

注：信中所云“大兒思子不樂”，指其子元曜夭折事，朱偰著文《嘉陵江的依戀》專記此事。

一二一

1943年9月2日致朱倓

菊女知之：

余家現在遭厄，備兒失職，避居成都，生活必甚困難。今寄大兒一信，望面交大兒，並催其立即來信。倞兒身熱已六星期尚未退熱，瘧疾藥亦已服過，毫無效驗，心焦之至。余與汝母因打防疫針反應甚劇，汝母身熱四天，雖已退熱，咳嗽甚劇。又因備、倞二兒，心緒不佳，余亦身體疲乏，飯食少進。余與汝母及越娟皆患牙肉腫痛，不能飯食，惟食冷麵，然麵將罄，汝處如有麵，望再讓購一袋。

九月二日　父字

附致大兒信：

大兒知之：

八月二十六日寄汝一信，中問備兒現已離職住於成都住址，因彼現已有家累，不能一日無事，致生活困難，余擬寄些錢去接濟，汝母更感不安，此信汝究竟接到否？望速來回信，開明備兒住址及其離職緣由、狀況。

九月二日　父字

一二二

1943年10月8日致羅香林

香林賢壻鑒：

本星期一因內子帶致一書必已覽及，《蒙古源流》借得到否？《僞齊》、《僞楚》二録已與盧某説過否？甚望回音。倞兒依然身熱，飲食不敢放恣矣。僧兒及越娟瘧疾甚厲，一切事皆由女僕任之，望内子早日回來。已與陳百年説妥，下星期一乘彼汽車回家，然百年言星期一來否未定，屆日望十時至陶園一探，如已來，望再與百年一説，約定時間去乘車。仲嫺身體諒必康健。敬頌
撰祺。

逷先啟
十月八日

一二三

1943 年 12 月 15 日致羅香林

香林賢壻鑒：

近晤張溥泉，談及辛亥三月二十九日廣州革命事，余以爲黄花崗所葬七十二烈士碑所戴者有不葬於此中，葬於此中者其名有不列於碑，當重爲考定，撰一傳記，彼允由黨史編纂處供給材料。鄒海濱先生所撰《中國國民黨史稿》商務印書書館出版者，望代爲設法一部，下星期一來取。海濱先生處如有重本，願以《太炎先生文録》交換一部，如無重本。望借一部以供參考。專此即頌
撰祺。

逷先啟事
十二月十五日

致陳獨秀函

1917年12月28日

《中國上古文學史》，須至明年暑假前編完，故明年上半年仍須用講義。《中國文學史要略》，未修改之前，亦須用講義。明年暑假時大加修改後付印，即可不用講義矣。此復。十二月二十八日，朱希祖白。

注：録自1918年1月1日《北京大學日刊》。時北京大學文科學長陳獨秀在《北京大學日刊》發布啟事，請各教授將自己的講義編制成書，印製後作爲教材供學生使用，北京大學以後將不再印行講義。

致周作人

一

1919年1月11日

啟明尊兄：

《月刊》第二期文章國文門闕稿尚多，大作務祈從速擲下爲盼。敬頌

健康。

弟希祖再拜

一月十一日

二

前要購明宣德元年刊本《道經》四種，兹以代爲購得一書共二十篇，特送上。此頌

啟明尊兄午安。

弟希祖

二十五日

三

1942年2月27日

啟明學長兄惠鑒：

住宅事承大力保全，不勝感謝。本擬遵命使内人回來居住，因此間限制家眷出境甚嚴，江浙交界非有兩種證書不能通過，遂不能成行。現已有舍妹朱福嬿住於敝宅内，已可作爲房主，煩再設法懇請通融。至禱至禱。專此敬頌

撰安。

弟朱希祖敬啟

二月廿七日

注：

① 此三封信原件藏周作人哲孫周吉仲處。

② 上列第一封信當寫於1919年1月11日。首先，此“月刊”當指《北京大學月刊》，而非《國學門月刊》。《國學門月刊》爲北京大學研究所國學門所辦，創刊於1926年，主編爲魏建功先生。《北京大學月刊》創刊於1919年1月，由各研究所輪流主編，其時朱希祖任國文研究所主任，因主編其事，所以有催稿之信。又，北京大學於1919年8月廢門設系，國文門改爲國文系，這之後北大不再有國文門的名稱，而信中仍用“國文門”的名稱，所以當在1919年8月以前。

③ 上列第二封信具体年不詳，信封上有四月二十五日。

④ 上列第三封信爲1942年2月27日所寫。其時，朱希祖一家在重慶，北平日僞政府有一“公私産業委員會”要將朱希祖在北平的房産作爲“無主”房産代管，其實就是没收，其時爲1941年3月。朱希祖曾去信託周作人設法周旋，周作人爲保全朱希祖房産出了不少力。朱希祖1942年2月27日日記云：“上午，寫北平張叔範夫人信，附小汀叔祖信，並致起蒙信，言住宅已有舍妹福嬿爲房主，亦可設法通融矣。”日記中“起蒙”，即周作人。周作人，字啟明，又作啟孟，當時周已出任僞職，朱希祖爲避時諱，故在日記中將“啟孟”隱作“起蒙”。另：福嬿，爲朱希祖堂妹。

致《國故》月刊編輯部

1919 年 1 月 28 日

《國故》月刊編輯部諸位先生左右：

前日薛君祥綏、楊君湜生言《國故》月刊事，希祖贊成斯舉，以爲可以發揚國華。惟推希祖爲編輯，則因所任校事甚忙，無力兼顧，未表同意。故當日開成立會時，未造劉宅，甚爲抱歉。今日遇馬夷初先生，亦曾表白辭意。因希祖擔任國文研究所及大學月刊編輯，加以校中講義尚未編了，已覺顧此失彼，再任《國故》編輯，實覺力所不逮。與其掛名屍職，不如先自告退爲愈。敬請貴月刊出版時，勿加入賤名爲幸。區區之意，伏祈原宥。敬頌

著安。

弟朱希祖再拜

一月二十八日

注：

① 録自 1919 年 1 月 29 日《北京大學日刊》。

② 時北京大學學生薛祥綏、張煊、羅常培、楊湜生等發起成立《國故》月刊社，推劉師培爲首，並於 1919 年 1 月 26 日在劉師培寓所召開成立會。當時北大教授中朱希祖、黃侃、馬叙倫、梁漱溟等均表示支持，故《國故》月刊社聘朱希祖爲編輯。朱希祖因“校事甚忙，無力兼顧”堅辭編輯一職。

致胡適

一

1920 年 5 月 31 日

適之先生：

今天接得你的信，知道林攻瀆（元曙按：即林公鐸）先生因爲孔家彰事鬧得不休。這事多是我粗心不好，不該把孔生給你的信給林先生看。但是我的初心，並不是把這封信給林先生看了，與孔生及先生爲難。我因爲學生中對於國文教員寫匿名信的很多，凡我可以與教員說得通的，我同他面說，不把信給他看；說不通的，只好把匿名信給他看，使他警悟。孔生給你的信，我僅把一二兩頁給林先生看，末頁具名的，不給他看。不料信中有升班的事，我起初只看罵人的地方，並不看到這件事，這是我粗心不好。林先生卻因這件事，查出孔嘉彰的名姓來。又誤以爲此事是先生辦的，或因此遷怒於先生。萬望先生海涵大量，勿介意爲幸。至於孔生升班的事，卻是一件公事，我也不能勸林先生不說。此事且係馬寅初先生所辦，今天聽寅初先生說，他只許孔生英文升班，其餘課程並未許他升班。所以這件事只好聽寅初先生怎樣辦理，公事公辦，不好再雜一點私情。如其該升，也不能聽林先生與他爲難；如不該升，也不能禁止林先生與他爲難，因爲林先生課程上與他有關係，不比旁人。況林先生處，我已勸他勿爲已甚；且對他說，此事與適之先生無關。不料他愈鬧愈甚，簡直使我難堪，使我蒙“撩人是非”之嫌，友誼上已説不過去，我也不願再與他交涉。這事，我對於先生開罪之處，或有見諒之一日；對於孔生我只好獨負其責。先生對于孔生，已遂他英文升班的願，也不算對不住。至於其餘升班的事，其中必有誤會之處，也只好不管他了。

朱希祖

九、五、三十一

二

1920 年 8 月 11 日

適之先生：

昨接到你的信，始知陳衡哲女士已到南京講演。他對於教西史的志願，我已明白。“西洋上古史”和“史學通論”姑且不强她教。現擬請他教“西洋近百年史”，每星期三小時，如人數多，分爲兩班，用同樣講義教，須六小時，再請他在史學系研究課程中擔任“歐亞交通史”二小時。前一種須編中文講義，後一種緩編講義，先行講演，即至一年後再編成書亦可。“西洋中古史”和“西洋近世史”，已有人擔任，中途不可更改。如陳女士願意教，明年再商量罷。我的意思請和陳女士商量，如得同意，望速賜復。

希祖上

九、八、十一

三

1921 年 9 月 24 日

適之先生：

近日讀了你的《紅樓夢考證》，説曹寅生平的事蹟很詳，快慰的很。但是曹寅生平尚有一件最大的事業，卻失落未載。現在，我想把這件事告訴你，將來再版時可以補入。

曹寅生平最大的事業，影響我們文學界的，就是刊《全唐詩》一事。康熙四十六年刻《全唐詩》，四十五年曹寅特上進書表，略云："通政使司通政使臣曹寅……等上言，康熙四十四年三月十九日，奉旨頒發《全唐詩》一部，命臣寅刊刻。……於康熙四十五年十月初一日書成，謹裝潢成帙，進呈御覽者。"這書刊於康熙四十六年，設局於揚州開刻，當時稱爲揚州詩局本，後來江寧、廣州，各有翻刻本。

《全唐詩》雖自内府頒發，他的原本實在是明海鹽胡震亨輯的，起初名爲《唐音統籤》，共一千二十四卷（據《嘉興府志》），自甲至癸分爲十籤。後來刻出的只有戊籤、癸籤兩種。他的全部稿本，似曾入於徐乾學的傳是樓，《傳是樓書目》云："《唐音統籤》甲籤帝王詩凡七卷；乙籤初唐詩七十九卷；丙籤盛唐詩一百二十五卷；丁籤中唐詩三百四十一卷；戊籤晚唐詩二百一卷，又閏餘六十四卷；己籤五代雜詩四十六卷；庚籤僧詩三十八卷，道士詩六卷，宮閨詩九卷，外國詩一卷；辛籤樂章十卷，雜曲五卷，填詞十卷，歌一卷，謡一卷，諧謔一卷，諺一卷，語一卷，酒令一卷，題語判語一卷，讖記一卷，占辭一卷，蒙術一卷，章咒一卷，偈頌二十四卷；壬籤仙詩三卷，神詩一卷，鬼詩二卷，夢詩一卷，物怪詩一卷；癸籤體凡、發微、評彙、樂通、詁箋、談叢、集録凡三十六卷。"

胡震亨的《唐音統籤》後來購入内府。王漁洋《分甘餘話》云："海鹽胡孝轅（震亨的字）輯《唐音統籤》自甲迄癸，凡千餘卷，卷帙浩汗，久未版行。余僅見其癸籤一部耳。康熙四十四年，上命購其全書，命織造府兼理鹽通政使曹寅鳩工刻於廣陵（就是揚州），胡氏遺書，幸不湮没。然版藏内府，人間亦無從而見之也。"《四庫全書總目》亦云："《全唐詩》九百卷以明海鹽胡震亨《唐音統籤》爲稿本。"陳田《明詩紀事》亦云："康熙中聖祖命輯《全唐詩》，以孝轅《唐音統籤》爲底本。《統籤》凡一千二十七卷（較《嘉興府志》所載卷數多三卷）。《全唐詩》僅九百卷，蓋《統籤》收道家章咒、釋氏偈頌多至數十卷，傷於冗雜，《全唐詩》芟除之；癸籤皆論詩之語，亦去而不録，故爲卷止此。又考其僞誤，補其缺失，始爲完帙。”

《全唐詩》刊刻特開局於揚州，當時考誤補缺的人與曹寅共事，大約也在局中。據《進書表》所載，有彭定求、楊中訥、沈三曾、潘從律、汪士鋐、徐樹本、車鼎晉、汪繹、查嗣瑮這班人。

《全唐詩》刻成以後，康熙四十八年，又在揚州詩局刻《四朝詩》三百一十二卷，内宋七十八卷，金二十五卷，元八十一卷，明一百二十八卷。康熙五十年，又在揚州詩局刻《全金詩》七十四卷。這兩部書是不是曹寅經手，我卻没有考定。但是揚州詩局是曹寅開創的，這件功勞是不可没的了。

我想曹寅在詩學上做了如許功績，他的兒子曹雪芹又在小説上做了一代能手，在清代文學史上皆有很大影響，是不可不表彰的。

朱希祖

十年九月二十四日

四

1930年12月17日

適之先生左右：

閱報知先生今日四十大慶，本擬前來祝賀，因近日胃病甚劇，終日惟飲牛乳，不能出外，未克如願。兹奉上薄禮一函，聊表微忱，伏祈哂納是荷。專此敬祝

壽祺！

弟朱希祖敬上

十二月十七日

五

1931 年 9 月 5 日

適之先生左右：

久不領教，甚念。玆有懇者，北大史學系畢業生謝興堯，擬留在北平繼續研究太平天國史，不願就外邊中等學校教員，仍舊爲北大研究所國學門研究生。渠對於太平天國史料搜集頗多，將來甚有希望，惟個人生活不能維持，恐不能安心研究，甚覺可惜。聞北大有補助研究生之舉，敢懇先生竭力爲之設法介紹，如能得到補助金，俾得安心研究，亦成全好學後進之善舉也。專此敬頌

時綏！

弟朱希祖敬上

九月五日

注：以上五封信件均見 1994 年黄山書社《胡適遺稿及秘藏書信》。

致蔡元培

一

1922年10月16日

孑民校長先生：

本校講義印刷費，歲達一萬餘元，然圖書擴充費，爲數極微。現在決定收納講義費，我們爲學校計，爲學生計，謹向先生提議，將所收講義費，盡數撥歸圖書館，供買學生各種參考書籍之用。此種辦法，學校既可增加圖書支出，學生亦可減少買書費用。將來學校圖書充足，學生外國文程度增高，即可完全廢除講義。是否可行，敬請裁奪。

王世傑　朱希祖　沈士遠　沈兼士　丁燮林　李書華　周覽
同啟

十一、十、十六

注：

① 該信寫於1922年10月16日，載1922年10月18日《北京大學日刊》。

② 此信的背景即爲著名的北大講義風潮。因北洋政府不能按時劃撥經費，學校經費困難，學校決定向學生徵收講義費。1922年10月12日，北京大學新學年開學，由評議會通過的征收講義費決議付諸實施，引起學潮。10月18日的《北京大學日刊》，刊登有朱希祖、王世傑、沈士遠、丁燮林、李書華、沈兼士、周鯁生等評議會成員聯名寫給蔡元培的來信以及蔡元培的回

信。10月19日蔡元培宣佈辭職，學校停課。後由各方調解，學生承認錯誤，寫出聲明書，並開除帶頭者馮省三，召開學生大會，挽留蔡元培，蔡先生復職。

③ 附蔡元培回函：

逷先、雪艇、士遠、巽甫、潤章諸先生公鑒：

奉惠書，擬以所收講義費盡數撥歸圖書館供買學生各種參考書籍之用，甚善，甚善，謹當照行。此次徵收講義費，一方面爲學生恃有講義，往往有聽講時全不注意，及平日竟不用功，但於考試時急讀講義等流弊，姑特令費由己出，以示限制。一方面則因購書無費，於講義未廢以前，即以所收講義費爲補助購書之款。至所以印成小券，不照他校之規定每學期講義費若干者，取其有購否自由之方便。彼等若能筆記，盡可舍講義而不購也。附聞。並祝

公綏！

蔡元培敬啟

十月十七日

二

1931年4月

孑民、杏佛先生執事：

近得北平市政府復歷史博物館函，並附工務局原報舊炮數目號碼清册一份，内開“奉東北政務委員會電，本市舊炮全數撥歸歷史博物館保存陳列”，並允飭工務局協助搬運。惟查此項舊炮，共一千一百四十餘尊，大者數千斤，小亦數十百斤，搬運之費頗巨。今由裘君子元預算，謂能得工務局協助，尚需銀一千數百元。擬請設法撥給千元，其餘不足之數，由歷史博物館自行籌畫。希祖等以爲此項舊炮於歷史上甚有價值，若惜此運費，棄而不取，則他人便以爲無歷史上之價值，而工務局屢次要求撥給此項舊炮銷燬以作別用者，適得其機會矣。考舊京原存舊炮有鐵與銅兩種，銅炮中最著名

者曰神威，曰臺灣。神威又分兩種，關外製者爲清滅明之利器；關內製者康熙時南懷仁所造，爲清滅吴、尚、耿三藩之利器。臺灣則爲鄭延平王舊物。鐵者皆明天啟、崇禎時製，往時皆儲存舊都之炮局。庚子拳匪之役，均支架於各城樓上，八國聯軍入，而神威、臺灣等銅炮則均遺失。惟各炮局略有存者，袁世凱稱帝時，又爲造幣廠銷燬。此銅炮遺失、銷燬之大略也。今歷史博物館原存舊炮百餘尊，其中尚有南懷仁所製銅炮一尊，蓋爲碩果僅存者耳。今市政府允撥之舊炮一千一百四十余尊全在舊都城上，觀清册中所開名目，明崇禎十四年神機營及神樞營所造者居其十之六七，其中有標記年號及神機、神樞某營某司某隊者；有僅標神機、神樞某營某司某隊者；崇禎二年、三年造者，亦有數尊。而崇禎十二年洪承疇所造之炮，款識百餘字，重五千四百斤，長九尺六寸，最有精彩。其他鐫工匠及監造人名及營、司、隊名目者甚多；天啟二年所造，題明用紅美鐵鑄者有二尊。史稱伊大利教士龍華民及畢方濟奉朝命前往澳門，使葡人捐納銃礮，當在天啟元年。馬耳丁《韃靼戰爭記》亦言澳門葡人供給銃礮，射手請願召還，排斥之宣教師。則天啟初年鑄炮概由葡人可知。史又言天啟六年二月，又命登萊巡撫孫元化製西洋礮，翌年三月封西洋炮爲安國全軍平遼靖虜將軍，遣官致祭。於是金國汗一敗於寧遠袁崇焕，而清太祖努爾哈赤因炮傷而死（據朝鮮、日本人記載），再敗於寧遠滿桂，而奴酋長子召力兔貝勒因炮穿胸而死（據明人記載），此則天啟時鐵炮勝利之大略也。及袁崇焕殺毛文龍，文龍部將孔有德、耿仲明等走山東登州依附巡撫孫元化，後孔、耿反劫所造最新式西洋炮投降清太宗，清太宗狂喜，因封王爵，名其軍爲天祐軍，天祐軍遂以炮手著名。於是清得改良製炮之法，且變鐵製爲銅製，長驅中國，一往無敵，皆此之由。今鐵炮中有“孔”字、“耿”字款識，似尚爲彼等所製者。今銅炮所存雖少，而明代鐵炮在天啟時有破虜之歷史，在崇禎時有亡國之歷史，明清興亡之關鍵皆可於此中求之。昧者不察，已將銅炮銷燬，今若與而不取，並將此明代鐵炮而銷燬之，則非特彼等之罪，吾儕亦豈能辭其咎。務望先生設法挹注，俾便搬運保存。至於陳列之處，擬在端門内，兩邊朝房共有八十餘間，盡堪安頓。館中舊藏正德金鎗一支，若得此項舊炮全數運入，則有明一代鎗炮之制大略以備，希祖等所以不憚煩而陳請者爲此。伏祈鑒察，賜復爲荷。

中央研究院歷史博物館委員長朱希祖、委員陳寅恪等敬上

民國二十年四月某日

注：録自《朱希祖文稿》第七册（鳳凰出版社，2010 年 4 月，第 420 頁）。時朱希祖受聘爲中央研究院歷史語言研究所專任研究員，任該所明清史料編刊委員會委員、中央研究院歷史博物館籌備處委員會常務委員長。

致劉富槐

1927 年 1 月

農伯先生左右：

頃接來示並《古文辭通義》十册、濮綢一匹，不勝感愧。書留爲紀念，濮綢謹璧謝，心領盛情，銘衷不忘。此次學校減政，裁職員五十八人，舍弟守先亦被裁。教員此次裁十餘人，以教課鐘點減少或合併故耳。開學後尚須裁減講師或改教授爲講師，此不過暫時救亡之策，將來經費有著，尚需擴充，當再有奉勞之時也。暇當趨前領教。敬賀

年禧，並鳴謝意！

弟朱希祖頓首

注：

① 此信藏桐鄉市博物館，由中華書局俞國林提供。

② 此信寫於 1927 年 1 月。朱希祖之弟朱守先於 1927 年 1 月 16 日離開北京南歸海鹽。朱偰《先君逖先先生年譜》民國十六年條：“一月十六日，三弟守先公辭北京大學職員職，南歸海鹽。”

③ 劉富槐（1869—1927），字樹聲，號龍伯，又號農伯，浙江桐鄉濮院鎮人。清光緒二十三年考取拔貢第一名，援例入資爲内閣中書；光緒二十八年中恩正併科舉人，仍供職京師，歷任大學堂、鹽務學堂教習。著有《瑟園詩録》四卷、《瑟園詞録》一卷。

致陳垣

一

1927 年 8 月 10 日

援庵先生左右：

昨日承寄葉玉虎先生徵求有清學人像傳啟事並名單一紙，弟對此事不勝感佩。竊謂文翁石室、武梁石刻圖像之重，自古已然。然彙集成書者，始於《會稽先賢像贊》五卷，見《隋書·經籍志》。明代彙集圖像者甚衆，散見各家記載，惜多未見傳本。道光中嘉定程氏繪刻《練川名人畫像》六卷，以嘉定一邑，得百數十像，可謂勤矣。蘇州顧氏繪刻吴郡名宦先賢遺像於滄浪亭，得五百六十人，然尚局於一省。嗣後國粹學報館頗事搜羅，印出者百餘像，則不限於時地矣。程、顧、鄧三家所印，弟處多有。兹以校葉氏名單，已有各像约得四十人。待訪各像則得八人，曰惠棟、曰陸世儀、曰計東、曰葉方靄、曰江聲，顧刻有之；曰王夫子、曰顔元、曰孫奇逢，鄧刻有之。而未見於葉氏名單尚可補列者，則程刻中有錢大昭、錢塘錢民、陸隴其、程瑶田；顧刻中有惠周惕、陳宏謀、彭定求、彭啟豐、張伯行、梁章鉅、朱琦；鄧刻中有朱之瑜㞙、嚴衍、彭紹升、朱用純等。他若錢儀吉、錢泰吉、張廷濟等，其著述中亦刻有畫像，曾國藩、張之洞、俞樾、孫詒讓、楊守敬等，亦偶於他書見其照相者。大抵同光以前多畫像，較難得；同光以後多照像，較易得。便祈轉告葉君爲荷。更祈勸告葉君，廣爲搜羅，能超出於五百名賢像以上則尤妙矣。或將南雪先生所得一百八十像作爲初集，先爲印出，再將玉虎先生續得者次第分集印出，既可慰學子先睹爲快之忱，又可引世人之注意，各將所有名人像傳投寄，繼長增高，必大有可觀。區區之意，未知有當否？元朱思本《九域志》八十卷，見蔣光煦《東湖叢記》。承贈張氏父子各書，謝謝。敬頌
著安。

弟朱希祖敬上
十六年八月十日

二

1932年10月22日

援庵先生左右：

臨行承大駕惠顧，匆匆未曾造府辭行，抱歉萬分，敬祈宥恕爲荷。弟於十五日安抵廣州，寓百子路中山大學第一醫院校長住宅。房舍精潔，花木秀美，大可讀書其中而無羈旅之感。文德路舊書店亦已去過，居然得到一部好書，爲二十餘年來求之未得者。中山大學圖書館書籍太少，自己書籍亦不能多帶，頗感不便。聞莫天一、徐信符二先生藏書頗多，擬常去奉訪，或能濟一時之窮。初次到廣，所見多與中部北部異，儼如新辟天地，饒有趣味。惜與先生等相隔太遥，不能常相切磋爲可恨耳。其他近況，詳致倫哲如先生函中，請其轉呈一閱。關心桑梓，或樂聞焉。專此道歉，敬頌
著安。

弟朱希祖敬上
廿一、十、廿二

注：

① 1932年秋朱希祖先生受中山大學校長鄒魯海濱先生之聘，10月5日，

先生離開北平，途經南京小住數日，10月15日到達廣州，任中山大學文史研究所所長。

② 信中所謂“文德路舊書店亦已去過，居然得到一部好書，爲二十年來求之未得者”，朱希祖是年10月18日日記云：“偕羅（香林）、容（肇祖）二君步行至文德路舊書店看書，於古香書店襬少屏處見有明萬曆刊本《宋宰輔編年録》二十卷十八册，索價光銀四十元，乃以三十六元購得。此書系宋徐自明撰，清代無刊本，近日《敬鄉樓叢書》二編始有排印本，亦據萬曆刊而有缺頁，校勘不精，脱誤孔多，今得此本，當可補正不少，爲之狂喜。”

③ 先生是年10月22日日記云：“寫倫哲如、陳援庵、陸詠沂三君信。”

三

1933年9月2日

援庵先生左右：

此次來平，辱承寵燕，不勝感謝。北大舊史學系畢業生謝興堯君，專研究太平天國史，頗有心得。前數年在北平大學女子文理學院史學系任明清史講師，今因女院裁減課程，因此無事，不能維持生活。聞輔仁大學明清史尚未有人擔任，謝君尚堪承乏，敢請鼎力扶植，成全後進好學之忱，不啻身受。誠心好學，轉精研究者，當世甚乏其人。萌芽摧折，誠不忍坐視，故敢冒昧進言，伏祈原宥。專此，敬頌

道安。

弟朱希祖敬上

民國廿二年九月二日

注：謝興堯，爲朱希祖北大學生，1931年北大史學系畢業時，朱希祖曾致信胡適先生，推薦其爲國學門研究所研究生。具體内容詳見1931年9月5日朱希祖致胡適先生信札。

四

1934年5月14日

援庵先生左右：

久疏箋候，甚念。弟於春初蒞南京中央大學，春假時赴富春江游覽，歸途感受風寒，小病纏綿，一月未愈，近始至校授課。忽承遠賜姚大榮先生所撰《馬閣老洗冤録》一册，與南明史大有關係，不勝欣慰。姚氏私謚馬士英曰忠武，而承認阮大鋮爲奸臣。以奸臣事君，甚至翻先帝之逆案，斥滿朝之清流，致清君側之師，猶不罷斥阮氏以靖内難，反撤禦外之軍以急内爭，遂之亡國，可謂忠乎？士英不忠，罪案甚多，姚氏專責修《明史》者以《桃花扇》爲史料，此無根之談，頗有深文周内之嫌。然士英與大鋮相較，自是彼善於此。鄙見如此，未知尊意以爲然否？專此恭謝，敬頌

道安。

弟朱希祖敬上

五月十四日

注：

① 1934年春，朱希祖受南京中央大學校長羅家倫之聘爲該校史學系主任，於2月25日抵達南京。3月28日至4月9日春假時，先生有滬浙之行。28日，冒風雪赴上海。29日，至嘉興，當日回上海。31日，至杭州，寓湖濱旅館。4月1日，訪族叔耀庭，時耀庭任浙江省公路局局長。2日，與謝國楨參觀浙江圖書館，訪館長陳叔諒。先生勸其多購浙人著作，以充實圖書館，而保存鄉邦文獻。又至杭州舊府學欞星門兩廊觀宋高宗手書石經。3日，游湖，並先後謁張蒼水、于謙、岳飛墓。4日，至蘭溪。5日，至嚴州。6日，乘舟下七里瀧，謁嚴子陵釣臺，並訪謝翱墓，暮抵桐廬，登桐君山。7日，歸杭轉至上海。9日，歸南京。此行，先生在杭嘉滬三地購舊書甚富。

② 上述四封信均録自1990年上海古籍出版社，陳志超主編《陳垣來往書信集》。

致北京師範大學梁華炎、李濟人函

1927 年 10 月 28 日

啟者：

國文系開課鄙人極願效勞。數年以來關係甚深，感情甚洽，更不願舍去。惟一二月來，因北平九校開學無期，前途渺茫，故已應清華大學教授及輔仁大學講師之聘，所任課程已多，無力再分任他校，伏望轉告同學，諸惟原諒是荷。敬頌

學祺。

朱希祖謹啟

十月二十八日

注：

① 此信原件藏北京新文化運動紀念館，原件下題“朱希祖婉拒赴北京師範大學教職致梁華炎、李濟人函”。

② 原件未署日期，從“應清華大學教授及輔仁大學講師”一句來看，此信當寫於 1927 年。

③ 梁華炎，李濟人二人估計是北京師範大學國文系的學生。

致錢玄同

一

1928 年 3 月 24 日

玄同兄：

承詢明永曆帝謚號曰“昭宗匡皇帝”見《越縵堂筆記》，不知李氏何所據。弟近涉略南明史籍，亦未見有此記載。兄謂此謚殆爲鄭成功所上，甚是。李氏跋王夫子《永曆實録》云：“紀一卷題曰‘大行皇帝’。注云‘鄭成功在臺灣上謚號曰昭宗匡皇帝，王氏遠隔楚南，故未知也’。”則李氏亦明言爲鄭氏所上矣。李氏曾得《野史無文》一書，自題“淝水奈村農夫輯”，存十三卷至十六卷，第十三卷爲鄭成功、鄭經、鄭克塽、鄭鴻逵傳，所載鄭氏事多有他書所不詳者云云，亦見於《越縵堂筆記》。所上之謚，或出於此書乎？惜不能得其原書而一證之也。

前在日本時，有人贈太炎先生《南明書》一部，爲朝鮮人撰，兄處有其書否？其他關於南明史書有希見者願乞示知。治南明史如揚鳳苞、張鑑及李氏皆有題跋，戴望亦常從事於斯，有記述否？

弟希祖

注：該信原件藏北京新文化運動紀念館。原件無日期。但南京圖書館藏有此信抄件一份，抄件上没有擡頭和落款，且只録至“惜不能得其原書而一證之也”，但寫明此信寫於民國十七年三月二十四日。

二

1928年3月28日

玄同兄：

前承問鄭成功謚永曆帝之事李慈銘根據何書而跋《永曆實録》。曾有函奉復，疑出於《野史無文》。兹閱李氏《孟學齋日記·乙集下》，言吴江戴笠字笠杍著《行在春秋》，傅節子嘗見戴書鈔本有一條云：緬甸之報至，延平王鄭成功率諸遺臣上謚號曰昭宗匡皇帝。此他書所未載者也。此條簽注於劉湘客《行在陽秋》上，兄可一翻閲。

弟朱希祖敬白

十七年三月廿八日

致北京大學考古學會

1929 年 10 月 18 日

北京大學研究所考古學會公鑒：

東方考古協會自成立以來，進行重大事務，如發掘貔子窩牧羊城古物事件，均未經該會公開討論正式通過，致有種種遺憾。委員僅屬空名，協會等於虚設。希祖蒙選爲該會委員，對於上列重大事件皆不得預聞，委員一職實可取消。今謹辭去該會委員，俾免尸咎。伏祈亮宥爲荷。專此敬頌

公安！

朱希祖謹上

十月十八日

致東方考古協會

1929年10月18日

東方考古協會委員長、幹事長暨各委員、幹事公鑒：

本會自成立以來，進行重大事務，如發掘貔子窩牧羊城古物事件，均未經本會公開討論正式通過，致有種種遺憾。委員僅屬空名，協會等於虚設。希祖忝爲委員之一，對於上列重要事件，其原委皆不預聞，謹辭去委員，以明責任。專此敬頌

公安！

朱希祖謹上

十月十八日

注：

① 録自1929年10月21日《北京大學日刊》。

② 東方考古協會是中日兩國共同成立的，北京大學研究所考古學會是該會成員之一，朱希祖爲該會委員，同時亦爲中日考古學會委員。1928年，日本人未經我國許可，在我國大連發掘貔子窩牧羊城古物。1928年9月28日，朱希祖與沈兼士、馬衡、陳垣等討論此事。10月2日，朱希祖致函東方考古協會反對日本人發掘。10月11日，朱希祖致函中日考古學會，提議取消此學會並草《取消中日考古學會意見書》。20日，草《日本文化之侵略及質北京大學考古學會》。此事未有下文，日本方面繼續發掘。朱希祖遂於1929年10月分别致函北京大學考古學會、東方考古協會，辭去東方考古協會委員。

致陳百年

一

1929 年 7 月 31 日

百年先生左右：

頃見報載警告朱、馬二教授標題内，有朱馬二教授把持校務，黑幕重重，請學校當局嚴重取締等語。希祖對於校務是否把持，當在洞鑒之中，惟是誠信不孚，不能見諒於學生，以後本系事務自難進行，用敢辭去史學系主任之職，另行改選，以利進行。專此敬頌

時綏。

弟朱希祖敬上

七月三十一日

附陳百年回函

逖先先生大鑒：

手示奉悉。先生主講北大垂二十年，諸生無不熱誠愛戴，若偶因學生誤會遽而灰心，將史學系主任辭去，則該系一切進行計劃勢將停頓。愛校如先生當不忍出此，務請以學校前途爲重，概允繼續擔任史學系主任，無任企禱。專此順頌

教祺。

弟陳大齊謹啟

八月三日

二

1929年8月5日

百年先生左右：

史學系已辦、未辦之事，報告如下，以備下期史學系主任參考。

（一）已辦者

（甲）史學系改變課程制度曾經開本系教授會議，議決如下：

下學年史學系恢復年級制。

下學年史學系課程，中外通史在一、二年級教完；三、四年級中史分時代，外史分國或分時代。注重研究方面請有專門研究者任課，課程不預定，無，則不濫設。

（乙）史學系約定續聘之教授、講師：

馬衡、葉瀚（支半薪）、陳衡哲（支講師薪）（以上教授）；陳垣、陳寅恪、張星烺、王桐齡、陳映璜、陸懋德、孔繁霱、羅家倫（以上講師）。

史學系約定新聘之教授、講師：

原田淑人、鄧之誠（已提出聘任委員會）、陳翰笙（已得院長允許與經濟系合聘）、毛準（以上教授，毛爲副教授）；劉崇鋐、傅斯年（以上講師）。

二、未辦者

（甲）史學系課程表及指導書因教授、講師尚未接洽完全，故未編。

（乙）史學系尚需添聘之講師顧頡剛、翁文灝等尚有數人或正在接洽未得其允許，或因不知住址正擬往請。今因事辭職不能再事接洽矣。

（丙）西洋史教課書及參考書，因尚未分配確定，各教員所開教課書多種，究以何種爲宜，故未寄買，兹亦停頓。

朱希祖敬上

八月五日

附陳百年第二次回函

幼漁、逖先先生大鑒：

昨以上課期迫，中國文、史學系事務諸待籌畫，主任一席懇請先生繼續擔任，仍未蒙允，殊覺慊慊。會談倉卒，未盡鄙懷，兹再爲先生縷晰陳之。北大精神在於教授治校，此正同人及學生歷來所努力維護而不容其破壞者。各系主任胥由教授互選，即所以表示教授治校之精神，故主任之進退，非他人所得而干預，亦不應受他人任何之影響。今先生因聞他人之煩言，堅決辭職，若學校貿然允許，另行改選，是學校自行破壞教授治校之精神，必非全校同人所許也。先生在北大講學十餘年，此十餘年中，學校變故頻仍，或風潮倏起，或橫逆疊來，加以經費支絀，弦誦幾綴，先生無不勉力支撑，不忍見其敗壞淪亡。今校名幸告恢復，何得以細故遽告引退。且察蜚語之起，由於舊教授未能全返，於是有誤會先生在内阻撓者。不知散居南北各處之同人，齊曾再三電催返校授課，以各有職守，未便中道違棄，致未能全體返校。復電俱在，不難取證。此乃齊數月來焦慮苦思無方延致之事，又豈他人所能左右？總之，悠悠之口，本不足憑。北大受禍已巨，端賴戮力維護。務乞先生即日復職，共勵良圖，勿僅爲獨善一身之計而遺學校以重大之憂。是所至禱，專此奉懇。敬頌

著安。

陳大齊謹啟

附蔡元培致朱希祖函

逖先先生大鑒：

北大恢復，弟雖願回校服務，而目前尚有窒礙，承百年先生體諒，決然離考試院而回校主持，其熱忱真可感佩，乃聞先生尚以前學生會之開罪，而不肯復就歷史系主任之職，良深悵惘。學生會前此之表示，本不合理，先生盡可不必措意。弟致學生會函稱“對於學校當局設身處地知其難處，勿輕發無責任之言論，以取快一時而妨礙大局”即爲此等事而發，並曾向學生代表剴切勸告，爲具體説明，諒彼等早已覺悟，務請先生不咎其既往，勿再耿耿。抑先生對於百年先生之熱忱，諒不忍不爲之助。伏願慨然允回歷史系主任原任，協力進行。弟不久定當來平，從先生之後，一同盡力也。專此奉求，並祝

著祺。

弟蔡元培敬啟

九月二十三日

注：

① 陳百年（1886—1983），名大齊，字百年，浙江海鹽人，中國現代心理學家。1912 年畢業於日本東京帝國大學。回國後曾任北京大學教授、哲學系主任、心理系主任、教務長、代理校長。1930 年後任民國考試院秘書長、考選委員會委員長。1948 年後任臺灣大學教授、臺灣政治大學教授、校長。1983 年卒於臺灣，終年 97 歲。

② 朱希祖第一封致陳百年函和陳百年第一次回函均載於 1929 年 8 月 5 日《北京大學日刊》。朱希祖第二封致陳百年函載 1929 年 8 月 17 日《北京大學日刊》。陳百年第二封回函載 1929 年 9 月 23 日《北京大學日刊》。蔡元培致朱希祖函載 1929 年 9 月 30 日《北京大學日刊》。關於此事，北京師範大學周文玖教授在其《朱希祖與中國現代史學體系的建立——以他與北京大學史學系的關係爲考察中心》（烟臺師範學院學報〔哲學社會科學版〕2006 年 23 卷第 1 期）一文中有詳細説明，現摘録於下：

（7 月）在《河北民國日報》出現北大學生寫的《警告朱馬二教授》的文

章。朱指朱希祖，馬指馬裕藻（字幼漁），文中有“朱馬二教授把持校務，黑幕重重，請學校當局嚴重取締”等語。這一次，朱希祖、馬裕藻都向代校長陳百年提出了辭呈，1929年8月5日的《北京大學日刊》均登載了他們的辭職函以及校長的回函。……（朱、馬）此種做法也不可謂不光明磊落。陳百年很快回了函，不同意二人辭職……但這一次朱希祖下決心辭職了，八月五日，他又給陳百年寫了一信，內容是：史學系已經辦了的事項，如課程制度改革已由教授會開會通過，續聘和新聘的教授、講師人員名單；史學系未辦的事項，如下學期課程表還未制定出來，教學用書尚未購買，没有聯繫好的添聘教師尚待聯絡等。這封信實際是工作交代，以供下期系主任參考。（《朱教授致院長函》，《北京大學日刊》1929年8月17日）儘管如此，這次學校仍没批准辭職，陳百年、蔡元培先後致書二人，勸説他們繼續留任。這樣，他們才勉强復職。

對此事，謝興堯先生在其《紅樓一角》一文中也有記載：

中間還有“朱馬”並稱的事，這完全與北大的校風有關。因爲自從蔡元培長校以來，便實行民主主義，絶對公開。校政方面有由重要教授組織的“評議會”決定一切。學生方面則有學生會，可以向學校當局建議。譬如説有位先生，學校方面不願意請他，而學生慕其虚名，非請他不可，若兩方都堅持，則總有一方讓步，校方大半以拖延爲手段。自民十六革軍北伐，學界風潮尤爲澎湃，新留學回來的，誰都懂得政治手腕，於是設法煽動學生中的有力分子，以群衆爲後盾，向學校説話，名爲請求，實即要脅。這中間凡信仰、同鄉各種關係都有，只要訃聞上所列的那些誼，都用得上，又以主義與黨誼的作用，最爲激烈，爲什麽都講究抓住大衆思想和心理呢？我還記得，似乎有位研究農村經濟的新人物，也曾在北大教過書，這時忽又想回北大作教授，學校當局大概是恐怕他戴的紅帽子，將來惹起麻煩。没想到這位先生便以學生爲鬥爭工具，來個“霸王硬上弓”，説朱希祖（史學系主任）、馬裕藻二人把持校政，不肯聘請新人。中間也曾貼標語，鬧風潮，末了這位先生還是進來了。不過風言風語的總説朱馬是思想陳舊，老朽昏庸，這正是當時的新鮮詞兒，同時便是載在黨章下的不赦罪名。後來大鬍子（朱）之離開北大，或於此不無關係，一個大時代下，這種現象，本來毫無足異也。（《子曰叢刊》

第2輯，1948年6月）

三

1930年12月8日

百年校長執事：

昨晚接得史學系學生來函迫希祖辭職，且又發表宣言，張貼標語，造事端以相害名譽，示暴力以聲言驅逐。希祖對於史學系主任及教課無法進行，只得辭職。望即俯准，以遂初服，專此敬布。順頌

時綏！

弟朱希祖敬上

十二月八日

注：

① 録自1930年12月9日《北京大學日刊》。

② 繼1929年7月《河北民國日報》出現北大學生寫的《警告朱馬二教授》的文章之後，1930年12月7日，北京大學出現匿名傳單《北京大學史學系全體學生驅逐主任朱希祖宣言》，同日，學生匿名致信朱希祖迫其辭職。8日，朱希祖致函北京大學代校長陳百年，堅請辭職，並於同日《北京大學日刊》上發表《辯駁〈北京大學史學系全體學生驅逐主任朱希祖宣言〉》，對學生匿名傳單中所列條款逐一反駁。9日，陳百年致函朱希祖慰留。10日，朱希祖再次致函陳百年仍堅請辭職。後於1931年1月正式辭去北京大學教職。

③ 關於此次事件可參閲朱元曙《朱希祖與傅斯年》（《萬象》第十二卷第六期，2010年6月）。

四

1930年12月11日

百年校長執事：

昨接大札，對於希祖辭職事殷勤慰留，不勝感荷。惟希祖才力既不能勝任，興趣又復他移，仍當避賢以遂鄙志。辜負雅意。伏祈原宥。敬頌

時綏！

弟朱希祖敬上

十二月十一日

注：録自 1930 年 12 月 12 日《北京大學日刊》。

致北京大學史學系全體同學

1931年2月12日

史學系全體同學鑒：

昨接來函，言此次發生事件，種種態度不無因感情激發，致有失敬之處。因道達歉忱。鄙人覽此，亦已釋然於懷。前次諸同學不滿史學系現狀，鄙人亦具有同情。惟限於歷史與環境關係，理想改革未能一蹴而就，良用爲愧。蓋鄙人雖去，此理想改革恐亦未能立即湧現也。同學中多有未知本系歷史者，故上次宣言所舉吾之過，此次來函所叙吾之功，皆與真相未能契合。鄙人十餘年來，對於史學系逐漸改革，詳於民國十八年十二月十七日北京大學三十一周年紀念刊《史學系過去之歷史與將來之希望》中，此文本校圖書館必有保存者，試一檢閱，當解除誤會不少，且與將來史學系前途亦不無關係。蓋無論作何事，不知本身歷史，其改革必愈趨糾紛。諸同學既學史學，必深知此義。此後深望諸同學澄懷深造，蔚爲史學弘才，鄙人亦與有榮幸。鄙人雖退居里巷，亦誓謝絶俗務專研史學。各自努力，以無負本志，此則區區所自勉而亦以勉諸同學者也。專此敬復，並頌學祺。

朱希祖敬啟

二月十二日

注：

① 録自1931年2月14日《北京大學日刊》。

② 因“驅逐”風波，1931年1月朱希祖正式辭去北京大學教職，改任

中央研究院歷史語言研究所專任研究員。1931 年 2 月 10 日，北京大學史學系學生致函朱希祖，對驅逐舉動深表歉意，朱希祖故有此回函。1931 年 2 月 17 日，北京大學新校長蔣夢麟發表《校長布告》，對此次驅逐事件中的學生加以儆戒。

附《北京大學史學系全體學生致朱希祖函》（原載 1931 年 2 月 14 日《北京大學日刊》）

逖先先生鈞鑒：

敬啟者，吾校過去文史不分，賴有先生力盡辛勤，得除此弊，使本系獨立發展，以有今日。溯厥原流，殊深感荷。今不幸發生此次事件，緬懷往昔，深用歉然。生等以前態度不無因感情激發，致有失敬之處，想先生宏達爲懷，當能鑒此區區，曲加諒宥也。端修寸稟，即頌道祺，諸維鑒照。

史學系全體學生謹肅

二月十日

附北京大學校長蔣夢麟《校長布告》（原載 1931 年 2 月 18 日《北京大學日刊》）

查此次史學系主任事件，該系學生舉動逾軌，違背校章；本應嚴加儆戒以肅校風，姑念該系學生隨即省悟，自承尤悔，免於處分。仍望該生等勵志力學，蓄德敬師，以期培護本校固有學風，是爲至要。此布。

二十年二月十七日

致傅斯年

1931 年 5 月 18 日

近日先將石印《延平實録》校讀一過，並從他書考其異同，擬先作序一篇。承示擬改此書爲《延平幕僚楊英從征實録》，更爲明瞭，且可使人注意。考夏琳《閩海紀要》“永曆十七年十一月鄭經設六官，以楊英爲户官”（《閔海紀要》卷下），先是，“永曆九年延平王鄭成功承制設六官，時奉詔文武職官，許其便宜委用，武職許至一品，文職許設六部主事。又賜詔許其軍前所設六部主事秩比行在侍郎、都事秩比郎中”（《閔海紀要》卷上）。楊英在延平王成功時爲户部都事，觀《實録》中自稱可知。此書作於嗣王經時，且在英爲户官後，故書首題“户部主事楊英”。蓋在鄭氏方面言之，則爲户官；在行在方面言之，則爲軍前户部主事。竊擬此書可改名爲《延平王户官楊英從征實録》，或將“延平王户官楊英”七字小字雙行列在“從征實録”四大字上，未知尊意以爲何如。乞定奪示知，以便作序時叙入改題書名之意。

五月十八日

注：

① 録自《朱希祖文稿》第三册（鳳凰出版社，2010 年 4 月，第 241 頁）、《朱希祖文集》第五册（臺灣九思出版有限公司，1979 年，第 3073 頁）。此信寫於 1931 年 5 月。

② 時朱希祖受聘爲中央研究院歷史語言研究所專任研究員，任該所明清史料編刊委員會委員、中央研究院歷史博物館籌備處委員會常務委員長。

時歷史語言研究所從福建購得一部舊鈔本，該書前後霉爛，且書題脱去四字。所長傅斯年欲將此書影印，並請朱希祖作序。爲定書名，朱希祖與傅斯年書信往來，最後定名爲《延平王户官揚英從征實録》。

致王芷章

1936年1月3日

來書謂現正撰《清史伶官傳》，已成三分之一。竊謂歐陽修《五代史記》所以立《伶官傳》者，以唐莊宗亡於伶官，與政局大有關係，故入於《五代史》，清代伶官與政局關係極少，可不必以"清史"爲名，稱爲《清代伶官傳》足矣。且限以伶官，有名伶而非官者，是否别做一傳？是不如改爲《清代名伶傳》，或《清代伶人傳》，其範圍似覺稍廣。伶官僅列一表，已備一代掌故足矣。至於作傳，只宜以派别分，如崑弋皮黄均足自成一派，斷不可如舊式之傳記專以人爲單位也。如以爲然，則同屬一派有爲官者，有非官者，不妨一爐容之矣。

注：

① 録自朱希祖1936年1月3日日記。

② 王芷章，字伯生，時任職北平圖書館。朱希祖在1924年曾收購了大批清宫昇平署檔案及戲曲劇本，並撰有《整理昇平署檔案記》，後因無暇再詳細研究，遂將所得檔案讓歸北平圖書館，王芷章先生根據這批材料撰成《昇平署志略》一書，並請朱希祖先生寫序。王芷章先生還擬撰《清史伶官傳》，朱希祖遂有此信，後王芷章先生聽從朱希祖的建議，將其改爲《清代伶官傳》，收入自著《二渠村舍叢書》中。王芷章還有《腔調考原》等著作傳世。

致邵翼如

1936年2月26日

翼如先生左右：

日前趨府領教，崇論弘議，大開茅塞，黨史規劃，尤所欽佩。本月二十三日，希祖適赴吳門料理瑣事，大駕惠臨，有失迎迓，不勝抱歉。先生謙抑下士，有温恭之雅量，存古賢之遺風，想見虛衷弘納，不棄細流矣。修史之事，愈近愈難，誠如先生前日所述。昔孔子修《春秋》，有所褒諱貶損不可以書見，至於口授弟子。夫以私修之史，一家之言，且有所顧忌，不能直書所見，無怪魏收《魏書》受貶之家詬以穢史。《北史·收傳》且言："既緣史筆多憾於人，齊亡之歲，收冢（乾隆殿本'冢'誤作'家'）被發，棄骨於外。"修史之禍，至於如斯。不特此也，貶惡固易招恨，褒善亦難滿望；濫收固易受譏，被摒尤多遭怒。側聞《清史稿》之禁，雖因其載筆不慎，微有觸犯，然略加修改，何至泯棄全功？實因一二大員，不爲其先德立傳，或立傳而不愜意，故遭禁錮。然遼東之本固自在流行，徒顯其政令不一而已，而修史之難尤可概見。（清史館初設，希祖亦嘗濫廁協修之列，其後袁世凱稱帝，欲全羅館員於碩學通儒榜以備勸進，二三人不允，皆立即被斥而去。希祖辭職，故於清史中未嘗留隻字。今論此事，固無愛憎於其間也。）然既爲史官，固不可畏難而韜筆，譬猶法官衡鑒平明，自當執法以繩，觸法者雖死而不怨也，苟有偏頗，則難者四起，修史亦然。多其證據，精其考核，辨其真僞，權其輕重，振筆直書，不畏强禦，不侮微弱，則天下後世自多服其公平，此皆先生洞明，固無勞下走之喋喋也。唯證據一事，竊願貢其鄙見。所謂證據，今謂之史料，搜羅欲其富，考證欲其精，辨別欲其明，去取欲其嚴。先爲長編，羅列異同，各注明原本何書或採訪何人，然後執筆修撰，語皆有根，纂成正本，自然垂之萬世。即或正本有待修飾潤色，而長編既成，衆證羅列，亦可告成功於國家。竊謂今之黨史實不亞於國史，羅致材料，必先弘立規模。國民政府爲成立前，固多黨史；訓政時代未完成之前，亦屬黨史。則北伐之偉烈，戡亂之鴻謨，以及肆應内外，一切史料皆當搜輯，然後可以發揚一黨完成一代之信史之弘業。然今黨史範圍是否如斯廣大，抑或有所限制於國府成立以前，希祖身在局外，實未能深知。如或分而爲二，國府成立以前爲黨史，國府成立以後属國史，則今之國史亦決不宜從緩。吾國歷史延綿不絕數千載者，實因漢唐以來，一日有一日之起居注，一代有一代之實録，一朝有一朝之國史，故其之美富，實冠冕萬國。外族猾夏，國祚再亡，然而終能光復者，實賴此有以維繫民族。今國人輕視此事，史料放棄而不惜，國史斷絶而不憂，此其結果實有不忍言者。先生爲党國要人，於黨史國史均宜竭力提倡，或滙爲一流，或分道揚鑣，片言重於九鼎，一髮可繫千鈞，既在可爲之地，不宜縱此幾會。希祖之所言此者，非欲廁身於黨史編纂，亦非欲濫竽於國史纂修之列。蓋希祖自有區區之志，欲修成南明一史，則於願爲已足，故決不欲牽於他事以墮厥功。惟因國史之事，民族國祚胥將利賴，關係之重，匪可言宣。（故不得不爲先生一言）近代以來，吾浙東史學輝映海内，私家作史指不勝屈。他若宋濂之修《元史》，萬斯同之修《明史》，邵晉涵之輯《五代史》，皆爲吾浙東人。先生生於其土，吾儕學力雖不餘，仰有先哲，亦當發憤爲雄，況且又身任史職，願陳於先生之前，倘不棄芻蕘，熟思審度，罄力此構，垂諸無窮，則馨香所禱祝者也。言不盡意，伏維朗照。敬頌道安。不宣。

弟朱希祖再拜

先生以黨史繼之以國史，國難既寧，則重修清史。黽勉以繼前徽，精選以備後勁，樹芝蘭之百畝，播芳烈於千秋，先生其有意乎？

注：

① 邵翼如（1890—1936），名元沖，字翼如，浙江紹興人。清光緒二十九年（1903）秀才。三十二年（1906），考入浙江高等學堂。同年，加入同盟會。宣統二年（1910），考取法官，任江蘇省鎮江地方審判廳廳長。三年（1911），東渡日本留學。辛亥革命爆發後回國，任上海《民國新聞》總編輯。1913年7月，赴江西湖口，參加討袁之役，失敗後亡命日本。1914年，加入孫中山創立的中華革命党，任《國民》雜誌編輯。後任中華革命軍紹興司令官，在上海參與討袁的肇和兵艦起義。1916年，在山東濰縣參與組織中華革命軍東北軍，再遭失敗。1917年，在廣州被任命爲大元帥府機要秘書，代行秘書長職務。1919年冬，赴美國留學，先後就讀於威斯康星大學和哥倫比亞大學。1924年1月，在國民黨"一大"上，被選爲中央候補執行委員，不久補選爲中央執行委員和中央執行委員會常委、中央政治委員會委員。5月，任黃埔軍校政治教官，後任政治部代主任。同年11月，隨孫中山北上，任機要主任秘書。到北京後，兼任《民國日報》社社長。1925年3月，孫中山在北京逝世，邵爲遺囑見證人之一。11月，和鄒魯、謝持等在北京西山召開"西山會議"，公開反對孫中山聯俄、聯共、扶助農工的三大政策。1926年1月，在廣州召開的國民黨"二大"通過《彈劾西山會議決議案》，受書面警告處分。3月，西山會議派又在上海召開"國民黨第二次全國代表大會"，成立"中央執行委員會"，邵被推選爲"中央執行委員會委員"。5月，南下廣州，任國民黨中央青年部部長。1927年初，國民革命軍北伐攻佔浙江後，任浙江省政治分會委員兼杭州市市長。1928年初，任廣州政治分會秘書長。4月，到上海創辦《建國》週刊。1929年3月，國民黨召開"三大"，當選爲中央執行委員、中央政治會議委員，並兼任國民黨黨史資料編纂委員會常務委員。1930年以後，任國民政府委員、國民政府立法院副院長，兼任立法院代理院長。國民黨"四大"繼續當選爲中央執行委員、中央政治會議委員，兼任國

民黨中央宣傳委員會主任委員。1935 年 12 月，國民黨召開“五大”，繼續當選爲中央執行委員會委員和中央政治委員會委員。1936 年 12 月初，應蔣介石電召去西安，12 月 12 日，張學良、楊虎城發動西安事變，邵從京西招待所跳窗逃跑，被士兵開槍擊傷，兩天後死於醫院。

② 此信寫於 1936 年 2 月 26 日。朱希祖該日日記云：“下午寫邵翼如信，共五頁，約千五百字。”

③ 此信根據國家圖書館所藏朱希祖手稿整理。原稿爲草稿，塗改較多。

致許壽裳

1936 年 6 月 20 日

季紱尊兄先生左右：

章師設教蘇台，從學者七十餘人。弟曾每月一次前往助講。馬競荃同學亦爲助講。競荃名宗薌，著有《毛詩集解》三十六卷，最近章師所講《尚書》二十九篇，上月講完，新詁甚多，馬君完全筆録，其他小學諸子等筆記亦多。不幸章師謝世，馬君住於國學講習會中，失所依歸，其眷屬全在北平。馬君恂恂儒雅，篤實可親，當世不可多覯。貴院國文學系大可延聘，斯人勝於時流多矣！可否位置，伏祈賜復。專此敬頌

曼茀。

弟朱希祖敬白

六月二十日

注：

① 此信原件藏北京魯迅博物館，在許壽裳的文物中。

② 此信寫於 1936 年。朱希祖 1936 年 6 月 20 日日記云：“寫許季紱信，介紹马競荃同學。”

③ 馬競荃（1883—1959），又寫作馬竟荃，名宗薌，字竟荃，遼寧省開原人，1909 年己酉科拔貢，次年考取法官。1917 年北京大學法科畢業，同年考取高等文官，分發教育部。後任北京大學預科補習班國文教員，1920 年任奉天文學專門學校教授。1923 年任東北大學國文系教授。1936 年任齊魯大學國文系教授，兼任國文研究所主任。1940 年任北平師範學院國文系講師，

1944年轉爲教授。1946年任北平師範大學國文系講師。1948年任蒙藏學校國文教員兼任國立東北大學國文系教授。1951年12月被聘爲中央文史研究館館員。1959年3月3日逝世，終年76歲。

致潘承弼

1936年7月20日

前接大札，道揚先師期望之命以相敦勉，循誦之餘，彌增愧痛。先師學術文章，自漢以後，罕見其匹，平時康健，以爲親炙日長，不免多所疏逖。一旦遽捐館舍，頓覺疑難日滋，欲求牖啟，九京不可作矣，能無慟乎？先師嘗言經史小學傳者有人，光昌之期，庶幾可待，文章各有造詣，無待傳薪，惟示之格律，免入歧途可矣。惟諸子哲理，恐將成廣陵散耳。此二十年前在故都絕粒時之言也，至今思之，仍不能逾於斯言。旭初則謂先師學業，以文章爲第一，經史哲理，可勉學而造其境，惟文章則既須天才，又需學力，此難學而至矣，斯言亦至有理。旭初以文章自期，季剛在時，亦頗以此自許。二君文章，吾儕亦甚欽佩，然先師尚言“季剛文章枯槁，大不類我”，可見斯道之難矣。吾儕仰承先師學業，不妨分道揚鑣，各造其極，而文章一道，皆當努力造作，非必欲以翰墨勳績辭賦爲君子，而立言要有法度，庶不頹其師聲。此後當互相掎摭利病，同臻奧境，吾兄當亦有意於斯也。弟少染俗學，長而奔走衣食，學校授徒，惟務舖張易曉，故文筆冗雜，頗難自拔於俗，且年行已老，大恐終無所成就，惟望兄等痛加繩糾，庶或免流惡札。

注：

① 録自朱希祖1936年7月20日日記。

② 潘景鄭（1907—2003），名承弼，字良甫，號景鄭。幼年習經，長而學詞曲，師從曲學大師吴梅。後由李根源先生介紹，從章太炎研討國學。太

炎先生在蘇州錦帆路創章氏國學講習會，景鄭任教席，並兼任國學講習會會刊《制言》主編。抗戰烽火起，太炎先生夫人湯國梨於上海創辦太炎文學院，聘景鄭任教，並掌學院教務主任兼圖書室主任。1949 年後曾任華東師範大學教授，上海圖書館研究員，爲我國著名版本目録學家。

致汪東

1936 年 7 月 25 日

前接本月十一日大札，敬悉章氏國學講習會決維持一年以待結束，將來創辦太炎學院，以爲張皇先師學術之所，甚善，甚善。委與溥泉先生一談，尚未謀面。聞先師國葬委員會兄與溥泉先生等皆在其列，開會之時便可將學院事籌商。惟是經費固難充裕，人才尤難延攬，圖書設備亦屬匪易；且學院辦法重在研幾，若仍摹仿學校偏重講授，則張皇之期邈焉難即，此中曲折仍當詳審面譚。作事謀始，似未可草率將事，想兄亦必以爲然也。本年四月，先師曾口授少年事蹟，草成筆記，兹特録出寄登《制言》，兄撰先師行狀可先取以參考，當時倉促速記，文辭未暇修飾，取其近真，故未增損一字，幸勿哂其俚俗。馬兄宗霍因其祖母之喪，遄返衡陽，聘書郵寄，已得復札，固樂於追隨吾兄商榷文學也。弟樸訥無文，愧對游夏，欲成國典，亦須緯以文華，先師雖嘗示以法度，懸以禁例，然離群索居，偏鶩考校，操觚率爾，未嘗得師友掎摭利病，導入正軌，荒傖自哂，悔之云晚，將來幸得兄等善爲切礪，垂示軌範，庶或補救於萬一，幸勿以不文見拒也。檢齋南來與否，尚無消息，此公不來，吾道太孤，望兄作書速駕，不可再延。馬兄竟荃著有《毛詩集解》三十六巨册，先師講授《尚書》亦曾全部筆受，《制言》三期載其《王有五門二朝考》，不特深明禮制，善於理紛，且文辭朴茂簡質，頗得賈孔遺意，劬學如彼，熙績若斯，竟不得噉飯之地，殊爲痛心。國學講習會給渠太薄，而又强留，竟荃重負師恩，不敢固拒，然妻孥待哺，舉債無門，進退兩難，憂心如擣，近駕言北邁，道出南都，相見訴心，爲之於邑。吾儕誠當善爲周旋，勿令失所，望兄特爲加之意焉。

注：

① 録自朱希祖 1936 年 7 月 25 日日記。

② 汪東（1890—1963），著名文學家，字旭初，號奇庵，別號寄生，江蘇吴縣人。1904 年 14 歲時留學日本入早稻田大學預科，畢業後入哲學館學習，並在日本參加了孫中山創立的同盟會，擔任《民報》撰述。1908 年師從章太炎習文字學，與黄侃、錢玄同、吴檢齋、朱希祖同列"章門五王"。1910 年汪東回國，參與江蘇光復活動，1912 年擔任《大共和報》撰述，並參加南社，對抗北洋政府，1923 年與章太炎等創辦了《華國月刊》。1930 年任中央大學文學院院長。1937 年隨中央大學入川，1938 年改任監察院監察委員，1947 年與柳詒徵、夏敬觀、冒鶴亭、汪辟疆、顧頡剛等教授同任國史館修纂。新中國成立後，汪東任上海市文物保管委員會副主任委員，1963 年病逝。

③ 馬宗霍（1897—1976），文字學家。原名水坤，别署霎岳樓，晚號霎岳老人。湖南衡陽人。十三歲入衡陽"船山書院"受業於王湘綺。20 年代拜章太炎爲師，爲入室弟子，於國學造詣甚深。著有《説文解字引經考》《説文解字引群書考》《説文解字引方言考》《説文解字引通人説考》等。生前曾任南京金陵女子大學教授，金陵大學教授，中國公學大學部教授、文學院院長，同濟大學教授，中央大學教授，湖南藍田國立師範學院教授、中文系主任、教務長，湖南大學文學院院長，湖南師範學院教授，中華書局編審，中央文史研究館館員。信中所説"聘書郵寄"，即指中央大學聘其爲教授事。

致海鹽縣長請改縣城公路路綫書

1936年11月24日

□□縣長執事：

仰企高軒，辱臨下邑，更新百度，洽惠萬民，無任欣忭。近有鄉人數輩來京，述及敝邑公路路綫，原定由南門入城，經新橋街出北門，沿途應毁民房頗多。曾呈請省中大吏，改定路綫，以保民居。聞省中曾委執事查覆，執事以繁榮邑城必須經過城中爲覆，後因費絀暫輟。今將興工，更新增一綫，由東門入城，會合於新橋，需毁民房更多。居民惶恐，奔相走告。希祖等以執事繁榮邑城爲志，動機至善，實深欽佩。惟敝邑著稱窮僻，有二事不得不顧慮者，謹以上聞。敝邑僻在海隅，工商素不發達，農業又值凋敝。城中沿綫居民，大率皆小户窮氓，房屋一毁，多無力更造，稍有賠償，亦無濟於事；即有一二富紳，華堂大厦，巍焕路旁，然皆出居津滬，視如敝屣，若一毁其門楣，則更絶其回鄉之念。是故城中公路一闢，房屋必更零落減少，非若通商大都，恢復之力既弘，繁榮之象立見，此可慮者一也。敝邑城内，經太平天國一役，房屋焚毁殆盡，八十年來僅沿西門至東門，大街兩旁，房屋甫能櫛比，南門北門以内，占全城三分之二，皆一片荒原，瓦礫滿目。吾邑之凋敝無力可以想見已，此諒在執事洞鑒之中。今敝邑城中，惟東門至新橋沿大街一段，稍有大厦，爲一邑之壯觀。南門北門以内，房屋較少，然南至南寺橋，北至新橋街一段，雖無大厦，房屋亦相比連，若一經拆毁，則窮簷蔀屋，必無力更造，少數大厦，亦零落而減色，則雖有廣路，既無高大樓房以壯觀瞻，而殘破頹敝之廬，與荒原相映帶，適於繁榮相反，此可慮者又一也。然闢造公路爲國家之大計，軍事商業，攸關甚巨，不可不從長計劃，以事興築。竊謂宜稍變更路綫。其由南門入城由北門出城一綫，改由南門城外沿城牆經東門達北門。其新增自東門至新橋一綫，如需與海塘一綫相連，則由敕海廟至東門闢一綫，即可與沿城一綫相連；如與海塘一綫不必相連，僅爲縣署交通便利計，則東門既闢路綫，即與縣署接近，則此一綫可作罷論。如此，則軍運既不防礙，商品仍可灌輸，凋敝之民可以安居樂業，繁榮之觀可以潛滋暗長，一舉而數善畢臻，想執事亦必樂從衆望也。況爲公路省費計，亦宜改用新擬之綫。若在城中，既須拆毁民房，又須掘去街石，工費必鉅。改用沿城空地，皆系官産，本無錢糧收入，小民僅植桑柳，未構房屋，所損尚微，而造路甚易，費用必省。雖由南門經東門至北門，路綫稍長，而東門至新橋一綫省去，則亦相等。敝省建設經費，至爲拮据，節省公款，而效力不減，亦爲當務之急，此亦當爲執事所樂於改計者也。他年東方大港若成，則敝邑爲通商大都接近之區，商工必因之振興，農業亦必因之發達，則敝邑城内通衢必然開拓而寬廣，道旁民屋必然高大而麗都，南北城荒壤亦必變爲錦繡繁華之地。惟目前窮迫之民，必先顧恤，庶可使其昭蘇，由漸而達於繁榮之境，此則希祖等所欲環請而不容已者也。希祖等私人利益毫無關係，純爲公益起見，合併聲明。兹謹繪具圖説，敬祈察核。如能改變路綫，以舒民生，實爲德便。區區之意，伏祈鑒察，賜復爲盼。敬頌

政安！

海鹽旅京同鄉

朱希祖　國立中央大學史學系主任教授

陳大齊　考試院考選委員會委員長

朱宗良　監察院監察委員

徐文藻　考試院科員

孫　瀚　中央軍校教官

王宗旦　外交部國際司副科長

周祖謀　陸軍軍需處科長

朱　偰　國立中央大學經濟系教授

黄承穀　監察院書記官

注：

① 此信原件藏國家圖書館，原件爲草稿，無落款日期，查朱希祖日記，此信寫於 1936 年 11 月 24 日。

② 時任海鹽縣長者名張韶舞。

③ 原稿擡頭處爲兩空格。

致嘉興王專員

1936年12月9日

嘉興王專員勳鑒：

敝邑海鹽縣城内，將新闢公路，路綫由嶼城東來，入縣城南門，經城中新橋，穿北城而出，闢一新北門，此綫須拆毁城中民房不少。今春，邑紳張元濟曾申請省府，改變城中路綫，以免損害民房，省府飭縣長張韶舞查覆。張縣長乃謂欲繁榮邑城，則公路非由城中通行不可；且更欲新增一綫，由東門入城西行，達城中新橋，以與南門新北門路綫相連接。此綫須拆毁民房更多，且此綫更由東門外直達海塘，以與杭州乍浦綫相連接。查海鹽一城斗大，僅有東西南北四門，且僻在海隅，工商素不發達，民多貧瘠，太平天國之役，全城付之一炬。八十年來，僅東門至西門大街房屋，勉强恢復，然猶間有斷續不連。而大街南北，即南城北城，尚猶一片荒原，瓦礫滿目，此可見敝邑恢復能力之弱矣。近年農村破産，民生凋敝，該兩綫民房，若一經拆毁，十之八九，必無力改造，非若通商大都，新闢馬路，拆毁民房之後，立即繼長增高，崇樓大廈，焕然一新，蓋工商興盛，地價房價皆必增貴，此繁榮盛況所以立見也。敝邑城中則反是。一經拆毁，殘破不完之屋觸目皆是，雖有廣路，彌增曠蕩衰敝之象，且窮困無告流離失所者，比比皆是。謂宜改變路綫，期得公私兩全。若改從南門城外，沿城牆經東門以達北門以西，與原擬北城外之路綫相接；再由海塘闢一支綫直達東門，與沿城牆路綫相接，則兵運商輸，皆可達其目的，城中房屋皆可保全。外城牆下，本系官地，毫無民房，即有植以桑柳者，所損甚微。路不加長，而所費反減，一舉而公私皆便。將來交通便利，城中仍可繁榮，與張縣長所期，亦不相反。伏祈飭張縣長暫緩動工，從長計劃，不勝盼望，並祈賜覆爲荷。

海鹽旅京同鄉朱希祖　陳大齊　朱宗良等叩　真

注：此信原件藏國家圖書館，無落款月日，查朱希祖日記，實作於1936年12月9日，爲電文。該電文於12月11日發出。

致沙孟海

1936 年 12 月 19 日

孟海先生:

浙江文獻展覽會送還書十二册已照數收到。兹將尊處收條奉還，並附浙館收條亦祈轉寄。專此敬頌

大安!

弟朱希祖敬啟

十二月十九日

第二封信盼復。

注:

① 録自“孔夫子舊書網”。

② 此信作於 1936 年 12 月 19 日。時浙江省圖書館舉辦“浙江文獻展覽會”，向朱希祖借浙江文獻十二種展出。1936 年 10 月 21 日，朱希祖經中央庚款委員會將這十二部文獻每部頭本轉寄浙江，並爲每部文獻寫出説明。這十二部文獻是: 弘治覆宋本《嘉定赤城志》、弘治本《弘治赤城新志》、萬曆本《嘉興府志》、《康熙海鹽縣志》未刻稿、《天啟本浙士登科考》、舊鈔本《南疆逸史》、舊鈔本《甲申朝事小記》、舊鈔本《崇禎五十宰相傳》、鈔本萬斯同《明史稿·南明列傳》、鈔本張岱《石匱書後集》、李聿求稿本《魯之春秋》、稿本《甲申傳信録》。

③ 朱希祖於該年 11 月 14 日在杭州參觀了這次展覽，並在浙江圖書館作了“章太炎先生的史學”講演報告。

致朱端

1937 年 1 月 31 日

硯因妹惠鑒：

接得一月十六日華翰，循誦之餘，覺文采斐然，無任欽佩。大著《海鹽畫史》前年已有友人贈我一部，早經流覽，深佩用心之專一。邑先輩李脩易曾撰《海鹽畫人傳》一卷，前三年購得其手寫稿本，他日當檢出供參考也。竊謂著書命名須與體裁相合，史之爲體，須分派别、詳流變，一幹衆枝，不宜人各爲傳，若人各爲傳，則是傳記體耳。李氏稱“畫人傳”，較爲諦當。大著如欲稱“史”，必須改變體裁，否則亦當題署爲“傳”耳，幸斟酌焉。戴雨農姻兄及調生叔父來書，均深贊吾妹用志不紛，畫學精進，嘗欲一謀面爲幸。昔吾高祖母潘太夫人亦頗擅詩畫，今有吾妹繼起，可爲吾族增光彩矣。尚祈努力加餐。

注：

① 此信録於朱希祖 1937 年 1 月 31 日日記。

② 朱端，朱希祖遠房本家堂妹，字硯因，善畫，著有《海鹽畫史》。朱希祖 1937 年 1 月 31 日日記對這位堂妹有如下介紹：“硯因族妹名端，曾許字同邑沈文節公之孫某，沈某游學美國，歸供職交通部，棄約不締婚，族妹乃立志不嫁。家貧，常傭書作畫以養老母，人品高潔，亦晚近罕覯之姝也。”

致中央古物保管委員會

一

1937 年 2 月 11 日

中央古物保管委員會公鑒：

前接一月二十七日來函，委審查明周襄敏公墓地是否應在古蹟之列，並附内政部禮俗司原函，及周縉等原呈。竊查周縉所稱周襄敏公金，《明史》列有專傳，傳中載其《澄汰京糧浮食罷中官濫乞引鹽議》，罷用兵哈密，弭止宣府變亂，不無小有功績，若不妨礙國家大工，則其墓地自應保存，不必遷移。若視爲古蹟，則其人必功德巍巍，人所共知，或其立言垂諸天壤，堪稱不朽，則其墓自當列諸古蹟，嚴格保存。周襄敏公之功德言行似尚未能副此。鄙見如此，伏乞公決。

委員朱希祖

注：此信録自朱希祖 1937 年 2 月 11 日日記。在該日記中朱希祖對此信有如下按語："周金爲明南京户部尚書、都察院左都禦史，正德時進士，墓在南京城南安德鄉鐵心橋北，國立中央大學徵地建築校舍，周墓亦包入其内，故其子孫縉等請保存也。余之此議自謂無所偏倚。"

二

1937 年 2 月 24 日

中央古物保管委員會委員長暨各委員公鑒：

敬啟者。敝邑海鹽有明兵部員外郎胡孝轅先生墓，今其墓地被占，墓穴被損，其被占被損皆出於官吏軍人，實與前汪院長及蔣委員長共同通電全國官吏軍人保護古蹟古物之令有所違背。案胡孝轅，名震亨，浙江海鹽人，明萬曆丁酉舉人，官至兵部職方司員外郎。致仕家居，殫心著述，生平所著最重要者有《唐音統籤》、《靖康咨鑒録》、《海鹽縣圖經》、《讀書雜録》、《赤城山人集》，又輯刊《秘册彙函》，其後復爲毛氏汲古閣校刊《津逮秘書》。而《唐音統籤》一千三十卷，彙輯全唐人詩集而成，厥功尤偉，清初其子校刊過半，今通行之《唐音戊籤》、《唐音癸籤》即其中之一部分，其全書清初收歸内府，今尚保存於故宫博物院。康熙欽定《全唐詩》九百卷，即删改此書而成。是其有功於吾國文學至深且大，其事蹟詳載《浙江通志》及府縣志。其墓在本縣南門外停駕橋側，今據邑紳張元濟親自履勘，撰有《謁胡孝轅先生墓記》，有單刊本，且登載於《東方雜誌》第三十四卷第四號。據記言，胡氏墓地被占，墓已剗平，改爲土臺，以爲閱操之所，附葬胡氏子孫諸墓，均被掘毁。其所占之地，或經縣長改爲公墓，或爲軍隊改作操場。案胡孝轅先生爲吾海鹽最大著作家，不特有《唐音統籤》影響於吾國文學甚鉅，即其所著《海鹽圖經》亦嘗采入《四庫全書》，顧炎武著《天下郡國利病書》引其説最多，欽佩甚至，而《圖經》體裁，亦足爲地方志之模範，則其塋墓自當列入古蹟之林，以爲國人景仰。希祖忝爲邑後學，不忍先賢之墓爲傖夫俗吏所埋没剗毁，用特專函上達，伏請移文浙江省府轉飭海鹽縣長，設法收回墓地，勸告軍隊改移他所操練，俾地方紳耆得集款修復墓基，以存一邑之古蹟，爲鄉國之型式。並乞將汪院長暨蔣委員長會銜通飭全國官吏軍人保護古物古蹟之電令録示該縣，重申警戒，無任企盼。專此敬頌公安！

委員朱希祖

附張元濟《謁胡孝轅先生墓記》刊本一分。

注：此信原稿藏國家圖書館，無落款月日。查朱希祖日記，此信寫於1937年2月24日。

三

1937年3月4日

中央古物保管委員會委員長暨各委員公鑒：

前接二月十六日來函，委審查公民侍聯奎呈請轉飭江寧縣修理其先世侍其雲叟詩碣亭以重古蹟等情。查原呈稱聯奎本西漢酈食其後裔，文帝賜氏食其，示不忘功臣也，武帝賜姓侍其，蓋合官與氏而並稱之，明初去其稱。侍氏載《辭源》及《古文辭類纂》。考《史記》、《漢書》酈食其傳，及《功臣年表》，皆無文帝、武帝賜姓之事。《漢書·高惠高后文功臣年表》：高梁侯酈疥，食其子。疥薨，子勃嗣。勃薨，子平嗣，武帝元狩元年坐詐衡山王取金，免。宣帝元康四年食其玄孫陽陵公乘賜詔復家。而唐林寶《元和姓纂》"侍其"條下云："漢廣野君酈食其玄孫以食爲氏，曾孫武平帝時爲侍中，改爲侍其氏焉。"案，《元和姓纂》亦誤。《爾雅》："子之子爲孫，孫之子爲曾孫，曾孫之子爲玄孫。"酈食其之子曰疥，孫曰勃，曾孫曰平，武帝元狩元年坐詐取金免侯，至宣帝元康四年食其玄孫賜詔復家。然則《元和姓纂》當云："漢廣野君酈食其曾孫平，武帝時爲侍中，改爲侍其氏焉。"（原文"平武"二字倒置，遂致誤以玄孫先於曾孫，又誤以武帝時爲平帝時。）玄孫賜以侍爲氏（原文作以食爲氏，漢人食讀爲飼與侍音同）。其後或稱侍其氏，或稱食氏，或稱侍氏，其實一姓也。（吾國自周以來，祖考之名必諱，古有以王父之字爲氏者矣，未聞以祖考之名爲姓者也。或謂此出於天子賜姓，無可奈何。案，漢以孝治天下，故文帝曰孝文，武帝曰孝武，餘帝皆然。豈有教其臣下姓其祖考之名，以彰其不孝哉？故食氏、侍氏、侍其氏，謂出於酈食其，余終疑之。）侍聯奎引《辭源》等俗説譌文，遂致數典忘祖。又查原呈稱先世侍其雲叟工琴，隱居不仕，住南京侍其巷，有《招隱詩》四首石碣二方，載《江寧金石志》，爲有名石刻，存高橋門祈澤寺，宋趙孟遠書。案，所稱《江寧金石志》當爲《江寧金石記》之誤，乾隆時江寧嚴觀撰，卷八有《祈澤寺壁高逸上人詩碣》，其一題云“同雲叟道人季西弟宿祈澤寺，晨起示以此詩”，其二題云“雲叟道人自夫子林驟款段先我而歸口占一詩戲之”，後附雲叟題名二則，末有靖國元年趙孟遠題名一則，詩一首。别有祈澤寺梵仙詩碣，其一題云“大觀戊子暮春季詩二首”，其二題云“政和癸巳四月二十四日將去此趨闕詩一首”。此二詩碣，皆宣和四年壬寅四月旦日祈澤寺住持道升上石。或謂梵仙詩碣亦趙孟遠作，然未有實據也。總之此二詩碣皆非侍其雲叟作，亦非純爲招隱詩。第一碣爲高逸上人示雲叟詩，而雲叟不過有跋二則而已，末附趙孟遠詩及跋。第二碣與雲叟更無關係，亦不知作者姓名。該呈稱爲侍其雲叟招隱詩四首，殊屬非是。惟此二詩碣係昔賢文墨留遺，且爲北宋宣和時所刻，實爲古蹟之一，應飭江寧縣長妥爲保存，仍當修亭覆護，以免風雨剥蝕，此則本會職責所在，自當盡力保管，非爲侍其氏一姓所關而已也。區區愚見，伏祈公決。即頌
政祺。

委員朱希祖

注：録自朱希祖 1937 年 3 月 4 日日記。

致孫世揚

1938年1月22日

先師手稿，全部一生心血所寄。兄不避艱險，不顧家難，攜走武昌（時從蘇州危城出），藉得保全，功績甚偉。然武昌亦非安全之地。此項手稿，世間瓌寶，兄當澈始澈終，善爲拱護，置之鞏固之地，方爲正道。此間同學及先師故舊，殷望兄攜之入川，藏之名山，正爲此也。萬一江漢告危，不幸炸毁，兄爲德不終，辜負海内之望，弟竊爲兄危之。來電謂：先將詩文之部就漢上付印。萬一付印將半，而漢上緊急，進退維谷，不如徑赴此間付印，較爲從容安全。且此間同學較多，集資較易，襄校亦便。詩文之部固當先印，然書牘及論醫之作，亦可同時付印，不宜作爲緩圖。以此之故，極望兄速行赴渝。

注：

① 此信録自朱希祖1938年1月22日日記。

② 孫世揚（1892—1947），字鷹若，北京大學肄業，爲黄侃弟子，也爲朱希祖北京大學學生。後由黄侃介紹，游章太炎先生門下，且爲章公子家庭教師，並爲太炎先生掌管文案書牘等事。章太炎先生創章氏國學講習所，孫世揚爲講師。抗戰後先後執教中央大學、安徽大學。

致羅家倫

1938 年 8 月 28 日

志希尊兄左右：

日前在校長室承詢史學系下學年課程何以不開？教授會議議決而一仍上學年之舊，無所更改。當日因手頭無新定課程表，不能空言奉答。退而囑史學系助教姚公書君將下學年新定課程表中更改科目抄録一紙寄至敝寓，昨已接到，今特附上。查下學年史學系各教授，如沈剛伯、張貴永、金静庵、繆贊虞及希祖五人各有新改科目；惟姚薇元、姚公書二君各任一種教課，皆系必修，不能更改；郭量宇君任三種科目，獨不更改而已。然以全體言，不能謂一仍上學年之舊，無所更改也。此新課程表，系七月八日開史學系教授會議後所改定。開會之前曾發通知書標明二事：一商量下學年課程事，一商量實行暑期學生進修方案。八日上午九時開會，希祖住在南岸，晨五時半即動身，本可趕及柴家巷八時開校車。乃此晨大霧濃布，輪渡不能開，至八時許乃開，因而路塗遲誤，到校已十點五十分鐘。幸各教員雖已散會，然一一皆見及，各與接洽上列兩事，此日之會，本無公決事件，皆系互相報告性質。關於課程事，不過各將下學年所任課程報告更改與否而已。初無待於公衆決定通過方能執行，故散會後即囑姚公書製表。此當日經過之真相也。將來開學之前，當重開教授會議一次，以昭鄭重。專此，敬頌

大安。

弟朱希祖敬上

八月二十八日

注：

① 録自《羅家倫先生文存·附編》。原函未署年代，實係 1938 年 8 月 28 日。

② 此信中開頭所言“日前在校長室承詢史學系下學年課程何以不開?”系 8 月 23 日事。

③ 此信中所言“此新課程表，係七月八日開史學系教授會議後所改定。開會之前曾發通知書標明二事：一商量下學年課程事，一商量實行暑期學生進修方案。八日上午九時開會，希祖住在南岸，晨五時半即動身，本可趕及柴家巷八時開校車。乃此晨大霧濃布，輪渡不能開，至八時許乃開，因而路塗遲誤，到校已十點五十分鐘。幸各教員雖已散會，然一一皆見及，各與接洽上列兩事。”信中所述事實無誤，只是信中所説的“七月八日”應爲“七月九日”。詳見朱希祖日記。

致常任俠

1939 年 6 月 27 日

任俠先生左右：

接奉大札並承贈令十八世祖開平王像照片，不勝感謝。敝族中藏有明人畫像一册中有開平王像，當持此一對照也。

貴處有尊府家譜否？因弟專治南明史，知貴族中有許多事蹟關於南明史者，又開平王本身事蹟及其子孫在明代所建功業，可以加入明史者亦甚多，能得尊府家譜參考，必可多所發明。近觀岐陽王李氏歷代畫像及其譜牒頗多補正明史，故知開平家世亦然。務祈賜復爲荷。專此鳴謝。敬頌

教安！

弟朱希祖敬啟

六月十七日

注：

① 常任俠（1904—1996），安徽潁上人，別名季青，中國東方藝術史家。1922 年入南京美術專門學校學習，1928 年入中央大學文學院學習古典文學與宗教、民俗藝術史。1935 年赴日本，在東京帝國大學文學部大學院研究東方藝術史。翌年回國。40 年代中期赴印度聖蒂尼克坦國際大學講學，研究印度佛教藝術史。1949 年後，曾任國務院古籍整理出版規劃小組顧問，國家文物鑒定委員會委員，中國考古學會第一、二屆理事會理事，中國民間文藝研究會理事，中國根藝美術學會名譽主席，中央美術學院教授兼圖書館館長，北大、北師大、佛學院兼職教授等職。他主要從事中國以及中亞、東亞、東

南亞諸國美術史以及音樂、舞蹈史的研究，對中國與印度、日本的文藝交流史研究作出了開拓性貢獻。他著述甚豐，主要論著有《中國古典藝術》、《中印藝術因緣》、《漢畫藝術研究》、《阿旃陀石窟藝術》、《東方藝術叢談》、《中國舞蹈史話》、《中國美術史談義》（日文版）、《常任俠藝術考古論文集》、《海上絲綢之路與文化交流》、《印度及東南亞美術發展史》等，另有大量譯著和文學作品存世。

② 此信由北京中央戲劇學院圖書館沈寧先生收集整理，據沈寧先生考證，此信寫於 1939 年 6 月 17 日。

致張繼

1940年1月10日

昨蒙光降，暢談國史，甚慰甚慰。國府既特派執事爲國史館籌備委員會主任，而執事又鑒於黨史編纂處之荏苒，深以國史館之組織非破除情面綜核程功不能奏效。希祖竊爲國家慶得人矣。自唐宋以來，若《宋史》，若《元史》，若《清史》，皆蕪雜寡要，惟《明史》較爲傑構，則以歷任明史館總裁皆虛心延攬真才，清廷又特開博學鴻詞科，網羅全國積學能文之士置之史館，從容撰述，不責程期，故能各奏所長，蔚爲國典；而其尤爲扼要之圖，則以歷任總裁皆能專任。萬斯同爲名義之總裁，鴻詞科五十名纂修官之撰稿，皆歸斯同一人去取、整理、考訂、修飾，故《明史稿》皆爲斯同一人部勒而成，此則歷任總裁之卓識爲前代之所不可及也。自明史設館至今已三百年，執事身當此非常重任，必以千秋事業爲最榮幸之圖，蓋今日之籌備主任，必爲他日之國史館總裁，若籌備得宜，此事所必至也。竊謂籌備之際，必先求得若萬斯同其人者，專任以提調一切事宜，若今秘書長之職。則其人乃能負責赴事，不致爲其同儕所掣肘，破除情面，綜核程功，此其最要矣。凡調查材料，籌畫事業，審核要件，決定大計及奉行委員會決議案，皆惟彼一人是賴，如此則主任乃可不勞而成，無爲而治。至於庶務、會計及奔走人員，則隨便羅致幹練者足矣。若學術之事，則非統一指麾不可，否則，人自爲政，反致衝突推諉，一事難成。此成敗之樞機，故特先提出以告執事，以爲籌備先決條件。委擬組織法及所問六七事，十日内當擬就奉告。

注：

① 此信録自朱希祖 1940 年 1 月 10 日日記。所談内容爲設國史館籌備委員會事。

② 張繼（1882—1947），字溥泉，河北滄縣人，同盟會元老。曾任國民黨中央監察委員會常務委員、國民政府委員等職。1937 年初兼任國民黨黨史資料編纂委員會主任委員，1940 年 2 月任國史館籌備委員會主任委員。1946 年 12 月任國史館館長。

致蔣介石

1941年12月16日

委員長麾下：

竊觀日寇自侵略吾國以來，始則特立僞滿，而德國承認之；繼則特立僞汪，而德國又承認之，於是吾國對德絶交。今則日寇南進，直接將危害吾反侵略各友邦，間接將杜絶吾國際之通路，於是吾國對德、義、日宣戰，與英、美、澳、荷、蘇聯等國共同對抗三國同盟侵略之害。行見日寇陷於重圍必將自斃，吾國自積弱垂危之國，將一躍而爲獨立自主之國，此皆由於麾下堅苦卓絶、忍辱負重，抗戰四年有半，羈縻百萬日寇軍，以成今日包圍之局，使日寇斃於甕中。吾國振威宇内，樹千秋不拔之鴻基，揚萬世無疆之偉烈，可蹻足而待，拭目而俟矣。希祖從事史學四十餘年，方將珥筆執簡以記不朽盛事。蓋有漢武之豐功，而後有司馬遷之《史記》；有唐太宗之鉅業，而後有温大雅之《創業起居注》。希祖生於浙西海鹽，長乃留學倭國，始則在早稻田大學專研史學，繼則從章太炎先生精治國學。回國以來，在北京大學爲國文學系教授、主任五年，史學系主任十五年，中山大學文史研究所主任一年，中央大學史學系主任七年，前後共二十有八年，潛心文史，著述孔多，方彼前賢，何敢多讓？值兹大業千載難逢，此雖有待於將來，已立素願於今日矣。

自日寇建立二僞國以來，内則摇亂民心，外則迷惑國際。在昔北宋之際，金寇侵宋，封建張邦昌僞楚國、劉豫僞齊國。不圖日寇全襲其法，以成此僞滿、僞汪。希祖發憤之餘，撰成《僞楚録輯補》六卷、《爲齊國校補》四卷，冀以發日寇之奸心，昭二僞之逆蹟。業已脱稿，正在謄寫。一月以後擬恭呈睿覽，聊資參照，明其用心，成吾對策，付之刊刻，昭示國人，亦可以破二僞之逆魄，警日寇之迷夢。

抑更有進者。吾國對德、義宣戰，以彼二國承認二僞，助日寇侵略我也。今法國維琪已許安南與日寇聯合侵略吾國，助其南進。泰國亦已投降日寇，許其借道。南指則攻英馬來，西指則攻英緬甸，冀以斷絶我國際唯一通路，覆滅吾邦國。竊謂此二國者，既已與日寇共同侵略，吾國亦宜對之宣戰。以安南言，法國與亡清所締一切條約，實以安南爲根據圖吞滅吾西南，與日寇圖吞滅吾東北如出一轍，若對之宣戰，則此一切條約宣告作廢。以消極言，則西南一切禍患從此消滅，廣州灣軍港亦可以收回；以積極言，我大兵屯駐安南沿邊，可以牽制日寇西進。以泰國言，日寇假道以攻馬來，馬來失則緬甸危，我國際通路塞，日寇獨霸南太平洋，荷印斐烈賓次第擊破，英海軍不能東進，美海軍不能西來，於是日寇可從容擊破吾國。今者美國關島既失，其海軍雖龐大，然無作戰經驗。故今日而欲美海軍西來共守馬來，不特緩不濟急，且亦無濟於事。英軍獨力扼守馬來陸路，其危殊甚。我若對泰國宣戰，派屢勝日寇先聲奪人之大將統兵以進泰邊，與英馬來陸軍夾擊日、泰二寇，則英必以飛機、大炮、坦克車爲我先鋒，此亦擒賊擒王之妙算。九龍、安南作爲牽制之師，則日寇必無倖勝之餘地。此則吾國義聲昭著天壤，而實則亦以救人自救耳。夫救九龍果含無窮妙算。然香港失尚非致命之傷，馬來失則反侵略局勢瓦解。德寇北守南進，日寇東守西進，夾擊英軍，吾國反被包圍，則至危之事也。此救馬來所以爲今日至急至要之圖，生死存亡之所繫焉。伏祈以此愚策交付外交當局，權其利害得失，以定去取。至於軍機利害，麾下必已籌之熟矣。愚者千慮，或有一得；狂夫之言，聖人擇焉。伏祈亮督。恭頌勛安！

考試院考選委員會委員朱希祖謹呈

三十年十二月十六日

注：

① 録自2010年嘉德秋拍圖片。

② 此信背景如下。1941年12月8日凌晨1時45分（東京時間）日軍偷襲珍珠港美海軍基地，太平洋戰爭爆發。後日軍在短時間内席卷東南亞，矛頭直指緬甸。緬甸是東南亞半島上具有重要戰略意義的國家，它對盟國中的中英雙方來説都有重要戰略意義。西屏英屬印度，北部和東北部與中國西藏和雲南接壤。滇緬公路是中國重要的國際交通綫。中國原另有一條國際通道，即滇越鐵路，中國許多軍用物資即從此路運入。1940年春，日本對滇越鐵路狂轟濫炸；6月迫使法國維琪政府接受停止中越運貨的要求。9月，日本侵入越南，並與泰國訂友好條約，滇越綫全面中斷，滇緬公路成了唯一的一條援華通道。爲了保衛緬甸，中英早在1941年初就醞釀成立軍事同盟。中國積極準備並提出中國軍隊及早進入緬甸佈防。太平洋戰爭爆發後，1941年12月23日，中英雙方在重慶簽署了《中英共同防禦滇緬路協定》，中英軍事同盟形成。

③ 此信於1941年12月17日由朱希祖同鄉吴立帆面呈蔣介石。

致康心如、心之

1942年2月10日

心如、心之二兄足下：

前在北平，與令兄心孚談三國時吴康泰、朱應出使扶南國（在今安南中部）歸，康泰撰《吴時外國傳》，朱應撰《扶南以南記》及《扶南異物志》，此三書雖已亡逸，然唐宋以前史書、類書引此三書頗多。心孚頗欲搜輯《吴時外國傳》逸文加以考證以成一書，弟亦欲搜輯《扶南以南記》及《扶南異物志》二書加以考證以成一書。因康、朱二人爲開發南洋之先驅，其所經及傳聞則有百數十國，西迄大秦。康又發現通印度洋海道，與張騫發現通印度洋陸道媲美。于中國文化史及商業史皆有重大貢獻也。後心孚輯成《吴時外國傳》三十餘條略加考證，並制當時外國國名表附於後。弟當時因朱應二書後世引者較少，僅輯得數條不能成書，乃抄録付心孚附于康泰書後，末曾呈本師章太炎先生請增補遺漏並求作序。未幾太炎先生倉卒南旋，一切書稿皆托人攜歸南方，增補與否不得而知，序亦未成，其書恐亦未交還心孚。心孚逝世後，弟南旋時曾問太炎先生有此稿否，先生言未見，蓋已遺失矣。今府上所藏心孚手稿中未知有此草稿否，如能檢出，弟願代爲整理。蓋心孚此書頗費心血，且於學術甚有價值，不可埋没也。前年見二兄時，忘卻提及，弟今正研覈此類史料，因而追憶及此。心孚書弟當時曾節録大綱，兹當避難之時，所攜書籍甚少，頗難重輯，若得原稿弟心慰矣。弟又擬撰章氏弟子記，以有著作爲限。心孚家傳碑志作者必多，乞亦檢出賜示，以供撰述，將來可列入民國史也。尊府若有家譜，亦擬拜觀，因康氏得姓頗欲知其源委，以便撰傳記時有所依據。弟於上年春間辭去中央大學史學系主任，改就考試院考選委員，兼國民政府國史館籌備委員會總幹事，後因不耐繁劇，辭去總幹事改任顧問，專事修撰。試院、史館皆在歌樂山，故敝寓亦由黄桷埡移至歌樂山史館附近。然一年以來常罹疾病，故未能趨府暢談，今已康復。二兄如有暇晷，祈約示期日以便趨府一談，並欲觀心孚其他著述，以爲弟子記取材。

民國三十一年二月十日弟朱希祖白

注：康心如、康心之昆仲爲康心孚之弟。康心孚（1884—1919），名寶忠，字心孚，陝西固城人。1904 年赴日留學，1905 年加入同盟會，爲同盟會總部評議員。1906 年受同盟會派遣回國進行反清革命，事瀉，復返日本，入早稻田大學經濟科，並從章太炎學習國學。1916 年爲北京大學教授，講授社會學。1919 年 8 月爲史學系主任，同年 11 月 1 日病逝。

致戴伯瑚書

1942年4月7日

伯瑚先生左右：

三月七日接到二月十六日大札，不勝欣喜，蓋不能通信者近一年，以不知貴寓在江或在浙也。本擬即日奉復，因正擬設法親率家眷前來隆阜，乃遇二種阻力，游移未定，故不能決定辦法奉復左右。一因賤軀去年常患疾病，時而瘧疾，時而痢疾，時而足疾，綿延不斷，精力漸衰。今年春初，身體尚健，故擬攜眷回住貴處，乃自三月初旬又患腹病，雖非痢疾，常多洩瀉，以故家人、朋友阻我勿就長途，恐力有所不□者也。二因旅費太貴。據自金華來人言，每人自金華至重慶旅費須三千元，若有三四人則非萬金不辦。此或言之過甚，然非七八千不可。本欲移家節省用度乃反多貴，以故至今日始決定暫仍舊貫，不作歸計。遲遲奉復者以此，伏祈原宥。

去年擬寄款前來託曬書籍，嗣得程管侯先生信，知大駕尚未旋里，以故作罷。然自二十六年冬將書籍寄存府上以來至今已四年半，恐蠹魚爲患，書籍大損，則平生嗜好、精力將付諸流水，故曬書除蠹之事常懸於心。曬書以暑天爲佳。現在爲之，則四五月間黄梅時節潮濕氣盛，恐仍孕育蠹魚，不能經久，然以前蠹魚急須除去。已寫信三小兒叔鄭（在金華擔任浙江保安隊會計），從金華詣府上曬書捉蟲，務祈大力幫持，指示機宜。拜託先將寄存東原先生圖書館樓上之十茶箱書籍（前年曾蒙鈔寄目録）請逐本翻檢，除去蠹蟲，因此十茶箱書較重要也。又，去年秋間寄上一函託曬書籍，並附畢震東君寄存書箱收條一紙。本擬匯上洋三百元，以數十元付畢宅，憑收條領取各書箱、皮箱等，一併寄存尊處，後因大駕未回，款亦未寄。惟畢宅收條想仍保存尊處，因此收條極重要也。今仍將款使三小兒帶來，擬持收條至畢宅取回書箱，一並寄存尊府，以便曬書除蟲。想此辦法定荷贊許。其他曬書辦法詳致三小兒函中，將來到達府上時當奉呈商酌。惟屢費清神，□□不安，好在患難之交較尋常格外敦篤。前讀大作詩數首，一往情深，實深感佩。弟自到渝以來亦已賦詩七八十首，將來定當呈政。管侯先生近數年來想亦增加詩不少，乞代致候。專此敬頌

撰祺！

曬書除蟲辦法

一、書共六十木箱，第一至第十號木箱已改裝茶箱二十個，十個寄在東原圖書館樓上；其他十個寄在凹下畢宅，内已取出二茶箱帶至重慶。尚存五十木箱十八茶箱。每日可曬二木箱或四茶箱，約需一個月曬了。

二、潮濕之書要曬，不潮濕之書不必曬，但攤在籮簾上風吹一次。每本書必須翻檢一遍，有蛀蟲及蠹魚必須除去弄死。裝箱時必須寫一目録。蟲傷太甚之書在書名上做一記號，最甚者三圈，次者兩圈，稍有傷者一圈，無傷不必圈。

三、潮濕之書必須曬，每本將中間攤開覆曬、仰曬各一次。翻轉來曬時，將每本書間蛀蟲、蠹魚弄死。曬好之書收進編目，仍攤在簾或板上風吹，待熱氣退盡乃可裝箱，否則熱氣積於内仍變爲濕氣。

四、原裝之箱甚滿，最好每箱取出十分之一另裝他箱。然必須取整部書，不可將一部書分裝兩箱，致將來難尋。然大部書可分裝

兩箱，目録上注明。如此裝箱敲釘不致傷書。舊騰出一號至十號大木箱可爲分裝書籍之用。

五、地方志書不可與他書混亂，分裝箱時必須各歸其類。

六、海鹽人著作約有二三箱，若裝不下可購一茶箱分裝，不可與他書混亂。

注：

①　録自2010年嘉德秋拍圖録，原件爲草稿，未署姓名與日期。稿中難辨之字用□代替。

②　查朱希祖日記，此信寫於1942年4月7日。朱希祖該日日記云："上午寫戴伯瑚信，託其曬書除蠹，並編草目。午後及夜擬定曬書除蠹辦法六條。"1942年4月9日日記云："上午寫復兒信，囑其請假四十天至隆阜戴宅，會同伯瑚曬書除蠹，並至凹下畢震東家取回書箱，一併寄存戴宅。午後寫曬書經費單，共計國幣五百元。夜將各種單紙繕寫齊備。"

③　朱希祖是民國時期的著名藏書家，抗日戰爭期間，他的藏書寄存在安徽屯溪隆阜戴東原圖書館。戴伯瑚爲戴東原後人。抗戰後這批藏書由朱希祖長子朱偰運回南京，六十大箱不缺一卷。

鄺亭詩稿

鄘亭詩稿序

朱偰

先君之歿，去今已將十載。其生前著述，浩如煙海，平居就其遺稿，加以整理，敬謹保藏，未敢或闕。一九五四年四月，北京圖書館成立海内著作家手稿部，前來徵求先君遺稿。余初未忍割愛；繼思先君爲國内知名史學家，著作等身，蜚聲士林，其學術造詣，固非一家所得而私。昔人著作，藏之名山，今人著作，藏之國立圖書館，固得其所也。因將全部手稿，毅然應徵，僅保存其日記數十册，及鄘亭詩稿原稿數十頁，以作家人紀念。先君嘗輯高高祖遲農公《春華秋實齋詩稿》，分爲五卷，以朶山公所作《行略》殿後，精裝成函，以貽子孫。今謹師其遺意，亦以行狀及年譜殿後，凡分五卷：一曰《粤行詩草》，二曰《京華詩草》，三曰《黄沙詩草》(黄桷埡、沙坪壩)，四曰《鑑齋詩草》，五曰補遺。先君不以詩鳴，然偶一爲詩，直追漢、魏，所作《天都烈士歌》，尤傳誦遠近。晚年入蜀，頗作五七言律，間作排律，長達四五十韻。每讀其詩，沉鬱蒼涼，低徊無已；鑒於國步艱難，山河殘破，則多悲壯之音，讀之令人慷慨。惜乎其未見收復二京，遽爾長逝也。詩稿不全，因手録一通，而附諸原稿之後。先君志在春秋，作詩猶其餘事，然其詩多褒貶時政，諷詠得失，此固一代史詩，可以傳諸後世，因謹爲序。

鄘亭詩稿卷一　粤行詩草

莫愁湖鬱金堂題壁

二十一年十月九日

一

萬緒千端惱不休，人間何地可埋憂？
盧家少婦多情甚，解得消愁字莫愁。

二

耐得孤棲且莫愁，快教夫婿覓封侯。
十年征戍遼陽夢，九月寒砧白下樓。

三

多情原自解消愁，翻覺情多愁更愁。
明月流黄成獨照，白狼丹鳳意悠悠。

長板橋尋明舊院故址

十月十日

長板橋頭留古蹟，秦淮河畔吊殘基。
風流已逝桃花扇，仇釁猶尋燕子詞[①]。
舊院荒涼悲夜月，新歌宛轉似明時[②]。
南朝多少興亡恨，莫作漁樵閒話提。

注：

① 阮大鋮作《燕子箋傳奇》。

② 時聞秦淮兩岸歌妓絲竹聲。

過鎮江

十月十日

金焦兩點入眸來，作鎮洪流志未灰。
寺塔南朝工粉飾，樓船北固失崔嵬。
欃槍掃地愁無限，鐵鎖沉江事可哀。
千古英雄浪淘盡，安危惟仗出群才。

航海四絶句

吴淞口

悲歌兵燹動牢愁，大沽吴淞竟等儔。
擊揖乘風起壯舞，一聲汽笛浦江秋。

舟山群島

觥觥監國建行朝，水殿君臣蹟未遥[①]。
不謂勝朝誇毗子，竟將欒禁替人標。

臺灣海峽

延平從此闢天荒，殺退紅毛志未央。
二百年來陳蹟渺，臺澎何惜屬他邦。

香　港

和約未成先割土，彈丸小島不須論。
豈知地險傾天下，鎖鑰南洋竟莫倫。

注：

① 魯王監國，以海水爲金湯，舟楫爲宫殿，狂濤落日，君臣相對；瘴島荒煙，衣冠聚談，亡國之慘極矣。

② 元曙按：在朱希祖日記中上述四首詩題前均有“過”字。

薙鬚（有序）

中華建國之三年，余年三十有六，時爲北京大學教授。其年一月一日，與沈衡山鈞儒約同留鬚，其後皆連鬢大鬍，頗有美髯之目。五十歲後，髮未斑而鬚全白，人多以老朽目之，頗露渺視之意，時染鬚冀彌其憾。今年秋應廣州中山大學教授之聘，入廣州境，未見有留鬚者，因虞此邦賤老之意尤甚，且天氣炎熱，染鬚不宜，乃決計薙鬚，賦詩紀事。時二十一年十月十五日，其地則廣州西濠酒店也。

才過中年鬚已白，尚存壯氣髮猶烏。
人嗤朽腐真無奈，我未頹唐豈服辜。
別爾衰容羞賣老，返余舊面且摧枯。
不辭辣手施删薙，廿載還須再迓渠。

題黄仲琴《簡宫人詩》用原韻（有序）

潮安黄嵩年仲琴，撰有《嵩陽詩草》，中有《簡宫人詩》，其序云：明永曆帝宫人簡氏，瀏陽籍，以父商臨桂，選入宫。帝播遷至邕，宫人恐爲累，仰藥自殺，遂葬邕。清光緒中，降神於邕之莫孝廉作鑒乩壇，有詩云："滿地干戈二十年，胡塵滚滚擾南天。美人難並江山重，一夕香消赴九泉。"復示夢於養鴨者，於竹林薔薇花下得其墓，有永曆二年四月吉日立碑。感事傷懷，紀以一絶，其詩云："冷豔霾塵三百年，薔薇花發恨胡天，翠華若更勾斜過，赴節應知舞淚泉。"余讀此，感其事與元馬致遠《漢宫秋雜劇》所記王昭君相類，率題其後。十月十七日。

美人名士各忘年，締造虚無縹緲天。
堪媲漢宫秋雜劇，紅薔青草慰黄泉。

越秀山雜詠四絶句

十一月一日

龍濟光故壘

摩天軍壘託元戎，轉眼雲煙帝業空[1]。
半壁西南撑未了，千秋東北恨無窮。

中山紀念堂

萬家煙樹莽回環，高塔中山不可攀。
怕向海東回首望，正傳烽火入鄉關[2]。

學海堂故址

白石階除碧瓦當，規模欲壓大功坊。
阮公事業成何用，舊蹟俄空學海堂。

鎮海樓

低徊愁上越王臺，北望中原鬱不開。
百尺高樓空鎮海，珠江滚滚暗潮來。

注：

① 指龍濟光督粤擁護袁氏帝制事。

② 時日本侵略華北，逼近長城，古北口、喜峰口相繼失守。

題家人親戚合照像片十六韻

十一月十日

忽作南征計，全家悵别離。展圖尋舊影，援筆寫新詞。
遼海風雲急，燕雲壁壘危。詩書愁餓蠹，黌舍走荒麋。
廿載京塵倦，千秋史業期。寶書搜海澨，墮簡網江湄。
冀發興亡恨，聊舒感慨悲。中原恣板蕩，南國競參差。
醉夢群方喜，分崩暢所爲。空懷精衛願，獨抱杞人思。
籬落朱花媚，岡巒翠竹滋。散憂耽夕境，緬往掩秋幃。
燈火虚窗夜，棠梨照眼時。妻孥欣眷愛，親戚樂追隨。

此境難爲别，孤蹤易自癡。抗懷辭甲第，愧誦霍侯辭。

題嘉應三詩人遺墨（有序）

十一月十七日

興寧羅君香林，藏其鄉先輩黄公度遵憲，胡曉岑曦、邱滄海逢甲三先生遺墨一册。余客廣州，偶寓羅君家，出此囑題。率成蕪詞，聊以塞責，非欲附名蹟以傳也。

一

一代新詩體，爭傳人境廬。荷荷辭妙絶，掩卻舊山歌[①]。

二

儒生閉户了，畢世著詩書。可惜鶯花海，能傳一句無[②]？

三

文章未經國，發憤魯陽戈。悔不成名後，遨游向五湖[③]。

注：

① 黄先生著有《人境廬詩草》十一卷，中有《山歌》九首，觀羅君所藏墨蹟，則知原有十五首。余最愛其“做雨要做連綿雨，做人莫做無情人”一首，卻不刻人集中。

② 胡先生著有《湛此心齋詩集》十二卷，其他著述百有餘卷，十九未刻。有自創新體詩四卷，名《鶯花海》，亦未見流傳也。

③ 邱先生著有《嶺雲海日樓詩鈔》十二卷。光緒甲午，臺灣既割于日本，先生發憤集義師拒日本，保臺灣。時唐公景崧爲大總統，先生副之。嘗作詩云：“撑起東南天半壁，人間還有鄭延平。”可以見其志節。又有詩云：“十道分封諸將爵，五湖歸老美人舟。”其志皆未酬，惜哉！

曉登玉子崗遠眺

十一月十八日

煙雨微茫際，登高逆曉風。人家深竹外，山色白雲中。
城郭迷陳蹟，樓臺擁遠空。緬懷宋明季，遺恨滿江東。

二十二年一月三日吴敬軒康約同鄒海濱魯羅黼月獻修温丹銘廷敬蕭菊魂冠英集羅岡洞觀梅

故園春到梅初蘤，疏影横斜水清泚。
閱盡風霜始見奇，鍛餘冰雪姿尤美。
離鄉北渡春復春，燕地荒寒滿目塵。
不見梅花二十載，乾坤清氣幾沉淪。
超然遠舉臨南陸，澡身江海除塵俗。
南粤隆冬少霜雪，梅花早放稱先覺。
羅岡古洞鎖塞煙，十里梅花斷復連。
四面環山通一徑，仿佛桃源别有天。
當今避世無可避，三户亡秦古有例。
願教霜雪鍛精神，看花且作消憂計。
主賓詩酒興俱豪，鹿脯佐以黔香醪。
蕭家家釀黄金豔，舉杯清賞樂陶陶。
羅岡可抵羅浮山，繁英淡雅勝蘭茝。
獨冠群芳迥絶塵，令人傾倒香雪海。

元曙按：1933 年 1 月 3 日，朱希祖先生與鄒海濱等人應吴敬軒先生之約，赴羅岡洞觀梅，鄒海濱先生也有詩一首，録於下：

二十二年元月三日，應吴敬軒先生之約，與羅黼月、朱逿先、温丹銘、蔡秋農、蕭菊魂諸先生再游羅岡洞。　鄒魯

踐約竟重來，梅花正盛開。異肴嘗鹿脯（靜山在洞中爲鹿脯之宴，得分而食之），美酒試家醅（菊魂持家釀黄酒往飲）。補壁題詩句（前次紀游詩書成送寺僧），留痕坐石堆（同游各人坐梅花下石堆攝影）。洞中别一境，端不染塵埃（洞中門楣入署“入勝”，出署“出塵”）。

攜家人至越秀山南越酒家赴朱謙之吴敬軒李滄萍宴

七月十二日

倚天樓閣起穹窿，眼底江山落日中。
繡壤高底籠暝色，遠波明滅動微風。
一樽離合家人酒[①]，廿載浮沉倦客衷。
多謝主人情意重，爲澆塊磊樂融融。

注：

① 余去秋至廣州，十二月，内子及女倓由北平南來。近大兒僎攜婦由南京来省親，皆陪侍在席。

登澳門西望洋山

七月二十七日

驅車西望洋，攬勝造其巔。煙螺如美人，俯窺雙鏡圓[①]。
左顧南屏翠，右盼濠澳妍。神山當面起，樓閣縹緲連。
直疑海市幻，還恐蜃氣纏。蓬萊不可即，此地勝登仙。
惜哉淪異域，使我意綿綿。

注：

① 屈大均澳門詩："南北雙環内，諸蕃盡住樓。"

鄺亭詩稿卷二　京華詩草

風雪行京滬道中將赴杭州

二十三年三月十八日

一

衝寒出國門，獨往愁無路。回首金陵城，茫茫墮煙霧。

二

昨夜雨聲中，花落心憂悒。好夢繞珠江，驚破東風急。

三

陽和斂生意，殺機盈天地。漫山桃李花，半爲雪侵萎。

四

負耒欲何之，遍地多憂患。願言結一廬，九溪十八澗。

西湖游覽六絶句

四月三日

一

清波門外水空濛，回首吴山第一峰。
不有半閒閒宰相，肯教胡馬立從容？

二

夕照雷峰塔已夷，南屏山色亦迷離。
張公墓道依然在，獨有千秋不朽碑[①]。

三

水連天碧示言筌，古塔高僧謁濟顛。
我亦來嘗世外味，清茶龍井虎跑泉[2]。

四

登臨最易起遐愁[3]，吴越青蒼一覽收。
多少江頭亡國恨，盡隨江水付東流。

五

溪山曲折似羊腸，夢裏桃源已渺茫。
風景雖幽空曠少，卜居何地著村莊[4]？

六

少保精忠岳與于，長城自壞國傾胡。
功存社稷身雖死，勝殉金牌罪莫須。

注：

① 張蒼水墓碑爲全謝山撰。

② 宋神僧濟公塔在虎跑泉，塔上鐫嘉定六年示寂偈云：“自笑一生狼藉，東壁打到西壁；今朝撒手歸真，依舊水連天碧。”

③ 登江干六和塔。

④ 九溪十八澗。

渡錢塘江由鐵路赴蘭溪

四月四日

曉渡錢塘江，兩岸山如砦。想見吴越爭，波濤爲澎湃。
翠嶂擁湘湖，山城剩舊界[1]。轉折迤西行，連山相緯繣。
山村足生理，農事誠匪懈。豐年不療饑，無以慰勞憊。
去去不復談，沉憂滋不快。煙雨蕩心胸，岡巒儼迎拜。
白雲迷漫中，高峰露髻髩。恍如天際人，天上弄狡獪。
危崖濕翠苔，遐岫紛蒼靄。遠近濃淡間，渲染呈光怪，
群花恣點綴，衆壑迷流派。百里好溪山，使我如讀畫。

來朝更探奇，片席桐江掛。

注：

① 蕭山城半在山上，今已拆毁。

由嚴州至嚴子陵釣臺

四月六日

桐江封煙靄，雨霽發光晶。江隨山曲折，山夾水崢嶸。
九溪十八澗，宛然肖其形。胸中丘壑小，更服造化閎。
迢迢五十里，美妙莫能名。峨峨兩釣臺，山半遥遥覯。
緬昔嚴子陵，此焉審去就。生民作芻狗，各奮域中鬬。
夷狄與帝王，盡類食人獸。寧作釣漁徒，獨領江山秀。
西臺痛哭人，毋乃形其陋。千載仰高風，誰能嗣俎豆？
一嘯出江瀧，俯仰寬宇宙。

臺城

六月十一日

建康宫闕已成塵，剩有臺城尚絶倫。
最占金陵佳麗處，湖山只許六朝人。

附改定二女倓《臺城》詩：

古道荒凉夕照西，臺城柳色最凄迷。空餘一片城頭月，來弔蕭梁烏夜啼。

胭脂井

六月十二日

臨春結綺憑欄岧，遠矚高瞻心翼翼。
爲慰君王勤國憂，何愁妃子傾城惑。
一聲鼙鼓景陽圍，百尺絲繩宫井匿。
自是騃童累美人，胭脂千載無顔色。

附改定二女倓《胭脂井》詩：

半嶺夕陽紅，徘徊古道中。胭脂千載井，禾黍六朝宫。
玉樹新歌渺，金陵王氣終。空留陳蹟在，遺恨滿江東。

青溪弔張麗華祠

六月十二日

女寵亡國尋常耳，褒妲由來叢詬訾。
魏文百輛迓甄妃，范蠡五湖載西子。
緬昔青溪張麗華，以死報君委緑莎。
徒傳耻辱胭脂井，掩卻才華玉樹歌。
千秋祠墓蕹碧草，翠羽明璫應潦倒。
芳魄如聞雪耻詞，靈旗願睹金陵道。

附改定二女倓《青溪弔張麗華祠》詩：

結綺纔歌瓊樹詞，青溪俄弔麗華祠。紅粱驚破他生夢，碧血長蕹絶代姿。
璧月淒涼懷玉貌，悲風慘澹閃靈旗。蛾眉殉國傳嘉話，並駕南齊潘玉兒。

青溪小姑祠

六月十八日

樂府神弦第六章，小姑居處本無郎。
齊諧匕盌誠唐突①，異苑簪纓亦渺茫②。
姓氏不煩傳故里，行藏何事感繁霜？
捐除一切人間累，終古逍遥白水傍。

附改定二女倓《青溪小姑祠》詩：

一曲繁霜夜未央，文人幻想最荒唐。古來神女多游戲，巫峽青溪兩渺茫。

注：

① 吴均《續齊諧記》，載趙文韶遇青溪神女事。

② 《異苑》言，青溪小姑，蔣侯第三妹。

重游莫愁湖登鬱金堂勝棋樓

六月二十四日

美人名將兩茫茫，渺渺愁余水一方。

有限江山思猛士，無多歲月惜芳蘅。
天留故國心猶壯，月照高樓夜未央。
珍重流光尋盛事，莫教空對鬱金堂。

游莫愁湖歸途書所見

六月二十四日

綠楊城郭付漁樵，一路風花入晚墟。
他日重來湖畔地，好教遍訪莫愁居。

青溪訪王昌齡故居

六月二十四日

戎馬詩歌意壯哉，龍標高格盛唐開。
從軍誓斬樓蘭去，出塞生擒吐谷回。
笛裏關山魂縹渺，溪邊楊柳夢徘徊。
只今惟有松間月，曾照茅亭藥院來。

附改定二女俠《青溪訪王昌齡故居》詩：

吾愛王夫子，齋心舊宅中[①]。茆亭明月白，藥院夕陽紅。
紫葛娟娟露，青蘿瑟瑟風。豪華一洗盡，幽賞意無窮。

注：

① 昌齡有《齋心》詩。

傷劉半農

七月十八日

歎逝嗟生孰遺軀，蕭條黌舍感吾徒。
王孫音律驚銷歇，曼倩文章失步趨。
絶國方言勞握槧，中堂讖語竟捐軀[①]。
不堪回首京華事，落月空梁入照無？

注：

①　《大公報》載：百靈廟之行，半農爲考察方言，亦奮勇前去。抵廟之夕，因蒙古虱能傳染傷寒，頗有戒心。臨睡半農獨卧軍用床，衆皆卧坑。半農曰：我竟是停柩中堂。回家後竟因傳染傷寒而卒。

觀《漁光曲》電影感賦

八月十九日

海山曠蕩生涯促，華屋窮簷都斂束。
無情水火有情人，一例殺機都慘酷。
平心降格締家庭，烈火光中尋碧玉。
閱盡悲哀慘不怡，曼聲淒澈漁光曲。

傷黄晦聞

二十四年二月二十一日

嶺海推南屈，賢豪早嗣音。不堪騷客恨，竟瘁故人心。
詩卷留天地，高懷抗古今。扇頭遺句在，淒切起悲吟。

傷黄季剛

十一月三日

濁酒澆愁鬢已絲，飄摇家國付金巵。
擁書差傲王侯樂，捐館俄來猿鶴悲。
許鄭胸懷推獨得，齊梁風調繫人思。
文章庾信同哀怨，不待江南作賦時。

嚴州東湖

十一月十三日

擾攘風塵離亂迫，荒城野水且徘徊。
天留奥境供詩料，地秘幽區避劫灰。

眼底江山輕草芥，空中樓閣辟蒿萊。
將擕書卷聊耕讀，好傍嚴陵兩釣臺。

傷有卿叔父

二十五年一月八日

勵精爲國闢康莊，考績無勞較短長。
閩北戎機全利賴，浙西伏莽藉銷亡。
方期坦道伸邊壤，何意神旌迓上蒼。
鴛水燕山懷舊好，阿咸奚忍奠椒漿？

萬里長城歌（有序）

五月二十七日

長子僎撰《萬里長城歌》，爲學校及軍隊唱歌而作，呈請改削。余以此等歌詠，務求通俗，能振起固有民族精神，使不畏縮頹靡，即爲合作。格律聲調，不嫌獨創也。

君不見，長城萬里氣吞胡，秦皇漢武逞雄圖。但使長城名不滅（改），大漢天聲終不絶（原文）。橫大漠，淩海隅，天馬西來大宛誅，樂浪爲郡匈奴墟（改）。只今遼海頭，黑水澌急流，荒城照落日，白骨無人收（原文）。胡馬南來牧，飲馬黄河曲，長城不能限馬足，黄河難洗燕雲辱（改）。朱旗殷北斗，齊向長城口，高唱出塞歌（改），痛飲黄龍酒（原文）。曾見秦時月，曾見漢時關（原文），曾見上將宣威雞鹿塞，曾見前軍踏破賀蘭山（改）。大漢之魂歸乎來，萬里長城安在哉！大漢之魂歸乎來，萬里長城安在哉！（原文）

和孫鷹若諸左耕送春詩

六月七日

留芳無計强流連，緑暗紅稀又一年。

春去春來天夢夢，花開花落意綿綿[1]。
杜鵑怨寫江南雨，啼鴂哀流塞上煙。
剩有依依堤畔柳，柔條荏苒夕陽邊。

注：

① 時阿比西尼亞新亡。

蘇臺四詠

六月七日

虎邱山

劍氣凝成虎，靈旆揚旌旄。鬱鬱夫椒雲，國仇諒必報。

靈巖山

莫道靈巖秀，吴王豔蹟空。屬鏤名劍利，自削館娃宫。

天平山

入山不願出，山石秀入骨。粲粲神仙群，朝天森萬笏。

穹窿山

言登穹窿巔，彌望五湖碧。一舸載西施，煙波渺無蹟。

酈亭詩稿卷三　黄沙詩草

司水

二十八年九月八日

良苗擅萬頃，水澤仰天儲。驕陽肆炎威，旱熯時復虞。
遥遥西江水，藉以救凋枯。溝澮既皆盈，相與傲膏腴。
蟊賊既内潰，外盜復侵漁。堤防不設備，一瀉復無餘。
徒潤東家田，俯仰空嗟吁。愚農誠足閔，司水竟誰誅。

詠史

九月二十四日

一

項王所信人，親屬妻昆弟。姁姁婦人仁，龍虎縱諸己。
巍乎漢高皇，豁達天所棐。駕馭傑出才，所得三人耳。
堂堂蕭相國，邦國弘綱紀。餉饋不絶塗，拔奇資佐理。
留侯運籌策，決勝渺千里。淮陰百萬衆，攻戰無堅壘。
誰謂天亡楚，人謀垂良史。

二

赫赫樊相國，實惟帝肺腑。韓侯失意時，羞與噲爲伍。
噲婦高后妹，其勢安可侮？一言喪厥身，乃爲女子虜。
盧綰既反燕，噲復建旗鼓。一身兼將相，坦然寄心膂。

高帝終聖明，彌留復建樹。定策安劉氏，直欲翦諸吕。
軍中斬噲頭，平勃按其部。帝崩不果戮，高后乃當宁。
泄恨出人彘，怨毒深千古。婦婁既封侯，子伉復胙土。
母子更用事，廷臣畏如虎。一朝大樹傾，終亦滅門户。

避地四首

九月二十八日

一

避地巴江曲，關山入暮雲。雷車常稅駕，邊馬自成群。
大漢天聲永，華陽舊國殷。此邦猶樂土，歌舞厲三軍。

二

海溢風雲急，家鄉涕淚多。將求后羿箭，兼得魯陽戈。
一雪江南耻，重聽塞北歌。殷憂不能寐，涼月照煙籮。

三

夢斷黄天蕩，風回白帝城。長繩牽戰士，絶塞運佳兵。
賴有將軍勇，終教敵壘平。運籌操勝算，不負鼓鼙聲。

四

喬木青蒼裏，風塵息苦辛。縱横悲戰國，統一夢强秦。
締造人間世，逍遥物外身。悽悽逆旅客，渺渺太平民。

儒冠

九月二十九日

已爲儒冠誤，經綸阻遠程。沐猴爭上座，腐鼠嚇鵷生。
墨守非存國，同盟反樹兵。横戈揮落日，一掃不平鳴。

大霧

十月十六日

大霧漫天地，我行愈孤獨。世路盡茫茫，舟車莽奔逐。

清風偶然來，仙山露一曲。樓閣聳玲瓏，迥異空中築。
群氓無所見，爭自葑部屋。胸中貯甲兵，動輒成蠻觸。
龍血播玄黄，腥風飄斷續。何日奏澄清，一掃瘡痍毒。

新戰國

一

植基四戰地，生存殊不易。奮發圖自强，超人樹一幟。
學術冠天下，操勝在鬬智。得天惜未厚，毋徒恃利器。

二

雄圖挈歐亞，秉鈞恣勞工。欲平貧富蹟，期造烏托邦。
將成統一志，疑自東海東。雖未臻上治，泱泱大國風。

三

海鰍擬天驕，薦食恣夢囈。一戰縣中華，再戰併四裔。
絶臏慕西秦，縮朒陋東帝。器小而志大，將毋陷陵替？

四

誓將地中海，變成國内沼。追蹤羅馬皇，群雄資一掃。
東西扼强鄰，巧借虎威擾。可望不可即，仙山終縹緲。

五

屬地遍五洲，旌旗終映日。海上逞强威，久矣成弩末。
金銀滚滚流，霸圖懼將歇。瘠人以自肥，殖民防割裂。

六

百年講生聚，蔚爲拜金國。豪商竊邦柄，壟斷恣無極。
軍火資人鬬，貨財豐自殖。譬如血壅身，終將病淤塞。

七

立國失正軌，强敵先自樹。殺人亂如麻，旋踵不旦暮。
借勢快恩仇，終爲人駕馭。俯仰不由己，進退將失據。

弔長沙

十一月十一日

去年長沙縱火，近有人來述其詳情，作詩弔之。

一炬長沙火，云防敵騎來。嬰城燔父老，掣電毁樓臺。
博士倡焦土，將軍播劫灰。軍謀何孟浪，不爲孑遺哀！

秋思八首次韻酬李證剛方東美兩教授

十月二十三日

一

煙靄迷離秋樹林，巴山巴峽氣鬱森。
鯨鯢横海風雲急，雕鶚盤空氣象陰。
兩載繁霜侵鬢影，一鈎涼月動鄉心。
徂東零雨思皇駁，處處愁聲少婦砧。

二

大將旌旗落日斜，兩京迢遞失繁華。
聞雞每作燈前舞，擊楫虚期漢上槎。
夢斷遼陽鳴戍鼓，心驚塞北起胡笳。
曉星明滅愁千點，忍看秋江瑟瑟花！

三

江天如畫靜斜暉，斗大巴城暮色微。
食肉虎兒爭大嚼，依人燕子競遐飛。
傳家經術風流渺，華國文章志意違。
投筆肯隨班定遠，翩翩裘馬耀輕肥。

四

勝負由來似弈棋，未臻結局莫欣悲。
長沙旗幟驚三户，夏口雷霆震一時。

鯨海樓船金鼓逼[①]，龍廷鳴鏑羽書馳[②]。
會看鴉緑江邊路，掃盡夷氛慰我思。

五

巍巍宫闕鎮燕山，睥睨龍城雁塞間。
一任國門摧渤海，遂教虜騎入榆關。
蘆溝戰釁無窮恨，塘沽盟書有靦顔。
四省版圖齊變主，典司尚自列朝班。

六

羞見降帆出石頭，行都遥建蜀江秋。
金山問道潛師恨，鐵鎖沉江去國愁。
三月守城刑白馬，一宵棄甲逐閑鷗。
秦淮歌舞依然在，浪説金陵冠九州。

七

書生奇想册元功，追蹟平南史册中。
僭僞爭矜齊楚國，讓王誰繼許巢風？
秋雲變幻連天黑，戰血模糊遍地紅。
海外亦傳烽火起，紛紛鷸蚌樂漁翁。

八

西南沃壤尚逶迤，山谷梯田水滿陂。
澤涸不妨魚有疾，月明何患鵲無枝。
麗人舞袖終須斂，丞相胸襟定不移。
史事休提天寳末，但期光復舊疆陲。

注：

① 美利堅。

② 蘇俄。

登歌樂山

十一月五日

鬱鬱歌樂山，蒼翠滿林樾。崇巒森九疊，白雲時出没。
秋風吹落葉，芳草懼衰歇。遐睇嘉陵江，天際窮一髮。
愁心寄江水，千里流吴越。安得萬頃濤，腥臊蕩胡羯？
振衣登高崗，天風散鬱勃。悽悽哀猿吟，何處尋幽壑？
歸路拂松煙，愁雲迷皓月。

汪旭初沈尹默兩監察員各以寺字韻詩見示次韻

十一月六日

歌樂山頭雲頂寺，雲山九疊紛題字。
昂頭天外眼界空，一時泯卻同和異。
故人幾輩來江岷，何分侃侃與誾誾。
三十年來舊面目，野性曠蕩頗難馴。
何須芻狗悲千載，胸中別有乾坤在。
聞道詩歌動鬼神，卻看才思涵江海。
兩君詞藻壓公卿，信有文章海内驚。
敢效達夫邊塞作，老來學步爭詩名。

贈旭初再用寺韻

十一月七日

昔年偶過寒山寺，載酒相從問奇字。
邇來師友半死生，無復古今辯同異。
連天烽火逼西岷，友生相對仍誾誾。
黃鵠高飛羽儀盛，老驥伏櫪意態馴。
落寞難親已數載，寸衷自有熱誠在。
羨君詩筆力撼山，使我文心氣吞海。

平原終有顔真卿，江山半壁不須驚。
文章華國君應記[①]，毋使燕然獨享名。

注：
① 旭初曾主編華國雜誌。

贈尹默三用寺韻

十一月八日

聆君自評上清寺，第二是詩第一字。
遍摹秦漢及晉唐，源流派别明同異。
自我避地來梁岷，久不聞君諍闇闇。
陶情文藝素所愛，眼高手疏筆難馴。
古人精神傳千載，成家各有面目在。
未能北學仰碑林，願賜南針游詩海。
君今出語動公卿，高生老矣不足驚。
但抒念亂憂生意，豈爲千秋萬歲名。

酬旭初尹默四用寺韻

十一月九日

詩章偶爾拈三寺[①]，均非愜意好文字。
措辭淺露氣粗豪，了無餘味何足異。
滔滔江漢溯嶓岷，夙聞李杜相闇闇。
驊騮開道賴兩君，何以使我氣象馴。
淵深靜穆垂千載，眼前即有典型在[②]。
山輝美玉韞崑岡，水媚明珠潛滄海。
投贈初傳李少卿，河梁佳句自堪驚。
相期皓首崇明德，長歌激烈毋近名。

注：
① 謂雲頂寺、寒山寺、上清寺。

② 行嚴稱兩君詩爲典型之作。

元曙按：汪旭初、沈尹默二君見朱希祖先生詩後，各有詩寄來，照録於下（見朱希祖 1939 年 11 月 11 日日記）：

贈逷先即酬來章之意九疊寺韻

汪東

憶昔嘗游攝山寺，眼明喜見磨崖字。
二徐妙蹟世所希，墨搨扃藏示珍異。
先生討古窮江岷，辯詞雖諍顏則誾。
恨無此本貯篋衍，發君高論雙耳馴。
禹貢芒芒歷千載，形勢真同指掌在。
揚雲本自薄雕蟲，郭璞偏工注山海。
自言不識公與卿，卻逢佳士便心驚。
他年位置留青史，商略儒林游俠名。

奉答逷先見贈之作十五用寺韻

沈尹默

新篇首題雲頂寺，清奇如睹永叔字。
見獵心喜良足多，達夫究與常人異。
邂逅白下今西岷，稀逢久别彌誾誾。
面光頭童老益壯，意氣差比中年馴。
京華游衍二十載，當日錢劉俱健在。
尊酒論文各率真，開懷盡意藏人海。
國家之事歸公卿，山頹梁壞吁可驚。
書畫有益非玩好，喜君夙有收藏名。

元曙按：朱希祖先生在汪旭初詩後有一按語，照録於下：此詩“先生”與“游俠”二辭似覺可商。“先生”指先師餘杭先生，“游俠”二辭不知何指。若泛論史體則不如易以“文苑”，若面告旭初以示諍義。

酬尹默五用寺韻

十一月十二日

君居北京隆福寺，嘗讀柱史五千字。

君喜老學我嗜史，表裏相通本無異。
江漢之源殊嶓岷，同歸於海何閭閻。
君得菁華我枝葉，君真猶龍不可馴。
發爲文藝光千載，懷中獨有玄珠在。
詩品不亞陳後山，書法無慚李北海。
此樂遠勝公與卿，默臻美妙實堪驚。
相視而笑終相契，世間俗目無能名。

元曙按：沈尹默見朱希祖先生此詩後，又作詩以答之，照録於下（見朱希祖 1939 年 11 月 18 日日記）：

酬逷先二十三用寺韻

沈尹默

妙諦未通永欣寺，墨磨終日漫書字。
詩三百篇意未諳，徒工韻語何可異。
有源之學如導岷，自視不足言閭閻。
以文爲詩退之筆，江湖名士聞聲馴。
文省事增新紀載，宋歐仍有詩名在。
詩不可學理或然，此論井蛙語滄海。
君不見，
老儒作賦有荀卿，麗則應教班馬驚。
顧我周旋執鞭彌，敢將小技競聲名。

元曙按：當時，在重慶一部分文人中，有以“寺”字韻作詩的風氣，朱希祖先生在 1939 年 11 月 18 日日記中說：“近來用寺字韻唱和詩，章行嚴有四五十首，沈尹默有二三十首，汪旭初有十餘首，其他尚有多人，詩亦甚多，余亦已有七首，强事就韻，究非正當作法，以後作詩和詩不擬步韻，擬人必於其倫，毋涉阿諛標榜之習，則詩品乃尊。且詩不可苟作，作必於身世兩有裨益乃可動筆。”

登巴山六用寺韻

十一月十二日

蕭條古木前朝寺，碑卧蒼苔已無字。
剩有山頭塔聳天，登高一覽三巴異。
江流兩道合巴岷[①]，調和主客毋誾誾。
巴師勇鋭淩殷人，前徒倒戈敵易馴[②]。
樓船王濬威千載，目中豈有金陵在？
山濮水賓快下川，巴歌渝舞直到海。
東征猛將豈花卿，軍旗獵獵民不驚。
如椽大筆豈無人，豐碑隆碣紀功名。

注：

① 常璩《巴志》：江州都護李嚴，欲穿城後山自汶江通水巴江，諸葛亮不許。案江州今巴縣，汶江即岷江，則蜀漢時尚稱今長江爲岷江，今嘉陵江爲巴江也。

② 亦見《巴志》。

酬方東美教授七用寺韻

十一月十五日

山居靜寂如蕭寺，篋衍新收詩與字。
君詩高曠頗神奇，君字夭矯殊瑰異。
九皋鳴鶴翔江岷，杜鵑啼血休誾誾。
鈞天仙樂奏秋旻，使我聆之意氣馴。
桐城門第數百載，家世文章赫然在。
哲匠微言絡九寰，詩人高眄渺四海。
脱屣爵禄辭公卿，無可身世殊堪驚。
浮山大集垂天壤，君其繼武豈邀名。

元曙按：方東美教授見此詩後作答詩一首，照録於下（見朱希祖 1939 年

11 月 24 日日記）：

酬逷先教授見贈

方東美

窮神淩太虛，觀化鬱遐思。合德説天人，頻驚不平事。
劍鋒輕項雄，雅勢撫揚字。大寳慈與悲，心期道種智。
酣情流萬方，習染風騷意。造境空靈端，蒼茫苦不至。
平生游墨嬉，太史應無記。家世依龍眠，梅松五百世。
他年訪名山，乞作端木誌。

元曙按：在方東美教授詩後，朱希祖先生有如下按语：“三十年爲一世，五百年不能稱五百世。‘世’字殆欠斟酌，當告方君易之。”後數日，朱希祖先生建議方東美教授將“世”字改爲“歲”字。

贈褚慧僧參政赴萬縣任川康建設期成會主任

十一月二十日

避地山村共一廬[1]，聆君緒論勝籀書。
驚人碩畫匡時策，曠代才猷使者車。
越國廿年儲遠略，巴江千里試鴻圖。
會看九宇澄清後，功業還多記象胥。

注：

① 時同寓重慶南岸黄桷埡袁家花園。

偶感八用寺韻

十一月二十六日

漢唐失政維婦寺，今古得民在撫字。
樊噲居然爲相國，度支楊釗又何異。
行都卜宅奠巴岷，西南主客互闇闇。
毒鴆浩浩俗難改，猛虎洶洶民自馴。
士庶呻吟經幾載，下情各壅雲膜在。
川滇同命鳥巢山，吴越一家舟濟海。

調和鼎鼐賴公卿，燕幕燎飛吁可驚。
霜風凜冽寒蟬噤，狐狸安問莫循名。

元曙按：作此詩後，沈士遠先生有詩贈朱希祖先生，照録於下（見朱希祖先生 1939 年 12 月 2 日日記）：

筆陣一章用寺字韻贈逷先

沈士遠

筆鎮堂堂羞婦寺，鬬險角雄千百字。靈均投袂起騷壇（謂行嚴），刁斗旌旗一時異。詩源風雅江導岷，唐宋新舊空闒闓。江山如此要奇横，入蜀意興誰能馴。竹垞容甫各千載，詠樓更有朱君在。即今白雪眩巴人，坐見屠龍涸東海。辭賦由來宗馬卿，少陵抵死教人驚。吾徒詩外大有事，未許風花浪得名。

酬馬叔平博物院長兼簡尹默旭初九用寺韻（有序）

十二月三日

荀子《正名篇》："名聞而實喻，名之用；累而成文，名之麗。用麗俱得謂之知名。"今新名詞如"時辰表"、"自鳴鐘"二名，一能喻，一不能喻，文人學士宜擇可喻者用於文，否則改造。一概鄙棄新名，用麗俱失，使當代文物，不見於文章，阻塞文化甚矣。《正名篇》又謂"名無固宜，約定俗成謂之宜"，是又不論喻不喻矣。又謂"若有王者起，必將有循於舊名，有作於新名"，新名之關係大矣。吴梅村詩云："西洋館宇逼城陰，巧曆通玄妙匠心。異物每邀天一笑，自鳴鐘應自鳴琴。"前賢詩中，已用新名。三百年來作者反深閉固拒，可慨也已。吾友馬君叔平，今以飛機、炸彈等名詞入詩，可謂先得我心，詩以和之。

東漢初營白馬寺，佛經始譯新名字。
後賢採擷飾詩文，相欽博雅不爲異。
輶軒采語倡西岷，象胥相對無闒闓。
文人好古捐今語，不題糕字矜雅馴。
一朝創作淪千載，語有文無意何在。

飛機炸彈震乾坤，鐵路輪船縮陸海。
大儒今若起孫卿，張皇文物必堪驚。
欲教學藝年年進，歲布新名濟舊名。

元曙按：馬衡先生原詩如下：

四用寺字韻質疑於諸詩人

馬衡

十年以來新置寺，榜書大署航空字。合之海陸成三軍，戰具於今益新異。江湖詩人會巴岷，尖叉鬬韻日闇闇。獨避飛機炸彈字，豈以其言欠雅訓。詩史由來重記載，采風他日有人在。眼前名物不敢題，細察秋毫遺獄海。作詩不爲干公卿，造句毋嫌流俗驚。譯語新詞盡收入，千秋未必玷清名。（見《馬衡日記附詩鈔》第255頁）

酬章參政行嚴見贈十用寺韻

十二月十日

莫道詩源出官寺，頗笑荆公妄説字①。
采詩半自民間來，國風豈與雅頌異。
詩壇老宿蒞巴岷，亦許野叟相闇闇。
亂世之音怨以怒，風流宏獎意堪馴。
西南飄泊經三載，相看國破山河在。
廣徵氣類網珊瑚，自寫襟懷傾湖海。
唱和遥承漢二卿②，百篇一韻實堪驚③。
獨標奇幟垂詩史，更欽詩外立功名。

注：

① 王荆公《字説》云：寺爲九卿所居，非禮法之言不入，故曰思無邪。

② 李少卿、蘇子卿。

③ 聞公用寺韻詩已有百三十篇。

④ 元曙按：汪旭初先生將朱希祖“寺”字韻詩示章行嚴先生，行嚴先生有詩相贈，故朱希祖先生有此詩相答，現將行嚴先生贈詩照録於下（見朱希祖1939年12月9日日記）：

旭初見示遏先寺韻詩同和一首

章士釗

太學沙灘大佛寺，我談政事抛文字。同僚昔日情可勝，遷客今時神不異。戎馬關山走蜀岷，高樓風雨仍闤闠。三千受學貧非病，九十傳經老豈馴。葪漢閣中足千載，淵源賴有執事在。白鶴遼陽應憶家，黄河天上長流海。掀髯何處有公卿，偶然嘯詠輩流驚。東京朱祐當時少，至此年高有大名。

感舊絶句八首

十二月五日

一

黑河風急起鳴沙，遼水波回咽暮笳。
驚破莊生蝴蝶夢，秋深燕子已無家。

二

將軍未射天山月，校尉空搴瀚海旗。
夜雨無聲花落去，江南春夢正酣時。

三

壁壘森嚴黄歇浦，金湯鞏固石頭城。
問君何事匆匆去，一徑崎嶇蜀道行？

四

劍門險峻向雲開，蜀國流亡動地哀。
千載陰平遺恨在，可知空穴有風來。

五

越王臺寂王何去，黄鶴樓高鶴又飛。
江水東流南國渺，夢中紅豆是耶非。

六

越裳翡翠無消息，南海明珠又寂寥[①]。
最是無情合浦月，照人離别使魂銷。

七

明皇幸蜀因胡虜，南詔稱王傍吐蕃。
夢裏不知君遠近，碧雞金馬月黄昏。

八

回紇馬來胡虜殛，朔方兵盛國威張。
封侯夫婿還家日，齊拜汾陽異姓王。

注：

① 借用杜少陵句，易一“又”字。

有感絶句二首

十二月十日

一

獨闢乾坤真學問，傍依門户類輿臺。
只知四瀆尊天壤，不見汪洋海若來。

二

長松之下無喬木，小道可觀難遠到。
屠殺相傾大業微，洪楊韋石何足傲？

答旭初見贈十一用寺韻

十二月十八日

鐘聲曉出江上寺，折梅驛使傳文字。
得君新詩錦不如，郊寒島瘦何足異？
詩家成名半江岷，蘇黄李杜態闓闓。
文章要借江山助，此亦足使天王馴[①]。
我初學詩未盈載，崑崙高處渺何在？
左公詠史阮詠懷，苦無津筏茫涉海。
淵明淡泊慕荆卿，桃源靡税更足驚。
詩人意境未能到，何敢妄自期高名？

注：

①　季剛才高氣盛，到處齟齬不能容，晚年在南京六七載，與君始終相安。蓋惟君能下之，而又能馴之也。故本師戲謂季剛爲天王，君爲東王。

元曙按：旭初先生又有贈朱希祖先生用“寺”字韻詩一首，故朱希祖先生有此作，照録於下（見朱希祖先生 1939 年 12 月 16 日日記）：

贈逷先兼示尹默

汪東

高歌忽放雲頂寺，巴人下里瘖無字。譬如累戰軍已疲，特起蒼頭始稱異。先生治史如導岷，百家羅列供閶闔。角詩餘力肆排奡，猶挽猛象麾之馴。沈侯聲名非一載，英雄頗訝曹劉在。君如直上昆侖顛，渠亦能探星宿海。韓公自儕軻與卿，籍湜流汗走且驚。當時若使逢二子，亦恐不道東野名。

答行嚴見贈十二用寺韻

十二月十九日

荆公居近半山寺，浪傳經義又解字。
政事文章實擅奇，吾亦服善不立異。
當時河洛與蜀岷，黨同伐異爭閶闔。
横標新舊抑奇構，胸襟磊落何能馴？
悠悠之口歷千載，賞心自有同調在。
才高被放奚問天，道大難容枉浮海。
救民豈爲公和卿，腐鼠休將嚇與驚。
風雲卷舒皆自在，何敢菲薄前修名。

元曙按：朱希祖先生此詩爲答章行嚴先生所作，現將行嚴先生所贈詩照録於下（見朱希祖先生 1939 年 12 月 16 日日記）：

答逷先

章士釗

巢經巢近禹門寺，終身鏗鏗許鄭字。詩篇出手海内傾，經術文詞互標異。多君執卷游江泯，偶逢舊雨風閶闔。人尊剛健雜婀娜，君以樸實爲雅馴。荆公得意元豐載，文章饒有政事在。字説雖謬詩卻佳，放言空入眇江海（即荆公句）。王鄭二子君可卿，晦翁句法自世驚。老宿老宿君家物，如我放濫嗟何名。

天都烈士歌（有序）

十二月二十一日

天都烈士歌，爲同門吴教授檢齋作也。檢齋諱承仕，歙縣人。中華建國四年，爲司法部僉事，始受業本師餘杭章先生。時先生幽居京師，檢齋喜治内典，常往質疑。既而筆受先生緒論，題曰《菿漢微言》，名始彰。嘗與先生筆札往復，深求《春秋》答問作意；旋撰《經籍舊音辯證》，欲紹明江、戴諸公舊藝。嗣研覈《三禮》，去官教授於北京師範大學、私立中國大學及東北大學十餘年，時以《三禮》名物教弟子，蓋承其鄉先輩金輔之、程易疇絶學也。檢齋初志，實以昌明皖學自任。瀋陽既陷，國難日亟，乃棄去，談時政，以抗敵濟民爲志，精擇所宗政制學説，騰爲文辭，薰陶弟子無倦。蘆溝變起，自北平移寓天津，與其家人絶音問者二年餘。二十八年七月，致其同門汪旭初電報於行都，言始遭名捕，繼復利誘，夙承師訓，義不辱身，兩年以來，日撰抗敵文告及秘密撰稿，不下三十萬言，誠恐津局一變，音問將絶，故略陳近況。至十一月《重慶日报》載檢齋已爲敵人支解以死，嗚呼慘哉！爰作此歌，以彰厥烈。

東南第一天都峰，曾凌絶頂擴心胸。
俯視歙州沉雲海，地靈人傑秀氣鍾。
洸洸烈士生其地，少年已具瑚璉器。
鼓篋期成撥亂才，登車夙負澄清意。
瑜伽師説感人深，濟世須懷出世忱。
無畏獨超生死海，有情還契涅盤心。
書生結習未能革，皖學風微深自責。
古音江戴溯淵源，禮制金程加考覈。

一編葪漢記微言，師説親承大義存。
商略春秋傳賈護，攘除夷狄企劉琨。
遼陽擾攘風雲起，蠶食鯨吞不能已。
乞師寧向西鄰哀，蹈海願由東帝死。
匡時致遠改經綸，政制無須陳復陳。
默運天鈞陶冑子，大張漢幟振斯民。
蘆溝戰起名捕始，黃金白刃均無視。
文檄紛披萬國橋，網羅密觸天津市。
誓死不辱氣吞胡，拚將粉碎千金軀。
請看志士四支解，足抵揚州十日屠！
吁嗟乎，墨翟已死滑釐繼，弟子三百氣尤厲！
烈士精神不滅磨，大名永與天都儷。

渝州冬至書懷酬證剛四十韻

十二月三十一日

奉讀渝州什，如聆大海潮。混成無物住，廣漠有風飄。
蜀道難何有，愚公志不摇。魯陽方鼓勇，誇父豈徒趫？
陰伏夷氛靖，陽回士氣朝。頻傳軍得勝，深信敵難驕。
復國期非遠，還鄉足可翹。大鈞何了了，卓識獨超超。
弱質愁飄泊，新詩慰寂寥。孤燈懷舊事，三峽憶來橈。
禹廟銘碑没，塗山古木喬。佛圖關月迥，蔓子墓花嬌。
南北雙泉煖，巴岷兩水遥。通津商賈貴，沃土物財饒。
一自行都建，多來客户僑。萬人闐市巷，百物貴瓊瑶。
警燧傳千里，飛軍擾半宵。空中頻戰鬭，衢上絶歡囂。
巨彈連天震，殘骸匝地焦。肝腸驚掛樹，火焰慘淩霄。
篷户紅崖墜，江船赤壁燒。藏身鑽石穴，築室散山椒。
車舫難全濟，親朋共一寮。□□偏狡黠，婡婢亦愚佻。

客舍愁鼙鼓，驚魂動斗刁。燕齊空浩蕩，吴楚竟蕭條。
幾次兵威振，頻年敵勢消。襄樊摧虜騎，長岳走夷軺。
嶺外軍方勝，河東寇屢跳。國交歐美利，天助雨風調。
狂狡邦孤立，饑夷戰反挑。巴渝歌自武，賓濮力仍饒。
踴躍三軍赴，功名百戰標。廟堂多勝算，士卒樂長謡。
凱曲嘉州擅，鐃歌樂府邀。將軍吟杕杜，公相賦蠨蛸。
江國梅先放，橋山柏不凋。市朝休大隱，關塞尚沖飆。
努力非餐素，同仇忍腹枵。區區微志在，未許伴漁樵。

詠柳六絶句和東美

二十九年一月一日

一

春光未到眼先知，舊苑荒臺繫夢思。
閱盡興亡無限恨，管人離别有餘悲。

二

曉風殘月送行程，未卜長征是死生。
寧受常年攀折苦，不教人世别離輕。

三

秀葉縱悲秋賈落，空條終有意纏綿。
摇風曳雪依然舞，舞到春歸又一年。

四

樓臺掩映偏多韻，陌路逢迎倍可親。
淑世精神高世美，腰支妒殺楚宫人。

五

平居只道從軍樂，出塞方知行路難。
羌笛數聲春杳渺，陽關萬里淚汍瀾。

六

長條攀折惜芳菲，不識陽和逞殺機。
歌曲願聽金縷好，夢魂休向玉關飛。

元曙按：朱希祖先生 1940 年 1 月 2 日日記云：將《詠柳》詩初稿重改，换去三首，始成今稿。更信作詩不可始脱稿即示人，必待三四次修改乃可示人。蓋人之直諒多聞者少，面諛退非者多，不可輕示人也。東美原題《堅白精舍花木十詠》七律十首索和，余以用古人韻及次韻、疊韻詩不免有削足適履之病，故……和東美僅《拈柳》一題改爲六絶句，皆不次其韻。以後作詩皆擬准此。

讀詩雜感絶句九首

一月六日

一

世外黄金殿，空中白玉樓。塵埃李與杜，自視壓千秋。

二

建武義熙際，玄學塞辭章。陳言去騷雅，新詩疏老莊。

三

與讀禪機詩，寧觀佛偈話。枯寂王右丞，賴有詩中畫。

四

蠢不迪檢柙，超然自鑄詞。文章甲丙美，疑是樊宗師。

五

義山侈故典，司馬擅奇辭。縱有三家注，誰傳達詁詩？

六

措辭期淺顯，樹義貴深沉。千秋陶靖節，誰是真知音？

七

緣情色綺靡，中律聲鏗鏘。試觀唐宋句，感人孰深長？

八

春秋繼詩作，書法不相歧。變雅之義廢，世多鄉愿辭。

九

含情浣花堂，厲節清閟閣。滌除塵俗容，風格寥天鶴。

觀雲七絶二首酬東美

一月二十八日

一

神龍未出雲輕薄，改變多端幻態來。
何補蒼生徒眩耀，有無霖雨挾風雷？

二

蜃樓海市空中現，蒼狗白衣世相多。
詭譎縱教千萬變，光芒無奈太陽何。

題朱鐸民維摩室圖（有序）

一月三十一日

鐸民綰財政部川康區稅務，自行都移署樂山，築維摩室，繪圖自題七律三首，並徵友朋題詠。率成六言一章酬之。

爲官不爲俗吏，學佛不學枯禪。
輞川右丞圖畫，嘉州刺史詩篇。

慧僧見示萬州新歲有感詩次韻酬之

二月八日

長於政治不求官，卅載高情局量寬。
浙水宦聲猶赫赫，巴江使節尚桓桓。
滌除舊染民風肅，糾察新猷吏膽寒。
遥念關山征戰苦，卻忘客旅歲朝歡。

和旭初呈史館諸公詩步原韻

八月六日

締造千秋業，艱虞百尺基。散沙難强固，獨木不支危。

幸有文章伯，堪爲著作師。豈徒期潤色，國典賴昭垂。

和植之史館詩仍用旭初韻

八月十四日

創業欽躬與，鴻謨奠丕基。行都同出處，山館共安危。
新意都成例，陳編盡可師。史心宜討論，莫吝教言垂。

鄺亭詩稿卷四　鑑齋詩草

文學

三十年六月十四日

泰西論文學，人生與藝術。分道各揚鑣，何能定甲乙？
人生求盡善，指陳罄得失。不規字句工，但期理想密。
家喻而户曉，摛辭求其達。家家足衣食，人人無饑渴。
盜賊自消除，戰爭亦泯滅。斯民揚樂和，大地除苦疾。
藝術求盡美，造化人工奪。磨洗出精神，雕琢窮毫髮。
當其獨到時，舉世不能察。群生幾聾瞽，止可自怡悦。
及其引入勝，衆情皆洋溢。傾耳皆歡娱，舉目盡華潔。
耳目所濡染，蕩滌到肌骨。江山盡妍麗，人物無醜劣。
兩派固殊途，所異在文質。苟能升其堂，又能入其室。
有益於生民，歸趣臻於一。求之吾先達，亦多有仿佛。
淵明與靈運，各自尊表率。惜無繼起人，菁華遂衰歇。
致令浮華士，千載空馳突。誰起十代衰，砥柱詩人筆。

和公武六十初度感懷

六月十六日

煌煌長史舊生涯，卻羨將軍不問家。
功業千秋休縱逝，江山百戰尚堪誇。

投戈投筆心逾壯，橫槊橫琴志未差。
東海洗兵酬素願，從容歸看白門鴉。

題鐸民所藏餘杭章先生六十自壽詩遺墨

六月二十一日

巍巍天挺才，瞻仰何能及。泰山既云頹，末學徒零拾。
詩章追漢魏，亦偶摛短什。温恭自壽篇，格律驚庸怯。
鐸民公之婿，遺墨珍什襲。題詠滿琳琅，淵源各相涉。
弟子黄汪輩，文學恣漁獵。光耀譬恒流，修名能早立。
春秋大一統，筆削嚴自愜。游夏不能贊，文史固殊法。
丘明立大凡，經傳均相協。千載此傳薪，誰歟承大業！

述懷

六月二十二日

琅玕礪斤斧，騏驥負輜軿。用之不得所，徒自喪其天。
生平尊史業，積書過萬篇。著述不盈尺，弟子逾三千。
雖無棟梁用，亦具佑啟賢。國家尊養士，不役以他焉。
風波一失所，況復病纏綿。老死不足惜，磨折殊可憐。
賢哉陶淵明，心畏形役牽。喪亂無家歸，夢想松菊妍。
將尋黄山穴，藏書寄一廛。耕讀以自娱，聊可送殘年。

誦詩有感三首

其一

六月二十三日

抒情貴直辭，諷諭可婉曲。古詩三百篇，疾惡如受辱。
哲婦爲梟鴟，豔妻易陵谷。宗周褒姒滅，筆伐伸誅戮。
工部麗人行，丞相慎毋黷。及賦哀江頭，野老吞聲哭。

昭陽第一人，游魂不歸蜀。曲直何相殊，令人難違俗。
古詩十九首，大半抒所欲。蕩滌放情志，何爲自結束？
生年不滿百，千歲憂何酷。爲樂當及時，戚戚傷局促。
榮名壽金石，應早策高足。含意苟未伸，徒哭窮途蹙。
詩教既失真，性情如蘊櫝。自非好修人，僞飾及幽獨。
不堪告人處，塗漆形肅肅。亦有誇毗子，寧敢觸當局。
放辟自潛滋，諛諂巧陰伏。騷雅既不作，漢魏亦難復。
阮籍李商隱，千載爭屍祝。遂令誦詩徒，射覆兼穆卜。
本以淑身世，其道皆爲朒。文章誠大業，貴我自伸縮。
深覆與淺露，何用相謗讟？

其二

六月二十四日

流連光景辭，酬酢友朋什。未盡詩能事，好名已汲汲。
高步謝靈運，模寫山水集。亦學李少卿，河梁攜手泣。
正復造其巔，亦僅詩一法。誰爲大雅才，規模弘煒煒？
上抒家國憂，下謀人倫洽。詩亡王蹟熄，美刺氣已懾。
堂堂春秋筆，遂爲詩承襲。陵夷至漢魏，墮蹟聊收拾。
迢迢杜工部，詩史猶相涉。樂天新樂府，步趨與相接。
齊梁拾香草，晚唐張錦袷。皆從離騷出，能者亦不乏。
昧者苟爲之，浮華滿香篋。我志在春秋，亦與詩相習。
生平不苟作，寧受詩人脅。

其三

六月二十九日

詩有真性情，亦有真氣骨。富貴不能淫，貧賤不能屈。
滔滔流俗士，未進先求乞。及其得意時，物欲先窮竭。

得失患無已，窮年心鬱怫。弱者恣諂媚，强者肆激越。
胸中回遹氣，繚繞詩人筆。殺身固足羞，喪志何其詘！
吾慕劉越石，剛健氣磅礴。覽其扶風歌，光芒逼日月。
吾慕左太沖，傲骨堅窮達。誦其詠史詩，高潔凌霜雪。
寧爲靈運死，不求安仁活。淡然陶淵明，千載誠無匹。

贈李部長培基

六月廿六日

我之考史作，證據頗周詳。魚龍森萬變，讀者苦茫茫。
終篇已無多，深識更難望。公乃喜一讀，辯析入毫芒。
既已承面奬，復又錫壺觴。公本將帥才，實兼文士長。
詩篇多挺秀，畫筆絶老蒼。肝膽照人心，情好結中腸。
邇來多疾病，久不登公堂。淡然如秋水，酬酢無琳琅。
當世有知音，聊報詩一章。

答旭初和詠松詩並謝贈雙松畫

七月二十二日

一

龍象本存旡首意，虬形不作在天思。
只因一夜風雪徙，故國俄空百尺枝。

二

辜負老成期大器，何辭輪廓檢餘菲。
畫圖不寫孤高影，未許淵明作倦飛。

注：

① 余幼時先叔祖紫仙公繪松柏於扇，題詩賜余，其詩云："努力詩書正少年，願伊早著祖生鞭。勉爲大器成松柏，期望深心畫裏傳。"

題鐸民詠莪堂記

八月二日

千秋雁蕩月，百代蓼莪詩。堂構能俱永，名聲豈浪垂？
王褒黄卷淚，束晳白華辭。錫類傳嘉則，缾罍願不虧。

詠松

九月七日

不與棟梁爭效用，寧同桃李鬬芳菲？
深山自有千秋意，肯學虬龍孟浪飛。

述懷

九月七日

一

王侯不事非無事，賢聖無爲乃有爲。
各盡所長近所性，山林廊廟總相宜。

九月十四日改

斟酌人間小大知，權衡世上有無爲。
千秋事業誰拘束？廊廟山林任所知。

二

老去躬耕遇不辰，只宜得禄養天真。
聊充龍鳥官師數，不礙雲山淡蕩人。

鑑齋雜詩四首

九月七日

一

養病尋方術，離家息夢思。山中聽雨夜，枕上不眠時。

二

胸襟無蘊藉，江海有波濤。一掃浮雲淨，中天皓月高。

三

日暮途未窮，家破國仍在。我無征戰功，冷眼看滄海。

四

蒼翠松篁裏，山椒一徑斜。竹籬茅舍靜，詩思入秋花。

題公武所藏書畫册

秀絶人寰畫[①]，神超象外書[②]。
私心徒豔羡，已入樂成居。
書畫誠超俊，誰能鑒賞精？
我無貞觀力，月旦屬君評。

注：

① 旭初。

② 尹默。

洪筠軒題藏宋拓定武肥本蘭亭序帖贈尹默

九月十日

臨摹意所需，投贈心方愜。聊紀卅年交，豈貴千金帖。

汪承沛花卉山水畫册贈旭初

九月十日

一

物宜投所好，心許不須延。豈望淮陰報，終慚季子賢。

二

尹默真書妙入神，旭初山水秀無倫。
蘭亭舊帖汪家畫，得所還應慶得人。

詠松答尹默

九月十三日

梁材能任天下重，豈特區區報國庸？
一統君王從未有，大夫合宜受秦封。

題戒大兒書後

九月十三日

流言自古撼家邦，悽絶鴟鴞破斧戕。
曾子殺人驚智母，陳侯盜嫂惑賢王。
萬金間計陽平售，片語宣言西楚亡。
今日縱横新戰國，豈宜逐隊昧平章？

讀劉劭人物志

九月十三日

辨别賢奸憑智鏡，寬宏度量可官人。
皋陶班固風流遠，九品原爲中正陳。

宋淳熙銅鐵錢二枚背文慶當二十文；又二枚背文當百；大銅錢一枚背文當百；並河南出土宋碗贈百年

九月十四日

愛錢如愛命，保碗如保身。割捨酬知己，逍遥物外人。

元高麗錢牌並北平出土元碗贈士遠

九月十四日

一碗復一錢，投貽如乞丐。相知不用驚，脱略形骸外。

觀群兒放紙鳶

三十二年三月二十四日

紙鳶得時捷，浪逐春風高。一兒綰其繩，箏聲鳴九皋。
群兒爭慕之，仰視翔以翱。歸家剪綵紙，綆短不能豪。
如鳥或如獸，如鯨或如鰲。名同制已異，標新譽時髦。
雲路縱空闊，衆繩若競艚。有時勢交互，翻跌相怒號。
挑達在城闕，疇能將其曹？時過氣已變，誰與順鴻毛？
真鳶正冥冥，萬里逞游遨。

太史公

三月二十八日

一

馬談次舊聞，欲大春秋軌。古史已放紛，漢興復無紀。
平心論六家，公道昭千祀。史事所網羅，必然到百氏。
秉此良史才，多聞必協理。惜哉漢家封，留滯周南趾。
恨不與從事，發憤且爲死。封禪何足道，直屬兒戲耳！
棄兹千秋業，殉彼一朝耻。

二

馬遷何不肖，乾没父舊聞！暖姝守一師，斠若鴻溝分。
不協於六藝，考信必鋤耘。道家史大宗，終始陰陽存。
皆以不經斥，縉紳所難言。墨子百春秋，徵引豈無源？
三晉多良史，名法亦有根。皆以異端棄，並其事弗云。
五家既如此，百氏更何論？其言不足取，其史應可尊。
抹殺百代事，何異秦皇焚？卓哉班孟堅，人表抉其樊。

自嘲

四月一日

不與人物接，不爲山海游。終生伏几案，天地一書囚。

有感

四月一日

一堂合仇讎，權勢甘於醴。低頭向小兒，不值五斗米。

看山

四月二日

風靜山黏天，雲湧山浮海。變態任風雲，山形終未改。

吕不韋

四月三日

豪商秉國柄，故技忍不禁。登高望九州，左右網深沉。
衽席移人國，奇貨愜我心。媚婭布朝列，要路塞陰森。
既窮三黨貴，還邀舉世欽。將相兼文武，君師壓古今。
春秋喧吕氏，市門懸黄金。

贈兼士

七月九日

新詩流豈弟，舊侶豁胸襟。屯厄邠卿第，經綸賈傅心。
蜀山千疊遠，燕樹萬重深。一洗無窮滯，聊爲梁父吟。

鄺亭詩稿卷五　補遺

自廣

六年十一月九日

謹案：此詩蓋隱指當時清史館事而作。

梨洲蹈海濱，季野隱冀北。一任彭朱輩，鴻博傾全國。

馬嵬坡

十二年七月十五日

坡在馬嵬驛前，其上有唐楊貴妃墓。

一

悽悽馬嵬驛，當年駐六軍。千古空留恨，將軍殺美人。

二

一曲淋鈴枉斷腸，河山無恙美人亡。
景陽宮井多情甚，南内空教哭上皇。

酬景莘農

十二年七月二十二日

一

多能自愧朱鴻博，高論終慚許子將。
爲慕關中饒古蹟，天教邂逅入咸陽。

二

三秦分割自成區，都尉何人爲策圖。

眼底英才起耕築，休將空過繞朝廬。

三

迢迢涇渭自分流，鑑水知心迴不侔。

我欲濯纓君莫笑，君須攬轡我何求。

四

秦中山色最依依，卻恨函關鎖翠微。

多謝輞川詩畫筆，爲我寫取載將歸。

附景莘農題自畫山水一軸二絶句：

高論人才出釣屠，不緣升降後來無。入關百一詩酬罷，新見多能秀水朱。

右丞題後詩難道，太乙峰迴色自蒼。爲寫一泓秋意思，垞南垞北讀書堂。

跋云：太乙湯峪傍景正如此。癸亥夏中，欣接遏先先生，相見恨晚，輒賦奉贈。

題雙松圖（有序）

中華建國十七年夏，陳灣山始遷祖塋前雙松爲大風吹折松梢一株。滋侯弟繪雙松圖，以追誌當日葱蘢秀茂之概。儀伯兄爲題四絶句，因和之。

吾家始遷祖，卜葬陳灣峭。自元迄今兹，閲世五百年。

山深毓秀氣，雙松繞風煙。少小隨父兄，春秋獻豆籩。

遥望葱蘢姿，圖畫自天然。離家三十載，夢寐常流連。

忽聞風折枝，不覺意拳拳。雖無休咎惑，卻有盛衰眹。

憶昔族繁衍，子姓累百千。或讀而著書，或耕而闢田。

或仕而盡瘁，或商而貿遷。各自食其力，家室慶轟闐。

回顧輓近來，游惰何翩翩？陋俗錮厥心，嗜欲擾其眠。

十室九屢空，相見話迍邅。丁口既零落，世系寡綿延。

喬木閲世深，如代祖傳宣。幸有賢雲仍，詩畫得其詮。

吾儕幸努力，各著祖生鞭。勉成棟梁材，摧折愈貞堅。
孫枝各挺出，森秀競參天。他年證此圖，補我祖德篇。

由南山至海棠溪途中口占

二十七年三月九日

刧來何處是吾家？無意尋春興亦賒。
偶過淡煙微雨裏，漫山桃李又開花。

山中即景

二十七年三月十四日

早上寒山石徑紆，山中雨氣未全除。
日光初射長松下，滿地青苔錦不如。

廣益中學寓廬花木向榮生意怒發低回留戀賦小詩一首

二十七年三月二十三日

嘉卉滿園春意好，危樓一角夕陽斜。
可憐姹紫嫣紅外，血染河山盡作花[①]。

注：

① 時山西轉危爲安，而滕縣、臨城相繼失守，徐州危矣。

海棠屏

二十七年三月二十九日

落花滿地隕無聲，春事闌珊心暗驚。
尚喜萬松環繞處，天留一架海棠屏[①]。

注：

① 時臺兒莊我軍大勝。

散步松林

二十七年四月二十日

萬壑松濤襲耳中，山東戰事意衝衝。

祈天日日南風競，不使鯷人毒霧籠[①]。

注：

① 敵於臺兒莊敗後援軍四師到魯南，揚言欲以毒氣彈攻我軍。

余撰《古蜀國爲蠶國考》有人駁詰詩以答之

大禹原來是一蟲，何須更欲説蠶叢？

楚徐吴越皆夷狄，蜀國當然一例同。

酈亭詩稿拾遺

春游嘉興落帆亭

1895 年

擊檝快中流，壯心本未已。
暫落此間帆，前程猶萬里。

録自先生長女朱倩 1917 年 11 月 6 日日記，日記云："家君於光緒乙未春游嘉興落帆亭，作五言絶句。"光緒乙未年爲 1895 年。

贈葉正度君二首

1908 年 1 月 8 日

一

同是天涯逆旅身，山河大地又逢春。
放懷竹葉澆新酒，轉眼櫻花戀故人。
三十功名羞虎步，八千童女起鷹瞵。
可憐世界銷兵日，須待沙蟲化戰塵。

二

靜裏吟成寄恨詩，危樓一角夕陽遲。
文章千古餘歌哭，因果三生掃信疑。
天地無情芻狗我，繁華有夢弁髦誰。
憑君獨立昆侖頂，放眼山殘水賸時。

録自先生 1908 年 1 月 8 日日記。

贈葉曉南同學

1908年1月11日

一

春入東風楊柳條，愁心如夢又如潮。
霜封苔蘚埋金簡，香送蘼蕪怨玉簫。
王粲樓頭天地窄，莊周枕底髑髏驕。
寒窗瑣碎家人淚，收拾區區付酒瓢。

二

群龍有首孰胚胎，不斷爭塵滾滾來。
文士壇場多壁壘，騷人旗鼓起風雷。
黄金世界如天遠，黑月箏琶動地哀。
且把良朋詩句和，好隨仙夢逐蓬萊。

録自先生1908年1月11日日記。

詠雪詩二章（七絶）和葉曉南君

1908年1月17日

一

三年幻夢此低回，又見霏霏雪色皚。
難得繁華收拾盡，一抔淨土現蓬萊。

二

白遍江山一色中，人間畢竟尚雷同。
梅花不作尋常態，偏向天涯别樣紅。

録自先生1908年1月17日日記。

至長崎口占一絶

1908年1月24日

曉風殘月泊長崎，煙鎖山光去路迷。

幾點小舟摇盪槳，宛如鷗鷺狹沙磯。

録自先生 1908 年 1 月 24 日日記。先生從小出嗣給伯父小莊公，1907 年 11 月伯母余太夫人卒，先生因寒假，于 1908 年 1 月 21 日奔喪歸里，1 月 24 日過長崎，作此詩。

送中桐先生之杭州（七律）一章

1908 年 5 月 28 日

臨安王氣黯然收，千載中原板蕩愁。
愧我重洋求學殖，憑君兩浙督心郵。
岳王祠宇覘遺志，唐代冠裳憶舊游。
他日西湖幽勝處，相期共話古皇洲。

録自先生 1908 年 5 月 28 日日記。中桐先生爲先生在早稻田大學的心理學教習，1908 年 5 月 28 日中桐先生赴中國杭州，先生作此詩以贈。

鶴卷汀消夏

1908 年 7 月 16 日

此地宜消夏，他鄉亦足怡。
庭空風月静，地僻蘚苔滋。
自鑄詩文律，閒看勝敗棋。
願將出世眼，細燭世間疑。

録自先生 1908 年 7 月 16 日日記。

挽錢念劬

1927 年

使才難再得，撰述更無聞。
曾薛前徽渺，何姚妙緒淪。
英英錢夫子，絶域繼清芬。
圖傳帕米爾，界畫斠糾紛。

惜哉謀不用，强暴肆鯨吞。
歸來江漢濱，謀劃展風雲。
儲毓龍虎才，用待策奇勳。
漢土得光復，此焉植其根。
功成不必我，群材樂陶甄。
重洋遠監護，勤勞何足論。
長揖歸田廬，著作等其身。
我生恨已晚，相見如飲醇。
京華十五載，卜居幸比鄰。
音容永爲别，哀思殊難申。
愧無良史筆，一寫生平真。
聊攄百一意，短詠代貞珉。

1、録自臺灣九思出版有限公司 1979 年《朱希祖先生文集》第六册，第 3646 頁，有注如下：案詩中所言曾、薛、何、姚，謂曾紀澤、薛福成、何秋濤、姚文棟也，姚著《雲南勘界籌邊記》。

2、錢念劬（1853—1927），名恂，字念劬，浙江吴興人。爲錢玄同長兄，薛福成門人。1890 年隨薛福成出使英國、法國、意大利、比利時等國。1898 年任湖北留日學生監督。1905 年爲赴東西洋考察憲政大臣參贊官。1907 年任出使荷蘭大臣，次年改爲出使意大利大臣。1914 年，任參政院參政。著有《天一閣見存書目》、《中俄界約斠注》、《壬子文瀾閣所存書目》、《帕米爾圖説》等。

莫愁湖鬱金堂題壁四絶句之四

1932 年 10 月 9 日

管領湖田祀莫愁，英雄兒女各千秋。
徐廬功業如常有，合把名湖作酒杯。

録自先生 1932 年 10 月 9 日日記。該日日記云："余流連勝景，緬想風流，因作四絶句題其壁。"此爲四絶句之四，前三首已録入《鄺亭詩稿》卷一《粤行詩草》。

大兒偰締婚志喜。代二女倓，備、復、倞三兒各作詩一首，擬刻於銀盾，以作紀念

1932 年 11 月 12 日

一　代二女倓作

伯商大弟與德意志國歐蘭女士締婚，賦詩志喜。

依依蘿蔦思君子，燦燦榛苓憶美人。
萬里姻緣聯異域，百年琴瑟結同心。
雙棲玳瑁雕梁燕，比目珊瑚碧海鱗。
曠世相期莫相負，願花長好又長春。

二　代備、復、倞三兒作

伯商長兄大婚志喜。

奇緣迢遞托風檣，同德何嫌異域裝。
彩筆寰中流翰藻，名葩海外壓群芳。
磬笙雅調天爲合，棠棣餘輝室有光。
永世丹青著明誓，共扶國祚報高堂。

録自先生 1932 年 11 月 12 日日記。

德壽先生暨德配林夫人六一雙壽

1932 年 12 月 6 日

自昔娛親有雅言，吴郎今又續斯論。
田中經濟通邦政，海外文章溯化源。
一樂天倫逾爵服，雙期大耋樹椿萱。
山坡松竹清溪水，頤養偏宜入畫村。

録自先生 1932 年 12 月 6 日日記。德壽先生，爲當時中山大學文學院院長吴敬軒先生之父。先生該日日記云："吴君敬軒之父母六一雙壽，作七律一首贈之。"

玄武湖

1934 年 5 月 27 日

習戰昆明得勝謀，江山半壁不須愁。
金陵王氣綿千載，玄湖餘威壓五洲。
夕照臺城縈蔓草，晚煙鍾阜鎖靈楸。
漁歌亦識興亡恨，海上樓船與共仇。

録自臺灣九思出版有限公司 1979 年《朱希祖先生文集》第六册，第 3639 頁。

臺城

1934 年 6 月 11 日

荒涼一片城頭月，寂寞千秋湖外煙。
多少詩情與畫意，空中樓閣夢中天。

録自先生 1934 年 6 月 11 日日記，原爲《臺城》七絶二首，其一載《鄺亭詩稿》卷二《京華詩草》。

景陽樓

1934 年 6 月 11 日

千騎雞鳴埭，鍾山獵作回。
爲防宫漏杳，欲載美人來。
樓閣憑山起，鐘聲隔嶺催。
風流齊武帝，偏有治軍才。

録自先生 1934 年 6 月 11 日日記。

青溪訪王昌齡故居

1934 年

騷人舊宅水回環，高格風流不可攀。

賦罷從軍羌笛冷，詩魂長在玉門關。

録自臺灣九思出版有限公司 1979 年《朱希祖先生文集》第六册，第 3646 頁。

散步山林，聊以寫憂，口占七絶一首

1938 年 4 月 26 日

花事闌珊已黯然，況當風雨暴横天。
傷心最是無家别，故國依稀憶去年。

録自先生 1938 年 4 月 26 日日記。詩下原有注："去年春末回海鹽，家今淪陷數月，四弟音杳然。""四弟"爲先生之弟朱守先。

追題《臺兒莊殲敵記》

1938 年 5 月 2 日

汶水湯湯魯道長，鯨鯢屠戮此中央。
自成京觀題名氏，不數臺兒渺小莊。

録自先生 1938 年 5 月 2 日日記。该日日記云："晨五時半起。散步山林，直至老君山對面高崗，睥睨江山之勝，獨立蒼茫，追題《臺兒莊殲敵記》七絶一首。"原詩下有注："臺兒莊敵人聚屍自爲浮冢，標題將校死者名氏。"

贈錢教授賓四

1939 年 9 月 30 日

學府何須用碩儒，吞舟駕浪勢堪虞。
高官退作儲胥館，捷徑資爲利禄途。
著作等身徒覆瓿，讒諛鼓舌勝吹竽。
荒江老屋容君住，點綴由來可有無。

録自先生 1939 年 9 月 30 日日記。錢賓四，即錢穆先生。該詩内容與傅斯年有關。

有感絶句

1939 年 12 月 11 日

一國何容有二天，氣淩儕輩呈孤騫。
玉皇香案幾傾覆，受制東王便帖然。

録自先生 1939 年 12 月 11 日日記，此《有感絶句》原爲三首，其中第一、第三首收入《鄺亭詩稿》卷三，第二首被先生自己删去，現録於此。

讀詩雜感絶句之十

1940 年 1 月 7 日

詩貴感發人，淑世心涵蓄。
若徒自悦怡，不如奏絲竹。

録自先生 1940 年 1 月 7 日日記。該日日記共有《讀詩雜感絶句》十首，前九首收入《鄺亭詩稿》卷三《黄沙詩草・讀詩雜感絶句九首》。

詠物絶句四首

1940 年 2 月 12 日

馬

差能奔走無鞍轡，南北東西任所之。
蒙卻虎皮居上駟，終教泛駕脱羈維。

羊

學士香羹莫浪陳，撑腸碧草儼超倫。
任教結隊聯翩至，大野難臻五色麟。

雞

翰音亦自可聞天，爭食終教鶩共傳。
妒敵猜群難並立，九皋鳴鶴故翩翩。

鳩

耀采遠差雄雉美，揚聲僅借小箏高。
力難攫搏供傳達，佻巧偏能占鵲巢。

録自先生 1940 年 2 月 12 日日記。

哀中央研究院院長蔡孑民四絶句

1940 年 3 月 17 日

賦詩四首，幾經修改，二日乃定。

一

革命起詞林，上庠尊祭酒。
愧煞吴駿公，華夷未分剖。

二

陳李恣左傾，劉胡任右邁。
豈爲眉睫謀，學術求其大。

三

識拔惟才儁，翩翩李奕流。
深謀貽國學，傳統足千秋。

四

穆生機早見，夫子竟居夷。
庠序悲風起，蒙涓百世師。

録自先生 1940 年 3 月 17 日日記。第二首詩原有注：陳，陳獨秀；李，李守常；劉，劉申叔；胡，胡適。

和沈尹默

1940 年 8 月 6 日

半年離索詩句無，豈負良朋愧不如。
庾信哀吟已仕胡，千金彈雀惜明珠。
盱衡天下輿地圖，倉皇看碧忽成朱。
聲出金石德不孤，始信興亡繫匹夫。

録自先生 1940 年 8 月 6 日日記。該日日記云：“晨，旭初有《呈史館諸公詩》一首，余亦和之，用其原韻。上午八時，尹默來，亦贈詩索和，余亦步其原韻和之。”

詠松

1941 年

淩雲只作爭天想，布陰全無奪地思。
多謝主人勤剪我，蒼然獨剩最高枝。

録自金毓黻《靜晤室日記》民國三十年七月二十四日。金先生該日日記云：“日前逷先師寫示《詠松》二絶句……兩詩皆有所寄託，而首作猶佳。蓋師在國史館主持修史，頗爲人所持，因而辭職。所謂‘布陰全無奪地思’者，言無與人爭席之意也。”上引《詠松》即金先生所言《詠松》二絶句之第一首也。《詠松》之第二首見《鄺亭詩稿》卷四《鑑齋詩草》。《文史大家朱希祖·鄺亭詩稿》（2002 年，學林出版社）将其定爲 1941 年 9 月 7 日作，誤。

感事

1942 年 8 月 18 日

惟山有猛虎，暴者爲之戒。
賢俊樹風聲，長城寧自壞。
瞬彼段干木，藩魏不易介。
倬彼柳下惠，黜魯不自外。
由余去戎疆，百里辭虞界。
戎虞由是亡，秦晉方稱快。
瑣瑣苟自用，焉能成其大。
涇渭苟不分，清濁相擊汰。
擇木睇良禽，瞰室驚鬼怪。
鵲巢維鳩居，猗儺女子態。
有鷽桑扈羽，文藻爲昏曖。
一朝寇奄至，屏翰何由賴。

録自先生 1942 年 8 月 18 日日記。

整理後記

先父朱偰先生曾將先祖父生平所作詩歌編爲《酇亭詩稿》，凡五卷，共131首，後刊於《文史大家朱希祖》（2002年，學林出版社）。關於《詩稿》的編輯過程及體例，先父在《酇亭詩稿序》中多有説明，此不贅述。先父編輯此《詩稿》時，正值上世紀五十年代，左傾之風盛行，有些篇目先父未敢編入《詩稿》，如《贈錢教授賓四》、《哀中央研究院院長蔡孑民》等。另有些篇目，如留學日本時所作篇什，先父當時未之能見，故未能編入。本次補遺三十餘首，按年代先後排列，贅於《詩稿》之後，詩後注明出處。並按原稿改正了學林出版社所出《文史大家朱希祖·酇亭詩稿》中的個别誤字。

這裏還應對先父所編，並親手抄録的《酇亭詩稿》的失而復得作一交待。1965年秋，余長兄朱元昌將赴新疆支邊，父親花幾天時間，將《酇亭詩稿》録一副本，交其帶走，並囑其妥爲珍藏。1966年，“文革”開始，家中屢次被抄，父親整理的《酇亭詩稿》原稿及鈔本，均被抄没。幸得大哥朱元昌處仍有一副本，1968年大哥返寧探親，將其帶回，交與父親。那時父親單位的造反派，常常到家裏來，今天拿走一樣什麽，明天又拿走一樣什麽。父親怕這卷詩稿再被抄走，便將其秘密藏了起來，並且未告訴任何人。在父親還未來得及向家人交待時，父親便被隔離審查並於當天夜裏含冤去世。其時，父親亡故，家中哥姐上山下鄉，整個家庭動盪不安，再加上造反派常常上門，家中少了什麽都無從知道，所以也沒在意少了這卷詩稿，以爲早被抄家抄走了。1970 年深秋，我們家被趕出清溪村 1 號老屋，老屋中住進了新人，其中有一對教師夫婦，男的叫李洪樹，曾經是我的中學老師。兩年後，“文革”中第一次落實政策，我家搬回了老屋，當時住在裏面的人還未完全搬走。一天，李老師悄悄交給我一卷稿本，打開一看，“鄮亭詩稿”四字赫然在目。李老師説，有一天，他想打開衛生間的氣窗，無意間在氣窗的玻璃與紗窗的空隙處發現了這本詩稿，他想這一定是我父親藏的東西，而且一定很重要，便將它秘密藏在家中，等以後有機會再交給它的主人。那個氣窗，在我的記憶中是從未開啟過的。現在想來，父親一定是以爲那個地方萬無一失，便悄悄地將詩稿藏於其中。豈知覆巢之下焉有完卵，家都沒有了，任你藏到什麽地方都沒用。好在天不絕我文脈，好在碰上了有文化又有良知的李洪樹先生，祖父的《鄮亭詩稿》才能與世人見面。

這就是《鄮亭詩稿》失而復得的故事，聽起來似乎是傳奇，但他確確實實發生過。李洪樹先生後來任南京四十七中校長，現已過世。

2008 年 9 月 11 日朱元曙謹識

附　録

先君逖先先生年譜

朱　偰

先君諱希祖，字逖先，先王父子莊公次子也。朱氏系出吴郡，一遷於歙之黄墩，再遷於婺源（公作《朱氏源流考》謂吾族海鹽朱氏始於婺源，與宋徽國公同宗。文公作家譜稱自吴郡遷於歙之黄墩。唐天佑中，至茶院瓌公以朝命領兵鎮撫婺源，因家焉）。元元貞間，始遷祖勉軒公爲海鹽主簿，始居城東，遂占籍焉。三世祖悦山公，於元後至元年間，始遷尚胥里上水村，邇來已六百餘年矣。

胥溪派衍，代有聞人，公高叔祖虹舫公，嘉慶辛酉進士、翰林院編修，曾叔祖朵山公，道光丙戌進士，殿試一甲一名，授翰林院修撰。蓋自明以迄清季，吾家凡進士十三人，翰林一人，狀元一人，故朱氏爲浙西望族。詩禮傳家久而不衰。曾祖彦山公，諱美鏐，歷官雲南蒙化廳經歷、浙江泰順縣知事。祖達莊公，諱衢康，邑庠生。

父子莊公，諱永縈，邑庠生。公兄弟六人，長兄恒，早夭；三弟本，早逝；四弟華祖，字榮先；五弟承祖，字守先；季弟虎，早逝。

公行次第二，以清光緒五年己卯，生於海鹽上水村之得月樓，樓臨水上，先王父以唐人有“近水樓臺先得月”之句，因以名焉。

民國紀元前三十三年（清光緒五年己卯）(1879)，公年一歲

正月十一日寅時，公生於海鹽上水村得月樓本宅。

民國紀元前二十八年（清光緒十年甲申）（1884），公年六歲

公年六歲，始入家塾，父子莊公親自課讀。是年，次弟榮先公生。

民國紀元前二十六年（清光緒十二年丙戌）（1886），公年八歲

公年八歲，讀書穎異，父子莊公賦詩紀之，有"早著祖生鞭"之句，因賜名希祖，字曰逖先。①

民國紀元前二十年（清光緒十八年壬辰）（1892），公年十四歲

是年受讀《左傳》。夏，子莊公得病，至七月末棄養。公晚年日記中嘗記此事謂"是年夏先君得病，至月末竟棄養，以至余不克卒業《左傳》，抱恨終天，常不忍溫讀《左傳》。今録'襄公十年'，以前幼時所讀，如舊相識，每聯憶舊日家庭狀況及鄉里故人情好，漢高祖所謂'吾魂魄猶思故鄉'，誠至情之語也。"

民國紀元前十六年（清光緒二十二年丙申）（1896），公年十八歲

是歲，公舉秀才。

民國紀元前十一年（清光緒二十七年辛丑）（1901），公年二十三歲

是歲，公舉廪生。清廷與八國訂《辛丑和約》，國勢日益削弱。

① 元曙按：朱希祖 1941 年 7 月 22 日《答旭初和詠松詩並謝贈雙松畫》一詩自注云："余幼時先叔祖紫仙公繪松柏於扇，題詩賜余，其詩云：'努力詩書正少年，願伊早著祖生鞭。勉爲大器成松柏，期望深心畫裏傳。'"可見"早著祖生鞭"一句，及希祖先生之得名，均爲其叔祖紫仙公所爲。

民國紀元前十年（清光緒二十八年壬寅）(1902)，公年二十四歲

春，公至蘇州沈潔齋家課徒。二月初十日，母沈太夫人卒，時公就館在外，而家中諸弟尚幼，因從地方風俗，提早結婚，三月十二日假小虹橋坤宅，與邑紳張小廷先生之三女公子玉瑱結婚，時居南門外紅木橋陳宅。八月，因蘇州霍亂流行，公辭館歸鄉。

民國紀元前九年（清光緒二十九年癸卯）(1903)，公年二十五歲

正月，公至新篁程宅課徒。閏五月初四日，長女倩生。是歲，公赴杭州鄉試不第。冬，解館歸里。

民國紀元前八年（清光緒三十年甲辰）(1904)，公年二十六歲

二月，自南門外紅木橋遷居南河灘王宅。時邑人設小學堂於戚寶橋黄宅，公受聘爲教員。

民國紀元前七年（清光緒三十一年乙巳）(1905)，公年二十七歲

春，公擬出洋留學，在邑補習英文。夏，應考浙江省官費留日考試，名列前茅。公因準備出國，從南河灘王宅遷居小虹橋筠心堂張宅，托外家照應，乃於是年七月偕邑人徐冕伯、陳讓旃赴日本東京，留學早稻田大學，研究歷史。九月二十五日，次女倓生。是年冬，三弟守先公完姻。

民國紀元前六年（清光緒三十二年丙午）(1906)，公年二十八歲

正月，夫人張氏至上海務本女學肄業。時國父中山先生在日本成立同盟會，鼓吹革命，講演三民主義，公躬往聽講，深爲服膺，因開始剪辮以爲提倡。夏，公因暑假，自日本歸國。秋，公偕夫人至上海，送至務本女學，公則赴日本繼續留學。冬，夫人輟學回海鹽。

民國紀元前五年（清光緒三十三年丁未）(1907)，公年二十九歲

三月初三日，長子偰生。十一月，伯母余太夫人卒，公以出嗣長房，乃因寒假奔喪歸里。是歲，始與黄季剛、錢玄同、馬幼漁、周豫才、許季巘諸先生受業於餘杭章太炎先生之門，常至民報社，又别在大成學校請太炎先生講説文音韻之學，以時請益焉。①

民國紀元前四年（清光緒三十四年戊申）(1908)，公年三十歲

正月，公赴日本。夏，夫人在小虹橋張宅興辦嬰英女學，爲吾邑首倡。五月初六日，伯父小莊公卒。

民國紀元前三年（清宣統元年己酉）(1909)，公年三十一歲

夏五月，公卒業於早稻田大學，自日本歸國。秋，公受杭州兩級師範學堂之聘，攜眷赴杭，住柳營巷，外姑張太夫人同往。時兩級師範教員多公留日同學，錢玄同，馬幼漁諸先生亦在該校授課。②

民國紀元前二年（清宣統二年庚戌）(1910)，公年三十二歲

春，兩級師範學堂發生風潮，公乃改就嘉興第二中學教授，自杭遷居嘉興南門徐家埭朱宅。三月廿一日，二子偘生。

---

① 元曙按：據朱希祖1908年日記，朱希祖先生伯母卒於丁未年陰曆十一月二十三日，其時按陽曆算爲1907年12月26日，朱希祖先生於1908年1月11日接報，於1908年1月21日回里奔喪。再，據朱希祖1908年日記，朱希祖先生於該年4月起，才開始與錢玄同、馬幼漁、周豫才、許季巘諸先生受業於餘杭章太炎先生之門。

② 元曙按：錢玄同此時還仍在日本未歸。

民國紀元前一年（清宣統三年辛亥）（1911），公年三十三歲

正月，公赴澉浦弔吴宅張宅夫人之喪，偕内侄張宜興便道游黄沙塢。四月，三子鼎生，時公適編《太史公年表》至元鼎三年，故以鼎名。六月，公次弟榮先公卒。八月（陽曆十月十日），武昌起義，各省響應。公攜眷回里，仍住小虹橋張宅。時浙江獨立，公爲一邑之望，遂被推戴爲海鹽縣知事。秋，三子鼎病篤，公攜至嘉興平湖及上海醫治，十一月竟殤。是歲，公叔母李太夫人卒。

民國元年壬子（1912），公年三十四歲

公以學人出而理民社，甚非素願，是年春暮，辭海鹽縣知事。時沈衡山先生任浙江教育廳廳長，聘公往教育廳任職，公乃自海鹽攜眷遷居杭州黄醋園巷壽宅。去職之日，邑人扶老攜幼，遮道請留，公温諭辭去，然對故鄉父老親友情好，終戀戀不捨也。九月初二日，四子僑生。

民國二年癸丑（1913），公年三十五歲

一月，公赴北京出席國語讀音統一會。時胡仁源爲北京大學預科學長，公因沈尹默先生介紹，受北京大學之聘，爲預科教授。六月，學校放暑假，公回杭州接眷。八月起程，由滬取海道北上，住北京吉兆胡同徐宅。農曆中秋節，内侄張宜興來京肄業，寄居公家。是歲，公與馬夷初先生同時開始留鬚，嗣後長鬚拂膺，號稱美髯，凡二十年始薙。①

① 元曙按：據朱希祖1932年10月15日所作《薙鬚》詩前小序，與朱希祖同時留鬚的應是沈鈞儒先生。

民國三年甲寅（1914），公年三十六歲

一月，胡仁源署北京大學校長。十月十九日（農曆），三女僖生。是歲，政府設清史館，以趙爾巽爲館長，慕公之名，聘爲編修。①

民國四年乙卯（1915），公年三十七歲

夏，公至上海，爲章太炎先生接眷北上，因時局關係不果來。秋八月，從吉兆胡同徐宅遷居地安門内簾子庫一號劉宅。十一月，外姑張太夫人起程南歸，自杭州柳營巷以來同住凡歷七年。時袁世凱陰謀帝制，將次成熟，章太炎先生大義不屈，首提反對。時先生住錢糧胡同，袁氏遣軍警包圍私第，名爲保護，實同軟禁。先生大節凛然，絶粒七日，公奔走營護，始終不渝。太炎先生病篤，呼公至榻前而言曰："余爲國絶粒，雖以身殉，亦無遺憾。余歿後經史小學，傳者有人，光昌之期，庶幾可待；文章各有造詣，無待傳薪，惟示之格律，免人歧途可矣。惟諸子哲理，恐將成廣陵散耳。"後袁氏懼有殺士之名，乃恢復先生自由，先生遂微服南下參加義舉。十二月二十五日，唐繼堯、蔡鍔起義於雲南。②

① 此外"聘爲編修"應是"聘爲協修"。

② 元曙按：章太炎先生之南下，是在1916年6月袁世凱死後。1916年5月太炎先生曾在友人幫助下，準備秘密逃往天津，再往南方參加討袁，以被發現，未能成行。另，章太炎《自定年譜》本年條中也説："六月六日，日將昏，朱逖先入告曰："公署、學校處處皆下旗，袁世凱必死矣，且秘之。"明日，知黎公繼任，即東廠胡同邸中爲行府。余欲往見，守門巡警尼之，乃書付逖先轉達公府。"

民國五年丙辰（1916），公年三十八歲

正月十六日（農曆），五子倞生。時袁氏帝制，設博學鴻詞科，欲以網羅海内名士，公被徵入選，堅辭不就。又清史館館長趙爾巽贊成帝制，公羞與爲伍，憤而辭職。五月，雲南起義之師轉戰入川，各省都督響應，北京漸有亂象，公乃率眷避居天津法租界西開平安里。六月，袁氏憂憤卒，副總統黎元洪正位，大局漸平。八月，公率眷回京。是年秋，公兼高等師範教授，同時開講中國文學史於北京大學文科，始編《中國文學史輯要》，後由北京大學排印，流傳頗廣。十二月，蔡孑民先生出任北京大學校長，廣延學者，提倡新文化運動，嗣後北京大學遂蔚爲文化中心。①

民國六年丁巳（1917），公年三十九歲

二月，公爲内侄女受采作伐，假簾子庫本寓與嘉興沈衡山先生鈞儒之長公子謙結婚。夏，張勳復辟，段祺瑞誓師馬廠，戰事將作，公先遣眷避居天津河北地緯路僚婿朱臨侯先生家，已則與次女倓、三女僖居北京。七月，討逆軍與張勳逆軍戰於北京，討逆軍據崇文門譙樓，逆軍則據景山，互相射擊，矢石交飛，公所寓簾子庫適當其衝，避厚壁中，但聞子彈紛飛之聲而已。戰事既定，公乃赴津攜眷回京。是年夏，内侄張宜興卒業於高等師範學校國文專修科，辭公歸上海。九月，北京大學文科增設史學門，以公爲主任。②

---

① 元曙按：此處説朱希祖先生於五月至八月避地天津，與實際情況有出入，據章太炎《自定年譜》，此年六月六日就是朱希祖向他報告的袁世凱死訊。

② 元曙按：先生任史學系主任是在 1919 年 12 月。

民國七年戊午（1918），公年四十歲

一月，北京大學設各學門教授會，史學門教授會亦於此時成立。夏，内侄張宜興來京，仍寄居公寓。農曆七月廿六日，長女倩因患肺病逝世，公悲痛逾恒。九月，偕夫人及長子僡赴西山靜宜園，小住見心齋得月軒，繼遷暢風樓，並度中秋節，遍覽香山諸景，頗有卜築之志（二十四年八月廿一日記云："從山腹而下，過雨香館，至玉華岫右。余於民國七年時，相地一區，爲人所未經營者，前臨深溪，樹木蒼翠；玉泉雙塔，萬壽佛閣，正對峙於微茫煙靄之前；坡左有溪有橋；坡右數百步有一泉可以汲飲；坡上高松數株，亭亭如盖，而香山南北山址，如張兩翼，此坡適在正中。仰觀翠嶂，俯視青溪，遠眺玉泉，近覽玉華，擬築室避暑焉。已租定其地，製圖擬式，旋因事不果。……至今夏始由上海楊氏租定，築室十餘楹，已將落成矣，回憶前塵，不勝今昔之感。"）

民國八年己未（1919），公年四十一歲

三月，嫁從妹福嬿與同邑陶翰卿嗣淵先生聯姻。四月，北京大學評議會議決取消各科制度，改爲分系制度，共分爲十八系，公仍任史學系主任。五月四日，北京學界發起五四運動，向賣國外交當局示威，以發揚正義，表現民氣，北京大學學生被捕者十餘人。九日，蔡校長離校出京。十三日，評議會與教授會開聯席會議，組織委員會，以維持學府。時公奔走校務，多所貢獻。某日晚從校歸寓，行至吉安所，以車翻臂骨脱臼，醫治月餘始愈。九月，蔡校長以政府再三挽留電促，乃回長北大。是年秋，長子僡人京師第四中學校，次女倓入女子高等師範附屬中學校，二子侃、四子僑人北京師範附屬小學肄業。十月，置産於北京德勝門内草廠大坑廿一號，凡三十餘間，自簾子庫劉宅遷居焉。

民國九年庚申（1920），公年四十二歲

六月，北京大學開始招收女生。七月，直系軍閥與皖系軍閥戰於京畿。十月，蔡校長赴歐美考察教育。冬，公置別業於積水潭北岸，負郭面湖，風景頗佳。是歲，介紹姨甥朱洪任北京大學預科國文教員。

民國十年辛酉（1921），公年四十三歲

三月十四日，北京國立八校教職員因教育基金無着，欠薪歷久不發，宣告總停職。四月十二日，國立八校學生發起讀書運動。五月五日，國會非常會議選舉國父爲大總統，就職廣州。六月三日，各校教職員及學生集合天安門，向政府請願，要求維持教育，與衛兵衝突，頗多受傷。九月，蔡校長歸國。十月十日，北京大學正式開課。十一月，評議會改選，公仍當選爲評議員。

民國十一年壬戌（1922），公年四十四歲

四月，第一次直奉戰爭發生，奉系軍閥退出關外，張作霖宣佈東三省“獨立”。是年秋，二子侃畢業於北京師範附屬小學，入志成中學肄業，四子僑、三女僖、五子倞均入孔德學校肄業。九月，内侄張宜興赴瑞典公使館任事。

民國十二年癸亥（1923），公年四十五歲

夏，應陝西督軍劉鎮華之請，與陳百年先生連袂西上，人關講學，遍謁漢唐陵寢，廣搜關中古蹟，所得古籍拓片盈箱滿篋，凡二閱月始歸。九月，長子僎入北京大學預料乙部，次女倓入北京女子師範大學預料肄業。同月，公偕葉瀚先生北游大同，訪雲崗石窟，所至搜集碑拓，購置史料。十月，公同門許壽裳先生長北京女子師範大學，請公兼任該校教授，講授中國文學史。十一月，應武昌高等師範之請，與北京大學教授多人，南下講學，適京漢鐵路工人罷工，乃繞道上海，代表北京大學各教授謁國父中山先生，於是北方文化界與國民黨之合作，遂益形密切。是歲，公開始搜集地方志。

民國十三年甲子（1924），公年四十六歲

春，三弟守先公來京，任北京大學圖書館職員，同住草廠大坑。六月廿五日，跋張鵬一《司馬遷年譜》。（跋有云："余去年夏至陝西，識富平張君鵬一，著有《漢律考》、《河套志》等書，藏有秦始皇墓磚及漢瓦等，頗精，時方撰《司馬遷年譜》。余於十五年前曾撰《司馬遷年表》，因舉余所心得告張君；且告以海寧王君國維亦曾著《太史公繫年考略》。"）是月，第二次直奉戰爭發生，直系軍閥解體，馮玉祥系之西北軍與奉系軍閥攜手，奉系勢力遂直達長江。八月，三女僖因染猩紅病夭折；二女倓亦染此疾，急送醫院醫治，九月病癒出院。是年十一月，國父中山先生由粵北上，與北方將領共商國是。

民國十四年乙丑（1925），公年四十七歲

三月十二日，國父中山逝世北京。是時所謂江浙戰爭發生，孫傳芳自浙入蘇，奉系軍閥退出徐州以北，同時西北軍與奉系在京畿及南口鏖戰。奉系飛機且炸北京，彈落北海及故宮文淵閣傍。四月，西北軍退出京畿，集結察綏一帶。九月，長子偰入北京大學政治學系，次女倓則轉入北京大學數學系。十月十日，故宮博物院行開幕禮，公時任籌備委員，常往參觀，得飽覽故宮文獻。

民國十五年丙寅（1926），公年四十八歲

二月，公偕夫人南歸海鹽，謁外姑張太夫人，並掃先塋。三月十二日，日本軍艦炮轟大沽口。十六日，英美法日意荷西比八國公使，又藉口《辛丑和約》，提出最後通牒，以脅迫吾國。時北京學生異常憤慨，深慮軍閥政府喪權辱國，乃於十八日在天安門開國民大會，並赴執政府請願，竟被槍擊，造成“三·一八”慘案。七月九日，國民革命軍誓師北伐。先下湖南，十月攻克武漢，底定長江上游。是年夏，内侄張宜興自瑞典歸國來省，供職外交部。

民國十六年丁卯（1927），公年四十九歲

一月十六日，三弟守先公辭北京大學職員職，南歸海鹽。二月二十四日，北京大學開始上課。三月五日（農曆二月初二），夫人五十壽辰，賀者盈門。四月六日，爲清明節，公參加駝群旅行團，游西郊朗潤園。時段祺瑞下野，張作霖人關爲僞大元帥，大興党獄，四月二十八日，李大釗等二十餘人被處死刑。六月八日，北京大學年考完畢，提前放假。十二日，公攜眷赴北海泛舟。是年夏，公治元史，七月十日，考元上都地點。是月，公僚婿朱臨侯先生率子女來訪。八月，張作霖命劉哲爲僞京師大學校長，改組北京大學，所聘多庸流，公義無反顧，且羞與爲伍，遂改任清華大學教授。九月四日，命長子偰送二子侃赴天津，應考中日學校。十二日，長子偰歸京復命，二子侃見録，遂肄業焉。二十四日，作《中國錢史序》（趙烈著）。十月九日，公赴天津搜購史籍，十二日歸京。十一月十二日，長子偰赴天津，十四日歸京。十二月，長子偰於業餘之暇，在黎明中學兼課，授政治學。是年冬，借得徐氏所藏嘉靖己丑廖自顯所刻《意林語要》及萬曆戊子郭子章據《道藏》校刻本《意林》，以與聚珍本對校作《校本意林跋》。又據舊鈔本《明季五藩實録》以荆駝逸史本對校，因作跋文一篇。

是年，公刻意搜求南明史籍，所以題跋頗多（《蘄黄四十八砦紀事跋》、《守麇紀略跋》、《也是録跋》、《求野録跋》、《滇南外史跋》、《再跋求野録》、《天南紀事跋》、校本《明季五藩實録跋》)。嘗於《晚明史籍考序》中自言其治南明史之動機曰："余自二十五年前游學日本，初留意於晚明史籍，其時二三師友，亦嘗弘獎斯風。餘杭章先生首先傳刻張煌言《蒼水集》，張斐《莽蒼園文稿餘》。蒼水自言借聲詩以代年譜，其書爲瀛洲思明史事所萃，《莽蒼園文餘》多殉國巨公傳記，且嘉遯海外，與朱公之瑜，同調合契，形之文告。由是《舜水文集》，亦傳刻於海外；儀真劉氏，亦頗欲著《後明書》，預徵章先生爲序，今存於文集内，其條目可考也。其時東京、上海聲氣相應，順德鄧氏乃大事搜輯野史遺文，遐邇薈集。斷簡零篇，郵之以學報，鴻文巨册，彙之以叢編。由是《南疆逸史》足本出，而"楊氏十二跋"遂傳布於宇内。頗多抽其墜緒，廣爲搜討。蓋讀此等書者，皆有故國河山之感，故能不數年間，光復舊物，弘我新猷，回顧順、康、雍、乾諸朝，出其暴戾雄鷙之力，以從事於摧殘禁毀者，方知其非無故也。民國既建，海上有《痛史》之刻，有《明遺民録》之作，方期此等鉅制日出不匱，俾得彙輯叢殘，完成信史，詎料十餘年來，此風日就衰歇，蓋群衆心期往往隨一時之風氣，而非思千秋之絶業也。余廿餘年來，南北奔走，亦嘗從事採訪，略有藏庋，傳鈔摘録，時有所獲，然積之愈多，讀之愈艱，考訂編纂，更難爲力。歲月蹉跎，訖無成就。竊嘗思之，作史之業蓋有三期：第一搜羅務期廣博……，第二考訂務期精審……，第三去取務權輕重……。譬如覽宫室之美，第一期欲入其門也；第二期欲升其堂也；第三期欲入其室也。既不可躐等以求，亦不可一蹴而就，積數十年之搜討研究，不旁騖於勢耀，不耽逸於聲華，尚不知能成與否。蓋學問之成績，不可徼幸致也。"此文言致力南明史之工夫頗詳，惜乎以九徙流離，未竟所志，公之治南明史，亦終於第二期"考訂務期精審"而已。

民國十七年戊辰（1928），公年五十

（一月）一月十五日，二子侃自天津歸省。十六日，葬長女倩及三女僖於西郊西直門外八里莊東之金王墳。二十八日，作《狩緬紀事跋》。

（二月）二月二日（農曆正月十一日），公五十壽辰，賀客盈門。六日，二子侃繼續赴天津就學。十一日，作《崇禎長編殘本跋》。十三日，作《弘光實録鈔跋》。十五日作《明末紀事補遺跋》。

（四月）四月九日，公率家人至八里莊東金王墳上墳。十一日作《雍正刻東林書院志跋》。

（五月）五月三日，國民革命軍進人濟南，日人慘殺我同胞，阻遏革命軍，造成濟南慘案。七日，日人提出最後通牒，八日炮轟濟南城，十一日，日人竟强佔濟南。二十五日，二子侃自津歸京，因中日學校帝國主義思想過濃，不再前往肄業。是月杪，張作霖奔關外，在皇姑屯爲日人炸斃。①

（六月）六月五日，長子僎領導北京大學學生發起復校運動。六日，青天白日旗出現於北京，北京大學亦以是日復校。八日，國民革命軍進人北京，北方大定，北京更名北平。十八日，從妹丈陶翰卿先生逝世，公往襄理喪事。二十四日，送陶翰卿先生之殯。三十日，長子僎南游上海，並歸海鹽。

（九月）九月一日，長子僎自上海歸北平。七日，跋《幸存録》。八日，跋《續幸存録》。九日，再跋《幸存録》。十二日，三跋《幸存録》。是年秋，公仍任清華大學教授，並兼輔仁大學教授；二子侃亦入輔仁大學肄業。

---

① 元曙按：張作霖於6月4日在皇姑屯爲日人炸斃。

（十月）十一月六日，公擔任天津《益世報·學術週刊》主編，嗣後常發表史學論文於該報。二十一日，姨甥朱洪解清華大學教授職，辭公南下，赴考試院供職。

（十一月）十一月二十二日，張溥泉先生發起組織滿蒙新藏研究會，請公爲名譽會員，時張溥泉先生任北平政治分會主席。二十六日，作《建文刻本漢唐秘史跋》。

（十二月）三日，公擬發起中國史學會，從事籌備。十六日闔家赴中原照相館攝影。十六日，滿蒙新藏研究會開成立會於團城，公發表演説。十七日，公爲子女輩話家史舊聞，並示先人遺墨。三十日，中國史學會開首次籌備會，公爲主席。是月，公被舉爲故宫博物院審查《清史稿》主任。

民國十八年己巳（1929），公年五十一歲

（一月）一月二日，作《大明魯監國五年大統曆跋》。六日，審查《清史稿》列傳，以《儒林傳》不録沈欽韓、湯球，實屬不公。七日，作《發起中國史學會的動機和希望》。十日，與張星烺、羅家倫共擬《中國史學會簡章》。十三日，中國史學會開成立會，到會者，有北京大學、清華大學、師範大學、燕京大學、輔仁大學、女子師範大學六校教授、學生共九十四人，推公爲主席，並以七十四票當選爲首席委員（其次陳垣六十票，羅家倫四十九票，錢玄同四十三票，王桐齡四十一票，張星烺三十九票，沈兼士三十三票，陳衡哲三十一票，馬衡三十票；候補者陶孟和、袁同禮、蕭一山、劉崇鋐、翁文灝五人）。二十日，開中國史學會第一次委員會，公當選爲主席及徵審部主任。三十日，各大學舉行寒假考試畢，先後放假。

（二月）二月一日，作《十願齋全集跋》；二日，再跋《十願齋全集》。三日，作《鈔宋紹定本武經總要跋》。六日，開始撰

《西夏史籍考》，七日撰畢。九日，農曆戊辰年除夕，家人聚宴。十日，農曆己巳年元旦，至琉璃廠周覽舊書肆，搜購南明史料。十五日，記録家藏南明人詩文集，已得四十餘種。十七日，至廣惠寺吊梁任公先生，日記中云："梁先生與余清史館同事，又爲清華大學同事，雖志趣不同，學術亦異，然以其創《新民叢報》，余個人及全國志士，皆受其振發，頗多影響，此不可不推爲有功之人。"二十日（農曆正月一十一日），公五十一歲初度，家人設宴慶賀。二十一日，姨甥朱洪自南京來謁。二十二日，夫人南歸海鹽。時陳百年先生任北京大學院院長，仍請公回校任史學系主任。二十七日，作《關於中國古代鐵制兵器先行於南方考之討論》。二十七日，清華大學開始授課。

（三月）三月七日，薦内侄張宜興爲北京大學事務員。十一日，北京大學開始授課。

（四月）四月二日，夫人偕内侄張宜興自海鹽歸北平。八日，公患胃病入德國醫院醫治，並用X光綫檢查。

（五月）五月六日，天津《益世報》因經費困難，停辦《學術週刊》，凡出二十七期。十日，公在北京大學講演《明代建州三衛分併始末》。

（八月）八月十三日，長子僎赴德留學，公親送至東車站。二十四日，長子僎搭法郵 Athos Ⅱ赴歐，發自上海。

（九月）九月二十九日，長子僎行抵柏林，即入柏林大學習財政經濟之學。是月，次女倓入北京大學國學門研究所，四子僑入北京大學預科二年級肄業。

（十月）十月二十五日，作《皇明經世文編跋》。

（十二月）十二月五日，作《新河縣志叙》。十五日，作《稽古篇跋》。

民國十九年庚午（1930），公年五十二歲

（五月）五月七日，作《康熙本明史列傳稿跋》。

（八月）八月一日，長子偰赴萊茵河一帶旅行。

（九月）九月二十日，長子偰自萊茵河歸柏林。是月，二子侃入北平大學農學院，四子僑入北京大學經濟學系肄業。

（十二月）十二月，夫人偕從妹福嬨南歸海鹽，築莊田匯先塋。

民國二十年辛未（1931），公年五十三歲

（一月）一月三日，作《明餘姚孫氏世乘跋》。五日，作《張鳳翔列傳考證》。六日，作《劫灰録跋》。七日，作《見聞隨筆跋》。

（二月）二月四日，作《舊鈔本天啟四年邸抄跋》。五日，作《舊鈔本慟餘雜記跋》。是月，校讀徐秉義《明末忠烈紀實》二十卷，是書無刻本，據稿本傳鈔，因校讀一遍。

（三月）三月三日，作《鈔校本明末忠烈紀實跋》。十六日，作《鈔校本明延平忠節王始末跋》。是月，校讀沈佳《存信編》三卷，是書亦據稿本傳鈔。

（四月）四月一日，作《順治元年内外官署奏疏序》。四日，作《復社姓氏傳略跋》及《劉刻復社姓氏跋》。十日，作《鈔校本存信編跋》。十三日，作《葉學山詩稿跋》。十八日，作《兩粤新書跋》。二十三日作《鈔吴翻本復社姓氏跋》。是月，上中央研究院蔡院長孑民書，爲保存北平城上明清舊炮，時公任中央研究院歷史博物館委員長，蓋明代鐵炮在天啟時有破虜之歷史，在崇禎時有亡國之歷史，明清興亡之關鍵，皆可於此中求之，不可不善加保存也。

（六月）六月十八日，作《晚明史籍考序》（爲謝國楨作）。

（七月）七月二日，作《三國時代薄葬考序》。

（八月）八月二十七日，跋《王原明食貨志》。

（九月）九月十八日，日人强佔瀋陽，並逐漸佔領東三省，全國騷然，國際輿論大嘩，世界戰爭實伏源於此。

（十一月）十一月二十三日，據《舊鈔本思文大紀》校《痛史》本，因作《校鈔本思文大紀跋》。

（十二月）作《後金國汗姓氏考》，詳考清代未入關以前國汗姓氏世系，並駁正孟森氏《清朝前史》之誤。

是年，外姑張太夫人卒，享年八十八歲。公辭北京大學史學系主任，改就中央研究院研究員之職。

民國二十一年壬申（1932），公年五十四歲

（一月）一月六日，作《自鳴鐘錶圖説跋》。九日，作《周二年寫本黄石公素書明解跋》。二十八日，十九路軍奮起抗敵，滬淞戰事爆發。三十日，作《鴨江行部志跋》。

（二月）公由小書肆購得大批清代昇平署檔案及戲曲，因作《整理昇平署檔案記》。並將該批檔案及戲曲廉價轉讓北平圖書館，公保存古物之用心，可謂無微不至。①

（三月）三月十四日，作《元明樂府套數略舉序》。二十日，作《乾隆内府銅版地圖序》。時沈兼士先生爲故宫博物院文獻館館長，發現乾隆内府銅版地圖共一百零四方，縱分爲十三排，請公詳爲考證，因有是作。

（四月）四月四日，作《永樂大典本壽昌乘跋》。是月，長子偰應柏林大學博士考試。

（五月）五月六日，簽訂淞滬停戰協定。

---

① 元曙按：這批清代昇平署檔案及戲曲是朱希祖先生1924年購得，詳見朱希祖1924年12月15日致張元濟信。

（六月）六月九日，長子僎得柏林大學經濟學博士學位。三十日，長子僎發自柏林取道義大利歸國。

（八月）八月三日，長子僎自德歸北平，公及夫人極爲欣慰，二十日，長子僎南下就中央大學經濟系教授職。

（九月）鄒海濱先生重長廣州中山大學，電聘公爲史學系主任。時公搜集南明史料已逾十載，因兩粤爲南明諸王興兵抗滿之所，故亦頗願一往，以實地搜集史料。二十三日，長子僎自南京歸北平，準備奉公南下，同至南京。

（十月）十月五日，公將赴廣州，發自北平，長子僎侍奉，馬叔平先生偕行，親戚故舊多至東車站送別。七日，行抵南京，下榻中央大學教職員宿舍。訪考試院秘書長陳百年先生、教育部部長朱騮先先生，是日赴百年先生宴，並游雞鳴寺，訪臺城遺蹟，參觀中央研究院氣象研究所。八日，參觀龍蟠里國學圖書館，選希見善本書《石匱書續編》、《大明通寶義》、《皇明末造録》、《閩幕紀略》、《安南棄守本末》等五種，託館覓人代鈔，蓋皆明代史料也。九日，謁國父中山先生陵，並游靈谷寺；又驅車至雨花台，謁方孝孺先生墓；折西游莫愁湖，登勝棋樓，作四絶句題壁；歸途入漢西門，登清涼山視龍蟠虎踞之勝，由烏龍潭而返。十日，訪長板橋舊蹟，及明舊院故址，賦七律一首，又訪桃葉渡及明中山王大功坊故址。是日乘京滬車赴上海，途過鎮江，望金焦二山，賦七律一首。十一日，訪族兄儀伯；又至北四川路一帶，憑弔十九路軍抗日戰事遺蹟。十二日，乘英國郵船日本皇后號，發自上海，過吴淞口，遥望炮臺灣及吴淞鎮，敗瓦頹垣，瘡痍滿目，擊楫長歎，作四絶句。十三日，過舟山群島，作七絶一首。十四日，舟抵香港，亦作七絶一首。十五日，始抵廣州，寓長堤西濠酒店，乃薙長鬚。按公自三十五歲起留鬚，長鬚拂膺，號稱美髯，後漸蒼白，乃決計剪薙，賦詩紀之。是日赴中山大學謁校長鄒海濱，始知學校因開課已久，史學系主任一職已另聘朱謙之擔任；公以專任教授得悉力搜集粵中南明史料，故亦樂爲；惟鄒校長並請兼廣東通志館纂修，因商定授課六小時（中國史學概論、元明史、《史通》研究）。晚，赴鄒校長宴。歸寓後，門人羅香林來謁，羅君清華大學史學系畢業，時任中山大學秘書兼廣東通志館纂修，相與商討通志體例。十七日，遷居小北路史巷十六號羅香林寓，閱黄公度《人境廬詩草》。二十一日，遷居百子路中山大學第一醫院校長官邸，同住者有中山大學文學院院長吴康、圖書館主任鄒善群及社會學系教授何思敬。二十二日，出席中山大學文學院專刊編輯委員會。二十四日，門人李滄萍來謁，李君北京大學畢業，黄公度孫婿，時任中山大學教授。二十六日，開始授課。三十日，偕李滄萍訪廣州藏書家徐紹棨於小北門南州書樓，閱其所藏明季廣東人詩文集及各珍本。又赴越秀山，登鎮海樓，望羊城形勢，並謁中山紀念塔及紀念堂。

（十一月）十一月一日，作《越秀山雜詠》絶句四首。六日，赴西關十六甫富善里訪藏書家莫天一，略閱其所藏宋元版及精鈔舊本。十日，題家人親戚合影十六韻。十一日，偕李滄萍游沙面，參加中山大學八周年紀念會並全體師生攝影。十四日，鄒校長委草擬修廣東通志條例。十五日，作《阮元修廣東通志札記》，論其體例，辨其利病。十七日，爲羅香林作《題嘉應三詩人遺墨》五絶三首。是日，鄒校長召開廣東通志條例及擬目起草委員會，公被推起草，羅香林奉命研討通志條例。十八日，賦《曉登王子岡遠眺》五律一首。十九日，鄒校長聘公兼任文史研究所主任。二十一日，偕吴康至文史研究所參觀考古、民俗、編輯三室，詢問内部辦事人員及經濟狀況。二十四日，致書顧頡剛，託於《燕京學報》發表前所作《金開國前三世與高麗和戰年表》，並草擬《廣東通志略例》。是日起，公患瘧疾。

（十二月）十二月六日，瘧仍未愈，決接眷南下。是日，羅香林呈所作《廣東通志總目説明書》。七日，夫人率次女倓自北平起程南來。八日，作《廣東通志略例》。九日，薦羅香林兼文史研究所編輯。時公瘧疾未愈，而胃病復發。是日夫人及次女倓行抵南京，即由長子僎送往上海，搭美國郵船南下。十一日，賃東山圭岡三馬路二十號三樓爲住宅。十二日，接鄒校長信，同意改進文史研究所辦法。十三日，夫人及次女倓自香港抵廣州，即遷入新居。二十日，與温廷敬商討廣東通志略例及總目，温君頗主張接續阮志，蓋其前爲通志館總纂時已如此主張也。是月，廣東通志委員會通過公所擬《廣東通志略例及總目草案》，惟傳中列女一傳，温君主張移置雜傳不與列士一傳並立，頗乖男女平等之旨。

民國二十二年癸酉（1933），公年五十五歲

（一月）一月三日，偕鄒校長海濱及吴康、羅獻修、温廷敬、蕭冠英乘車赴羅岡洞賞梅，作七古一章。四日，日軍進攻山海關。五日，山海關失守，平津危急，乃致電北平家中，囑内侄張宜興及二子侃、四子僑將善本書寄粤，並籌萬一。六日，至中山大學醫學院驗血，瘧疾仍未斷根，乃繼續服藥。七日，草《温廷敬廣東通志列傳擬目獻疑》五條，時廣東通志委員會開會，公提議廢止六録，蓋有人提議恢復阮志宦績、謫宦二録，傳則以列傳冠首，而以儒林文苑等舊式列傳代彙傳，公力陳録與傳文體不殊，應廢録而併其事於傳，並以彙傳中學術（儒林爲學術之一）、藝術（文苑爲藝術之一）、教門、貨殖四缺一不可，衆以爲然，遂決議通過。八日，長子僎與德籍傅歐蘭女士結婚於南京。十一日，編家中藏書次善本目録，並致侃、僑、倞三子書，囑將次善本書寄存德華銀行或寄至廣州。十七日，致書鄒館長海濱，駁正温廷敬通志合注之説，仍依阮志分注爲是。十八日，中山大學文史研究所決出月刊，羅香林主編；並恢復《民俗週刊》，容元胎肇祖主編。十八日，出席中山大學史學系教授會，決定下學期加授地方志研究。十九日，偕容肇祖參觀嶺南大學。二十四日，再赴徐信符南州書樓及石太始家，參觀藏書，閱宋元刻本。二十五日，至西關羅原覺家，觀其所藏書畫碑帖及古物等。二十八日，至第二公園參觀廣東全省橘柚展覽會。三十日，偕李滄萍、吴康、朱謙之、蕭鳴籟、陳昆山步行至黄花岡，謁七十二烈士墓，又訪伍廷芳、廖仲愷、朱執信三先生墓。

（二月）二月二日，夫人由廣州起程回北平，處理書籍，並携五子倧南下。四日，廣州市展覽會聘公爲委員，擬將中山大學文史研究所古物及民俗刊物選送展覽。六日，撰文史研究所招考研究生計畫，擬定招收專攻秦漢史一人、魏晉南北朝史一人、隋唐五代史一人、宋史一人。七日，偕羅香林、劉萬章游六榕寺花塔，並赴謝英伯君宴，席散後赴陳蘿生家參觀其所藏古玉器圭璧各數十件。時北平家中所藏地方志等陸續寄到。公連日作廣東通志館征訪條例五類三十七目，修正廣東通志略例一條，重擬通志傳目一篇，徵集新撰近代廣東名人傳條例一篇，並函送鄒館長。十三日，偕謝英伯赴黄花岡考古學院參觀近年廣州發掘漢、晉、唐、宋古冢所得磚瓦及明器等。是月，在中山大學圖書館選善本書二十餘種並文史研究所書畫十二種及民俗品物與唐宋人壁畫等件，送越秀山廣州市展覽會古物館及民俗品物館分别陳列。撰定《廣東通志總目説明》，並删改羅香林所擬《廣東通志十二略説明》，共成《總目説明書》二册，附列傳略例，送通志館付印。數偕李滄萍、吴康、朱謙之參觀廣州展覽會，作容肇祖《中國目録學大綱序》。是月，夫人自北平南下，道出南京，因至長子僎家小住數日。

（三月）三月十二日，偕李滄萍、吴康、楊壽昌赴大北門外流花橋謁明季唐王紹武君臣冢。是日，適日軍强佔古北口與喜峰口，“感國難之倉皇，益悽愴於墓道”，旋至北郊訪回教先賢祠墓，蓋即回教入粤始祖館葛師之墓。晚作《紹武廣州殉國諸王考》。十七日，夫人率五子倞乘四川號輪船歸廣州，並攜地方志十五箱俱來。十八日，爲中山大學作恢復《民俗週刊》第一百十一期復刊辭。十九日，偕謝中晦訪黃慈博君，觀其所作《紹武小紀》及所藏珍籍。晚，閱屈大均《翁山文外》、《詩外》與《四朝成仁録》等，擬撰《翁山年譜》。二十四日，作《駁屈大均大行皇帝廟號考》。二十五日，作《翁山詩外版本考》並校讀《翁山詩外》、《文外》。

（四月）四月二日，訪廣州遺老汪兆鏞，觀其所藏南明書籍。三日，由《翁山詩外》考定翁山"三次下三湘"之時間。六日，編《翁山诗外》分類目録，以翁山家庭、交游，及所游之地，所詠明季史事等分類，備撰年譜之用。八日，偕吴康、朱謙之、蕭鳴籟游六榕寺、光孝寺、懷聖寺，一爲中國佛教禪宗初祖創教之地，一爲中國回教最初傳入之地。十二日，游華林寺，寺爲禪宗初祖達摩西來初地，並泛舟游荔枝灣。二十三日，率家人再謁黃花岡烈士墓。是月，校閲《翁山詩外》十九卷，作《校本翁山詩外跋》。

（五月）五月三日，訪黃慈博君，諦其鈔本屈大均《四朝成仁録》，並與南京江蘇國學圖書館所藏《四朝成仁録》傳鈔本對校，辨别其異同，斷定國學圖書館所藏者爲後人所補，非屈氏原稿也。四日，作《明刻本野客叢書跋》。六日，作《張嘉謀紹武君臣冢記匡謬》。七日，與鄒校長海濱及蕭冠英、吴康等赴大北門外流花橋再謁紹武君臣冢並倡議修築圍牆，重葺墓門，以存一代君臣遺蹟；又至石牌參觀中山大學新校地址，規模宏偉，地基爲國父昔年所指定，實爲國内大學翹楚。九日，作《恭謁南明紹武君臣冢記》。十二日，偕謝中晦訪李漢楨家，觀其所藏南明古錢，較公所藏又多三分之一。十五日，日航空母艦駛入大沽口，將轟平津，日軍並進攻灤東，北平危急，乃急電子侃與僑，囑再將書籍數百包寄粤。十七日，作《翁山詩略跋》，考定翁山游歷之時地。二十二日，作《山海經内大荒海内二經古代帝王世系傳説》。二十四日，爲蕭冠英作

《椒遠堂詩鈔跋》。二十七日，作《審查羅翽雲著客家方言報告書》。三十一日，購得《宋本尚書孔傳附釋文》，版本甚佳，因作《宋刻尚書孔傳附釋文跋》。是月，四子僑自北平南下，住南京長子偰寓五臺山村。

（六月）六月一日，中日停戰協定簽字，平津主權名存實亡。三日，夫人因南中天熱，始剪去髮髻。四日，偕吴康、張伯豪同游三水。五日，作《再跋宋浙本尚書孔傳附釋文跋》。十日，作《張穆畫馬及高儼山水跋及小傳》。十一日，作《王應華陳恭尹小傳》。十五日，作《何栻小傳》。十七日，作《屈大均傳考證》。二十一日，輯録《翁山逸文》，補《翁山文外》之不足。二十六日，中山大學外科醫生德人馬丁爲公施手術，割去左眼上小瘤，公自上年夏左眼上生瘤，初起極小，後漸擴大，故決意割去。二十七日爲農曆閏五月初五，攜眷至珠江畔雇艇至省立游泳場，觀龍舟競渡。三十日，仍受聘爲二十三年度中山大學文史研究所主任兼史學系教授，因至文史研究所召集會議，分配下學年工作，並添設主任辦公室。

（七月）七月一日，長子偰、長媳歐蘭發自南京，將入粵省親，四子僑則自京回北平。七日，長子偰行抵廣州，率新婦拜見公及夫人。是晚，全家至珠江泛月。八日，應嶺南大學國文學系主任楊果庵君及博物館主任冼玉清女士請，偕羅香林赴嶺南大學游覽。本日，接中央研究院歷史語言研究所聘函，改特約研究員爲通信研究員。九日，爲朱謙之作《歷史哲學序》。十二日，攜家人至越秀山南越酒家，赴朱謙之、吴康、李滄萍宴，賦詩一首。十三日，與鄒校長商定文史研究所招研究生四名。二十日，爲門人陳元柱作其祖《陳日新家傳》一篇。二十六日，率長子偰、長媳歐蘭游澳門。二十七日，游覽南北雙環（一稱内外二港）登媽祖閣及東西望洋山，並渡蓮花莖，訪前山寨故址，又游青洲山，謁三巴寺遺壁，作《澳門西望洋山》五古一首。二十八日，歸抵廣州。

（八月）八月一日，長子傒、長媳歐蘭游羅浮山。二日，公起程赴北平，清理藏書，並爲中山大學文史研究所招考研究生。三日，抵香港，偕高信同游香港名勝，直造太平山巔。晚乘意國郵船 Conte Rosso 號北上，六日，抵滬，晤内侄婿沈謙及其翁衡山先生。八日，乘平滬通車赴北平，並假北京大學校址爲中山大學文史研究所招研究生，躬自監考。十五日，長子傒、長媳歐蘭自粤歸航回南京。是月，公在北平整理家中藏書，並選擇其重要者攜粤。

（九月）公起程回粤，並順道歸海鹽。小住守先公家，與故鄉親友話舊，守先公並託攜其女雁鳴赴粤求學。是月，長子傒就中央大學經濟系主任職。

（十月）十月初，公歸抵廣州，評閲中山大學文史研究所招考研究生試卷，録取陳國治、葛啟揚、朱傑勤、藩蒔、曾了若等，中山大學之有研究生蓋自此始。是月，五子倧插人中山大學高中二年級肄業。由圭岡三馬路遷至二馬路十二號二樓。

（十一月）次女倓受聘爲中山大學圖書館編目員，專理館藏善本書。

（十二月）作《廣東東林黨列傳》，約得十二人，各爲考證。

民國二十三年甲戌（1934），公年五十六歲

（一月）一月六日，《廣東東林黨列傳》考證成，付廣東通志館作爲列傳稿。是月，公門人中央大學校長羅家倫函聘公爲史學系主任。公久思北歸，又以南京去故鄉海鹽不遠，多親戚故舊；而長子傒亦適在南京任中央大學經濟學系主任，遂決意北上。

（二月）二月廿一日，公攜侄女雁鳴發自廣州，乘輪至香港，改乘亞細亞皇后號輪船北上。廿四日，輪抵上海，遣侄女雁鳴回海鹽。是日，遇故人張溥泉先生於書肆，偕至太炎先生寓談學藝。廿五日，乘京滬車赴南京，長子傒來接，寓太平橋南大悲巷五號。廿七日，到中央大學視事，晤史學系教授沈剛伯、徐子明、顧禄宜，講師繆鳳林、郭廷以。

（三月）長子僾宴客於皇后飯店，爲公洗塵，並介紹與南京學術界人士相見。二日，與學院院長汪旭初商定史學系課程。三日，謁國父中山先生墓。是日，史學系學生開會歡迎，公略爲演説。八日，開始到校授課。時公患腹瀉之疾，但仍講授不輟。十二日，忽患眼疾，十五日，至醫院割治。是日接中山大學鄒海濱校長電，請公歸校擔任舊職，十九日，又接中山大學文學院院長吴敬軒電，勸公歸粤，公乃發書辭職。二十八日，風雪甚大，公冒雪乘京滬車赴上海，將有浙西之行。二十九日，公乘滬杭車赴嘉興，是日即歸上海。三十一日，又乘滬杭車至杭州，寓湖濱旅館。公在滬杭禾三地購置舊書頗富。

（四月）四月一日，訪族叔耀庭於浙江省公路局，時耀庭任公路局局長。二日，偕謝剛主參觀浙江圖書館，訪館長陳叔諒，勸其漸購浙江人著作，以充實圖書館而保存故邦文獻。又至舊杭州府學欞星門兩廊觀宋高宗手書石經。三日，游湖，至虎跑泉，過南屏山，謁張蒼水煌言先生墓，又登六和塔，游理安寺，入九溪十八澗，飲於龍井，謁于忠肅公墓及岳鄂王墓而還，沿途頗多題詠。四日，乘杭江鐵路車至蘭溪。五日，由蘭溪乘快船赴嚴州。六日，乘舟下七里瀧，謁嚴子陵釣臺，並訪謝翺墓，有五古一首，暮抵桐廬，登桐君山。七日，歸至杭州，轉車赴滬。九日，歸京。十日，長子僾之長女元曄生，公賜名曰寧。十五日，公門人内政部次長傅汝霖來謁，談製作禮服及國歌事。十七日，公患咳嗽甚劇，西醫照愛克司光綫，據云舊有肺結核，幸已凝固，今因咳嗽太甚，病菌又有發動之勢，乃服藥休養，決接眷來京。

（五月）五月四日，接四子僑信，已由日本游歷回國。五日，中央大學羅校長宴教職員於陵園新村，並游天保山，觀天文臺。六日，偕謝剛主游燕子磯，長子僎奉侍。八日，得次女倓快信，言已於五月一日與羅君香林訂婚。十三日，長子僎赴上海接夫人及次女倓北来。十五日，抵南京。二十一日，公自大悲巷五號遷居太平橋南八號，其地有樓，下臨青溪，右眺鍾阜，左望石頭，其間群峰參差，皆羅列几席，風雨晦明之際，朝夕百變，洵讀書勝地也。二十五日，公所搜集地方志十五六箱，自粤運抵南京，寄存中央大學圖書館。二十七日，放舟後湖，觀明太祖所築大閘。三十一日，商定史學系下學年課程。

（六月）六月一日，公受行政院聘書爲中央古物保管委員會委員。五日，作趙明誠《諸道石刻録序》。六日，據李清照《金石録後序》爲趙明誠排列年譜；又參考宋宰輔編年録，采明誠父挺之事蹟及其兄存誠、思誠官銜入譜。八日，閲《金石録跋尾》二十卷至終，又得明誠事蹟十餘條，其生平大略已可寫定。十日，游雞鳴寺，登豁蒙樓，弔臺城及景陽樓、胭脂井古蹟。十一日，賦《臺城》七絶二首，《景陽樓》五律一首，長子僎、次女倓亦各有作。十二日，又賦《青溪弔張麗華祠》七律一首，傳誦遠近。十六日，農曆端陽節，全家聚宴，並攝影留念。十七日，致蔣夢麟信，允任北京大學名譽教授。十八日，賦《青溪小姑祠》七律一首。十九日，謝剛主來辭行，擬回北平。時公因撰《趙明誠年譜》，頗搜集明誠妻子李清照之事蹟，常筆録於日記之中。二十三日，撰《趙明誠年譜》本事至終，續撰附録。二十四日，游莫愁湖，重登鬱金堂、勝棋樓，賦七律一首、七絶一首，又和長子僎《青溪訪王昌齡》故居七律一首。二十八日，長子僎、長媳歐蘭率孫女元曄赴廬山避暑。

（七月）七月一日，京滬十教授發起所謂中國本位文化運動，何炳松等宴各大學名教授於中央飯店，黄文山等訪公，請參加此運動。二日，爲門人梁嘉彬撰《廣東十三行考序》。四日，行政院會議改組古物保管委員會，先是聘定專門委員六人（除公以外有李濟、葉恭綽、黄文弼、傅斯年、蔣復璁），繼又委行政院之滕固，中央研究院之董作賓，教育部之舒楚石，内政部之傅汝霖、盧錫榮；至是指定常務委員五人（傅汝霖、滕固、李濟、葉恭綽、蔣復璁），並以傅汝霖爲主席。六日，四子倞自廣州回京。八日，二子侃畢業於北平大學農學院，自北平來省。十日，開始作《宣和博古圖考》。十二日，至行政院，開中央古物保管委員會成立會。十三日，公門人姚從吾士鰲從德國留學回國，過南京来謁。十八日，北京大學教授劉半農病逝消息傳至南京，公作詩輓之。二十日，公讀《宋史》，見紀載僞齊事蹟過略，劉豫僭位不過八年，而僞齊疆域史無明文，始有考訂僞齊事蹟之意。二十一日日記中，公又言其研究之動機曰："《叛臣傳叙》謂金之立張爲楚、立劉爲齊，皆承遼之舊策，無非以中國人殺中國人而已。由此推之，清初之平西、平南、靖南三藩，今之僞滿國，皆師此故智也。"二十三日，開始校讀《魯之春秋》。二十七日，四子僑畢業於北京大學法學院，自北平來省。二十八日，得藕香零拾本《僞齊録》二卷，昭代叢書本《劉豫事蹟》一卷，始有校補《僞齊録》之意。三十一日，校《魯之春秋》至終。是月，江浙大旱，南京熱至百零八度，爲六十年來所未有。

（八月）八月一日，開始校《僞齊録》。摘記《建炎以來繫年要録》、《金史》、《三朝北盟會編》、《大金國志》各書中僞齊事蹟。七日，至中央大學主持招生考試。八日，作《魯之春秋序》一篇。十八日，改定《魯之春秋》跋文。二十日，寫《魯之春秋校勘記》。二十一日，作《僞齊録跋》。是日，長子僎、長媳歐蘭、孫女元曄自廬山回京來省。二十六日，抄《金文最》中僞齊文目録，共三十七篇。二十七日，至大悲巷長子僎寓攝影。時闔家皆在南京，公及夫人外有次女倓、長子僎、長媳歐蘭、二子侃、四子僑、五子倞、孫女元暐，爲廿一年北平分别後第一次之團聚。二十九日，作《僞齊宰相張孝純上大宋書考證》。三十日，借得守山閣叢書本《大金弔伐録》及岳珂《金陀粹編》，繼續從事《僞齊録》校補。

（九月）九月一日，中央大學開學。六日，搜輯金建立僞楚、僞齊之原因，及金廢僞齊之原因史料。是日，四子僑赴上海。七日，門人羅香林自廣州來，就中央大學講師之職。九日，出太平門鍾山之陰，訪明徐達、吴良、吴禎墓。十二日，輯劉豫年紀。十一日，開始授課。十五日，長子僎赴揚州游歷，十七日歸。二十二日，游紫霞洞，登鍾山最高峰，望金陵形勝。二十三日農曆中秋節，全家團聚。二十六日，二子侃至南通，就棉種改良場事。二十九日，公閲《金史》列傳，慨於時流之以秦檜議和爲是，不知宋高宗割地納幣稱臣，其誓書全文載於《金史·宗弼傳》中，彼輩皆未嘗一讀，而近年日本侵我，往往襲金故智，以和爲餌，使我失其防禦，彼則以兵繼其後。苟安賣國各自營私之徒，往往效法秦檜，甚或反頌檜以矜獨得，真亡无日矣。是日，公偕德人梅慈納及傅爾士滿赴太平府，長子僎隨侍，訪六朝遺蹟；三十日歸京。

（十月）十月七日，雇畫舫由宅後青溪下秦淮河，觀金陵橋梁及水道。十一日，赴秦淮邀笛步六華居繆鳳林宴，晤林公渻先生，爲北京大學舊同事，公日記中有云："憶民國六年夏秋之際，蔡孑民長校，余等在教員休息室戲談，謂余與陳獨秀爲老兔，胡適之、劉叔雅、林公渻、劉半農爲小兔，蓋余與獨秀皆大胡等十二歲，均卯年生也。今獨秀左傾下獄，半農新逝，叔雅出至清華大學，余出至中山及中央大學，公渻又新被排斥至中央大學，獨適之則握北京大學文科全權矣。故人星散，故與公渻遇，不無感慨系之"。蓋公於此時，誠不勝江州司馬之感矣！十三日，撰《金以陝西地與僞齊年月考》。十六日，訪黄季剛於其新構之廬曰"量守"，有太炎先生所作《量守廬記》，汪旭初所畫《量守廬圖》。二十一日，至東郊麒麟門訪六朝陵墓，得宋武帝初寧陵，梁臨川王蕭宏墓，及失名之六朝陵一處。二十二日，因撰《孔彦舟傳長編》，察其所平鍾相事蹟，頗有志於楊么事蹟之考證。蓋當時局勢，頗與時事相類。

（十一月）十一月二日，撰《楊么事蹟考證序》。四日，游嚴山及牛首山，訪六朝陵墓。六日，四子僑考取審計員，將分發各省。十一日，率家人游棲霞山，訪六朝及隋代遺蹟。十七日，乘京滬車赴上海，訪張菊生先生，洽印《楊么事蹟考證》二卷，由商務印書館出版，十九日歸京。二十二日，得涵芬樓所藏鮑氏知不足齋鈔校本《僞齊録》，乃作進一步之校勘。二十三日，參加古物保管委員會，決議徹底審查故宫古物辦法，時易培基、李宗侗故宫盜寶案已提起公訴也。二十五日，再至棲霞山考古，並訪甘家巷梁蕭憺、蕭秀、蕭恢、蕭景諸墓，作《天禄辟邪考》。三十日，續輯天禄辟邪材料。是日，古物保管委員會開會，決議組織南京古物凋查委員會。

（十二月）四日，校《僞齊録》畢，成《校勘記》。六日，撰《僞齊宰輔年表》一篇。七日，長子偰赴浙西游歷。八日，撰《僞齊録校證序》。十日，撰蕭一山《太平天國叢書第一集序》。十四日，撰《英傑歸真跋》一篇。十五日，長子偰自浙西游歷歸來，爲公談家鄉事。是日，撰《太平天國禁城宫殿考》。十七日，計畫《僞楚録》搜輯材料方法，擬仿《僞齊録校證》方法研究之。十八日，撰《張邦昌傳考證》。二十七日，整理近年照片，凡北平、南京、廣州、澳門、海鹽、杭州、太平以及近日南京所攝約百數十片，亦一時鴻爪也。三十一日，除夕，舉行家宴送歲。

民國二十四年乙亥（1935），公年五十七歲

（一月）一月二日，撰《王廷秀高宗六龍幸海記考證》。八日，校《僞楚録》成，撰《僞楚録輯補自序》。十八日，偕古物保管委員會同人至夫子廟後尊經閣舊址，勘《吴天璽紀功碑》所藏舊址。十九日，訪明中山王東花園及長板橋舊院故址。二十日，乘京滬車赴上海，二十二日返京，二子侃於前一日自南通来省。二十四日，開始校《秦會要》。二十七日，偕古物保管委員會同人赴青龍山一帶調查梁、陳古墓，得陳武帝萬安陵，及梁蕭正立等墓。二十八日，至國立編譯館講演中國翻譯佛經述略。三十日，至國民政府周圍測量太平天國禁城遺址，並至參謀本部觀太平天國石船及花園。是日，赴劉國鈞宴，聞黄季剛言章太炎先生嘗對人言："余有五弟子，黄侃可比太平天國天王，汪東爲東王，錢玄同爲南王，朱希祖爲西王，吴承仕爲北王云。"

（二月）二月一日，偕德人梅慈納、奥人史達士至句容石獅子訪梁蕭績墓，長子偰侍。三日，農曆甲戌年除夕，闔家聚宴。九日，中央大學開課。十四日，公五十七歲初度。十五日，長子自大悲巷遷竺橋六十號。二十一日，公自太平橋南八號遷至桃源新村五十九號。是日，撰《輓黄晦聞詩》。二十七日，擬古物之範圍及種類，爲調查南京古物之準繩。

（三月）三月六日，夫人五十八歲初度，全家聚宴。十日，二子侃赴南通就農場技士職。是日，公訪瓦官閣故址，並游雨花臺，訪報恩塔故址。十五日，偕滕固及德人梅慈納、奥人史達士並率長子偰赴丹陽，考察齊、梁陵墓。十六、十七兩日，四出尋訪，得齊宣帝永安陵、高帝泰安陵、鬱林王墓、海陵王墓、景帝修安陵、梁武帝修陵、梁文帝建陵、齊明帝興安陵、梁簡文帝莊陵、齊武帝景安陵，皆爲測量攝影而歸。二十九日，從妹福嬿自北平來訪。三十一日，次女倓與興寧羅香林君結婚於中央飯店。

（四月）四月一日，四子僑赴杭州審計處就職。二日，公赴上海，將有故里之行。三日，乘滬杭車赴嘉興，搭輪赴嶼城，再雇小舟赴長橋上水村故里。四日，三弟守先公自海鹽來謁。五日，掃墓。六日，乘京滬杭通車回京。時二子侃已於前二日自南通回京，八日，長子偰自無錫旅行歸來，述東林舊蹟，公頗爲神往。九日，次女倓、婿香林由杭州旅行歸京。十三日撰《先曾祖手鈔公含公、子峻公畢姻簿跋》。十四日，二子侃赴山東臨淄就煙草改良場職。十五日，公謁明孝陵，詳查古蹟。二十日，偕德奥二友游寶華山，長子偰侍奉，二十四日，撰《梁故侍中司空永陽昭王墓志銘考證》。自本日起開始撰《六朝陵墓調查報告》。二十六日，撰《宋故散騎常侍護軍將軍臨澧侯劉使君墓志考證》。

（五月）五月一日，次女倓歸寧。撰《駁晉温嶠墓在幕府山西説》。四日，偕古物保管委員會同人至幕府山調查古蹟，訪晉陵不果。五日，續至牛頭山考古。六日，撰《晉王導碑考證》。七日，撰《梁蕭暎墓志考證》。八日撰《梁蕭秀碑考證》。十日撰《梁蕭憺碑考證》。十三日，撰《六朝建康冢墓碑志考證序》。十六日，撰《六朝建康冢墓碑志考證》全部完成，共三萬言。十七日起，撰《六朝陵墓調查報告書》。十九日，赴笆斗山訪失名之梁墓，又至黄城村梁鄱陽王蕭恢墓及始興王蕭暎墓，測量方向丈尺，又至董家邊梁新渝侯蕭憺墓，甘家巷梁安成王蕭秀墓，蘭山南陳文帝永寧陵，張庫村梁臨川王蕭宏墓、麟麒鋪宋武帝初寧陵，均測量攝影而返。三十日，訪得雞籠山南石麟里，斷定爲晉四陵遺址。三十一日，《六朝陵墓調查報告書》完成，並作序一篇，以申感慨。

（六月）六月一日，撰《六朝陵墓調查報告書説略》，至是報告書全部告成，共三萬五千字。三日，作《六朝哀策文考略》。五日，重撰《天禄辟邪考》。十日，日本謀占平津及察哈爾，警報頻傳，河北省主席于學忠免職，中央駐軍撤離北平，中日局勢益趨緊急。十三日，撰《神道碑碣考》。十八日，《六朝陵墓調查報告》全部脱稿，公凡作文五篇（《六朝陵墓調查報告書》、《六朝建康冢墓碑志考證》、《天禄辟邪考》、《神道碑碣考》、《駁晉温嶠墓在幕府山西説》），共七萬八千六百字，約五十日撰成。是日，中央古物保管委員會開結束會議。二十三日，撰《吴建業城邑考》。次日，撰《吴建業宫苑考》。二十六日，撰《吴建業廨署第宅寺觀考》。二十七日撰《東晉建康城邑考》，次日，撰《東晉建康宫苑考》。二十八日，中央古物保管委員會裁撤。是日，石友三部白堅武叛變，炮轟北平。三十日，撰《東晉建康郊廟社稷學校考》。

（七月）七月一日，撰《東晉建康廨署第宅寺觀陵墓考》。二日，撰《東晉建康山水里巷橋梁考》及《建康市廛園林郊坰考》。三日，撰《宋建康城邑宫苑考》，次日，撰《宋建康郊廟社稷學校考》、《廨署第宅寺觀陵墓考》、《山水里巷橋梁考》、《市廛園林郊坰考》。五日，撰《齊建康城邑宫苑以至郊坰考》。六日，成《六朝易學表》。委次女倓依條例撰輯《梁建康城邑宫苑以至郊坰考》。八日，續撰《陳建康城邑宫苑以至郊坰考》。至是日《六朝建業建康考證》大體告成。十日，暑期講習班開講於南京，公任歷史課程。十二日接廣州中山大學史學系主任朱謙之來電，仍請至中山大學任教授，公謝不往。時公頗留心於當前之中國財政問題，常檢閲歲計年鑒及報張雜志上財政論文，以明真相。二十一日，闔家至玄武湖泛舟。二十四日，門人傅振倫來謁，將赴英國，從事故宫古物展覽。二十六日，長子偰攜眷赴北平，公決定八月初亦起程前往，整理藏書。二十九日，接内政部聘函，聘公爲中央古物保管委員會委員。

（八月）八月二日，公起程赴北平，三日過山東境，四日晨抵平，住草廠大坑本宅。公久不赴北平，至是親友酬酢，整理藏書，頗爲忙碌。六日，開始與長子偰至故宫攝影，詳照其每一宫殿之建築，以保存文獻。十八日，率長子偰赴西山，重游碧雲寺，至静宜園見心齋，日記中有云“余於民國七年秋八月初，因長女倩逝世，悲悼不勝，乃率内子及大兒至西山，即住見心齋得月軒，後住暢風樓。今十餘年矣，重來此地，不勝今昔之感”。二十日，重游西山，住香山旅館，遍訪香山二十八景，各攝影留念，復謁金山口明景泰帝陵，並訪清乾隆健鋭營遺址。二十四日，歸北平。二十五日，與同門錢玄同、馬幼漁、沈兼士、許季茀、周啟民諸先生會於東興樓，時章太炎先生來函，特約爲《制言》半月刊撰述人。二十六日，游故宫太廟及社稷壇。二十八日，觀故宫南三所文獻館所藏乾隆北京全圖，又赴皇史宬攝影。

（九月）九月一日，長子僎、長媳歐蘭乘津浦車回南京。三日，公攜書十二箱乘火車回南京，五日抵京。十一日，赴内政部開中央古物保管委員會，時該會改隸内政部。十二日農曆中秋節，設家宴。十三日，偕徐旭生至南京東北郊，遍訪六朝陵墓及南唐遺蹟。十八日，作《漢末州牧表》。十九日，沈鈞儒先生自上海來訪。二十一日，偕夫人及長子乘京滬車赴鎮江，游金、焦二山，並渡江赴揚州。次日，游瘦西湖，覽平山堂之勝，謁明史可法衣冠冢。二十三日，乘京滬快車歸京。二十六日赴中央大學，開始授課。是月，婿羅香林受聘兼任國立暨南大學教授。

（十月）十月一日，校對《六朝陵墓凋查報告》至終。二日，閲《吴志》，遂考吴史官事蹟。三日，義大利與阿比西尼亞開戰，東亞形勢益趨緊張。四日，偕馬叔平先生至朝天宫西謁晉卞壺墓。九日，同門黄季剛先生逝世，公頗爲傷悼。十五日，補《吴世系表》。是日，考選委員會聘公爲是年高等考試典試委員。時日本乘義阿之戰，列强無暇東顧之際，欲圖囊括華北，駐兵京漢，時局岌岌，謡言四起。公憂心家國，往往不能成寐，乃於二十五日起，先將善本書裝箱，以防萬一。二十六日，四子僑自杭州來京。三十一日，《六朝陵墓調查報告》出版。

（十一月）十一月三日，開始至考試院閲卷，是日，作《輓黄季剛同學兄》詩一首。五日，赴莫愁路弔黄季剛先生喪。十日，試卷閲畢。十一日，率長子偰及婿香林赴嚴州，次日抵嚴，覓地藏書，以作避難之計。公頗有意於東湖之濱卜築藏書，蓋嚴州爲浙西山水最美之處，而東湖又爲嚴州風景最勝之地，烏龍山之高，新安江之清，爲他處所稀有；嚴光不事王侯，高尚其志，所以特選此州棲隱耕釣，良有以也。公爲山水所感，頗有決心遷居於此，以爲退隱著書之所。十四日，發自嚴州，放舟富春江，再謁嚴子陵祠。十六日，乘京滬杭通車歸京。二十三日，指導次女倓就《三國志》中輯出吴舊書六種，即韋曜《吴書》、胡沖《吴曆》、張勃《吴録》、虞溥《吴志》及《江表傳》、環濟《吴紀》是也。二十七日，赴考試院閲高等考試復試試卷。二十九日，偕典試委員長鈕永建及典試委員至國民政府行宣誓就職禮，監誓者爲中央委員蔡孑民先生。

（十二月）十二月三日，赴考試院開典試委員會，十日，開第六次典試委員會，並發榜攝影。十四日，撰《鐵硯山房稿跋》一篇，爲同事李寅恭作。時北平、天津、漢口、上海、蘇州、杭州以至南京各大中小學學生，因反對冀察獨立，游行罷課。北平學生先行罷課，南京則視中央大學爲轉移，公力勸學生持重，勿爲政客所利用，頗收成效。二十日，作《清昇平署志略序》。二十四日，作《亂彈名詞涵義質疑》。自十二月五日起至十二月三十一日，公閲湯球所輯《十六國春秋》一百卷畢，嘗考十六國史籍，並評論湯氏《十六國春秋輯補》，開始作《十六國春秋分卷考》。時國難日深，瞻望北方，駸駸將淪異域，故閲此書，聊以消憂，而不謂憂之更殷焉。（見十二月三十一日日記）

民國二十五年丙子（1936），公年五十八歲

（一月）繼續研究十六國春秋，撰《湯球十六國春秋輯補跋》、《十六國春秋分卷考》、《湯球十六國春秋纂録校本跋》；並爲曾問吾作《中國歷代經營西域史序》。九日，偕夫人及四子僑再至嚴州，勘東湖北岸地，擬卜築藏書，以避兵燹；並游淳安，覽新安江風景，歸途遇雪，十五日回京。二十日，至洪武門外中和橋察勘梁五銖錢笵出土地址，撰《梁代錢幣考》。二十四日（舊曆丙子年元旦），二子侃自山東臨淄來省。

（二月）二月四日，爲長子僎撰《金陵古蹟圖考序》。六日，姨甥朱洪自海鹽來謁。十二日，接章太炎先生來信，約至蘇州國學講習會講學。自此以後，每月往講一次，公晚年得與太炎先生常論道者，職此故也。十六日，公宴蔡孑民先生於中央飯店，祝其七十壽辰。同日，二子侃回臨淄。撰《十六國春秋次叙考》，設定以時代及種族兩種分次叙，而折中以時代分，以矯正屠喬孫、湯球及《十六國春秋》纂録次叙之謬。二十一日，長子僎次女元昱生。二十二日，赴蘇州國學講習會講學，游獅子林及拙政園。二十四日，回京。是月，日本政變，高橋等被刺，少壯軍人得勢，東亞大局益岌岌可危矣。

（三月）三月一日，撰《太史公解》。九日，致書古物保管委員會，請辭委員職。時陳寅恪氏發表其李唐氏族之主張（見《中央研究院歷史語言研究所集刊》第三本第一、四分及第五本第二分），以爲李唐先世系鮮卑人，公未敢深信，因搜集有關史料，得論證三點：（一）李唐先世李虎賜姓大野氏，實則賜姓與鮮卑拓跋部九十九姓有殊，不可相混；（二）李昞娶獨孤氏，李淵娶竇氏，李世民娶長孫氏，三世皆娶鮮卑胡種，其子孫自不免與胡人有相似者，然面貌言語風俗與母族相近，不可武斷其爲外國人；（三）李重耳非魏初古跋。因撰《駁李唐爲胡姓説》。按：自李唐胡姓之説興，日本金井之忠因之發表《李唐源流出於夷狄考》（日本東京帝國大學文料會編輯之《文化》第二卷第六號），欲以曲解歷史之邪説，摧毁吾國民族主義之思想，國人不察，論者蜂起，流毒所被，寖至認唐太宗、李白、明成祖輩皆非中國人，爲親者痛，爲仇者快，邪説誤國，莫此爲甚。公目睹時弊，振聾發聵，遂根據史籍，引舉實證，以判是非而明真相，其有功於歷史，匪淺鮮焉。二十日，作《史料展覽會徵集史料啟》，時中央研究院、中央大學及中央圖書館發起史料展覽會於南京，公推公作徵集啟事。二十一日，赴蘇州國學講習會講學，並至滄浪亭觀五百名賢石刻，又至江蘇省立圖書館閱覽善本書。二十三日，歸京。二十六日，閱《北史·序傳》，爲《李延壽先世世系表》。二十八日，撰《李重耳事蹟爲宋人誤增考》。二十九日，率家人至孝陵探梅。是日，衛聚賢等發起吴越考古會，邀宴於浣花春，南京歷史學者及考古學者皆集。三十日，辯《法琳别傳》言李唐爲達闍氏之誤。

（四月）四月一日，辯李沖不認李熙爲同族説之謬。三日，辯李唐先世爲趙郡李氏説之誤，於是《駁李唐爲胡姓説》全文告成。五日，閱李晉華《明成祖生母問題彙證》並傅斯年跋李文及《明成祖生母記疑》，吴晗《明成祖生母考》，頗引起公辯論興趣，因吴、李、傅三君皆駁公之《明成祖生母記疑辯》故也。六日，開始撰《再辯明成祖生母》。十二日，率家人出太平門，至鍾山北麓賞春。是日，撰《再辯明成祖生母》成。十五日，率長子偰、五子倞至雨花臺東調查古蹟，得《宣武將軍僉廣武衛指揮使司贈驃騎將軍僉都督府事李公神道碑銘》，即明太祖李淑妃之父李傑碑也。先是或有人主張高皇后子懿文太子、明成祖及秦、晉二王，皆非高皇后所生。成祖生母碽妃，實爲元順帝妃，明太祖克大都得之，時已懷孕七月，太祖納之，越三月生一男，太祖養爲己子，後即位爲成祖，故成祖實爲蒙古人而非漢人；至於懿文太子及秦、晉二王，皆系李淑妃所出。今公得李傑碑銘，證明李淑妃與懿文太子年歲相若，決不能生太子，於是南京《太常寺志》之説不攻自破，而成祖生母爲碽妃之説亦不能成立矣。二十日，補《再辯明成祖生母》三小節，又撰《高宗六龍幸海記考證序》一篇。二十五日，率長子僡、五子倞赴蘇州；二十六日，赴國學講習會講學，並游虎丘；二十七日，游木瀆並登靈岩山；二十八日，游怡園，是晚，公與張溥泉先生問太炎先生少年事蹟，先生口授，長子僡筆録，見公日記中。二十九日歸京。三十日廣東學海書院副院長鍾介民來，擬請公爲導師，公辭謝之。

（五月）五月三日，作《希山叢著序》。九日，修改《再辯明成祖生母》一文。是日，四子僑與張宇眉女士訂婚。十一日，次女倓生女名曰玲。十二日，補撰《駁李唐爲胡姓説》第一節《李重耳與李初古拔混而爲一之由來》。十二日，作《蒙古源流跋》。十三日，寫《明成祖生母三説發生次敘考》附於《再辯明成祖生母爲碽妃説》後，寄至《東方雜誌》發表。十九日，《駁李唐爲胡姓説》全篇改造告成。二十二日，撰《太史公書十篇有録無書考》。二十三日，赴蘇州國學講習會講學；二十四日，跋張鵬一修改本《太史公年譜》，是日游天平山、寒山。二十五日，赴上海購書，訪張菊生先生，並觀葛詠莪所藏地方志。時公患背臂神經緊痛之病，訪内侄女婿沈謙博士就醫，據云血壓並不高，惟心血太耗，須服補血藥云。二十七日，歸京。二十八日，長子僡持《萬里長城歌》請正，公加以修正，譜成軍歌，以發皇國人精神。三十一日，參觀故宫博物院倫敦中國藝術展覽會。

（六月）六月五日，作《史記十篇有録無書考證》完。是日，赴蘇州國學講習會講學，並視太炎先生疾。六日，游穹窿山，日記中有云："出胥門，過横塘，兩岸青山，風景極佳。憶三十年前家紫仙叔祖爲横塘卡員時，余曾偕霓仙叔祖來此，回憶前塵，不勝今昔之感。"七日，登大茅峰，騁望太湖東西洞庭，歷歷如繪。是日，國學講習會學生六十餘人皆來，同在船中請公講太炎先生生平大事。八日，游閶門外張園。九日，辭太炎先生回京，時先生因病倚沙發而坐，臨行，先生尚起立而送之。十四日，得蘇州電報，太炎先生於十三日逝世①，公哀慟逾恒，翌日即赴蘇州，躬往弔唁，作輓聯云：“一代通儒尊絳帳，千秋大業比青田”。十七日，歸京。二十六日，太炎先生弟子十人聯名呈請政府國葬，以公爲首，馬裕藻、錢夏、許壽裳、周作人、沈兼士、汪東、曾通、馬宗薌、馬宗霍諸先生次之。二十八日，監察委員劉禺生來訪，談民國掌故。

（七月）七月一日，政府決議太炎先生國葬。三日，長子僎入蜀游歷。六日，推薦馬宗霍爲中央大學教授。十八日，陳濟棠因部下離叛出奔香港，西南問題解決。二十日，致潘景鄭信，論師學傳授並文章之道。二十三日，五子倧赴上海應考大同大學。二十五日，致汪旭初先生信，議設立太炎學院。二十八日，撰曾問吾著《中國經營西域史小序》。二十九日，婿羅香林赴廣州。三十一日，孫鷹若自蘇州來訪。

（八月）八月五日，至中央大學主試新生。六日，撰《漢諸陵雜記》。十一日，草《甲乙丙丁辯》。十三日，浙江圖書館館長陳叔諒來訪，談浙江省文獻展覽會事。十六日，長子僎游峨眉山歸京來省。十七日，五子倧考入大同大學，自上海回京。十九日，乘平滬通車赴北平，二十日抵平，仍寓草廠大坑本宅，嗣後數日，親朋酬酢幾無虚日。二十三日，檢集舊藏太炎先生墨蹟。二十六日，接陳百年先生信，聘公爲是年高等考試典試委員。二十八日，錢玄同先生來訪，詳談太炎先生事蹟。二十九日，赴故宫圖書館，觀明海鹽胡震亨所輯《唐音統籤》一千三十三卷凡一百二十册，斷定爲清欽定《全唐詩》之源。

（九月）九月一日，得次女倓信，知婿羅香林已任廣州中山圖書館館長。四日，北平同門開章太炎先生追悼會於孔德學校，公報告太炎先生事略。五日，乘平浦車返京。六日，抵京。七日，赴考

① 元曙按：太炎先生實爲十四日逝世。

試院開第一次典試委員會。八日，開始至中央大學授課。十日，赴考試院就典試委員職，是日起入闈，開始撰《西魏賜姓源流考》。十七日，出闈。二十一日開第二次典試委員會。二十三日，婿香林自廣州來京，預備接眷。二十六日，香林率眷南下。二十七日，再度入闈。二十八日，出闈。三十日農曆中秋節，公自桃源新村遷居文昌橋曬布廠二號之二。

（十月）十月三日，門人姚薇元來謁。公勸其將所著《北魏胡姓考》改爲《魏書官氏志廣證》。十日，赴考試院參預發榜典禮，並赴戴院長季陶之宴。是日，赴蘇州國學講習會講學。十二日，歸京。二十三日，孫鷹若、章大可自蘇州來訪。二十五日，四子僑在桐廬張宅與宇眉女士結婚。是日，公撰《西魏賜姓源流考》成，約三萬言，付商務印書館作爲《張菊生先生七十壽辰紀念刊》之用。二十七日，四子僑率新婦由杭州來謁見，五子倞自滬同來。二十八日，設喜筵宴客於浣花飯店。

（十一月）十一月一日，赴蘇州國學講習會講學，二日，歸京。四日，擬撰《北魏武川人物考》，蓋周、隋、唐三代祖先皆發祥於武川，秉受塞外豪强之氣，開創周、隋、唐偉大之事業，非偶然也。十日，四子僑夫婦辭歸杭州。十一日，率長子僎乘京滬杭通車赴杭州，過滬時四子僑夫婦、五子倞皆至車站，同車赴杭，宿於定香橋俞莊四子僑寓。十二日，游湖並登玉皇山，訪紫來洞。時公患腹疾，十四日，上午浙江學界及官紳開章太炎先生追悼會，午後稍愈，始赴會場講演《章太炎先生之史學》，並參觀浙江文獻展覽會。十五日，歸京。十六日，赴考試院開首都普通考試典試委員會，時公受任爲典試委員。二十日，入闈。二十三日，閲試卷畢出闈。二十四日，撰致張縣長請改變海鹽城内公路計畫書。時張韶舞任縣長，欲拆大街兩旁民房，改築公路，時農村破産，民生凋敝，故海鹽留京同鄉推公起草公函，爲故鄉父老請命。二十九日，赴蘇州國學講習會講學。同日，長子僎自竺橋六十號遷居玄武門二十四號。三十日，公自蘇州歸京。

（十二月）十二月二日，召集中央大學史學系全體學生並國文系一部學生組織史學研究會。四日，再度赴考試院入闈。六日，出闈。是日姨甥朱洪自海鹽來謁。十三日，蔣委員長中正爲西安張學良、楊虎城所劫，全國洶懼。十五日，撰《海鹽文獻源流》，爲《嘉區民國日報·嘉區文獻專刊》作也。十七日，政府派何應欽爲討逆總司令。二十五日，蔣委員長出險，安然返京。是日，公撰《明海鹽小瀛洲詩社考》。二十七日，赴蘇州國學講習會講學，並抄太炎先生《自撰年譜》，因章宅請撰太炎先生行狀故也。二十八日歸京。三十一日，家人聚宴守歲。二子侃亦自山東趕回賀年。

民國二十六年丁丑（1937），公年五十九歲

（一月）一月二日，録太炎先生《自撰年譜》至終。四日，開始寫《餘杭章先生行狀》初稿。十三日，五子倞自上海來省。十四日，札記光復會事蹟，因此會會魁不特有功於光復故國，即二十餘年來之教育功績，亦甚鉅大。蔡孑民先生自長北京大學後，全國教育因之振興；其後又爲中央研究院院長，其自身又屢長教育行政。迄今各省大學校長及歷任教育部長，大都爲蔡先生振拔之人，枝葉扶疏，彌漫全國。而餘杭章先生，又以文章歷史爲國性所託，自亡命日本時，已陶鑄弟子。民國既建，各大學國文歷史教授，大都爲章門弟子，迄今不下七八傳，而亦彌布全域，大學中學靡不有其蹤蹟。至今蘇州國學講習會尚維持而不墜，以爲先生最終事業，將來效果必甚弘大。此可謂光復會中兩大元勳矣。十五日，至中央古物保管委員會開會。十七日，赴蘇州國學講習會講學，十八日，歸京。二十日，撰《漢王劫五諸侯兵考》。二十四日，同門馬宗霍先生來，爲開示太炎先生晚年重要事蹟多條。同日，張溥泉先生来，贈公明姚希孟《公槐集》中《建夷授官始末》。二十九日，族弟名爲鼎字調五來竭。三十日，二子侃回山東臨淄。

（二月）二月一日，致黄仰旃書，更正《海濱日報》所載海鹽故實中關於朱殿撰一則。四日，赴上海搜集南明史料。六日，赴平湖葛宅參觀藏書，見李清所撰《南渡録》六卷原稿（出於李清裔孫家藏），爲之驚喜不已。八日，歸京。十日農曆丙子年除夕，闔家聚餐。十一日（農曆丁丑元旦），復中央古物保管委員會書，審查明周襄敏公墓地是否應在古蹟之列一事。十二日，致張菊生先生信，爲保存明海鹽胡孝轅先生墓事。十三日，訪張溥泉先生，溥泉先生以黨史編纂處搜集史料計畫書委公擬議。十四日，考故居海鹽上水村史蹟。十五日，修改舊作《南京新出土梁普通四年五銖錢范考》。十六日，修改《湯球十六國春秋輯補匡謬》。十八日，修改《湯球十六國春秋獻疑》。二十日，夫人赴杭州，五子倞至上海。二十一日（農曆正月十一日），公五十九歲初度，家人爲設筵慶祝。二十三日，考先世六代任明代税長事略。二十四日，函中央古物保管委員會，請移交浙江省府轉飭海鹽縣長保存明胡孝轅先生墓案。二十五日，赴蘇州國學講習會講學。二十六日，赴滄浪亭觀吴中文獻展覽會。二十七日，歸京。

（三月）三月二日，至中央古物保管委員會開會，審查古物出口取締規則。三日，代張溥泉先生擬《黨史徵集史料編纂史籍計畫書》。四日，函中央古物保管委員會，審查侍聯奎呈請轉飭江寧縣修理其先世侍其雲叟詩碣亭以重古蹟一案。六日，撰《駁李唐祖先出於李初古拔及趙郡説》。十日，修改杭州講演稿題爲《章太炎先生之史學》。是夕，夫人由杭歸京。十一日，二子侃自山東臨淄回。十二日，四子僑自杭赴滬接次女倓及外孫女玲來京。十三日，教育部聘公爲第二次全國美術展覽會圖書組審查員。十四日（農曆二月初二日），夫人六十壽辰，親友皆來祝壽，晚設筵於大西洋川菜館。

十五日，闔家攝影。十六日，四子僑回杭州。十七日，出席全國美術展覽會圖書組審查會，公選所藏宋元明清四朝善本書四十八種陳列。二十一日，赴蘇州國學講習會講學。二十三日，赴上海。二十四日，乘滬杭車至嘉興轉輪歸海鹽，寓青篁巷三弟守先公家。二十五日，廣搜故鄉文獻。二十六日，訪東門外聞琴橋舊宅故址。二十七日，至上水村故里；是日，長子偰由杭州來鹽。二十八日，雇船至莊田滙掃墓，長子偰侍奉；又同至上水村，觀鶴天鯨海樓，並買收族人出售之宅基地數段，以保存祖宗六百年來所貽之基地。二十九日，長子偰先赴杭州，接長媳歐蘭作春季旅行。三十日，公赴嘉興游煙雨樓，乘京滬杭通車歸京。

（四月）四月一日，參觀全國美術展覽會。三日，辯吾族朱氏非出於沛國而出於吴郡説。連日參觀全國美術展覽會，欣賞五代及宋元古畫。十日，出席中央古物保管委員會。十一日，赴東郊陵園應中央大學校長羅家倫宴會。十三日，次女倓及外孫女玲辭歸廣州。十五日，黨史編纂委員會聘公爲名譽纂修員。十六日，爲門人金毓黻餞行，時毓黻將赴安徽任省政府秘書長。十九日，赴德奥瑞同學會開中華全國美術會。二十七日後，彙録梁代商業雜記，並考白疊布之起源。

（五月）五月二日，赴蘇州國學講習會講學，三日歸京。七日，研究李修易《海鹽畫人傳》及族妹硯因《海鹽畫史》，撰畫史應修改之處數則。十一日，撰《海寧衛志乘考》。十七日，姨甥朱洪自海鹽來謁，將赴安徽就視察之職。十八日，出席中國藝術史學會。二十日，擬定《海鹽忠節傳》目録。三十日，赴蘇州國學講習會講學，三十一日歸京。

（六月）六月一日爲南京市政府十周年紀念，至玄武湖觀龍舟。二日，規劃暑假期内所讀書，因學校課程皆將結束，可以擯除一切雜務，專攻己所欲讀之書。一擬讀《史記》、《漢書》，學其文章史法，並作札記，以記心得；一擬閲南明史，先融其全局史事，以備撰《南明史》，亦作筆記，以記心得。時公搜集南明史料已至七百餘種，方有意於南明史之撰著，而蘆溝橋事變亦將作矣。五日，作《南明韓王本鉉考》。七日，至中央醫院檢驗身體，先是公感不適，國醫謂爲消□病，西醫言恐爲糖尿病，至是檢驗結果無病。八日，公檢出著述九種（《中國文學史略》、《中國史學概論》、《六朝陵墓調查報告》、《楊么事蹟考證》、《僞齊録校證》、《僞楚録輯補》、《宋代官私書目考》、《宋代金石書録》、《鄘亭文録》），送中央大學十周年紀念會陳列。九日，參加中央大學十周年紀念會。十三日農曆端陽節，家人聚餐。十五日，至中央大學監試學年考試，上半年課務結束。十五日，擬至北平運書南下，不果。六月二十二日，四子僑生子於杭州，公始得長孫。二十五日，託族孫宗良在西湖購地三畝。三十日，五子倧赴上海，擬入交通大學補習班。

（七月）七月二日，決定作黄山之游。五日，由長子偰奉侍，發自南京，抵宣城，登謝朓樓，游敬亭山。六日，晚發宣城，乘蕪屯公路車至巖寺，轉杭徽公路車至黄山逍遥亭，浴於温泉。七日，曉發湯口，溯温泉而上，登天都峰，覽黄山白嶽之勝，夜宿文殊院。八日，曉發文殊院，登蓮花峰、光明頂，過天海，登清涼臺，觀石笋矼之勝，夜宿獅子林。九日，曉發獅子林，至西海門，復登始信峰，觀煙雲變幻，下山而北，至松谷庵宿焉。十日，曉發松谷庵，觀白龍潭、黄龍潭、烏龍潭、青龍潭、翡翠池之勝，折回獅子林，又登清涼臺，望"靈猿觀海"。十一日，曉登獅子林，飯於雲谷寺，經九龍瀑，宿紫雲寺，始知蘆溝橋事變，中日戰爭將發，因亟作歸計。十三日，下山赴杭州，四子僑、四媳宇眉抱新生孫兒相見，爲取名元昭，字孟陽，小名仁，爲生於仁和也。又定後代子孫名一字曰：元德克明，惟家之光，世承其美，保大永昌。十四日，謁張蒼水墓。時章太炎先生國葬，卜地於蒼水墓東。是日，乘滬杭車，轉蘇嘉路，改乘京滬車歸南京。二十六日，姨甥朱洪自海鹽來謁，次日赴安慶供職。二十九日，天津戰事激烈，北平失守。公繫念故都文獻，憂心如焚。

（八月）八月一日，上海戰事將發，南京遷家避難者日衆，公擬遷移書籍至徽州，乃開始裝箱。三日，赴中央大學監考。七日，庶子佑生於南京。繼續裝書至十二日止，僅裝六十箱，其餘尚有十餘箱，雖屬普通書籍，亦間有善本，不及裝完。戰訊漸逼，不得已留置京寓，託族人照料。十三日，滬戰爆發，公先至宣城，接洽往所及運書卡車，眷屬亦以是日晚車到達宣城，暫住旅館。十四日，戰訊傳至宣城，一切汽車卡車均歸軍用節制，蕪屯路汽車停駛，由宣城至徽州交通斷絶，乃擬暫住宣城（租定錦城街六十七號），並將書箱行李寄存車站。十九日，公回南京，夜受大轟炸之驚。二十日，續遷眷屬一部至宣城。二十二日，公至徽州，接洽藏書。二十四日，返宣城，繼續接洽運書籍至徽州。

（九月）九月四日，長子偰自南京赴黄山，過宣城時來省。五日，長子偰因兼祧小莊公一房，與淩也徽女士結婚。十六日，開始運書籍至徽州。十七日，（家属）遂遷居徽州。十九日，書籍大部運回。① 至南京，又遇轟炸。二十日，中央大學開全體教授會議，決定將校址遷至重慶，公乃於是日出京，夜抵宣城，仍督運書籍。二十五日，南京玄武湖美洲避難地窟被炸，死傷數十人，急打電報電話至南京，查詢長子安否。三十日，長子偰將赴重慶，來宣城省親。

（十月）十月二日，運書完畢，乃赴徽州。先是，眷屬已往徽州，租定小北街二十一號。時上海戰事日趨危急，敵機四出轟炸，公恐徽州亦被波及，乃決計遷屯溪，並由水路運書前往。十三日，

① 元曙按：指运到徽州。

將寄存徽州師範學校之書搬運下船。十四日，乘汽車至屯溪。十五日，由屯溪乘人力車至三門呈，租定洪宅存書。十六日，五子倧押船到三門呈，運書進屋。十七日，公至屯溪，擬乘車至歙縣，因無車暫住屯溪；夜思眷屬及書箱在三門呈不妥，乃於十八日步至隆阜，至戴伯瑚家，租定房屋。二十日，仍由水路運書至隆阜安置焉。二十二日，率五子倧發自隆阜，決定入蜀。二十三日，行抵蕪湖。二十四日，搭怡和洋行隆和輪西上。二十六日，舟過九江。二十七日，抵漢口。二十八日，渡江至武昌登黄鶴樓。是日夜，改乘新昌和輪船西上。三十日，過沙市。卅一日，至宜昌泊焉。

（十一月）十一月二日，船發宜昌，覽西陵峽及巫山十二峰，夜泊巫山縣。三日，過瞿塘峽，夜泊萬縣。六日，晨抵重慶，寓棗子嵐埡馬鞍山藹廬。十四日，游南岸黄山，長子偰、五子倧侍奉。十八日，始至沙坪壩中央大學，參觀新校舍。十九日，戰事逼近蘇嘉路，杭州危急，因函囑四子僑送眷至隆阜暫住。時全家分居六處。（一）公與長子偰、五子倧住重慶；（二）夫人及庶子佑在安徽屯溪隆阜；（三）長媳歐蘭及孫女元曄、元昱在上海公共租界；（四）二子侃在山東臨淄煙草改良場；（五）四子僑、四媳字眉、孫元昭在杭州西湖俞莊；（六）二女倓、婿羅香林在廣州白雲山龍歸墟。東西南北，分散各方，公鬱鬱不樂。二十九日，敵攻廣德、宣城，公恐隆阜受戰事影響，函夫人攜書籍遷婺源江灣，後因戰事他移，不果。

（十二月）十二月二日，開始至中央大學授課。六日，族侄宗良自漢口來，同住藹廬。十三日，南京失陷。十四日，北平僞政府成立。二十五日，長媳歐蘭及孫女元曄、元昱自香港乘航機到渝。是日，杭州失陷，四子僑攜眷隨浙江省保安隊退守嚴州。

民國二十七年戊寅（1938），公年六十歲

（一月）一月二日，得隆阜家信，將由隆阜遷居凹下，以避戰氛。十五日，率家人同游南温泉，至虎嘯口，訪仙女洞，十七日回重慶。二十二日，致孫鷹若信，勸其將章太炎先生全部手稿攜至重慶付印。二十六日，二子侃自山東入蜀過渝來省。二十七日，率二子侃、五子倧游磐溪及磁器口，次日又游南温泉。三十日爲農曆除夕，重慶始有空襲。三十一日，赴南岸廣益中學，登文峰塔，游老君洞，頗有借居廣益中學之意。

（二月）二月二日，二子侃赴成都。三日，讀《華陽國志》，考古代巴、蜀二國之地理。十日（農曆正月十一日），公六十初度，以在國難期間未舉行慶祝。十六日，又至文峰塔廣益中學，接洽借住，以避空襲。二十日，撰《華陽國志秦伐楚取商於之地爲黔中郡辯》。二十一日，以戰局逆轉，致函夫人，決令四子僑送眷來渝。寫《華陽國志蜀建國始末》。二十五日，補舊作《十六國舊史考》"蜀史"一條。

（三月）三月一日，因學校放假之暇，遷居文峰塔廣益中學，以避空襲。作《國語姓氏録》，頗有志於姓氏書之著述。十五日，中央大學開始授課，嗣後每星期中，三日住城，四日住廣益中學。二十日，游南山公園。二十一日，開始寫《左傳姓氏録》。

（四月）四月二日，開始搜集宋代鐵錢史料，頗於古玩鋪搜購兩宋鐵錢。十二日，撰《兩宋盛行鐵錢之因果》。是日，次女倓生一子名曰文。時徐州會戰失利之消息傳來，而故鄉又陷敵手，公關懷戰局，繫念家鄉，憂心如焚。

（五月）五月四日，《兩宋盛行鐵錢之因果》一篇脱稿。繼續録《左傳》姓氏。十二日，全部録競；又整理春秋各國及古國國姓，並録毛詩傳疏國地考。二十四日，撰《古蜀國爲蠶國説》。二十八日，夫人率庶子佑自凹下來重慶，全家又慶團聚。二十九日，長子偰生子於北碚，名曰元曜。

（六月）六月七日，租定南岸黄桷埡袁家花園房屋。續録《國策》姓氏。十二日，至高級商業職業學校講演古蜀國爲蠶國説。十九日，遷居南岸黄桷埡袁家花園，此後生活略趨安定。二十五日，長子僎亦自藹廬遷居化龍橋化龍新村二號。

（七月）七月九日，召開史學系全體教授會，決定下學年課程。二十六日，九江失守，武漢告急。二十八日，報載錢玄同病逝北平，公哀慟逾恒，撰《哀錢玄同文》。①

（八月）八月一日，日蘇開戰於張高峰。七日，庶子佑周歲生日，家人聚宴；時長子僎以《續九遷記》呈閲，公頗滋感慨。十八日，率家人游真武山。二十日，主持中央大學招生考試事宜。

（九月）九月二日，進城至川東師範主試新生。十三日，至内政部開中央古物保管委員會。十四日，接二女倓自廣西桂平來信，謂已遷桂平。時公研究黑格爾《歷史哲學》，頗涉獵哲學與心理學書籍。二十八日，至醫院醫眼，並施手術。是月，五子倞入中央大學航空工程系肄業。

（十月）十月三日，撰《攻惡集》，以自省己過。十六日，撰《杜絶無恒之弊》一篇。繼續研究哲學心理學，頗有棄絶考據之學，重治科學有系統之知識之意。二十一日，廣州失守。二十五日，嘉興六邑同鄉聚餐於陝西街留春幄，始有同鄉會之組織。是日，漢口失守。

（十一月）十一月六日，赴中央大學接洽史學系課程，議設史學研究會，着手搜集抗戰史料。八日，歸袁家花園。十日，開始赴中央大學授課。十四日，岳陽失守，長沙大火。二十四日，訪章太炎先生之婿朱鏡宙，擬集資印太炎先生書札。二十五日，主持新生

① 元曙按：錢玄同逝世，此次係誤傳，朱希祖先生卻信以爲真。錢玄同先生於次年，1939 年 1 月 17 日病逝於北平，1 月 24 日消息傳到重慶，在這天的日記裏，朱希祖云："聞同學錢玄同確因腦沖血逝世，昔日謡傳竟成真事，可悲也！"

口試。二十九日，長子偰第三女元旻生。

（十二月）十二月四日，開始讀《孫子兵法之綜合研究》。十六日，爲中山大學研究院審查江應梁撰《雲南僰夷民族研究》。始引起研究濮夷興趣。三十日，被選爲嘉興六邑旅渝同鄉會常務理事。

民國二十八年己卯（1939），公年六十一歲

（一月）一月一日，汪兆銘通敵，開除黨籍。十六日，開嘉興六邑同鄉會理事會，決議電行政院及浙江省政府請撥款修理海鹽傾圮海塘，使咸水不致浸灌内河，致影響明年春耕。十七日，代張溥泉先生擬《請建立總檔案庫籌設國史館議案》，提交國民黨第五届五中全會，二十二日脱稿。二十四日，嘉興六邑同鄉會理事會公宴浙江省政府主席黄紹竑、全國賑務委員會副主席屈文六，請修理海鹽海塘並賑救海鹽災黎以工代賑。二十八日，次女倓、婿羅香林並外孫等來渝，同住袁家花園。

（二月）二月一日，搜集海鹽抗戰史料。疑東爨西爨皆出於芈，實爲漢人。七日，公所草擬《建立總檔案庫籌設國史館議案》經五中全會通過。八日，公以古人言作史須具三長：曰才、曰學、曰識，而姚姬傳言作文亦須具三長，曰詞章、曰考據，曰義理。詞章屬於才，考據屬於學，義理屬於識，三者本可相通，故決定今後治史，第一宜致力於文章，以司馬遷、班固、陳壽、范曄、韓愈、章太炎爲則，而以蔡邕、司馬光輔之。第二宜專治一代歷史，而考據其全體，庶不流爲瑣碎之考證。第三宜治社會科學及哲學論理學，則義理不致於偏頗寡陋。因擬專治戰國史。一因今日世界爲一新戰國，頗可鑒古以治今，二因吾國學術思想亦以此代爲最發達，整理戰國史，其價值等於歐洲之希臘史，秦史則等於羅馬史，此二史若成，則在中國史界可推最大之偉業，而文章亦可以周秦文出之，誠一舉三得者。故此後數年間，公常致力於戰國史之整理，此事業雖未能完成，然《汲冢書考》得以脱稿，發現史料頗多。十一日，敵在海南島登陸，西太平洋形勢爲之大變。十五日，撰《東西周年表》，考《史記·周本紀》與《戰國策》東西二周異同。開始研究《竹書紀年》。十九日，農曆己卯年元旦，補考《東西二周君年表》，二十日，草《東西二周君世系考》及《周最事蹟考》。二十八日，撰《戰國策人名考》。

（三月）三月一日（農曆正月十一日），公六十一歲初度，家人爲設筵祝壽。五日，撰《竹書紀年雜記》三篇。六日，開始撰《秦大事年表》，糾正《史記》錯誤頗多。十二日起，撰《古本竹書紀年考異》，詳考汲冢古文七十五篇。究竟經過若干歲月若干人士編綴寫定。二十八日，成《汲冢書編校寫定年月考》。婿香林於是日起程赴雲南澂江，就中山大學教授。二十九日，續撰《汲冢書編校寫定人物考》。

（四月）四月六日，修改新撰考兩篇。九日，撰《汲冢書出土地方及年月考》。十日，撰《汲冢書文字考》，以一般懷疑古文經者，往往誤以孔壁古文爲殷周之真古字，須知文字體勢，隨時代而改變，孔子、左丘明之文字，乃春秋末戰國初之文字，非殷周（西周）之文字，其體勢當然有異。況孔壁之古文經及張蒼所獻之《左氏傳》，未必爲孔子、左丘明所親寫，輾轉迻録，至戰國末年離孔子、左丘明又二百餘年，其文字體勢必又不同，本爲六國之古文，非殷周之古文。王國維《漢代古文考》中有戰國時秦用籀文，六國用古文説，最爲通達。然核實言之，六國所用爲戰國時代之東方文字，秦所用爲戰國時代之西方文字，兩種文字不同，漢承用秦文，六國文字廢而不用，故漢人稱之爲古文也，此“古文”二字之由來。疑古者誤解孔壁古文爲殷周古文，彼見殷周之甲骨刻辭、鐘鼎款識與孔壁古文不類，遂不特疑孔壁古文經記爲劉歆所僞造，即孔壁古經之文字亦爲劉歆所僞造，其主觀深矣。又謂“余以史學治經學，以論理學方法解決一切疑難，最鄙視今古文家門户之見。舊時以汲冢古文書爲晉人僞造，今治晉史，知其不然；蓋孔壁、汲冢、殷墟甲骨刻辭，實爲吾國三大發見，信甲不得不信乙、丙。近人或不信甲骨刻辭、鐘鼎款識而信孔壁古文經，或不信孔壁古文經而信甲骨刻辭、鐘鼎款識，同是埋藏古物，何以信甲而不信乙，信乙而不信甲，是皆不合於論理方法者也。蓋真僞之事，須爲客觀判斷，不宜偏任主觀，憑空臆説。上列三事皆客觀條件具足，確皆可信，非大言虛説所可推倒者也”。此實公治史之根本立場，故逐録如上。十六日撰《錢玄同師承記及評論》。十七日至二十六日，撰《汲冢書篇目考》。二十三日，中央大學史學系學生組織史學會，舉公爲會長。二十七日，撰《今本周書兩大匡篇釋疑》。二十九日，赴柏溪中央大學分校講演。

（五月）五月一日，撰《汲冢雜考》，成《汲冢古書之外有古物》一則，又撰《汲冢發掘人不准姓氏》一則。二日，撰《汲冢或言魏襄王冢或言魏安釐王冢皆無確證》一則，又撰《魏令王及周隱王釋疑》一則。三日及四日，敵機大轟炸重慶，四日下午，公從南岸赴沙坪壩，適遇空襲，下車避於小龍坎之野。時敵機狂炸陪都，交通困難，物價飛漲，公往來南岸、沙坪壩之間，艱苦倍嘗，然授課不稍間斷。八日，考正荀勖《穆天子傳叙録》，並作《臣瓚姓氏考》。十日，撰《雲南兩爨氏族考》（在《新民族》發表），應江應梁之請也。十二日，敵機再襲重慶，轟炸及於南岸彈子石。十三日，撰《雲南濮族考》，十八日撰畢。二十日，偕金毓黻、繆鳳林、劉節、常任俠渡嘉陵江至磐溪，觀漢石闕。

（六月）六月一日，寫《汲冢書考》第一卷完。三日，寫《汲冢書考》第二卷，因病静養數日。二十六日，赴教育部參加全國大學文學院課程討論會。

（七月）七月一日，因腿疾訪醫醫治。二日，接侄伯楊信，知族弟調五（即爲鼎）於廣西柳州逝世，公優爲資助，以濟孤寡。二十七日撰《漢代蜀布考》。

（八月）八月五日，接中央大學史學系主任聘書（注明本年請假）及教授聘書，公擬辭去主任專爲教授，後爲同事及學生挽留作罷。九日，至大學統一招生試場監試。是時公心緒不佳，惟讀漢魏古詩自遣。二十三日，德國與蘇俄訂互不侵犯協定，公以是知歐戰之不可避免矣。二十六日，次女倓率外孫飛昆明。公關心大局，兼憂世亂，頗致力於政治思想史之研究。

（九月）九月一日，歐洲大戰爆發，德軍進攻波蘭。三日，英法對德宣戰。八日，賦五言古詩一首題曰《司水》。十三日，開讀德國史盤著《經濟學史》。十六日，應聘爲二十八年高等考試初試典試委員，赴考試院開會，並訪沈尹默先生，暢談讀書法，時沈受任爲監察委員。二十四日，閲《漢書》賦詩一首。二十五日，又賦《詠史詩》一首。時湘北戰事發生，敵圖進攻長沙。二十六日，長子僎、長媳歐蘭攜孫女元曄、元昱、孫元曜來袁家花園，以避空襲。二十七日農曆中秋節，全家團聚，二十八日，賦《避地》詩四首。二十九日，賦五律《儒冠》一首。

（十月）十月一日，波蘭京城華沙守軍降德，波蘭亡。三日，長沙我軍大捷。五日，長子僎率眷回化龍橋。十一日，賦《弔長沙》詩一首。十三日，開始赴中央大學授課。十六日，賦《大霧》詩一首。十七日，賦《新戰國》七首，仿顔延年五君詠體。二十三日，賦《秋思》八首。三十日，赴歌樂山考選委員會閲高等考試試卷，時長子僎亦任襄試委員。三十一日，率長子僎登歌樂山，游雲頂寺。

（十一月）十一月六日，與沈尹默、汪旭初、章行嚴諸先生互相唱和，作《贈旭初尹默（步寺字原韻）詩》。七日，作《再贈旭初（用前韻）》。八日，作《三贈旭初尹默（用前韻）》，《再贈尹默（用前韻）》。十二日，《贈答尹默和作五疊寺韻》，《登巴山六疊寺韻》。十五日，《贈方東美教授七疊寺韻》。二十六日，寫《偶感八用寺韻。十二月三日，《酬馬叔平博物院長兼簡尹默旭初九用寺韻》。十二月十日，《酬章行嚴參政見贈十用寺韻》。十二月十七日，《答旭初見贈十一用寺韻》。十二月十八日，《答行嚴見贈十二用寺韻》。時陪都文壇，以章行嚴先生開其端，倡作寺韻詩，爭才恃氣，各不相下；公致力史學，文章詩賦猶其餘事，然詩篇一出，海内爭誦，儕輩以高適相許，或以長卿作賦相擬，然公固以樸學自期，初無意於爲詩也。十一月十四日，賦《登歌樂山》一首。十九日，嘉屬六邑同鄉會宴浙江省主席黄紹竑、省党部主任委員谷正綱，公因爲常務理事預焉。二十六日，敵軍陷南寧。

（十二月）十二月一日，蘇聯與芬蘭開戰。六日，作《感舊》絶句八首。十二日，始悉同門吴檢齋殉難於天津，二十二日，撰《天都烈士歌》以弔之。三十日，李證剛教授以《渝州長至雜感五律二十首用杜工部秦州雜感五律二十首韻》索和。公撰五言長律《渝州短至書懷酬證剛四十韻》酬之。

民國二十九年庚辰（1940），公年六十二歲

（一月）一月一日，撰七言絶句六首。七日，撰五言絶句十首。九日，張溥泉先生來，談政府決設國史館籌備委員會，委公籌畫其事。十日，致書張溥泉先生，評論歷代修史之利弊得失並告籌備國史館事。十三日，接金毓黻教授來信，内有云："近見吾師所著《濮族考》，可謂名世之文，前人未經道過。嘗謂吾師之史學可在國内自樹一幟，發前人所未發者甚多，而世人多不之省何也？近撰《史學史》，引用師説甚多，即緣此故。蓋史學之功用，在能披斬荆榛，重發瑾瑜，一如考古家之發掘地下遺物。以今日言，未發之秘，不知幾何，惟好學深思讀破萬卷者乃能得之，若吾師者真其人也。然世人亦未必盡知，每當面錯過，此毓巘所以不能無言也。”二十日，張溥泉先生擬請公爲秘書長負國史館籌備全責。公允之，並薦汪旭初、但燾二先生爲顧問；二十一日，草擬《國史館籌備委員會組織大綱》。二十三日，擬《國史館籌備委員會應調查事項十六條》。二十四日，撰《滇南碑傳集叙》。二十五日，張溥泉告公國史館籌備委員會召開成立會，組織法略加修改，公議推公爲秘書長。二十八日賦《觀雲》七絶二首。

（二月）二月五日，張溥泉先生言國史館籌備委員會開第二次會議，改秘書長爲總幹事，仍請公擔任。八日，農曆庚辰年元旦，作七律一首《酬褚參政慧僧》。十一日，長子偰之次子元暉生。十二日作《詠物》絶句四首。十五日，接中央研究院院長蔡孑民先生來函，聘公爲歷史語言研究所通信研究員。十八日（農曆正月十一日），公六十二歲生日，家人爲設宴祝壽。十九日，撰《國史館籌備大綱》一篇，並撰《鑒别史學人才條例》一篇。二十一日，考選委員會陳委員長百年來信，擬推公爲考選委員，徵求同意。二十二日，爲長子偰撰《杜少陵評傳序》。二十三日，致書陳百年先生，允就考選委員職。二十六日，接四子僑自金華來信，於農曆十二月初五日生一女名曰元曼。二十一九日，開始至李子壩籌劃國史館籌備會事。

（三月）三月五日，中央研究院院長蔡孑民先生卒於香港。八日，撰《張天如先生年譜序》，代張溥泉先生作也。十一日，擬《國史館籌備委員會辦事細則》。十四日，國防最高委員會決議簡公爲考選委員。十六日，撰《哀中央研究院院長蔡孑民四絶句》。二十一日，開始赴考試院考選委員會辦公，二十三日，奉到國民政府簡任狀。二十四日，公祭蔡孑民先生。二十七日，辭去中央大學史學系主任及教授職。

（四月）四月五日，族侄孫宗良告公，監察委員劉成禺有詩一首，詠國史館事，其詩云：“廢絶梨洲徵季野，忽開史館雜旌旄；十年建國無文字，今日行都見鳳毛。”首句蓋暗指章太炎先生及公也。九日，德軍侵入挪威、丹麥。十五日，至嘉陵江北岸觀發掘漢墓。二十五日，國史館籌備委員會自李子壩遷歌樂山向家灣。時敵機頻襲重慶，公因兼考選委員會及國史館籌備委員會事，往返於南岸李子壩、歌樂山之間，往往喘息未定即須入防空洞避襲，公體力本弱，至是遂益感不支焉。

（五月）五月八日，與考選委員會副委員長沈士遠、監察委員族侄孫宗良商定非常時期特種技術人員考試監試問題。十六日，德軍侵入荷、比，荷軍降。十八日，見戴院長季陶於官邸。二十日，至沙坪壩重慶大學主試體育行政人員。二十四日，撰《國史館籌備委員會三十年度工作計劃》。二十六日，敵機一百三十六架，大轟炸重慶，次日及第三、四日又以一百六十餘架轟炸郊區。三十日，至國民政府開國史館籌備委員會，通過籌備大綱。

（六月）六月八日，至國史館籌備委員會，偕張溥泉先生至山洞黨史史料編纂委員會調查史料。九日，遷往考試院副院長官舍（借爲國史館宿舍）暫住。十八日，撰《國史館宜改爲國史院議》。二十二日，接次女俠信，報告外孫女玲在澂江夭折，公深爲痛惜。二十四日，德與法訂和約二十一條，法降於德。二十九日，赴青木關主持教育部體育行政人員補考，途遇空襲，避於田野，次日，回歌樂山。是月，敵機頻襲重慶，濫肆轟炸。

（七月）七月三日，開高等考試財政金融人員初試典試委員會，時公任歷史地理典試委員。十六日，暫還向家灣國史館籌備委員會。十七日，撰《國史長編釋例》一書名字職位例三條。是日，英國背約，與日本約定滇緬路禁運三月。十九日，撰《國史長編釋例》記年月日時例。二十二日，公受簡派爲二十九年普通考試典試委員，並開典試委員會。是月，敵機仍頻炸重慶。

（八月）八月一日，撰《史館官制駁議》，駁但植之《國史事例雜議》官制主張。二日，撰《史官名稱駁議》。四日，汪旭初先生來館，與館中人互相唱和，有《呈史館諸公詩》；六日，公酬和一首，並酬沈尹默先生一首，亦步其原韻。七日，五子倞游峨眉山歸，來館省親，決定休學一年，並不再學航空工程。十二日，因國史館諸事掣肘，計劃難行，撰《增進效率三原則》，以諍當道。十四日，和但植之史館詩，仍用旭初韻。十五日，章太炎先生之婿朱鏡宙來訪，爲寫《題維摩室詩》。十六日起，閱高等考試試卷。二十日，撰《駁議中史官登庸法》，第一篇《史館制度駁議》告成。二十一日，續撰《國史事例雜議駁議》中《國史依史通六家例分六類》條。二十二日，撰《駁議》中《正史依紀傳體日曆時政記依編年體》條。二十三日，撰《駁議》中《設起居官》條及《設實録館》條。夜撰《駁議》中《時政記在國史院設科》條。二十四日，撰《駁議》中《撰民國紀》條，於是第二篇《國史史體駁議》告成。二十五日，撰《駁議》中《論本紀》條，夜撰《論表》條。二十六日，撰《駁議》中《論志》（《論地理志》、《論教義志》、《論禮俗志》）各條，夜撰《論文字志》、《論方言志》、《論藝文志》各條。二十七日，撰《駁議》中《論世家》、《論列傳》、《論序傳》各條，於是第三篇《國史史例駁議》告成，駁議全部脱稿；夜撰《國史事例雜議質疑序》改“駁議”爲“質疑”。本月敵機仍濫炸重慶。

（九月）九月七日，修改《國史事例雜議質疑》。十三日，撰《國史院組織表》。十四日，撰《改國史館爲國史院議》，十五日，撰畢。十六日起，公患感冒咳嗽，略事休息，並赴中央醫院就醫。二十四日，摒擋一切館務。二十七日，德意日簽訂軍事同盟協定，於是世界戰局將趨延長。二十九日，公蒿目時艱，繫念所藏書籍，因撰《應付困難環境計劃四種》：一、南北寄存書籍計劃；二、國史館計劃；三、家庭安頓計劃；四、生計計劃。是月，敵機仍屢襲重慶。

（十月）十月三日，至歌樂山國史館視事。五日，撰《元魏著作局釋疑》。六日，撰《史館筆記三則》：一、《著作郎漢末已有》；二、《後魏後齊後周稱修史之所曰史閣》；三、《晉著作郎初蒞任必撰名臣傳一人》。七日，摘録《史通》文，撰成《修史三戒》，並加案語，以警愚妄。十四日，公患病，遄歸南山，長子僡來袁家花園省親。時次女倓攜外孫文亦自昆明飛渝省親。二十六日，長子僡赴成都，出席川康經濟建設委員會。

（十一月）十一月十日，長子僡自成都歸渝。十二日，次女倓率外孫赴桂林，時中山大學自澂江遷回廣東坪石，婿香林已先期前往。二十四日，長子僡來省。

（十二月）十二月十日，長子僡至南温泉講學，登南山來省。二十二日，公自南岸袁家花園遷城内和平路一九九號暫住，是月，次女倓舉第二子名曰武。

民國三十年辛巳（1941），公年六十三歲

（一月）一月一日，長子僡、長媳歐蘭、五子倧率孫女輩來賀年。三日，五子倧赴北碚就税務署科員職。二十六日農曆庚辰年除夕、二十七日農曆辛巳年元旦，家人聚餐。

（二月）二月五日，公赴歌樂山考選委員會閲卷，逾十日始歸。

（三月）三月十日，夫人赴化龍橋長子僡寓小住，十三日歸家。

（四月）四月七日，德軍侵巴爾幹半島，南斯拉夫及希臘奮起抗戰。二十一日，南斯拉夫被德軍侵佔，希臘亦呈不支。二十三日，北平僞組織擬没收公房産，公召長子僡面商對策。

（五月）五月三日，敵機八十一架襲渝。九日，再襲重慶。嗣後敵機頻襲，公所住和平路幸免於難。二十七日，長子僎受聘爲經濟會議專門委員。

（六月）六月一日，公因城中空襲頻繁，自和平路遷居歌樂山向家灣三十九號劉宅。五日，敵機夜襲重慶，發生大隧道慘案。二十七日，長子僎上山省親。

（七月）七月八日，長子僎參加行政院康昌旅行團，由樂西公路入西昌視察，歷時兩月始歸。

（八月）八月二日，爲朱鏡宙作《題詠莪堂記》五律一首，並爲談太炎先生幽居北平錢糧胡同始末。三日，撰《何遜聊作百一體詩及應璩百一詩確解》筆記一條。是日，公受簡派爲三十年度高等考試典試委員。四日，撰《隋志内梁樂志所載梁樂歌有録無辭者四十五曲可據樂府詩集補人》筆記一條，於是始有重撰《梁書》之意。五日，公被派爲考選委員會學術會議主任。十日，開始撰《梁代氏族略》。十三日，撰畢。十五日，撰《梁皇弟皇子都督刺史考》。十六日，敵機轟炸重慶，長子僎城寓被毁，長媳也徽率孫元曜、元暉來歌樂山暫住。是日開始撰《陳代氏族略》，又撰《梁初二十三州治所今地考》。十八日，摘録魏晉宋齊兵制，因梁代無兵制記載，大都因前代之陳規也。二十日，續撰《陳代氏族略》。（九月二十一日至十月三十一日日記缺。）

（九月）二日，長子僎自西昌考察歸來，上山來謁，並談南中情形，夷族種類沿革，及《水經注》若水、孫水、繩水之考證，公頗爲神往。十五日，長子僎攜眷遷居城中，仍寓張家花園。二十一日，日全蝕。時公患神經衰弱症，幻想特多，往往長夜不能成眠，居考選委員會休養。

（十月）十月十日，公病略愈，還回向家灣。長子僎來省。二十九日，下午九時，庶子儋生於歌樂山助産醫院。

（十一月）孫鷹若、陳行素來訪，客居公家。時公頗有退隱之志，決定居處兩地：一爲海鹽永安湖，爲太平時居住之所；一爲徽州城内山上。日記云："前面山臨江，後背城帶市，黄山白嶽，爲東南最美勝景，黄墩婺源爲祖宗卜居舊地，風俗淳美，人情朴誠，江戴之淵源未昧，程朱之風範猶存。卜居此域，樂既無涯；況徽州四面環山，羊腸鳥道，各通一徑，戰爭之際，不易攻人，故歷代戰爭，此境獨全。現代雖有飛機炸彈，山崖石壁，易鑿防空之洞，既非戰爭必爭之地，則亦無事大施轟炸。其地物産豐盈，人民富裕，東通杭州，北達宣城，以至江寧，南至景德以達南昌，皆有公路鐵路，交通亦甚便利。惟僻陋之俗，亦須以文雅化之，此戰爭時居住之所也。惟此志不知何日償耳。"三日起，重讀《老子》，始知老子之學乃帝王之學，反與儒家《大學》條目相似，惟正心誠意之事，别立道體一門以包括之，而與《莊子》、《列子》等糠秕世事反相遠，而老子之學較儒家爲深遠扼要。五日，撰《天球河圖説》。八日日記中有云："老子言，智者不博，博者不智，余生平陷於此弊甚深。又余數子，除小者外，大兒、四兒治經濟學，二兒治農學，余治史學，倞兒將治地理學，皆偏於一曲而不治大人之學。余故將由博反約，引倞兒入此道也。故將治古史之業暫緩，擬編成《大學疏證》及國文中用字、造句、謀篇三端，定成條理，試教倞兒一月，以觀其成效如何。"但五子倞終因興趣關係，仍決定插入中央大學地理學系二年級學地理學。九日，長子偰來省。十日，撰《黄老傳授源流考》。十一日，復續撰《老子釋道》、《釋德》、《釋常》等篇。十三日，又撰《釋有無》、《釋反半》二篇。十五日，撰《老子之學出於黄帝證》。十七日，新生庶子儋自醫院回。

（十二月）十二月七日，敵機偷襲夏威夷，美日戰爭爆發，英亦對日宣戰。十二日，德意對美宣戰，美國應戰。於是世界戰爭東西呼應，中國人心振奮，但後方物價則愈趨高漲。本月，公沉痾稍趨痊可，惟身體尚感虚弱。二十一日，長子偰來省，公以《上水村圖説》見示，並縷述家史舊聞，頗有歸鄉之思。

民國三十一年壬午（1942），公年六十四歲

（一月）公自上年秋患病，至冬至節後漸趨痊可。一月五日，公赴重慶參加考試院會議。十日，次女倓首途来渝，時婿羅香林將就中央党部專門委員之職，攜眷自坪石來川。十九日，長子僎受中央圖書館之聘，兼任《圖書月刊》總編輯。三十一日，次女倓、婿香林率文、武二外孫來渝，同住歌樂山向家灣三十九號。

（二月）二月一日，門人烏以風來謁，詳述安徽天柱山狀況，公頗爲神往。二日，擬撰《孫吴佚史輯本跋》。搜集材料，先節録《吴志·韋曜傳》，嗣後繼續從事搜集。五日，撰《夷越夷濮考》。六日，撰《韋曜吴書跋》成。七日，續作《吴沖吴曆跋》，續輯《吴時外國傳跋》材料。九日，日寇在新嘉坡登陸，勢將不守。十四日，舊曆辛巳年除夕，英失新嘉坡。十五日，舊曆壬午年元旦，長子僎率眷前來賀年。十八日，撰《蜀王本紀考》。十九日，旅渝浙江同鄉會來函推公爲名譽理事。二十二日，應教育部之請，撰《編纂周史、秦史、南明史計劃書》。二十五日（農曆正月十一日），公六十四歲初度，家人爲設宴慶祝。二十七日，長子僎來省。

（三月）三月一日起用清代地理系統，分府鈔寫所藏各省地方志目録（浙江、河北、河南、山東、山西、陜西、甘肅、江蘇、安徽、江西、湖北、湖南、四川、廣東、廣西、貴州、雲南、東三省、新疆）。七日，全部地方志目録告成。十日，荷屬南洋群島陷敵。十一日，緬甸之仰光陷敵，吾國軍火來源斷絶。十四日，進城住化龍橋，次日參加族曾孫壽麟婚禮。二十八日，至考選委員會，講演《新五福論》。

（四月）四月二日，至向家灣醫院醫治腹疾。八日，編寄存隆阜藏宅書籍目録。十二日，寫《校本翁山詩外跋》。十四日，寫舊作《恭謁南明紹武君臣冢記》。十五日，寫《廣州徵訪南明史料記》，皆預備付《文史雜誌·廣東專號》刊登。十七日，長子偰来省。二十一日，撰《屈大均著述考》並换出《廣州徵訪南明史料記》一篇，改付《中國學報》發表。

（五月）五月二十七日，金華、蘭溪陷敵，四子僑携眷避地雲和。

（六月）六月一日，撰《西夏史籍考》。十四日，長子偰上山來省。

（七月）七月一日，長子偰調任財政部專賣事業司司長。十五日起，點閲《詩·毛傳鄭箋》。

（八月）八月一日，點閲《毛傳鄭箋》至卷十二《小雅·節南山之什》，至是日點完十二卷。五日，在考選委員會開會，討論考試與教育聯繫之具體辦法。八日，長子偰上山來省。十二日，得四子僑自松陽來電，言闔家已安抵雲和。時松陽又陷敵手，雲和亦危，公心滋憂慮。十六日，得西安張齊來信，始悉四子僑眷屬已避難景寧。十八日，作《感事詩》一首，仍點閲《毛詩鄭箋》，二十一日，長子偰自内江主持川康區食糖專賣局業務會議歸來，過歌樂山來省。二十八日，舊友馬寅初先生來訪，述其被放逐之由。三十日，公回拜馬寅初先生，觀其所撰《經濟哲學》手稿。是日，婿香林來，談公所撰《僞楚》、《僞齊》兩録，獨立出版社擬爲印行。是日起，寫南明史籍跋文。

（九月）九月一日，接四子僑自雲和來信，詳述輾轉流亡經過。二日，訂成《鄺亭藏書題跋記》十篇，《南明史籍跋文》七篇（後又增二篇，共爲九篇）共一萬五千二百餘字，交中央圖書館《圖書月刊》發表。六日，將《僞楚録輯補》二册交獨立出版社出版。九日，擬輯舊作十篇，題爲《中國史學叢著》付印（惜此舉未成）。十一日，婿香林、次女倓率外孫文、武二男自歌樂山遷居重慶兩路口巴縣中學。十四日，至國民政府補行宣誓就職典禮，國府委員王寵惠監誓，時公任考選委員已兩年有半矣。十九日，戴院長夫人出殯，公偕同僚執紼送殯。

（十月）十月六日，送張溥泉先生至河南視察旱災。十日，英美宣布取消在華不平等條約中一切特權。十四日，《僞齊録校補》寫完，共約四萬二千餘字。十五日，撰《張孝純上大宋書辨僞》。十六日，撰《自序》一篇。十七日，撰《金與僞齊陝西地年月考》。十八日，撰《讀僞楚、僞齊録筆記》一篇，題曰：《宋高宗不耻自儕於僞楚僞齊而爲金之附庸國》，又撰《宋高宗退守苟安不樂用有爲之人》。二十日，撰《僞齊觀察宋財政之枯窘並計劃斷絶其財源》筆記。二十六日，撰《僞齊欲利用外交以分裂南宋土地》筆記。二十八日，撰《李綱等陳攻守之策》筆記。

（十一月）十一月二日，交出《中國史學通論》及附録兩篇，由獨立出版社印行。四日，續撰《宋敗僞齊後李綱上和戰攻守之策》筆記。五日，補寫《金立僞楚僞齊之原因》。六日，撰《金統制僞齊之事蹟》。八日，寫《金廢僞齊之原因》。十一日，改撰《僞齊宰相張孝純上大宋書稽疑》。十四日，鈔寫《金與僞齊陝西五路年月考》。十五日，寫《僞齊阜昌錢考》。十八日，寫《僞齊録校補》交獨立出版社出版。二十三日，歸歌樂山。二十四日，寫《中國史學通論序》一篇。

（十二月）十二月一日，公染感冒咳嗽，兼有瘧疾。三日，内侄張叔範自昆明飛渝，就財政部科長職。八日，公咳嗽加劇，至振濟醫院醫治，靜養數日。十五日，以《永樂大典》本《水經注》校勘所藏《明鈔宋本水經注》，始知此兩本同出一宋本，佳處及誤處皆同；而兩本又各有誤處，可以互相補正，又以戴校聚珍本及王先謙合勘本對勘，始知戴、趙兩派爭論之真相。十六日至二十日，續校《水經注》，戴、趙異同均行標記。二十七日，上國史館籌備委員會書，請改顧問爲名譽顧問。三十一日，除夕，次女倓及二外孫自重慶來，五子倧自沙坪壩來，共慶新年並守歲。

民國三十二年癸未（1943），公年六十五歲

（一月）一月一日，長子僎來歌樂山賀年。三日，婿香林來賀年。七日，因美人有言戰後擬劃臺灣爲委任統治地，公頗不以爲然，因撰《中國最初經營臺灣事略》交《大公報》發表，以糾正之。十三日，寫《答汪旭初代柳亞子問南明史事書》。十六日，撰《補充中國最初經營臺灣事略》。二十日，朱鏡宙自自流井來，一請作《樂清朱氏家譜序》，一請寫汪辟疆信，欲捐國幣一萬元於中央大學國文學系爲章太炎先生獎學基金。二十二日，撰《朱氏源流考》上篇；二十七日，撰《朱氏源流考》中篇；三十日，撰《朱氏源流考》下篇，凡十日始成。

（二月）二月三日，撰《瑶川朱氏家譜序》。五日，舊曆癸未年元旦，大雪，閱《惜抱軒集》。十三日，長子僎上山來省。十五日（農曆正月十一日），公六十五歲初度，家人爲設宴慶祝。二十日，公又患咳嗽，至醫院醫治。二十一日，作《郝事雜考》。

（三月）三月二日，訪王調甫於重慶村，時王將赴浙，公頗擬同往皖南一行，後不果。六日，公受簡派爲三十二年度高等考試典試委員。十八日，至醫院治眼疾。嗣後因眼疾時發，稍事休養。二十四日，賦古詩一首，題爲《觀群兒放紙鳶》。是日，中國史學會開成立大會於重慶，公被選爲理事，惟因病不克出席。二十七日，門人姚從吾自昆明來謁。是日，公又被選舉爲史學會常務委員。二十八日，賦《太史公》二首。

（四月）四月一日，賦詩二首《自嘲》、《有感》。二日，賦《看山》一首，三日，賦《吕不韋》一首。四日，撰《建議教育部請在國立各大學分設中國分代史講座以期彙爲中國通史案》。五日，至中央圖書館開中國史學會常務委員會，提出建議案。十日以後頗致力於歷代選舉及職官之研究，以圖有貢獻於考政。十九日，沈兼士先生自北平來，公晤於陶園，詳談北平舊友狀況。二十四日，長子僎赴北碚出席中國經濟學會，過歌樂山來省。

（五月）五月十日，集録秦儒法之爭，以明李斯廢公子扶蘇而立胡亥，實因扶蘇崇儒，胡亥習法。十二日，撰《恭讀中國之命運後的感想和建議》一文。二十四日，長子僎至北碚立法院開會，奉公游北温泉。二十七日，咳嗽復發，至醫院醫治，因病稍事休養。

（六月）六月十四日，第二孫元曜夭折，夭僅六歲，公深爲痛惜。次日，進城慰問長子僎。又至中央党部講演經學。

（七月）七月九日，作詩贈沈兼士先生。十四日，至醫院醫牙。十六日，致書四子僑，爲新生孫取名元景，字仲寧，小字景。二十六日，五子倞以患傷寒進中央醫院治療。是日，次子侃上書報告已娶周氏，生女一男一。三十一日，第四孫元昊夭折，公連喪二孫，心頗悲傷。

（八月）八月一日，國民政府主席林公子超薨。二日，寫《吐蕃國志》初稿。三日，致書二子侃爲孫女取名元晏，字孟姬，小名婉；孫取名元昕，字孟熹，小名汶。七日，公進城參加公祭林主席。十四日，長子僎上山省親。同日，四子僑自浙江來渝，就緝私署會計主任職，上山省親，公頗爲欣慰。

（九月）九月九日，義大利政府降於盟軍。

（十月）十月二日，次女倓舉孿生子，公錫名曰成，曰康。四日夫人進城視次女倓及新生外孫。十一日，歸歌樂山。

（十一月）十一月十二日，長子僎赴長壽旅行，十四日，歸渝。

（十二月）十二月二日，長子僎受任爲高等考試典試委員，來歌樂山考選委員會閲卷，時來省親。四日，請命於公，擬於將來聚集南北藏書，設立酈亭圖書館，仿天一閣制，以垂永遠，公頗表贊同。六日，長子僡閱試卷畢，辭歸重慶。

民國三十三年甲申（1944），公年六十六歲

（一月）一月一日，公進城在陶園參加考試院新年團拜，因體力不支，始悉患腸胃病，亟歸向家灣，二日，長媳歐蘭率孫女元曄、元昱上山賀年。九日，長子僡來省。十日，公患心臟病，及附近肺部滋生水份，以致呼吸困難，常患氣喘，入夜不能安眠而憂慮滋多，乃入上海醫學院附屬醫院診治。十六日，長媳歐蘭來視疾。醫院方面抽出水份，病果稍愈。二十日，病癒出院。三十日，農曆正月初六日，長媳也徽率孫元暉上山賀年。

（二月）二月四日（農曆正月十一日），公六十六歲初度，家人爲設宴慶祝。六日，公病篤。七日，長子僡來省視。

（三月）三月五日，公病轉趨沉重，再進上海醫學院附屬醫院，施行手術，從心包絡抽出水四管，略見好轉。七日，長子僡來院省視，公病將次痊可。十八日，長子僡赴黔桂湘三省視察專賣業務。二十日，公病小愈出院。三十日，病又轉劇，三度入醫院。是月，五子倞畢業於中央大學地理學系，政府徵爲通譯員，隨軍往駐雲南保山。

（四月）四月九日，長媳也徽率孫元暉來院省視。十日，公病轉劇。十一日，長子僡自桂林乘航機歸重慶。十五日，來醫院省視。二十四日，公病小愈出院。是月，四子僑入鹽務總局供職。

（五月）五月三日，長子僡來省，並奉夫人進城小住數日，送夫人歸向家灣。

（六月）六月六日，英美盟軍在法國諾曼第半島登陸，歐洲第二戰場終於開闢。十三日，公病又趨沉重，四進上海醫學院附屬醫院。十四日，次女倓來院省視。十八日，長子僡、長媳也徽率孫女元曄、元昱、元旻、孫元暉來省。二十日，長沙失守。二十一日，美海軍大勝日艦隊於菲列賓群島以東海面。是日，公病小愈出院。二十二日，長媳歐蘭自成都歸渝來省。二十四日長子僎來省。次日爲舊曆端陽節，家人聚宴，長子僎、四子僑、次女倓侍。二十九日，公氣喘復發，五進上海醫學院附屬醫院。

（七月）七月一日，二子侃率眷自北碚來省。四日，長媳歐蘭來院視疾。五日，公病轉篤，下午五時四十分遂捐館。六日，大殮。八日，奉厝於歌樂山向家灣公路南面山上。

（八月）八月八日，公友好假中央圖書館舉行公祭，國民政府蔣主席特頒挽詞，題曰“淵衷碩學”，各界贈送輓聯凡三百餘幅，戴院長季陶親臨主祭，到三百餘人，極一時之哀榮焉。

先君年譜序

朱 偰

先君年譜六卷，係余在重慶時所輯初稿，解放以後，復根據先君日記、信札、文稿、隨筆而加以補充修正者也。先君以 1944 年 7 月病逝重慶歌樂山，當時抗戰方急，戎馬倉皇，先君中年以前所作日記、文稿、隨筆等都寄存屯溪，倉猝修譜，固未遑一一加以印證也。1959 年，中華書局有彙印先君文稿之議，委余總其成，因整理先君所有日記、信札、文稿、筆記、隨録，編次目録，將舊時所輯年譜，加以補充，重新排列事實，修正謬誤，而成此稿。先君一代學者，名動中外，對於南明史事研究獨精，生平所作歷史上有名人物年譜不下數十種。其閱覽至博，其搜羅至勤，其見聞又廣，其交游甚衆，而游歷又遠，豈可不輯其學問事蹟作爲年譜以傳諸後世者哉！

年譜所根據材料，大致分爲五類。

(1) 先君日記　此爲最原始之素材，亦最爲可靠。先君日記今所保存者，有旅行陝西日記一卷（1923 年 6 月至 8 月），廣州日記二卷（1932 年 9 月至 1934 年 2 月），南京日記二十二卷（1934 年 2 月至 1937 年 8 月），宣城、徽州、屯溪、隆阜日記若干頁（1937 年 8 月至 10 月），從屯溪至重慶行程及初到重慶日記若干頁（1937 年 10 月至 12 月），重慶日記二十五卷（1938 年 1 月至 1943 年 8 月）。日記中除記事而外，有治學方法、治學心得、讀書札記，間亦論次時事、藏否人物，誠一代可珍貴之史料也。

（2）先君信札　　先君往來信札，多一代名流手筆，如與章太炎先生論學書，録有副稿者不下數十通。又凡重要信件，多留有底稿，抗戰以來，輾轉遷徙，雖或有散佚，然就其保存者而觀之，猶多重要事蹟存焉。

（3）先君文稿　　先君文稿，大部分都已捐贈北京圖書館，藏作家手稿部，然其原始文稿（先君爲文，往往一稿修正數次，然後定稿），則保存尚屬不少，於此可見其治學之謹嚴與態度之鄭重。即發表以後之稿件，亦往往親自用朱筆校閲，然後加以保存。另有仲姊謄清文存五册，則經先君審定所撰録者也。

（4）先君筆記　　先君筆記保存迄今者，有《消夏日記》以下九册，親自加以編次；另有隨録一種，蕭梁札記一種，文藝一種，家世舊聞二種及未加標題之筆記册，其中間有標明寫作日期者，對於編次年譜頗多幫助。筆記内容，大部分爲讀書札記，書籍題跋，治學心得、研究計畫，間有未完成之著作（如《歷史上之王昭君與文學上之王昭君》）與攜書目録及購書帳目，雖片光吉羽，然彌覺可珍。如先君治南明史之計畫，即見於者也。

（5）他人記載　　他人記載中，亦可作爲年譜材料者，如長姊倩之《孟婜日記》，記先君在民國初元前後事蹟頗多，又如有關北京大學文獻之記載，亦可供編次年譜參考。

先君一生從事學術研究，對於國民黨人之結黨營私，敬鬼神而遠之；尤以晚年在渝，目覩時艱，對於當局之消極抗戰，日蹙國百里，以及貪污横行，權奸誤國，頗多憤慨。當時先君屏蹟深山，冷眼旁觀，鬱悒寡歡，孤憤誰語。所以散見日記中都頗多側面可貴之史料。他日如有機會，當加以影印問世。初步整理計畫，擬將《汲冢書考》四卷，《群書題跋》二卷，《史學叢考》十卷，編次付印。先君治學之精華，大多在此矣。一九五九年八月三日朱偰謹序於南京半山園。

（録自朱偰先生一九五九年八月三日日記）

整理後記

先父朱偰先生《先君逖先先生年譜》最初編於抗戰期間祖父逝世不久，因時值戰亂，祖父許多資料全存於安徽屯溪鄉間，倉促之間先父未遑一一加以印證，故有疏漏。解放後，先父又根據其他資料一一加以修訂，這在先父所作《先君年譜序》中多有説明。但因上世紀五十年代末至六十年代的特殊政治氣候，這份《年譜》不論是抗戰期間的初訂本，還是1959年的修訂本，均未能出版，加之“文革”動亂，文稿散失，這兩份底稿我均未曾一見，現更不知在何方了。

最初見到先父所編的《先君逖先先生年譜》是在臺灣九思出版有限公司1979年出版的《朱希祖先生文集》中，該文集爲先姑父羅香林所編。但是該文集未署明《年譜》爲誰所編，也許是姑父怕給我父親帶來麻煩所致，其實那時父親早已被迫害致死十一年了。父親、姑父、姑母早已作古，所以至今我們也不能確知這份《年譜》是初訂本還是修訂本，但從《年譜》中的語言來看，仍是初訂本。

本次中華書局委余校訂《年譜》，余學殖淺陋，只能就我所知對某些地方加以修正，其他只能一仍其舊，還望方家教我。因爲不敢完全確定此《年譜》是初訂本還是修訂本，所以將先父所作序言放在《年譜》之後，作爲附録以爲讀者參考。

元曙謹識　2008年11月4日

朱希祖哀挽録

元　一　署

一、哀　誄

維
中華民國三十三年八月八日國民政府考試院院長戴傳賢等謹以香花清酌致祭於
朱逖先先生之靈曰：
嗚呼！士風淩替，滄海横流。斯文將喪，有識同憂。緊惟先生，海濱崛起。品重珪璋，質懷杞梓。紫陽餘澤，堂構相承。家傳詩禮，世代簪纓。負笈遠游，扶桑東渡。飽飫新知，勤研國故。餘杭授業，高密傳經。升堂覩奥，致遠鈎深。辛亥鼎革，躬親縣政。惠溥枌鄉，頌興棠蔭。燕都講學，馬帳宏開。殘膏賸馥，霑丐霏涯。咀嚼六經，逍遥百世。光大師門，徽音克嗣。鳩探亡缺，網羅舊聞。批隙導窾，體大思精。考史發微，談經奪席。靈扃既開，壺奥獨辟。懷鉛握槧，提要鈎玄。孳孳終日，兀兀窮年。攬勝關中，尋幽白下。學類梨洲，識同季野。南明博證，汲冢詳徵。名山絶業，炳爍日星。抗戰軍興，播遷入蜀。治學益勤，嗜古彌篤。蘭陔孝養，梓舍崢嶸。東床妙選，玉潤冰清。魯殿靈光，蘭陵祭酒。學究天人，望隆山斗。時方多難，天不憖遺。道山遽返，溥海同悲。一代儒宗，千秋永式。敬薦馨香，靈其鑒陟。尚饗！

維

中華民國三十三年八月八日國史館籌備委員會主任委員張繼率全體職員敬以香花清酌之儀致祭於

朱顧問逖先先生之靈曰：

嗚呼！强寇淩逼，奸僞未弭。華夷之防，磨滅誰紀。憶自南都，播遷西蜀。典籍簿書，横失其庫。用是憫之，議續國史。曰維先生，闡精史事。師紹餘杭，稱四巨子。窮覽博搜，以宏奥旨。矜體慎名，斥飾崇質。籌設之局，職事維艱。建立標的，手自探研。改廢連斷，横其偏全。豐取精擇，起例發凡。督率僚佐，義醇而嚴。嗚呼！國史魂魄，發若朝曛。云胡遷化，寂其無音。群將安仰，怛惻吾心。前思未已，後感傷神，想魂靈兮。尚饗！

維

中華民國三十三年八月八日國民政府考試院院長戴傳賢副院長朱家驊考選委員會委員長陳大齊副委員長沈士遠率同全體職員謹以庶羞清酌致祭於

朱故委員逖先先生之靈曰：

嗚呼！亹亹朱公，名德世師。砥行績學，窮源汎涯。雄文炳蔚，馬諸班唯。溯維壯年，東瀛負笈。章君傳薪，聲華煜熠。殫見洽聞，尤精史籍。上庠講學，多士陶甄。兼綜新舊，覺世牖民。剽剟電擊，淵默雷聲。蠢彼倭夷，大邦構釁。毒痡中原，神人共憤。公曰救國，端賴選才。轉持玉尺，衡鑑增輝。式是同僚，沖襟雅躅。寢饋丹鉛，老而彌篤。僞齊僞楚，援古證今。口誅筆伐，激濁揚清。薙獮凶仇，收京有日。云胡不吊，溘然長逝。典型永閟，梁木實摧。鄉關阻闊，遠邇興哀。詩禮過庭，克家有子。死而不亡，老氏之旨。陳詞奠斝，謦欬如親。英靈不昧，歆此犧尊。尚饗！

海鹽朱先生哀辭

海鹽朱先生，餘杭章公之外家，執贄爲弟子。治史好聚書，鋭精著述，章公稱其平易正直，於當代史學爲第一流。教授北京大學最久，世俗見新文化肇興於北京，不審知其實狀，猥以先生之學與新文化同類而共道之。夫新學之徒，有取於日本讕辭則不信尚書，有取于西洋考古派則不信正史，其爲學也始於懷疑，中於發塚，終於考證歷代名人皆爲他族，二十年間風靡一國。惟先生峨然守正，確然不移，颯然運筆而攻之。其文載在雜報猶有足徵者。初，章公讀明清之際，忿疾滿洲，從事於光復，欲造南明史竟不暇。先生繼其志，述其事，凡異本秘記堪爲史料者，求訪質買必以得爲期，積所得幾五百種，正可連綴，改定成一家言。粗立條流，未加筆削，遭八一三之寇，四海西奔，於是轉所蓄書，藏之休寧戴吉士祠堂，輕裝適重慶，以待寇退，則返而卒業云。中央委員張公，主黨史編纂處，先生與之言黨史國史性質不同，宜分界限之，故遂共籌設國史館。張公等十三委員提議，推先生草其議案，其要以爲保存史料，必須建檔案總庫；修國史宜依唐宋故事，先撰《時政記》及《日曆》云云。監察委員劉公閲之，歎曰：行都僅有此經世文耳。既成立國史籌備會，先生有所不可，不就其職，就考選委員。山居多病，積損成哀，至三十三年七月終於醫院。世揚始在北京受文學史於先生，後從章公居吴下。公起國學講習會，召先生於中央大學，月再赴會，夜半火車自南京至，世揚迎於火車站以至館。明日講畢，隨過書坊，負朽蟫斷之册，左右提絜而還，好此不爲倦。比年備員沙坪壩學館，先生所居，歌樂山在望，洗沐詣談，信宿乃别。嘗聞作如皖修史計，不果往。更從容言曰，章公署吾書庫曰酈亭，爲有明鈔《水經注》故，卻未有亭，東南克復，吾將構亭於澉浦觀滄海處，遷休寧之藏而撰述其中，仍舊榜公所書，然後亭名不虛爾。世揚自以有去無歸，儲書在穹窿山，未嘗寄問，不意先生之樂志而不知老將至也。夏暑嘔血垂死，聞先生有疾，力起書問，而先生已前卒，入醫院經月矣。自端午一出，讌會親戚數十人，侍食盡歡。更十日，至於屬纊，其夕，方啖胡餅，忽然絶倒張夫人手中，春秋六十六，亦庶幾考終命之福。獨念先生耽於墳籍，鳩集不已，竟不得從其所好翫而老焉。羈旅懷土，感痛余心，聊爲哀辭，以寫幽恨，其辭曰：

千石之官兮居之曰陋，猗頓之財兮積之不曰富，擁書百城兮南面王樂而不售。補遺續闕於南明兮，秘笈泯而再覯。資一手淹時序兮，非三長之未湊。閑徵夫皮裏陽秋兮，猶足以抑洪水而趨猛獸。臨國難而投筆兮，豈黃墨之可以救。吾書委於草莽兮，出吳閶而西走。不如鄺亭南徙兮，休寧至今而無寇。請壹存亡於八千里外兮，譬獲良産而莫收。以妄塞悲兮不遠復，俟河之清兮夜又晝。嗚呼！人間可哀兮，况天高而地厚。

受業海寧孫世揚敬撰

維

中華民國三十三年八月八日，中國史學會常務理事顧頡剛等暨全體會員等，謹以清酌庶饈之奠，致祭於

故史學大師朱逷先先生之靈曰：

翳維先生，派衍婺源。學追涑水，志邁龍門。餘杭章氏，講論扶桑。先生從之，相得彌彰。辛亥之秋，翊贊光復。歸宰鹽官，政通人睦。解組入京，掌教大學。濟濟多士，如磨如斫。惟時史學，俗喜餖飣。先生矯之，實證是聽。惟時文學，俗慕浮誇。先生藥之，寧朴無華。科學治史，風會爲開。文藝興復，厥效以恢。春風廣被，教澤無窮。幽燕粵蘇，桃李青葱。寇紛東起，黌舍西遷。濟時

唯學，抱道彌堅。中華卅載，國史闕修。大庭建議，史館綢繆。政府曰公，爲民之坊。授公新職，考證是勗。如何昊天，遽奪賢者！風雨飄搖，誰支大廈？嗚呼哀哉！戰國與秦，世無專書。先生發憤，方欲爬梳。蕭梁舊史，實疏而略。先生補之，新書用作。季野撰著，清人屢更。先生積慮，矢續南明。千秋大業，萬流景暉。一朝化鶴，誰竟芳徽。嗚呼哀哉！唯文與物，爲國之寶。隳突寇軍，踐踏如草。惟彼倭國，既衰而竭。收復河山，旦夕可決。歸還圖籍，考覈攸資。先生遽逝，誰與主持？勝利告功，棋成定局。九京不作，誰爲實録？嗚呼哀哉！文章經國，世運所徵。大雅云亡，誰贊中興？群言龐雜，鮮克執中。先生去矣，誰與折衷？乙部之書，浩如淵海。先生之歿，津梁何在？前思未歇，後感復集。四顧茫茫，臨文於悒。嗚呼哀哉！尚饗！

淵衷碩學　　　　　　　　　　　　蔣中正挽

二、挽　詩

顧頡剛挽詩

拔木狂風驚驟侵，向家灣裏起哀音。及身未見中原定，辜負僞齊編纂心。

萬卷藏書任取資，焚膏矻矻是生涯。大封合畀西王爵，堪驗餘杭戲謔詞。

入粵爲尋紹武來，金陵舊院撥蒿萊。平生心事南明史，歷劫終教志不灰。

叔皮有子述先人，又産曹昭筆有神。得月樓高鐘秀甚，九原應喜看傳薪。

沈尹默挽詩

劬學忘年歲，尋常有發明。思來因述往，救國勝談兵。筆勢參歐老，詩悰並子京。昆侖猶未至，何以慰平生。

沈兼士挽詩

十載經離亂，千秋隔死生。詩篇新悰寄，杯酒未能傾。柱史藏山業，楹書絶代名。猿啼三峽暮，戚戚若爲情。

三、挽　聯

愴懷哲匠凋零急，
感念儒林沾慨多。　　戴傳賢敬挽

人間據失先生，從此南明無史，
天上爲言疑古，仍未統一讀音。　　吴敬恒拜挽

稽古證今，東漢儒林兼許鄭，
傳薪革命，西王封號比汪吴。　　于右任敬挽

國失黎洲兼季野，
誰來東觀續班書。　　張　繼敬挽

謂三大發現，爲孔壁經，汲塚書，殷墟甲骨，考證息紛爭，學説有功文化史；
記九度播遷，續自北燕，曆南粤，西上蜀道，凱旋在指顧，儷林忽失成老人。　　吴鐵城

一代名師，國内棟樑多學子；

廿年知己，巴山風雨哭先生。　鄒　魯

功在作人，續著衡才，椠䕶超超垂百世；
嚴同斧鉞，榮如華袞，褒貶字字足千秋。　丁維汾

天地空搔首，
干戈送老儒。　潘公展

追隨京洛風塵，金石論交將卅載；
傳授餘杭薪火，名山盛業足千秋。　馬　衡

史識宏通，記先師所稱有如干事；
交游零落，爲寢門之哭今幾何人。　汪　東

蜚聲乙部，著績春官，大義託微言，課士選才欽老宿；
避地巴山，縈懷浙水，中原看底定，旋歸作伴失鄉賢。陳大齊

史家三長兼才學識，
遺著一帙見行義年。　朱家驊

老友無多又與兄傷永别，
大師有子能以史世其家。　沈士遠

集七百種南明軼著，擬撰專書，以我爲季野鄉人，相識屢欷歔，九徙流離難卒業；
主三十載史學講壇，暢開風氣，自道是章門别墨，立言關法度，四王出入不攖心。　沙孟海

百代興亡歸寶鑒，
一門兒女各專家。　　　　陳曼若

一代蔚儒宗，時雨春風追鹿洞；
兩楹驚噩夢，門牆桃李哭河汾。　　　　陳立夫

南明博證，汲塚詳徵，百世仰鴻儒，鹿洞承風朱元晦；
西蜀播遷，道山遽返，千秋傳絶業，龍蛇厄運鄭康成。　　梁寒操

東海大師胡安國，
南雷弟子萬斯同。　　　　俞鴻鈞

讀書破萬卷
著述足千秋　　　　□□□

國民政府褒揚朱逷先先生令

考選委員會委員朱希祖持躬清峻，學術淹通。早歲留學東瀛，傾心革命。嗣歷任國内各大學教授，倡明實學，澤及膠庠。生平顓研歷史，旁搜遠紹，考證精勤。著述留傳，成就甚偉。比年以來，任考選委員會委員，贊襄試政，獻替尤多。遽聞溘逝，良深悼惜。應予明令褒揚，交考試院轉飭銓叙部從優議卹，用彰碩學，而資矜式。此令。

（國民政府三十三年十月二十日命令）

（原載《文史雜誌》第五卷第十一、十二期合刊——朱逷先先生紀念專號，一九四五年十二月）